약속과 희망의 메시지, **한류경영**

시스템적 사고

이 명 환 지음

21세기북스

님만 님이 아니라 기룬 것은 다 님이다.
중생이 석가의 님이라면, 철학은 칸트의 님이다.
장미화의 님이 봄비라면, 맛치니의 님은 이태리다.
님은 내가 사랑할 뿐만 아니라, 나를 사랑하느니라.
연애가 자유라면 님도 자유일 것이다.
그러나 너희는 이름 좋은 자유의 알뜰한 구속을 받지 않느냐.
너에게도 님이 있느냐?
있다면 님이 아니라, 너의 그림자이니라.
나는 해 저문 벌판에서 돌아가는 길을 잃고 헤매는
어린 양이 기루어서 이 시를 쓴다.

'님'은 구도적(求道的) 염원

만해(萬海) 한용운은 시집《님의 침묵》의 서문 격인 〈군말〉에서 이렇게 읊조렸다. 만해가 기리는 '님'은, '조국', '사랑하는 여인', '부처'나 '불교의 진리', '인간다운 삶을 위한 가치의 총체'로 볼 수 있을 것이다.

그렇다면 주제는 '그리운 님에 대한 기약 없는 기다림', '끊임없는 진리 추구와 수도(修道) 의지', '인간다운 삶을 위한 가치 추구와 본질적인 삶에 대한 구도적(求道的) 염원'으로 볼 수도 있을 것이다.

'님'은 절대적 존재·절대적 가치로서, 비록 현실적으로는 존재하지 않더라도 포기할 수 없는 신념과 의지로 평생토록 늘 함께한다는 믿음을 갖게 되는 가치체계인 셈이다.

기업 경영에 종사해온 필자에게 '님'은 일생 추구하던 초일류기업으로 성장·발전하기 위한 구도적 염원이자 해법(解法)인 '시스템적 사고'와 이에 의한 '시스템적 경영'인 셈이다.

좌·우 이념과 체제에 관한 논쟁이나 다툼은 이미 30여 년 전 소비에트 연방의 해체와 동유럽 좌파 정권들의 몰락으로 사실상 끝이 난 상태나 다름없다. (국가나 민족의 구성 분자인) 개인의 존엄성과 자유의 지보다는 사회공학적 사고에 의해 국가나 민족 전체의 가치를 절대시하고 우선시하는 전체주의 시스템이 애초의 기대와는 달리 비효율적일뿐더러 비인간적임이 드러났기 때문이다.

지난 100년간의 역사적 실험을 통해 최고 권력자가 주도하는 전체주의적 계획경제 시스템보다는, 개인의 창의성과 자율성이 최고의 가치로 존중되는 자유시장 경제체제가 훨씬 효율적이며 인본주의적이면서도 발전 지향적이라는 점이 입증되었다.

그리하여 양쪽 진영 간의 이념·체재 논쟁과 경쟁은 사실상 종언을 고한 지가 이미 오래되었음에도, 남북 분단의 극한 대치와 비핵화 문제 등 여러 가지 사회·정치적인 혼란과 어려움에 직면해 있는 대한민국의 현실 상황에서는 그 해법 마련이 그리 녹록하지만은 않다.

이와 같은 혼란한 시기에 어렵고 까다로운 문제일수록 특정 논리로 밀어붙인다고 상대 진영을 정서적으로 설복시키기는 어렵다. 여유를 갖고 시스템적 사고로 우회의 지혜를 발휘하여 이성적·논리적으로 설득시켜 시스템적으로 서로 수렴해 나가는 것이 상책이다.

시대는 바야흐로 이념이나 정치체제보다는 모두가 행복하게 잘 살 수 있도록 하는 민생 최우선의 경제 중심 사회로 발전해 가고 있다. 시스템을 개방하여 개인이나 기업을 가리지 않고 모두가 참여하여, 원하는 일에 마음껏 전념할 수 있는 자유롭고 창의적인 환경으로 나아가고 있다. 더 나아가 플랫폼 참여자 모두에게 새로운 가치와 혜택을 제공해 줄 수 있는 '만인을 위한 정보시스템' 환경으로 급속하게 진화·발전해 가야 한다. 게다가 이제는 품격 있는 인문학적 소양을 두루 갖추는 것이 분야와 관계없이 인민 대중의 지지를 확보할 수 있는 필수 요건이요 관건인 시대다.

비즈니스 환경도 마찬가지다. 끊임없이 불분명한 문제가 뒤엉켜 연이어 발생하고 있을 뿐 아니라, 전문성이 뒷받침된 아이디어도 고갈되어가고 있다. 임기응변으로 무난하게 연명하려 해도 미봉책에 불과하다.

구조적 어려움과 장기간의 침체 우려가 커지는 우리 경제를 근본적으로 극복할 방법은 무엇일까?

우선, 급변하는 주변 환경에 대한 냉철한 현실 인식과 능동적 대응이 절실하다. 그러나 그보다 더 시급하고 중요한 것은 기본에 충실(back to the basic)해야 하는 것이다. 내부혁신을 통한 조직역량 강화, 유망 신사업 발굴, 지속적인 포트폴리오 고도화 같은 기본을 더욱 충실하게 만들어야 한다.

경영환경은 낮은 출산율, 고령화, 안일한 근로 의욕과 생산성 저하 등 여러 가지 구조적 난제를 안고 있다. 특히 일본의 주요 핵심 부품 및 기술의 대한(對韓) 수출 규제와 미국과 중국 간의 무역 분쟁, 체재 경쟁의 장기화로 인한 글로벌 경기 불확실성도 헤쳐나가야 할 과제다.

다양한 시나리오별 대응전략을 수립해 능동적인 자세로 대응해 나아가야 한다. 그뿐만 아니라 끊임없이 학습하고 실행하는 조직문화를 정착시켜, 경쟁력을 강화해야 함은 물론이다. 따라서 내부 구

* 공유경제
(sharing economy)

협업 소비를 기본으로, 여러 사람이 제품을 공유하며 쓰는 경제를 뜻한다. '나눠 쓰기'란 뜻으로 자동차, 빈방, 책 등 활용도가 떨어지는 물건이나 부동산을 다른 사람들과 함께 공유함으로써 자원 활용을 극대화하는 경제 활동이다. 하버드대 법대 교수인 로런스 레식(Lawrence Lessig)이 창안한 용어다. 대량 생산과 대량 소비가 특징인 20세기 자본주의 경제에 대비해 생겨난 개념이다. 미국 시사 주간지 타임은 2011년 '세상을 바꿀 수 있는 10가지 아이디어' 중 하나로 공유경제를 꼽았다.

* 블록체인 보안기술 (block chain security technology)

데이터가 담긴 '블록(block)'을 '체인(chain)'처럼 연결하여, 많은 이용자가 동시에 이를 보고 확인할 수 있는 보안기술(security technology)을 말한다. 누구나 열람할 수 있는 장부에 거래 명세를 투명하게 기록하고, 여러 대의 컴퓨터가 기록을 검증하므로 해킹을 막아주며 데이터의 위·변조가 불가능하다. 가상 통화 및 전자 결제나 디지털 인증 외 화물추적 시스템, P2P 대출, 원산지부터 유통의 모든 과정 추적, 예술품의 진품 감정, 병원 간 공유 의료기록 관리 등 신뢰성이 요구되는 다양한 분야에 활용될 수 있다.

성원은 물론 외부의 지식과 경험까지 두루 활용할 수 있는 열린 마음과 열린 네트워크를 구축하는 것이 급선무다.

이런 위기상황을 돌파해 낼 수 있는 해법으로 인문학적 소양이 뒷받침된 '시스템적 사고' 이외는 대안이 없다.

인공지능, 공유경제*, 블록체인* 등 혁신적인 기술이 새로운 시장을 빠르게 만들어 가고 있다. 밀레니얼 세대로 일컬어지는 새로운 고객은 소비패턴을 바꾸고 있다.

이런 변화 속에서 우리가 새로운 시장과 소비자에게 어떤 가치를 제공하고 있는지 철저히 점검해, '시스템적 사고'와 '열린 마음·열린 네트워크'로 부족한 부분을 과감하게 보완·개선해 나아가야 한다.

인문학을 바탕으로 한 '시스템적 사고'로 기본을 확립하면 길은 열리기 마련이다. 이러한 '시스템적 사고'는 기업 경영뿐만 아니라 정치·경제·사회·문화·교육·안보·언론 등 그 어떤 분야든 목표를 달성하는 데 최고의 설득력 있는 해법이자 지원군이다.

그런 뜻에서 현업에서 협의·토론하던 자료들을 참고하고 전심전력으로 사색하고 실행하던 현장 경험을 간추려 감히 책자로 펴내게 되었다. 관심 있으신 많은 분의 진심 어린 조언이 있기를 기대한다.

2021년 봄
이 명 환

차 례

2. 시스템적 사고

3. 시스템적 경영

본문의 이해를 돕기 위한 참조

프롤로그

① 시스템적 사고를 하기 위해

이 책을 쓰면서 필자는 읽는 이의 이해력과 수용성(受容性)을 높이려고 애썼다. 보편타당하고 보다 나은 생각의 계기나 틀을 마련코자 했으며, 지성인의 입장과 자존감을 존중하려 애썼다. 이 책을 읽게 될 독자들은 경험과 경륜 및 이해의 폭이 모두 다를 것이다. 그 격차를 줄이기 위해 보편타당한 생각의 계기나 틀을 제시하고자 노력했다. 또한 지루하지 않고 재미와 호기심을 느낄 수 있도록 애쓰되, 되도록이면 기품(氣稟)*을 유지하면서 나이 든 사람의 경험과 경륜뿐 아니라 젊은 사람의 패기와 열정과 창의성도 존중하여 지성인의 입장을 배려하고 독자의 자존감을 해치지 않으려고 애썼다.

1. 심포지엄 형식과 '하브루타(Havruta)' 방식을 지향

이 책은 플라톤의 심포지엄(Symposium) 기본 정신을 지향한다.

심포지엄은 공중 토론(公衆討論)의 한 형식이다. 원래 그리스어 symposia[함께 술을 마심]에서 유래한 것으로서, 위대한 철학자 플라톤의 저서인 《향연, Symposium》에서 찾을 수 있다.

요즘은 향연(饗宴)이라는 의미 외에도 화기애애한 분위기에서 진행되는 학술 토론회나 신문·잡지 등에서 특정 테마를 놓고 2명 이

---

* 기품이란

훌륭한 취향, 우아함, 균형·조화와 같은 의미로 쓰이기도 한다.

인생에서 중요한 걸음을 내디딜 때, 여유와 기품을 갖추고 행동하는 것이 중요하다.

기품은 우리의 행동거지에서 큰 실수가 없도록 하고, 발걸음을 굳건히 하고, 함께 하는 사람들에 대한 존경을 표하기 위해 갖춰야 할 기본적 자세이며, 절제된 동작과 집중력을 발휘해야만 발현되는 것이다.

상의 사람들이 각자의 견해를 발표하는 지상(紙上 / 誌上) 토론회의 뜻으로도 통용된다.

플라톤은 《향연》에서, '사랑'이란 처음에 육체미를 초월한 정신미(精神美)를 지향했는데, 다음은 이론미(理論美, 眞)를 지향하게 되고 마침내 행동미(行動美, 善)를 지향한다고 했다.

플라톤의 말처럼 생활 또는 학술상의 주요 문제를 공동의 장소에서 철저하게 토론하는 것이 심포지엄의 기본 정신이므로 이를 지향하려는 것이다.

이 책은 또한 질문과 토론 중심의 유대인 식 교육 방법인 '하브루타' 방식을 지향한다. 일반적으로 강의를 들으면 5%가 기억에 남지만, 서로 토론하고 설명하면 90%가 기억에 남는다고 한다. 학생들끼리 서로 토론하고 설명하면, 아는 것과 모르는 것을 스스로 정확히 알게 된다.

질문을 하고 토론을 하려면 생각을 해야 하니 두뇌가 끊임없이 활동할 수밖에 없다. '하브루타'를 꾸준히 하면 학생들의 잠자는 뇌

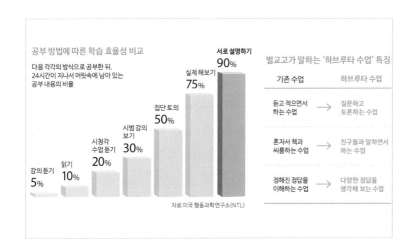

가 깨어나고, 창의성도 좋아진다. 학생들도 서로 대화하고 반박하며 다양한 풀이법을 스스로 익히게 되어 좋고, 교사들은 학생들의 창의력이 살아나 수업하는 게 재미있고 행복해져 좋다고들 말한다.

하브루타의 핵심은 '2명씩 짝을 지어 파트너십으로 공부하는 것'이다. 하브루타라는 말은 히브리어 '하베르(親舊)'에서 유래했다. 교사는, 학생들이 토론하다 막혔을 때 대답해 주는 정도만 개입한다. 교육 관련 전문가들의 얘기에 의하면, 전 세계적으로 노벨상을 가장 많이 배출하는 유대인의 창의성이 바로 이 하브루타 방식에서 나온다는 것이다. 하브루타(havruta)는 유대인 부모들의 들어주고 인내하고 기다리는 창의적인 아이로 키우는 유대인들의 지혜다.

2. 서로 다를 수 있음을 인정

세상만사에 대한 개인 소견이 옳으냐 그르냐를 따지기보다는, 이를 바라보는 각자의 경험·경륜 및 전문성에 따른 식견 차이로 서로 다를 수 있음을 인정할 필요가 있다.

(1) 사람이 웃을 때는 부정적인 생각이 들지 않는다고 한다. 반면에 부정적인 사람과는 자리만 함께해도 수명이 단축된다고 한다. 대체로 우리가 하는 걱정거리의 40%는 전쟁 등 일어나지 않을 것에 대한 것이라 하며, 30%는 이미 지나간 과거의 일이며, 22%는 아무것도 아닌 사소한 것이다. 4%는 날씨 등 걱정해도 어쩔 수 없는 것이요, 나머지 4%만 걱정하거나 고민해서 해결이 가능한 종류라는 것이다.

'일소일소, 일노일노(一笑一少, 一怒一老)'라는 말도 있다. 한 번 웃으면 한 번 젊어지고, 한 번 화내면 한 번 늙는다는 얘기다. 서로 다른 점을 인정하면서 웃으며 살아가야 한다.

(2) 임진왜란이 발발하기 2년 전인 1590년, 조선의 사절단이 일본을 방문했을 때의 얘기다. 대표단 단장인 황윤길과 부단장 김성일의 주된 임무는 외교 관계를 돈독히 하는 것이었다. 또 다른 임무는 당시 일본의 실력자 도요토미 히데요시의 조선 침략 음모와 계획의 진위를 탐지하는 것이었다.

귀국 후 황윤길은 도요토미가 반드시 조선을 침략할 것이라고 보고했지만, 부사 김성일은 전쟁은 없을 것이라고 딱 부러지게 보고했다. 같은 시대, 같은 왕조에서, 같은 외무직으로 벼슬을 하는 두 사람이 같이 일본 시찰에 나서, 동시에 같은 상대를 만났음에도 불구하고 소견이 이렇게 달랐다.

3. 아이러니 기법을 참고

'아이러니(irony)'라는 말은 1841년 덴마크의 철학자 쇠렌 키르케고르의 학위 논문 〈소크라테스의 아이러니가 지닌 진리성을 중심으로, 인간관계에서 아이러니의 적극적 의의를 파악〉이라고 쓴 데서 처음 등장한 것이다. 그 뜻은 모순, 반어, 역설, 이율배반 등으로 해석할 수 있다.

예컨대, '인간은 편리한 생활을 위해 자동차를 만들었으나, 지금은 오히려 아이러니하게도 자동차의 매연과 소음으로 심한 고통을 받고 있다'라고 말을 할 때, 자동차가 우리 인간에게 끼치는 양면성을 설명하는 매개체로 이 말이 사용될 수 있다.

작곡가 말러는 클래식 음악을 과거에 대한 숭배로 생각하고 그에 저항했다. 클래식 음악을 죽어가는 예술로 보고 도전하면서, 항상 열정적으로 현재에 살며, 창의성과 실험 정신에 따라 아이러니 기법으로 교향곡의 지평을 넓혀 왔다.

하이든, 베토벤, 브람스로 이어지는 정통 클래식 팬들은 정통성을 해치거나 경시한 말러의 아이러니 기법 교향곡에 대해 그리 긍정적인 평가를 하지 않지만, 그에게 찬사를 보내며 긍정적인 견해를 밝히는 작곡가들도 많다.

4. 멈출 줄 알아야 [知止]

이제는 우리 모두가 스타(STAR)가 되는 시대다. 스타란 Stop,

삼성은 대체 어떤 곳인가?

필자 주변의 친지(親知)들 중에는 격의(隔意)없이 '삼성이 대체 어떤 곳인가'에 대해 이모저모 궁금해 하며 물어 오는 사람들이 있기에, 이에 대한 답변을 어떻게 하는 게 좋을지 생각해 본 바, 어느 쪽으로 치우침이 없이 평소에 생각하고 있는 그대로를 진솔하게 '시스템적 사고'로 공정하게 답변하는 게 좋을 듯하여, 질문 내용을 다음의 네 가지로 간추려서 답변해 이해를 돕고자 한다.

첫번째 질문은, '아들이 미국에 유학하여 명문대학에서 석·박사 학위를 받고 귀국하려고 하니, 공사(公私)기업 등에서 비교적 좋은 조건으로 영입하려고 제안을 많이 받는데, 그중에서 여러 가지로 심사숙고해 본 결과, 아들을 삼성에 입사(入社)시키려 하는데 어떻게 생각하는가?'

집안이 어느 정도 지체 높은 내력이 있고, 남부럽지 않게 유복(有福)하여 먹고 살기에 아쉬움이 별로 없으면, 굳이 힘들게 일한다고 하는 삼성에 입사시킬 필요가 있겠는가? 좀 더 편하고 쉬운 곳에서 둥지를 트는 것이 좋지 않겠는가? 삼성에서 성공적인 직장생활을 하려면, 조직과 일에 대한 남다른 헌신과 자기희생이 없이는 어려울 것을 각오해야 할 것이다.
그러나 집안이 내세울 것도 별로 없고 가진 것도 별로 없으면서, '남 부끄럽지 않게', '남 부럽지 않게' 제대로 살아보고 싶다고 생각하며, 또한 사회적으로도 어느 정도 의미가 있는 존재가 되고 싶다면 한국 내의 어느 조직보다도 삼성을 선택하는 것이 좋을 듯하다. 상사(上司)에게 명절이나 생일 등이라고 본인이 일부러 초청하지 않는데 굳이 인사 갈 필요가 전혀 없으며, 평소 직무수행 중에도 눈치를 보거나 아부를 할 필요가 없이 소신껏 맡은 일을 잘해 공정하고 정당하게 평가받아, 본인의 역량과 성과만 높이면 본인이 바라는 것들이 충분히 이루어질 것으로 생각된다.

두번째 질문은, '아들이 지금 유망한 공기업에서 근무하고 있는데, 삼성에서 비교적 좋은 조건으로 스카우트 제안이 있어, 자식의 직장을 삼성으로 옮기도록 하려는데, 어떻게 생각하는가?'

일반적인 예를 보면, 삼성에서 자라서 다른 직장으로 전직한 경우에는, 전혀 다른 조직 분위기와 관행 등으로 숱한 어려움과 표현하기 어려운 상황에서 시련은 겪지만 그런대로 적응해 나가는 편이다. 그러나 그 반대의 경우에는 기존에 받던 급여 기타 근무여건보다 개선됨에도 불구하고, 치열한 경쟁과 끊임없이 요구되는 자발적 헌신과 냉혹한 인사 등으로 조직 분위기에 동화(同化)되지 못해 중도 탈락하는 경우가 대부분이다. 더욱이 상대적으로 안락하고 쾌적한 공기업에서 자란 사람은 삼성 조직에 적응해서 삼성의 강점과 장점을 소화·흡수하기가 쉽지만은 않은 게 현실인 것 같다.

Think, Ask & Answer, Refine & Reform의 머리글자를 딴 것이다. '하던 일을 잠시 멈추고, 깊이 생각하면서, 질의응답을 통해, 세련되게 가다듬고 개선·개혁해 나가자'는 일종의 구호다.

'삶이란 나아가는 것만이 능사가 아니다. 잠시 멈추고 도약을 위한 축적이 필요하다. 홍콩 최고의 갑부인 리자춘(李嘉誠)이 말했듯이 덫에 걸리지 않으려면, 잠시 멈춘 후 가만히 바라보는 시간도 필요한 것이다.

《명심보감》에는 지족상족 종신불욕, 지지상지 종신무치(知足常足 終身不辱, 知止常止 終身無恥)라는 말이 있다.

세번째 질문은, '세간(世間)에는 삼성에서는 사람을 비교적 잘 키운다는 말들을 많이 하는 것 같은데, 실제로 삼성에 입사해서 듣고 보고 배운 게 있다면, 그게 어떤 것들인지 비교적 자세하게 설명해 줄 수 있겠는가?'

관리의 삼성, 조직의 삼성, 교육의 삼성, 인재의 삼성, 돌다리도 두드려 보고 건너려 하는 완벽주의, 항상 남들보다 한 발 앞서거나 더 잘해야 한다는 제일주의 추구 외에도, '시스템이 잘 짜여져 있는 것 같다'라는 등등의 말들이 많이 들리는 건 사실이지만, 그것은 보는 사람의 전문 분야나 경험과 경륜, 입지(立地) 및 중시(重視)하는 가치관과 기업관 등등의 차이에 따른 코멘트일 것이다.
삼성 출신의 입장에서 보면, 관점에 따라서는 일면(一面) 일장일단(一長一短)이 있겠지만, 대체적으로 타당한 표현들이라고 생각한다. 그러나 필자에게 개인적으로 질문하신다면, 제가 삼성에서 보고 듣고 배우거나 업무수행 과정에서 터득하여 배운 것을 포함하여 제 나름으로 총정리해서 한마디로 요약해 말씀드린다면, 저는 '시스템적 사고'라고 표현하고 싶고, 이것이 제가 삼성에서 배운 것의 거의 전부라고 해도 과언(過言)이 아니라고 생각한다.

네번째 질문은, '삼성 출신(OB)들은 여러 가지 사유로 삼성을 사직(辭職)하고 떠난 후에도 대체로 삼성을 나쁘게 말하거나 비난하는 사람들이 많지 않은 것 같은데, 왜 그렇다고 생각하는가?'

대부분의 임직원이 알고 있는 삼성의 인사관리의 대강(大綱)은 능력주의·적재적소(適材適所)·신상필벌(信賞必罰)이라고 말씀드릴 수 있으며, 이것은 일반적으로 예외 없이 엄정하고 공정하게 집행되고 있다고 믿는 분위기다.
또한 경영관리 시스템이 정교하고 사이클이 짧을 뿐 아니라, 이에 의한 구성원의 역량평가와 성과평가 및 이에 따른 금전적·비금전적 보상관리 또한 비교적 엄정하고 공정하게 집행되고 있다고 믿는 분위기다. 조직 내에서 평가 관리와 보상 관리가 엄격하고 공정하다는 것은 봉급 생활자들이 견뎌내기 어려운 점이기도 하지만, 그 이상으로 누릴[enjoy] 수 있는 최대의 강점이요 장점이라고 보는 듯하다.
조직에 대한 충성심 또한 끊임없는 자기 개발에 의한 본인의 높은 역량 축적과 자발적 헌신에 의한 고성과 창출로 표현되는 것으로 충분하다고 보며, 이는 본인의 장래를 위한 자질(資質) 상의 문제라고 믿고 받아들이는 분위기다.
조직 분위기가 이러하다 보니 조직이 자연히 비교적 청결하며, 이러한 모든 것들이 바로 정도경영(正道經營)의 진정한 모습이며 본질이라고 인식하고 있는 듯한 분위기다. 이런 직장에서 인생의 황금 시기를 보낸 만큼, 이를 부정하거나 비난하고 욕하는 것은 '누워서 침 뱉는 격(格)'이라고 보는 듯하다.

* 지어지선(止於至善)

《대학》의 3강령·8조목에 나
오는 말이다.
3綱領
① 밝은 덕을 밝힘 (明明德)
② 백성을 새롭게 함
  (親民, 親而新)
③ 지선의 경지에 머묾
  (止於至善)

만족할 때를 알아서 만족하며 살면 종신토록 욕된 일을 당하지 않고, 멈출 때를 알아서 멈추며 살면 종신토록 부끄러운 일을 당하지 않는다는 뜻이다. 유학(儒學)의 고전인 《대학(大學)》에도 지선의 경지에 머문다(止於至善)*는 말이 나온다.

휴식으로 에너지를 충전하라

휴식이 없는 삶은 불가능할뿐더러 비정상적이다. 비정상적인 것은 지속될 수 없다.

아무리 붙잡고 애를 써도, 쉬지 않고 짐을 짊어진 채로 살 수는 없다. 거문고 줄을 늘 팽팽한 상태로 조여 놓으면, 마침내 늘어져서 제소리를 잃게 되듯, 쉼을 거부하는 삶도 종국에는 실패로 끝나고 만다.

쉼은 자연스러운 것이다. 삶의 정지가 아니라, 삶의 훌륭한 한 부분이다. 쉼이 없는 삶은 삶이 아니라, 고역일 뿐이다. 아무리 아름다운 선율도 거기서 쉼표를 없애버리면 소음에 불과하다. 따라서 '쉼'은 그 자체가 멜로디의 한 부분이지, 별개의 여분이 아니다.

그릇은 가운데 빈 곳이 있음으로써 그릇이지, 그렇지 않으면 단지 사기나 금속 덩어리에 불과한 것처럼, 우리가 지친 몸을 쉬는 방(房)도 빈 곳을 이용하는 것이지, 벽을 이용하는 게 아니다. 그러므로 텅 빈 곳이나 여백은 쓸모없는 것이 아니라, 오히려 더 유용한 것임을 알 수 있다.

삶의 빈 곳 역시 그러하다. 그래서 잠시 멈추어 쉬는 것이 매우 소중하다. 꼭 붙잡고 있으면 '짐 진 자'요, 내려놓으면 해방된 사람이다. 내려놓기를 거부하는 사람은 자유와 해방을 쫓아내는 사람이요, 스스로 노예이기를 원하는 사람일 뿐이다.

'산은 날 보고 산 같이 살라 하고, 물은 날 보고 말없이 물처럼 살라 하네.'라는 선시(禪詩)의 한 구절이 있다. 산은 거기 우뚝 서 있으면서도 쉬는 것이요, 물은 부지런히 흐르고 있으면서도 쉬는 것이다.

뚜벅뚜벅 걸어가면서도 '마음을 놓고 가는' 사람은 쉬는 사람이다. 잠시 멈춰 쉼을 통해 삶은 더욱 살지고 빛나게 되며, 풍요와 자유를 함께 누릴 수 있게 된다.

쉼은 놓음이요, 마음이 대상으로부터 해방되는 것이다. 마음으로 짓고, 마음으로 되받는 관념의 울타리를 벗어나는 것이다.

쉼에는 어떤 대상, 즉 고정된 생각이나 모양이 없다. 다만 흐름이 있을 뿐이다. 대상과 하나가 되는 흐름, 저 물 같은 흐름이 있을 뿐이다. 그래서 쉼은 큰 긍정이다. 오는 인연을 막지 않는 긍정이요, 가는 인연을 잡지 않는 긍정이다.

산이 구름을 탓하지 않고, 물이 굴곡을 탓하지 않는 것과 같은 것, 그것이 곧 긍정이다. 시비(是非)가 끊어진 자리, 마음으로 탓할 게 없고 누구나 바라고 원하는 자유와 해방의 길은 조용히 바라보며 세속에 물들지 않고 매달리지 않는 '멈춰 쉼'에 있다.

5. 인문 고전 탐독하기

우리나라를 대표하는 기업가 두 사람을 꼽는다면 고 이병철 회장과 고 정주영 회장이다.

이 두 분의 공통점은 이미 10대 초반에 웬만한 동양 고전을 다 떼었다는 것이다. 공교롭게도 이 두 분의 할아버지들은 모두 서당을 운영했다. 따라서 손자들은 매일 회초리를 맞아가며 동양의 고전을 치열하게 읽었다.

고 이병철 회장은 자신의 모든 경영비법은 논어에서 나왔다고 술회한 적이 있다. 이건희 회장에게 경영권을 넘기면서 추천한 책이 딱 한 권 있었는데 그것이 바로 논어였다.

고 정주영 회장도 마찬가지다. 사업을 하면서 난관을 만날 때마다 어렸을 때 읽었던 고전의 지혜가 큰 힘이 되었고, 그 지혜를 통해 오늘날의 현대를 만들 수 있었다고 자서전에서 직접 술회한 바 있다.

요즘 젊은 사람 중 10대 초반에 치열하게 고전을 읽어본 사람이 얼마나 될까. 인문 고전을 읽고 회사에 다니는 것과 읽지 않고 다니는 것은 분명히 큰 차이가 있을 것이다. 당장은 이 격차가 두드러지지 않을지라도 10년쯤 후 이 두 그룹의 차이는 엄청나게 벌어질 것이다.

홍콩의 최고 갑부라는 리자춘(李嘉誠) 회장도 마찬가지로 유교 전통이 가득한 가정에서 자랐다. 아버지가 굉장한 인문학자라서 어렸을 때부터 인문 고전 교육을 치열하게 받았고, 지금도 매일 동양 고전을 정독하며 매주 토·일요일은 손자들과 인문 고전을 읽고 토론하는 시간을 가진다고 한다. 찻잎을 따는 노동자로 시작하여 아시아 최고의 갑부가 될 수 있었던 것은 바로 동양 고전의 힘이 아니었을까.

키네시스(Kinesis)

아리스토텔레스의 목적론적 운동을 말한다. 어떤 가능성이 있는 사물, 즉 잠재태가 목적을 완전히 실현한 상태(현실태)로 나아가는 과정이다. 예컨대 '등산의 목적은 정상에 오르는 것'처럼 정해진 목적을 향해 가는 운동을 일컬을 때 쓰는 말이다.

에네르게이아(Energeia)

현실태라고 하여, 키네시스 중 목적의 완성보다는 '실현해 나가는 활동'에 초점을 맞추는 용어.
실현되어 가고 있는 상태, 즉 과정에 있음을 뜻한다. 실행되고 있는 동시에 존재하고 있는 과정 그 자체로 완전한 가치를 지닌다고 인식하는 것이다. 등산의 경우, 그 목적은 정상 정복이 아니라, 등산 그 자체라는 것이다.

후회는 자신을 고문하는 짓

괴테의 책에는 '조심해서 말
위에 안장을 얹어 놓아라.
그다음에는 대담하게 말을
몰아라.'라는 말이 나온다.
일을 시작하고 최선을 다한
후에 실패하면, 그다음은 깨
끗이 잊어야 한다.
사람의 일이란 우연과 착오
가 늘 곁에 따라다닌다. 우
리는 불행한 일을 당하거나
자기가 하는 일이 좌절되면,
'이렇게 될 줄 몰랐다.'라거
나 '그렇게 하지 않았더라면
이 정도까지 되지는 않았을
텐데…' 하며 후회한다. 그
러나 그런 후회는 스스로 자
신을 고문하는 짓이나 마찬
가지다.

'기업을 경영하고 있는 것도 아닌데 인문 고전이 나와 무슨 상관이 있느냐'고 생각할 수도 있다.

그러나 사람은 누구나 스스로를 경영하며 살아가는 존재다. 나의 하루, 나의 일주일, 나의 일 년, 나의 십 년을 계획하는 게 바로 경영이다. 우리는 또한 가정도 경영해야 한다. 학교 선생님이라면 학교의 아이들을 경영해야 할 것이다.

'지혜는 어디서 얻을 것인가'라고 자문할 때, 그 답은 인문 고전에 모두 들어 있다. 이제 나 자신을 위한, 나 자신의 경영을 위한 인문 고전 독서를 해 보자.

역사는 긍정적인 사회 변혁의 편이라는 말이 있다. 이 말의 깊은 뜻을 마음에 새기고, 큰 눈으로·높게·넓게·멀리 바라보며 시스템적 사고로 일상을 열정에 찬 삶의 연속으로 엮어가면서 의미 있는 일을 수행해 나가기 바라며, 경이롭고 멋진 경력을 쌓아가길 바란다. 그런 가운데 우리 모두의 삶이 이런 방향으로 밝고 힘차게 전개되도록 하는 데 이 책이 도움이 된다면 더없는 영광으로 생각하겠다.

2 성공적인 삶을 위한 해법

1. 성공적인 삶이란?

살아 있다는 것은 일을 하거나, 사건(events)을 처리하거나, 당면 상황을 헤쳐나가고 있음을 의미한다. 이런 것을 회피하거나 하지 않는 것은 오직 무덤 속이나 저승에서나 가능할 뿐이다. 다만, 삶을 받아들이는 관점이나 태도에 따라서는 얼마든지 잘할 수도 있고, 잘못할 수도 있을 것이다.

어떻게 하면 가정 생활·직장 생활·사회 생활을 잘할 수 있으며, 학문·수양·사랑·일·출세·여가·취미 활동·기타 등등 인생살이를 잘할 수 있겠는가?

(1) 우선, 삶에 관한 생각이 긍정적·찬미적(讚美的)이어야 한다.

옛말에 이르기를 '개똥밭에 뒹굴어도 이승이 낫다.'라고 했다. BC 800년 무렵 그리스의 호메로스도 《오디세이아》에서 비슷한 이야기를 한다.

오디세우스가 저승에서 아킬레우스를 만나는 대목에서 그에게 물었다.

불요파 불요회
(不要怕 不要悔)

중년 이전에는 펼쳐질 미래
를 두려워 말고,
중년 이후에는 지난 날을
후회하지 말라는 뜻이다.

"인간에게 가장 소중한 일
은 언제나 탁월함에 대해 논
하고, 자신과 이웃을 성찰하
는 것이다. 숙고하지 않는
삶은 살아갈 가치가 없다.
(The unexamined life is
not worth living.)
　　　　　– Socrates

"당신은 살아 이승에 있을 때도 굉장히 높임을 받았는데, 죽어 저
승에서도 죽은 자들의 왕 노릇을 하고 있으니 얼마나 좋으냐?"고.

그러자 아킬레우스가 대답해 말했다.

"죽어서 모든 사람을 다스리는 것보다는, 살아서 빈천한 농사꾼
밑에서 노예가 되어 햇빛을 받으며 쟁기 뒤를 따라가는 것이 그래도
훨씬 더 낫다."라고.

삶이 그토록 소중하고, 살아서 햇볕을 쬐는 일이 그렇게도 절대적
인 가치를 갖는 것이라면, 고통과 번민 따위는 부정하고 잊어버려야
할까? 아니면 고통과 번민의 과정과 광경을 기억하면서 그것도 인생
의 참된 핵심의 일부임을 망각하지 말아야 할까?

어느 쪽이 더 인간다운 자세이고 진실한 삶의 길인지 모르겠다.
죽음을 피하지 않고 마주하는 것, 죽을 수밖에 없는 인간이라는 것
이 과연 무엇이며, 죽어야 할 존재이기 때문에 어떻게 살아야 하는
가를 생각하게 하는 대목이다.

(2) 다음으로, 성공적으로 살기 위해서는 삶에 대한 자세가 근면·
성실해야 하며, 삶에 임하는 기본자세가 반듯해야 한다. 매사에 일
관되게 주체성이 강하고 진지해야 하며, 두 번째는, '시스템적 사고'
와 'Sponge 정신'으로 남의 말을 잘 듣고[傾聽], 논리적·합리적이라
고 생각되면, 상대가 누구이든 잘 받아들여서[受容], 유연하고 탄력
적으로 자기 정체성을 확충해야 한다는 뜻이다.

(3) 마지막으로 생업과 직장에서 반드시 성공해야 한다.

그렇게 하려면 기본적으로 일과 직장 생활에 전력투구하여 상당
한 성취와 성과를 거두어야 한다. 강한 소신과 신념과 열정을 갖고,
현재 맡은 일과 미래지향적·창의적인 혁신에 매진해야 할 것이다.

존 웨슬리(John Wesley)는 1703년 영국에서 태어나 감리교를 창시한 신학자이자, 근대 복음주의적 기독교 부흥을 이끈 목사다. 영국 성공회 소속이었으나 형식적인 신앙을 탈피하고 중생의 경험을 토대로 영국과 미국을 순회하며 뜨거운 은혜 설교를 한 깨끗하고 경건한 생활로 사회개혁을 이룬 실천적 신학자이다.

그는 사람이 행해야 할 규칙으로 다음의 여섯 가지를 주창했다.

① 할 수 있는 모든 선(善)을 행하라!

② 할 수 있는 모든 방법으로,

③ 할 수 있는 모든 장소에서,

④ 할 수 있는 모든 시간에,

⑤ 할 수 있는 모든 사람에게,

⑥ 할 수 있는 모든 성의를 다해서!

기독교 신자가 아니더라도 우리 모두 되새겨봐야 할 덕목이다.

2. 인간관계를 소중히 여김

성공한 인생을 산 사람들은 대부분 인간관계를 소중히 여겨 다음과 같은 습관을 평생 지니고 살았다.

(1) 타인을 무조건 인정한다.

남을 볼 때 항상 미소지으며, 무조건 긍정적으로 인정한다. 모든 사람은 잠재의식 속에 다른 사람이 조건 없이 받아들이기를 원하는 욕구가 있기 때문이다.

(2) 매사에 감사한다.

감사할수록 좋은 결과는 더 많이 일어난다. 그들이 한 행동이나 말·자질에 감사할 때, 사람들의 자부심은 고양되고, 나의 자부심 또

5복(福)

5복이라는 말이 처음 나타난 것은 4서 3경의 『서경(書經)』이다.
인생의 바람직한 조건인 ①수(壽), ②부(富), ③강녕(康寧), ④유호덕(攸好德), ⑤고종명(考終命)의 5가지를 뜻한다.
① 수(壽)는 천수를 누려 장수한다는 뜻이다.
② 부(富)는 아쉬움 없이 남부럽지 않게 넉넉하게 산다는 뜻이다.
③ 강녕(康寧)은 아무 탈 없이 건강하고 안정되게 산다는 뜻이다.
④ 유호덕(攸好德)의 유(攸)는 닦는다는 뜻이며, 좋은 덕을 닦는 것을 말한다. 우리가 살면서 꼭 행해야 할 것은 남에게 베풀고 이웃과 나누는 덕(德)이라는 뜻이다.
⑤ 고종명(考終命)은 타고난 천수(天壽)를 다 누리고, 고통 없이 편안하게 자기 집에서 깨끗하게 죽음을 맞이하는 것을 의미한다.

한 고양된다.

(3) 구체적으로 칭찬한다.

에이브러햄 링컨은 "모든 사람은 칭찬을 좋아한다"고 했다. 대상 구분 없이, 외모·옷차림·남의 자식 등을 구체적으로 칭찬한다. 반복해서 계속 칭찬해 줘, 칭찬이 습관화하도록 한다.

(4) 상대방의 제안에 동의한다.

사안(事案)의 대소(大小)와 관계없이 동의해 줘, 상대가 고맙고 중요

판도라의 상자와 희망

신화에서 제우스는 판도라를 내려보내어 프로메테우스의 동생 에피메테우스와 결혼시킨다. 프로메테우스가 불을 훔쳐다가 인간에게 갖다줌으로써 인간이 독립성을 가지게 된 것에 대해 보복하기 위해서였다. 제우스는 판도라에게 상자 하나를 들려 보내면서, 절대로 열어 봐서는 안 된다고 신신당부했다. 그러나 성서(聖書)의 이브처럼 판도라 역시 호기심을 억누르지 못해 더는 참지 못하고 상자의 뚜껑을 여는 순간, 세상의 모든 죄악이 튀어나와 인간 세상을 뒤덮었다. 그때 상자 안에 단 한 가지 남은 것이 있었으니, 그게 다름 아닌 희망이었다.

그러므로 모든 것이 아무리 절망적일지라도, 슬프고 무기력한 감정이 온 전신을 짓누를지라도, 지금 이 순간 나아질 것은 아무것도 없으리라는 확신이 철저히 마음을 지배할지라도, 살아있게 하는 단 하나의 힘인 희망을 결코 포기할 수는 없는 것이다.

'57센트의 기적'

1886년 무렵, 미국 필라델피아 시의 변두리 외진 곳에 조그만 교회가 세워져 있었는데, 이 교회에서는 어른 중심으로 예배가 드려졌다. 당시 그 교회에는 어린이를 위한 교육관이 없었던 형편이어서 좁은 공간에서 많은 아이들이 북적거렸다. 공간이 너무 좁아서 새 학생은 받지 못하고, 새로 아이들이 오면 번호표를 주어 '자리가 비면 순서대로 부르겠다'고 약속하고 집으로 돌려보내곤 했다.

교회에서 연락이 오기를 손꼽아 기다리던 한 소녀는 교회를 가고 싶었으나 불러 주지 않아 끝내 교회 출석의 꿈을 이루지 못한 채 질병으로 죽게 되었다. 그런데 죽은 그 아이의 베개 밑에는 목사님께 쓴 편지와 함께 57센트의 돈이 들어 있었다. 편지의 내용을 이러했다.

"목사님, 저는 교회에 너무나 가고 싶었으나 예배실이 너무 좁아 자리를 기다리는 아이입니다. 제가 먹고 싶은 것 사 먹지 않고, 모은 돈을 드리니 이 돈으로 큰 예배당을 지어 모든 어린이들이 함께 예배드릴 수 있게 해 주세요." 목사님은 이 편지를 그 아이의 장례식에 모인 모든 교인들 앞에서 눈물로 읽었다. 그 자리에 모인 사람들은 아이의 무덤 앞에서 꼭꼭 감춰둔 그들의 돈 주머니를 열기 시작했다. 그 후 큰 교회와 멋진 교육관을 지어 입당예배를 드렸다. "57센트의 기적"은 여기서 끝나지 않았다. 가난으로 치료받지 못해 죽은 소녀를 기리기 위해 "선한 사마리아 병원"이 세워져, 그 병원은 주위 극빈자들에게 무료로 치료를 해주게 되었다.

죽음 앞에서 친구들을 기억하며 쓴 한 장의 편지와 57센트의 헌금은 큰 기적을 이루어 마침내 템플교회가 지어졌고, 그 후 이 교회는 필라델피아의 템플대학교(Temple University)와 템플대학병원(Temple University Hospital)으로 성장했다. 템플대학교는 재학생이 36,000명에 달하고, 전 세계 대학 중 300위 권에 드는 명문 대학으로 알려져 있다.

아무리 어려운 지경에 처하더라도 희망의 끈을 놓지 않아야 함을 역설하는 얘기다.

한 사람이라고 느끼게 한다.

(5) 상대방의 말을 경청한다.

　남이 얘기할 때는 반드시 집중한다. 대답하기 전 3초 정도 멈추고 당신이 하고자 하는 말을 분명히 해서, 대화 중에 질문할 때는 대화의 주도권을 갖고, 상대방이 한 말을 자신의 언어로 되새긴다. 경청하는 사람은 어디서나 환영받기 때문이다.

생활의 지혜 아버지의 유산

옛날 어느 고을에 지혜롭고 의술이 뛰어난 명의가 한 사람 살고 있었다. 그는 여러 자녀를 두었고 생활은 그리 넉넉지는 않았지만 자녀들 공부도 할만큼 다 시켰고, 의술은 남보다 뛰어났지만 그렇게 부자는 아니었다. 돈이 없어 치료를 못하는 사람들을 위해 항상 외상으로 치료를 해 주었기 때문이다. 그래서 그 집안에 보물 제1호가 외상 장부였다. 자식들은 아버지가 돌아가시고 나면, 물려받을 재산이 별로 없다는 것이 항상 불만이었다. 그렇게 세월이 흘러 아버지도 어쩔 수 없이 노환으로 드러눕게 되었다. 아버지는 아들들을 불러 놓고, 유언을 할 테니 꼭 들어주어야 한다고 당부했다. 자식들은 무엇이든지 다 들어드리겠다고 얘기했다. 아버지는 가쁜 숨을 몰아 쉬면서, "내 외상 장부를 가져오너라." 자식들은 혹시나 외상값을 받아 쓰시게 하려나 보다 하고 귀를 기울였다. 아버지는 "이 외상 장부를 태워라. 그래야 내가 편히 눈을 감을 수 있을 것 같다." 자식들은 "아버지 이것만은 안 됩니다. 이것은 아버지께서 저희들에게 남기시는 가장 큰 유산입니다."라고 극구 반대하며, 아버지와 실랑이를 하고 있었다. 아버지는 혼신의 힘을 다해 간절한 바램으로 또 다시 절규하듯이 말했다. "태워라. 태워야 한다. 너희들을 위해서라도 태워야 한다." 자식들은 어쩔 수 없어 눈물을 삼키며 외상 장부를 태웠다. 그 후 마을 사람들은 그 명의의 아들이 지나갈 때마다 칭송이 자자했다. 그 아버지의 자녀라는 것 하나만으로. 그러면서 외상을 진 환자들은 병이 다 완쾌된 후 외상값을 가지고 하나 둘 몰려 들었다. 외상값이 얼마나 많았던지 그 외상값을 줄이려고 줄을 이었다고 한다. 지혜로운 명의 아버지는 재산만 물려 준 것이 아니라, 결과적으로 명예와 재산을 한꺼번에 다 물려주고 돌아가신 진정 위대한 유산이었던 것이다. 지혜란 이와 같이 금·은·보화보다 더 귀하고, 돈으로도 살 수 없는 소중한 것이다.

생활의 지혜 일상생활에서 지켜야 할 도리(道理)

第1道- 언도(言道) : 말 수(數)는 줄이고, 소리는 낮추어야 한다.
第2道- 행도(行道) : 행동은 느리게 하되, 행실(行實)은 신중해야 한다.
第3道- 금도(禁道) : 탐욕을 금하라. 욕심이 크면 사람이 작아 보인다.
第4道- 식도(食道) : 먹는 것으로 산다. 가려서 잘 먹어야 한다.
第5道- 법도(法道) : 삶에 규모를 갖추는 것이 풍요로운 삶보다 진솔하다.
第6道- 예도(禮道) : 사람에게는 갖추어야 할 예절이 있다. 대접만 받으려 하지 마라.
第7道- 낙도(樂道) : 삶의 즐거움은 맑고 깨끗한 간결한 삶에 있다.
第8道- 절도(節道) : 삶의 아름다움은 욕망을 채우는 것이 아니라, 절제하는 삶에 있다.
第9道- 심도(心道) : 삶의 결실은 마음가짐에 있나니, 마음을 비우면 세상이 넓어 보인다.
第10道- 인도(忍道) : 일생을 살아감에 인내가 필요하다. 참지 못하면 허튼 실수가 많게 된다.
第11道- 학도(學道) : 나이 들어 경험을 쌓고 터득한 것이 많아도, 배울 것이 훨씬 더 많다.
第12道- 기도(棄道) : 잡고 있던 것들을 언제 놓아야 하는 지, 이것이 마지막 도(道) 이다

③ 바른 교육과 바른 학습

1. 바른 교육이란

교육이란, 식견을 넓히고 사색 능력을 길러서, 개인과 사회에 대해 성숙하고 세련된(civilized) 생각을 할 수 있고, 사물에 대한 분별을 제대로 올바르게 할 수 있도록 돕는 것이다.

과거의 교육 수단이 고전(古典)과 대가(大家)들의 가르침이었다면, 요즘은 인터넷과 대중 강연 등의 뉴미디어가 이를 대신하고 있다. 뉴미디어는 초보적인 교육에는 효과적이라고 할 수 있지만, 고급의 섬세한 교육은 제공하기는 어려운 것 같다.

교육은 정보나 의견 전달이 전부가 아니고, 에토스(Ethos)*가 중요한데, 이는 대면(對面) 대화가 아니고는 제대로 전달되거나 길러지기가 매우 어렵다.

> *에토스(Ethos)
>
> 개인적으로는 성격이나 습성 따위의 특성을 의미하며, 사회적으로는 도덕적 관습이나 기풍 등을 의미한다

쏟아지는 정보와 다양한 의견을 평가하는 능력이 중요해지고 있는 요즘, 대다수 사람이 대중매체의 영향을 많이 받고 있지만, 그 내용의 함의(含意)나 가정(假定)에 대해 깊이 생각하지는 못하는 듯하다. 소란스러운 소통의 시대에는 분별능력이 소중해 지고 있다. 특정 분야의 전문적인 지식과 기술도 중요하지만, 삶의 기초와 기본에 해당

하는 창의력, 문제 해결력, 타인과 공감하고 협업하는 능력을 갖춘 인재를 많이 길러내는 것이 더 중요하다. 이것이 곧 지향해야 할 교육정책의 목표여야 한다.

결국, 바른 교육이란 공부해야 할 구체적인 내용을 잘 짚어주고 가르쳐 해법을 알려주는 것도 중요하지만, 더 중요한 것은 확실한 개념과 원리, 구체적인 방법을 제대로 가르쳐서, 혼자서도 충분히 사색하고 분별해서 실행할 수 있도록 도와주는 것이다.

2. 바른 학습이란

전문가가 되려면 해당 분야에 대한 열정뿐만 아니라, 그 분야에 필요한 전문적 지식을 숙성시키는 절대 시간이 필요하다. 마치 겉절이는 금방 쉽게 만들 수 있지만, 김치는 이와 달리 오랜 시간 정성 들여 숙성시켜야 비로소 제맛이 나는 것과 같은 이치라고 할 수 있다.

사람들은 남의 지식과 정보에 빠르게 접속하고 다운로드 하지만(學), 접속한 정보의 함의(含意)나 가정(假定)에 대해 깊이 생각하며 본인의 것으로 차근차근 소화해 익히는 습(習)의 활동에는 시간과 노력을 별로 기울이지 않는 경향이 있는 것 같다.

결국, 바른 학습이란, 일찍 빠르게 배우고(學), 때때로 차근차근 익히는(習) 것이며, 그것이 바른 학습의 진면목이요 지름길인 셈이다. 그러나 빠르게 배우기(學)만 하고, 때때로 차근차근 익히는(習) 노력을 게을리하면, 절름발이 학습(學習)이 되기 쉬운 법이다. 괴테도 말했듯이 능력은 학습의 산물이요, 가장 유능한 사람은 끊임없이 배우는 사람이다.

우회(迂廻)의 지혜란 직선로를 피하고, 우회 전략을 통해 목표 지점에 좀 더 빨리 효율적·효과적으로 안전하게 도달할 수 있는 지혜를 말한다. 이러한 우회축적이 빛을 발하기 위해 필수적으로 요구되는 것은 '기다림과 느긋함'이다. 왜 직선 항로를 택하지 않느냐고 채근하는 분위기 속에서는 우회축적 자체가 말처럼 쉽지 않다.

학습 활동을 통해 새로운 지식을 창조하기 위해서는, 우회의 지혜와 숙성의 여유가 필요하다. 이 세상의 모든 아름다움은 대개 곡선으로 이루어져 있음을 보면 짐작할 수 있다. 찰나의 깨달음과 번뜩이는 통찰력은 순간적인 직선이지만, 거기 이르기까지의 긴 여정은 곡선의 우회적 성찰과 기다림의 과정이 있어야 한다.

이처럼 우회의 지혜를 얻기 위해서는 우선, 목표에 대한 분명한 인식이 있어야 한다. 그리고 목표 달성을 위해 필요한 요건은 무엇인지 정의해 두어야 한다. 또한 목표를 달성하기 위해 투입·감수할 수 있는 자원의 크기와 범위 및 효율과 속도 등의 반대급부를 비교해서 생각해 두어야 한다.

매는 하방(下方)낙하하면서 급속히 속도가 붙는다. 낙하 에너지를 이용해 빠른 시간 내에 속도를 확보하고 그 가속도를 이용해 전진하는 것이 전체적인 시간을 줄이는 데 기여하기 때문이다.

매는 수직 강하 비행 과정에서 지구의 중력 에너지를 자신의 비행 과정에 축적하여, 자신의 비상(飛翔) 능력을 훨씬 능가하는 에너지를 축적함으로써 막대한 에너지를 갖게 된다. 이렇게 축적된 막대한 에너지와 속도를 갖는 매는 비행 방향을 수평 방향으로 변환만함으로써, 에너지 양의 손실이 없이 그대로 수평 비행 에너지와 속도로 변환시킬 수 있게 되는 것이다.

담언미중(談言微中)
우직지계(迂直之計)

춘추전국시대 경공 때 안영의 얘기.

춘추전국시대 제(濟)나라의 유명한 정치가 안영이 제나라 왕 경공을 모실 때의 일. 어느 날 왕이 사냥을 나갔는데 사냥지기가 자신의 임무를 다하지 못하고 부주의로 왕이 사냥한 사냥감을 잃어버렸다. 왕은 화가 머리끝까지 나서 그 자리에서 사냥지기의 목을 베라고 명령했다.

같이 사냥을 나갔던 주변의 신하들은 모두 어찌할 바를 모르고 바라보고만 있었다. 이때 안영은 경공에게 직접 충고하지 않고 우회하는 전술인 '우직지계(迂直之計)'를 선택하였다.

곧장 가는 것보다 우회하는 것이 효과적이라는 《손자병법》에 나오는 계책이다.

여기에서 수직 강하 과정은 에너지의 축적 과정이 되고, 수평 비행 과정은 에너지의 발산 과정이 된다. 이때 축적되는 에너지는 강하 고도와 강하 시간이 크면 클수록 커지는 것이며, 지구 중력 계수의 배수(倍數)로 커지게 된다.

이와 같은 원리를 항공기 등에서는 고고도 급강하 폭격(High Altitude Dive Bombing)에 이용하고 있다. 같은 중량의 폭탄이라 할지라도 이 우회축적의 원리로 그 추진 에너지가 증대하는 점을 이용하는 것이다.

우회축적이란, 말 그대로 '돌아서 갈 때의 힘의 비축'을 의미한다. 직선 항로를 택하지 않고 곡선 항로로 우회하면서 그 과정에서 힘을 얻어 남은 비행을 더 빠른 속도로 완수하는 것이 우회축적의 매력이다.

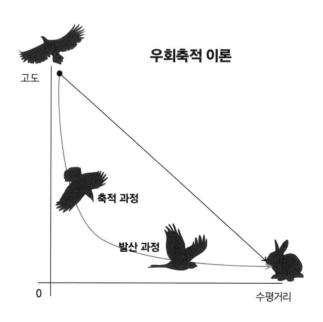

우회축적 이론

고도

축적 과정

발산 과정

0   수평거리

4. 우회생산`

우회의 지혜는 생산 현장에서도 그 힘을 발휘한다. 우회생산 [round—about production]이란, 소비재의 생산에 사용될 본원적 생산 요소인 사회적 노동력의 일부를, 최종 목적에 대해서는 간접적인 것에 지나지 않는 생산수단의 생산에 사용하여, 즉 그 사용을 우회시킴으로써 한층 더 많은 이익을 얻으려는 생산 방법을 말한다.

우회생산의 원리에 관한 로셔(Roscher, W.G.)의 예증(例證)을 인용하면, 직접적인 노동 투하, 예컨대 맨손을 사용하여 매일 3마리의 생선을 잡는 어부가 그의 노동력 일부를 어선이나 어망의 제조에 바친 후, 그것을 사용하여 생선을 잡는다면 매일 30마리의 어획을 올릴 수 있다고 한다.

다시 말하면 생산수단을 먼저 만든 다음, 그것을 이용하여 이루어지는 생산 방법이다.

생활에 필요한 제품 대부분을 노동으로만 직접 생산하는 것이 아니라, 완성품을 생산하기 위한 도구·기계·설비 등의 생산수단을 먼저 생산한 후, 이를 이용하여 완성품을 생산하게 되므로 작업 과정의 단순화·숙련도 향상뿐만 아니라, 설비 개량 및 이동 시간의 단축

히딩크의 우회전략

스포츠계에서도 이처럼 우회의 지혜를 발휘한 사례가 있다.
2002년 한일 월드컵을 앞두고 히딩크 감독은 기초 체력 전문가 레이먼드를 유럽에서 초빙하여 처음 1년 동안에는 집중적으로 기초 체력 훈련만 쌓았다. 기초 체력을 다지는 기간 동안은 다른 훈련을 그만큼 하질 못하고, 따라서 국제 경기마다 팀은 번번이 큰 점수로 참패했다.
그러나 히딩크는 개인기·팀워크·작전 등이 아무리 훌륭해도, 그것을 체력이 뒷받침할 수 없으면 팀은 결국 무너지고 만다는 신념을 갖고 있었기에 한국 축구팀이 기초 체력부터 세계 정상급이 될 수 있도록 돌아가는 전략을 택했던 것이다.
히딩크는 신념을 가지고 있었기에 흔들림 없이 프로그램대로 착실히 진행하고 1년이 지나고 나서 목표치에 기초 체력이 도달하고 나서야 전술 훈련에 매진했다. 결과는 우회(迂廻)의 지혜로 사상 처음 월드컵 4강에 진출한 것이다.

등으로 작업 수행이 신속하게 이루어짐에 따라 생산 능률이 현격히 향상된다.

우회생산의 각 공정은 분업 때문에 생산 능률이 높아지므로, 경제의 발전과 더불어 우회생산과 분업은 점점 고도화되어 가지만, 한편으로는 각 공정이나 각 산업의 상호 유기적인 연결의 강화와 복잡한 생산구조의 출현으로 그 조정이 중요한 문제로 대두되고 있다.

아담 스미스는 《국부론》에서 안전핀 생산의 분업 사례를 들고 있다. "핀을 만드는 데 익숙하지 않은 사람은 하루에 한 개의 핀을 만들기도 어렵겠지만 여러 사람이 나누어서 철사를 늘이고, 펴고, 끊는 과정을 18개 작업으로 나누어, 10명의 사람에게 핀을 만들게 하면, 하루에 무려 48,000개의 핀을 만들 수 있다는 것이다. 즉, 한 사람이 4,800개의 핀을 만들게 되는 것이다."라며 분업을 중시했다.

4 확실한 가치관과 신념

1. 직업에 관한 생각

(1) 왜 사람들은 직업을 가지려고 할까

직업은 생계를 유지하기 위한 수단[生業]이기 때문이며, 자신의 존재 가치와 자아실현을 위한 터전(場)이라고 생각하기 때문이다. 또한, 직업이 어느 정도 자기의 사회적 역할을 수행하기 위한 방편이라고 생각하기 때문일 것이다.

직업에 대한 이러한 기본적인 3가지 인식에 덧붙여서, 종교 개혁과 더불어 프로테스탄티즘의 출현 이후 직업[Beruf /Calling]이라는 어휘에는 신으로부터 부여받은 소명과 천직*의 관념이 함축되어 있다고 본다.

이러한 인식의 어느 측면을, 얼마만큼 강조하여 받아들이고 생각하는가에 따라 각자 특유의 직업관이 성립된다.

일(job/직업)과 놀이(play)나 취미(hobby)가 서로 간에 어떻게 다른지에 대해 살펴보면, 일(job)은 앞의 4가지 직업관의 목적을 달성하기 위한 수단이므로, 일을 효율적으로 수행되도록 하기 위한 제반 규정·규칙(Rules & Regulations)과 교육 등의 타율적 강제성과 통제(Rules

* Max Weber (1864~1920)

독일의 저명한 사회과학자이자 사상가인 막스베버는 그의 대표적 주저(主著)인 프로테스탄티즘의 윤리와 자본주의 정신에서, 직업(Beruf, Calling)의 개념을 직업이라는 뜻과 신의 부르심 즉 소명의 뜻이 함축되어 있다고 보아, 근면한 노동과 금욕주의적 생활의 결과인 이윤 획득과 사업 번창이 신의 구원을 확증해주어 여기서 자본주의 정신이 형성됐다고 하며, 수도원 담장을 넘어 세속으로 나온 금욕주의가 바로 자본주의를 밀고 나간 정신적인 힘이었다고 한다.
다시 말하면, 프로테스탄티즘의 금욕주의 윤리가 시민계급의 직업정신을 낳았다고 말하는 것이다.

& Regulations)가 수반됨에 따라, 일 자체에는 긴장감(stress)이나 고통이 따르게 된다. 반면에, 놀이나 취미 활동은 그 자체가 즐거움과 만족감을 주고, 강제성이 없이 자발적·주도적으로 자유롭게 행해짐에 따라, 일상생활이나 일(job)에서 생기는 강박감(stress)을 해소해 주고, 기분을 전환해 주며, 피로를 풀고 새로운 생활 의욕을 높이도록 하는 효용(utility)이 있다.

취미는 '그는 낚시가 취미다'라는 말에서 보듯 재미를 위해 좋아서 하는 일임을 알 수 있고, '취미를 기른다'라는 말에서 보듯 관심 있는 대상을 감상하고 이해하는 힘임을 알 수 있으며, '수학에 취미가 있다'라는 말처럼 흥미를 느껴 마음이 쏠리는 현상임을 알 수 있다. 그렇다면, 취미 활동처럼 재미를 느끼고 즐길 수 있는 직업(job for fun)이 정말 좋은 직업이지 않겠는가?

(2) 재미를 느끼며 즐길 수 있는 직업

'취미를 직업화하는 것'이야말로 최고의 직업일 것이다. 본인의 적성과 능력, 강점과 장점 등을 정확히 파악하여 일생을 통해 이를 잘 활용해 취미를 직업화하여, 취미 생활인 일(job for fun)에 미친 듯이 몰두하면 성공할 확률이 확실히 높을 것이다.

주위에서 흔히 보고 들을 수 있는 일반적인 예를 보면, 백건우·윤정희 부부, 조영남, 조용필, 패티 김, 이미자 등의 예능인들, 박수근, 이중섭, 이대원, 오지호, 김환기, 김은호, 백남준 등의 화가들. 이문열, 최인호, 박경리, 박완서, 이어령, 춘원 이광수, 이상(김혜경) 등의 문필가들 외에도, 가야금의 달인 황병기 등등 수없이 많다.

펠레, 마이클 조던, 무하마드 알리, 타이거 우즈, 리오넬 메시, 호날두, 박지성, 추신수, 류현진, 이승엽, 김연아, 안현수 등등의 스포츠맨들. 미켈란젤로, 레오나르도 다 빈치, 빈센트 반 고흐, 파블로 피카소, 마네, 모네, 세잔, 잭슨 폴록, 앤디 워홀, F 베이컨, 등등의 서양 화가들. 에디슨, 퀴리 부인, 아르키메데스, 갈릴레오, 뉴턴, 아인슈타인 등등의 과학자들. 외에도 가우디 같은 건축가들, 슈바이처 같은 의사들 등등. 모차르트, 베토벤, 쇼팽, 하이든, 슈베르트 같은 작곡가들 등등. 스티브 잡스, 래리 페이지와 세르게이 브린(구글의 공동창업자), 제프 베저스(아마존닷컴 창업자), 월트 디즈니(디즈니랜드 창업자), 스티브 잡스(애플의 CEO) 할리 데이비드슨 등, 일일이 예를 들기조차 힘들 정도로 수없이 많은 미친 사람들이 '취미를 직업화'하여 인류 문명의 거대한 물줄기를 바꾸었던 것이다.

(3) 직업의 취미화

'취미를 직업화'하지 못해 미친 듯이 일에 몰두하지 못했으면, '직업을 취미화'라도 하는 것 외에는 차선책(次善策)이 있을 수 없다.

우리가 이 세상에 온 것은 단순히 먹고 살기 위해 일만 하려고 온 것은 아닐 것이다. 일을 통해 경험과 경륜을 쌓고, 사람 구실을 제대로 하며, 인생을 즐기려고 온 것이지 않겠는가? 먹고 살기 위해 일만 열심히 하면, 일하는 기계와 무엇이 다르랴? 얼마나 즐겁고 신바람 나게 일을 즐기면서 인생을 행복하게 누리[Enjoy]느냐가 중요한 것일 뿐이다.

이러저러한 이유로 취미를 직업화하지 못했으면, 차선책으로 직업을 취미 삼아 놀이하듯(hobby-holic) 마치 일 중독자(workaholic)인 것처럼 일에 미친 듯이 재미를 느끼며 자나 깨나 몰입할 수 있어야만 성공하는 즐거운 인생이 되지 않겠는가?

주위에서 흔히 보고 들을 수 있는 '직업을 취미화'한 예를 보면, 이승만, 박정희, 3김(김종필, 김영삼, 김대중), 등소평(鄧小平), 시진핑(習近平), 호찌민(胡志明), 김유신, 이순신, 맥아더, 롬멜, 이병철, 정주영, 박

태준, 마이크로소프트의 빌 게이츠, 휴렛 & 페커드, 구글, 마윈(알리바바), 레이쥔(샤오미) 등등 외에도 초일류기업의 다수의 CXO, 천재적인 많은 열정적 인재들이 '직업을 취미 삼아' 자나 깨나 앉으나 서나 일에 몰입하여 역사의 큰 물줄기를 혁신적으로 바꾸었던 것이다.

(4) 좋은 직업의 사례
1) 마쓰시타와 하라이치 사례

마쓰시타(松下) 고노스케와 하라이치 헤이는 일본에서 신(神)으로 추앙받는 두 사람인데, 한 사람은 경영의 신이고, 또 한 사람은 세일즈의 신으로 불린다.

두 사람의 공통점은 일을 취미로 생각하며, 어떤 일이 주어지든 즐겁게 한다는 것이다. 취미 생활처럼 밤낮을 잊은 채 즐겁게 일에 몰두하다 보니 하라이치 헤이는 세일즈의 기적을 만들어 냈고, 마쓰시타(松下) 고노스케는 일본 제일의 마쓰시타 전기 그룹을 일구어 낼 수 있었다.

일본 세일즈의 신으로 통하는 하라이치 헤이는 은퇴 기자 회견에서, "전 그저 남보다 많이 걷고 뛰었을 뿐입니다. 뛰고 있지 않을 때는 세일즈를 하고 있었습니다. 세일즈를 하고 있지 않을 때는 세일즈에 대한 이야기를 했습니다. 그리고 세일즈에 대한 이야기를 하고 있지 않을 때는 세일즈에 대한 생각을 하고 있었죠. 앉으나 서나 세일즈 생각뿐인 것이었습니다."라고 말했다.

일에 몰두하고 즐기면 좋은 날은 오게 되어 있다. 호기심이 취미가 되고, 취미가 사업이 되고, 그렇게 시작한 사업이 성공적인 직업에 가까운 것이다. 취미 생활하듯 앉으나 서나 재미를 느끼고 즐길 수 있는 직업이야말로 정말 좋은 직업이다.

삶에는 언제나 역경의 과정이 있듯이 사업을 하다 보면 때로는 돈 문제로, 직원들 문제로, 경영자와 간부 간의 견해 차이로 경영에 힘든 순간을 맞을 수 있다. 이때 취미를 직업으로 선택한 사람은 힘들고 어려운 순간에 집중하기보다는, 현명한 해결책을 찾는 데 밤낮을 잊은 채 몰입하는 길을 선택한다. 즐거움과 만족감을 주는 취미 그 자체를 직업으로 삼았기 때문이며, 이는 곧 성공할 수밖에 없는 관건(key point)인 셈이다.

2) 스티브 잡스 사례

스티브 잡스는 3살 때 아버지의 직장을 따라 사우스 샌프란시스코의 산업단지에 들어선 주택가로 이사해서 주변 전자 회사에 다니는 사람들과 어울리며 성장했다. 이때 전자분야에 관심이 많은 동년배 빌 페르난데스, 5살이 많은 스티브 워즈니악(Steve Wozniak)을 만나 교류(交流)했다.

그들은 학교에서는 낙제생이고 독선적 성격을 가진 외톨이지만, 전자적인 지식과 집념과 유쾌한 성격은 모두 비슷했다. 그리고 자신들의 분야에 대한 열정과 애정은 돈으로 살 수 없는 가치를 가지고 있으며, 이는 바로 역사 깊은 브랜드와 창시자(originator)의 성공 원동력이었다. 회사와 자사의 제품에 대한 열정과 애정, 그들의 일과 소비자들을 사랑하는 마음이 성공의 바탕이 된 것이다.

잡스는 스미스소니언 협회와의 인터뷰에서 이렇게 말했다.

"내가 10살인가 11살 때쯤 에임스에 있는 나사 연구소에서 처음으로 컴퓨터를 보았어요. 그것은 진짜 컴퓨터는 아니었고, 컴퓨터와 선으로 연결된 단말기였죠. 어쨌든 나는 눈을 뗄 수가 없었죠. 내가 처음으로 데스크톱 컴퓨터를 본 것은 9100A라 불리는 휴렛팩커드의 제품이었죠. ABL과 베이직이 돌아가는 세계 최초의 데스크톱 컴퓨터였어요. 사랑에 빠지지 않을 수 없었습니다."

스티브 잡스는 비록 학교에서는 외톨이였지만 전자 기기에 대한 열정 덕분에 쿠퍼티노 중학교에서 빌 페르난데스(Bill Fernandez)라는 친구를 만나게 된다. 둘은 동급생들과는 어울리지 못했지만, 동네의 엔지니어들과 친교를 맺으면서 전자 기기에 더욱 탐닉하게 되었다.

1인 기업 형태의 독립노동자(Blur Worker)의 등장

2016년 딜로이트 컨설팅의 '세계 인력자원 트렌드' 보고에 의하면, 네트워크와 IT 기술의 발달로 1인 기업 형태의 독립노동자가 원하는 곳에서 최적화된 작업 공간을 찾게 됨에 따라, 최근에는 근로자들이 각자의 업무에 더욱 긴밀하게 연결될 뿐만 아니라, 업무 접근성도 대단히 높아지게 된다고 한다.

4차 산업혁명이 디지털을 기반으로 진행됨에 따라 근무 환경도 디지털화되고 있고, 근로시간은 유연해질 수밖에 없다. 인터넷에 기반을 둔 원격 근무 형태의 업무가 다양해지고 있고, 1인 프리랜서 협업도 활성화되고 있다. 인터넷이나 이메일을 활용해 회사 내 직원이 아닌 외부인에게 일을 의뢰하고 성과물을 받는 대체 인력의 활용이 쉬워진 것이다. 이런 배경으로 최근 '블러 워커'가 4차 산업혁명을 대표하는 현상으로 자리 잡는 것은 당연하다고 볼 수 있다.

글로벌 팀 단위로 일하는 직원들의 경우에는 '하루 24시간, 주 7일 업무'가 가능하도록 운영되고 있고, 고용주와 근로자 간 권력의 균형도 이동되고 있다.

이러한 밀레니엄 세대가 이제는 시장의 주역으로 떠오르고 있으며, 이들은 기성세대와 상당히 다른 가치관을 가지고 있다.

신기술이 기존 인력을 대체하거나 기존 업무를 재구성하는 경향이 뚜렷해짐에 따라, 기업은 이제 새로운 기술과 연관된 직무를 설계해야 하는 상황을 맞이하게 되었다. 고정적이고 제한된 사무실이라는 공간에서 벗어나, 스스로 원하는 근무 환경을 찾아 일하는 것이 개개인의 생산성을 높이는 데 일조(一助)가 되기 때문이다.

4차 산업혁명의 가장 큰 우려로 노동 시장을 얘기한다. 앞으로 사라지는 직업군은 2020년까지 약 710만 개가 예상되고, 새로 생길 것으로 예측된 일자리는 200만 개 정도라 한다. 이들 업종은 대부분 근로시간이나 작업장에 구애받지 않는 형태로 예상된다.

우리도 새롭게 생기게 될 일자리에 대해 대비해야 한다. 우리나라 역시 1인 기업, 독립노동자(또는 프리랜서)의 비율이 점점 늘어나고 있는 추세다. 또한, 이러한 독립노동자들끼리 공간을 공유하는 코 워킹 스페이스(Co-working Space) 사무실의 인기도 늘고 있다.

언뜻 보기에는 이들의 삶이 이상적으로 보이나, 아직은 불안정한 요소도 많다. 경쟁력 있는 1인 기업이자 '블러 워커'의 성장을 위해서는 한국 사회에서 비정규직으로 인식되는 프리랜서의 조건 향상과 권리보장이 뒷받침되어야 한다. 정부 차원의 디지털 노마드를 위한 구체적 정책지원도 필요하다. 기업 역시 기존의 뿌리 박힌 전통적인 조직 생활·업무구조에 관한 생각을 다시 해야 근로자와 동반성장이 가능할 것이다.

3) 할리 데이비드슨의 성공 스토리

할리 데이비드슨의 역사는 1903년부터 시작되었다. 자전거 회사에 다니던 윌리엄 S 할리와 철강 회사에 근무하던 아서 데이비슨이 의기투합해 2평 남짓한 좁은 작업 공간에서 자전거에 엔진을 달기 시작했다. 이후 자동차와 함께 미국을 대표하는 운송 수단으로 각광을 받고, 2차 세계대전을 거치며 '전쟁에서 살아남은 모터사이클'이라는 평가를 받으며 미국인들의 자존심으로, 상품 이상의 문화 콘텐츠의 역할을 했으며 현재는 전 세계인들에게 사랑받는 모터사이클로 평가되고 있다.

대다수 기업들이 제품의 질을 높이기에 앞서 언론 등을 이용한 마케팅으로 자사 제품의 약점을 감추어 포장하거나 얕은 상술에 더 큰 노력을 쏟고 있지만, 깊이 없는 상술이 팽배하는 곳에 진정한 창조란 존재할 수 없다.

자사 제품에 대한, 그리고 자신들의 분야에 대해 애플과 할리 데이비드슨의 열정은 돈으로 살 수 없는 가치를 가지고 있으며, 이는 바로 역사 깊은 브랜드와 창시자의 성공 원동력이었다.

4) 취미로 시작해서 '대박' 친 위글스 사례

대부분 비즈니스 오너들이 원하는 것은 자신이 즐기는 일을 하면서 돈도 많이 버는 것이다. 어린이 대상 밴드인 위글스(The Wiggles, 꼬물꼬물 아저씨)는 일도 즐기면서 돈도 많이 번 대표적인 성공 신화의 주인공이다.

18년 전 호주에서 2명의 전직 유치원 교사, 록밴드 키보디스트, 가수 등이 모여 어린이들을 위한 팝 밴드를 결성했다. 그룹의 이름은 위글스(Wiggles). 위글(Wiggle)의 사전적인 의미는 '흔들다'라는 동사와 '댄스'라는 명사의 의미를 동시에 갖고 있다.

좋아하는 음악을 하다가 이것이 비즈니스로 연결되면서 자신들도 모르는 사이에 부자가 되어버린 것이다. 이 호주 밴드는 어린이 엔터테인먼트 업계에서 앨범·TV쇼·머천다이즈·라이센스 등의 브랜드 이미지 구축으로 연 4,500만 달러를 벌어들이는 기업 수준의 밴드로 성장해 세계적으로 인기 있는 그룹이 되었다.

5) 폴 포츠 사례, 휴대 전화 판매원에서 세계적인 스타로!

폴 포츠는 2007년 영국의 리얼리티 TV 프로그램《브리튼스 갓 탤런트》를 통해 휴대 전화 판매원에서 일약 세계적 스타로 주목받게 된 오페라 가수다. 한국에서 인생 역전 폴 포츠의 유쾌한 감동 실화를 담은 영화《One chance》도 상영된 바 있다.

그는 학창시절부터 어수룩한 외모 때문에 아이들에게 괴롭힘을 당해 자신감조차 없었다. 노래를 좋아했지만 갑상선 종양 수술 때문에 마음껏 노래를 부를 수도 없었다. 거기다 교통사고까지 당하는 불운이 겹치는 상황에서는 누구라도 꿈과 희망을 포기할 수밖에 없었을 것이다.

폴 포츠는 이 모든 것을 이겨내고 항상 자신을 믿어 주고 사랑해 주는 아내와 어머니를 생각하며 불운을 이겨낸 긍정의 사나이였다.

자신이 좋아하는 일에서 열정적으로 노력하며 더 발전하는 모습을 보였던 그는 교회 성가대에서 노래를 부를 때가 가장 행복했고, 무엇을 하든 헤드폰으로 노래를 들으면서 다녔으며, 진심으로 오페라를 좋아하는 열정적인 사람이었다. 핸드폰 판매원 일을 하면서도 오페라에 대한 꿈을 포기하지 않고 독학으로 노력했던 그는 그 모든 역경을 이겨내고, 'Britain's Got Talent'에서 우승하면서, '폴 포츠

신드롬'을 일으켰다. 그가 중간에 시련을 못 이겨 포기했더라면 이룰 수 없는 값진 것들이다.

그 누구도 고난과 시련에 좌절하거나 포기하지 않고, 희망의 끈을 끝까지 잡고 늘어지면서 생업을 마치 취미 생활하듯 즐기면서 노력하면 꿈은 언젠가는 반드시 이루어지게 되는 법이다.

6) 유명한 성공 기업가, 빌 게이츠 vs 스티브 잡스의 비교

스티브 잡스는 실리콘밸리의 독보적 존재이자 최상의 플레이어이며, 빌 게이츠는 현실적인 창조적 자본가라고 할 수 있다. 빌 게이츠는 돈이 된다면 모방이나 적(敵)과의 동침도 어려운 문제가 아니라는 관점이지만, 스티브 잡스는 모방 후 재창조 과정을 거치고 적(敵)으로 돌아선 사람에 대해서는 절대 뒤돌아보는 법이 없는 뒤 끝이 있는 스타일이다.

스티브 잡스는 이른바 출중한 5가지 경영 능력, 즉 예견 능력, 관리능력, 인재 확보 능력, 신상품 개발 능력, 협상 능력을 통해 기업의 가치와 기술의 가치를 느낀 인물이다. 이러한 출중한 능력을 통해 스티브 잡스의 밀고 당기기 협상 능력은 상대방을 초조하도록 만들어 결정적인 순간에 승리를 거머쥐는 비장의 카드가 되었다.

시대의 아이콘을 대변한다면 스티브 잡스라고 할 수 있으며, 사업 추진의 탁월한 모습이라면 빌 게이츠를 들 수 있다. 이 두 사람은 현실주의자와 이상주의자로서의 라이벌이며, 이들은 자신만의 사고와 행동 패턴을 보여야 성공이라는 길을 갈 수 있음을 알려 주고 있다.

두 사람의 공통점과 차이점을 정리하면 다음 페이지의 표와 같다.

빌 게이츠와 스티브 잡스의 비교

키워드	빌 게이츠	스티브 잡스
공통점	1. 엔지니어 & CEO 2. 미래 예측을 통한 사업 아이템 연구 몰두 3. 일에 대한 몰두와 제품 연구에 대한 열정 4. 세계 필요한 제품을 만든 혁신가	
시사점 및 느낀점	1. 일에 대한 열의와 열정은 기본 2. 미래 예측을 할 수 있는 능력이 중요하다 　- 미래 예측을 하기 위해서는 현 기술과 시장의 트렌드를 이해할 줄 알아야 3. 기술 및 제품을 이해할 수 있는 CEO가 혁신적인 성공을 거둔다	

	키워드	빌 게이츠	스티브스 잡스
1	CEO 능력	수학자	개척자
2	예견 능력	소프트웨어에 집중	하드웨어를 사랑
3	매니지먼트 능력	견실	상식의 벽을 깸
4	성장 환경	부자 엘리트의 아들	블루칼라 양자
5	인간성	강한 기대로 압박	하고 싶은 말만
6	인재 확보 능력	인재가 인재를 모으게 함	자신을 중심으로 꿈을 좇게 함
7	신상품 개발 능력	팔리는 제품을 만듦	자신이 원하는 제품을 만듦
8	협상 능력	실리를 중시	대담하고 파격적
9	라이벌 대응 능력	라이벌 기업을 물리침	사내의 정적을 내보냄
10	커뮤니케이션 능력	용기와 배짱	사람의 마음을 흔듦
11	마케팅 능력	브랜드 이미지 중시	제품 이미지를 강조
12	업무에 몰두하는 힘	끈질기게 포기 하지 않음	한계에 도전

(5) 올바른 직업관을 정립하지 못해 실패한 사례

시어도어 존 카진스키는 탁월한 천재임에도 불구하고 올바른 직업관과 인생관을 정립하지 못해 실패한 대표적 사례로 꼽힌다. 그는 1942년 5월 출생하여, 전형적인 백인 가정에서 자라난 IQ 170의 미국의 수학자이자 테러리스트다. 6세에 하버드 대학교 수학과에 입학하여 학사 학위 취득 후, 미시간 대학교 대학원 수학과에서 석·박사 학위를 취득했다. 25세에 캘리포니아 대학교 버클리 수학과에 최연소 조교수로 재직했지만 2년 만에 교수직을 그만두고 오두막에서 자급자족 생활을 영위하는 야인(野人)이 되었다.

그는 기술의 진보가 인간을 망치는 주범이라 생각하고 산업사회에 대한 증오로 무정부주의자가 되었다. 17년간 사업가·과학자 등에게 우편 폭탄을 보내 3명을 살해, 29명에게 부상을 입혔다. 1995년 폭탄 희생자들과 언론사에 저서 《산업사회와 그 미래》를 보내, 글을 언론에 싣는다면 폭탄테러를 멈추겠다고 제안하기도 했다.

FBI는 이를 〈유나바머 선언문〉으로 불렀고 카잔스키는 이후 '유나바머(Unabomber, university and airline bomber)'라는 별명으로 알려지게 됐다. 결국, FBI의 수사와 더 이상의 살상을 막으려는 동생의 신고로 1996년 4월 체포된 그는 '정신 이상'을 변론 전술로 삼자는 변호인단의 제안도 일축하고 재판에서 자신의 논지를 이성적으로 피력하여, 1998년 무기징역을 선고받았다.

체포 이전, 또 수감 중 그는 기고문과 유사한 논지의 많은 글을 써서 여러 권의 책을 펴냈는데, 미국 정부는 책 출간을 한사코 막으려 했지만 연방 법원은 언론의 자유를 더 중요시했고, 대신 인세 전액을 피해자와 그들 유족의 보상금으로 쓰도록 판결했다.

고학력자이자 천재인 카진스키의 이러한 일탈 행동은 인성 교육을 무시한 학교 교육의 폐해를 보여 준다는 평가를 받지만, 반면 정의를 위한 폭력이라고 평한 사람들도 있다.

2. 직장에 관한 생각

(1) 왜 직장을 가지려고 하는가?

직장은 본인이 정(定/선택)한 '직업과 관련된 일을 오래 하는 일터'의 의미다. 경쟁이 치열하고 변화무쌍한 고도산업 사회에서 뚜렷이 느낄 수 있는 것은 가정보다 직장에서 보내는 시간이 훨씬 더 길고 많다는 점이다. 즉 깨어 있는 시간의 거의 전부를 직장을 위해 보내고 있는 셈이다. 그래서 직장을 '삶의 터전'·'제2의 가정'이라고도 말하는 것이다.

그러므로 '나의 발전이 곧 직장의 발전이요', '직장의 발전이 곧 나의 발전'이라는 동일체 의식이 매우 중요하다.

앞에서 얘기했던 직업의 가치, 즉 생계유지, 존재 가치와 자아실현, 사회적 역할 수행을 성공적으로 실현하려면, 우선 일생을 걸고 일할 수 있는 마음에 맞는 직장에서, 맡은 일을 통해 최소한 남 부끄럽지 않고, 남 부럽지 않은 수준의 삶을 누릴 수 있어야 한다.

그렇게 하려면, 먼저 직장에서 '성공·성취'와 함께 '부(富)와 명예(名譽)'를 어느 정도 축적해야 할 것이다. 직업인·직장인으로서의 기초와 기본을 갖추고, 자세와 태도가 정직하고 근면·성실한 자세로 생활해야 함은 물론이고 근검·절약해야 가능한 일이다.

또한 직업을 취미로 삼아, 미친 듯이 일에 몰입해야 한다. 그래서 우선 본업에서 상당한 성과와 성취를 달성해야 한다. 본업에 충실 (All-in)하면서도, 노후를 안정되게 보낼 수 있을 정도의 '치부(致富)'를 할 수 있어야 한다.

(2) 평생직장 실현

평생직장을 실현하려면, 몸담은 회사가 생존 게임(survival game)에서 살아남듯, 치열한 세계적 대경쟁(Mega Competition)과 불확실성의 시대적 파고(波高)를 넘어서, 우선 '계속기업(Going Concern)'으로 살아남아, 망하지 않는 불멸의 지속 가능 경영(Sustainability)을 먼저 실현해야 한다. 그러려면 우선 시스템을 업그레이드하여 구성원 전원이 참여하는 고효율의 자율경영을 실현하고, 고성과를 창출함과 동시에, 구성원 각자가 평생 직업인의 자질과 능력도 함께 배양해야 한다.

그뿐만 아니라 조직과 구성원의 핵심역량을 동시에 강화하여, 경쟁력도 확충해야 한다. 그래야만 조직 구성원에게 평생 일거리와 평생 일터를 제공할 수 있는 평생직장이 될 수 있다.

요컨대, 먼저 지속 가능 경영이 실현되어야, 평생직장 실현이 가능하게 된다. 조직의 성장과 발전(先 成長·後 分配, 先公·後私)이 없이는, 구성원의 성장·발전을 도모하기는 사실상 불가능하다.

치부(致富)는 어떻게 하는가

일반적으로 생각해 볼 수 있는 대표적인 치부 수단으로는 부동산 투자와 유가증권 투자를 들 수 있다.
부동산의 자연적 특성으로는 ①부동성(不動性) (위치의 고정성과 비이동성을 의미), ②부증성(不增性) (공급의 유한성과 비증가성을 의미), ③영속성(永續性) (비소모성 및 내구성을 의미), ④개별성(個別性) (비대체성과 비동질성을 의미) 등을 들 수 있다.
부동산의 인문적 특성으로는 ①공공성, ②다용도성, ③분합성(分合性), ④지역성, ⑤환금성, 기타 등등이라고 할 수 있다.
이제 세계 경제는 장기적인 침체로 돌아서고 유효수요가 감퇴하면서 유휴 생산설비가 늘어나고 있다. 또한 인플레이션도 퇴조하면서 부동산의 가치보존·가치증식 수단으로서의 매력이 전 세계적으로 감소하고 있는 추세다.
유가증권도 관련 사업 즉 투자 상담, 투자 신탁, 투자 관련 서비스 등의 전문화·차별화·다양화가 심화·발전되는 추세를 보인다. 그만큼 증권 투자를 통해 치부한다는 것이 어렵다는 것을 반증한다.

자사주식 취득

자사주식에 대해서는 본인이 외부인보다도 더 잘 알 수 있는 위치에 있으므로, 투자한 자사주식에 대해 신경 쓸 필요가 없다.
오직 본업에 전력투구하여, 조직의 발전과 본인의 발전을 위해 헌신하는 것이 직장인의 올바른 자세이지 않겠는가? 그런 믿음과 신뢰가 없는 직장이라면, 아예 그런 회사의 주식을 보유할 가치가 없을 뿐 아니라, 당장 사직하고 다른 길을 찾는 것이 더 나을 것이다.

(3) 이직의 동기

요즘 사회 초년생인 젊은 청년들은 대개 자신의 취미나 적성을 제대로 잘 파악하지 못한 채 생업에 임하게 되면서, 본인의 직업과 직장에 대한 불만족이 커지게 되고, 이는 이직률(移職率) 증가의 주요 원인이 되고 있다.

많은 젊은이가 현 직장이 마음에 들지 않아 이직에 쉽게 도전하지만, 또다시 실패하는 이유는 무엇일까?

가장 큰 원인은 바로 이직의 동기에 있다. 많은 사람이 직장 생활이나 이직의 목표를 '성공'에 두고 있는데, 이때 '성공'의 핵심 잣대는 연봉이나 직위·직책이거나 직급인 경우가 대부분이다. 그런 경우에는 적성이나 직무·직책·더 나아가 직업 그 자체는 아예 뒷순위로 밀려나 버리게 된다.

직장관이나 직업관에 대한 파악이 선행된 직장 생활이야말로 '행

직장의 의미

1. 역량을 발휘하여 생계를 해결하는
'생업(生業)의 현장'

2. 자기의 존재가치를 실현하는
'자아 실현의 도장'
(道場)

3. 사회적 역할과 사명을 수행하는
'운명 공동체적 터전'
(場)

인자 선난이후획 가위 인의
(仁者 先難而後獲 可謂仁矣)

인자는 어려운 일을 먼저 하고 얻는 것을 뒤에 하면, 인하다 할 수 있다.

Everybody's business is nobody's business.
(연대 책임은 곧 무책임이다.)

복'과 '성공'이라는 두 마리 토끼를 한꺼번에 잡을 수 있는 해결책인 것이다.

행복은 연봉 '두·세 배'와는 견줄 수 없을 만큼 인생에서 중요한 항목이다. 취미를 직업화하거나 직업을 취미화함으로써 '성과'를 창출하고 '행복'을 느끼게 된다면, 지금 당장 두세 배 많은 연봉을 좇아 직업이나 직장을 바꾸는 것이 얼마나 의미 없는 낭비인지도 함께 알아야 한다.

여러 가지 사정으로 취미를 직업화할 수 없었다면, 차선책으로 현재 하고 있는 생업을 취미 삼아 전력투구함으로써, 성과도 올리고 연봉도 늘려 재미도 느끼고 즐길 수 있도록 '직업을 취미화'하는 발상의 전환이 필요하다.

그렇지 않으면, 최상의 방법인 취미를 직업으로 삼는 것도 놓치고, 생업을 통한 행복한 성장도 성취하기 힘들게 되어, '죽도 밥도 아닌' '만사휴의(萬事休矣)'가 될 위험성이 높다.

(4) 세상에 공짜는 없다

종업원에게 높은 연봉을 지급하겠다는 것은 그 이상의 '성과'를 기대한다는 의미이며, 거꾸로 그 연봉을 받기 위해서는 그만큼 해당 조직에 '성과'를 확신시켜 줄 수 있는 사람, 즉 핵심 인재가 되어야 한다.

더 중요한 것은 '성과'를 확신시켜 주는 행위가 본인의 '행복'과 연결되어 있지 않으면 그 과정이 무척이나 고통스럽다는 것이다.

여기서 우리는 단순히 타인의 감탄을 살 수 있는 직장에 다니는 것보다는, '자신의 가치관을 확립하는 것'이 몇십 배, 몇백 배 더 중요함을 알 수 있다. 선택한 직장에서 주어진 일을 통해 취미 활동하듯이 몰입하고 즐길 수 있다면, 그 직장은 자신의 능력을 발휘할 기회의 장이 될 수 있지만, 그 반대의 경우라면 자신의 재능을 무참히 썩히는 감옥 같은 끔찍한 곳이 될 수밖에 없다는 점을 명심하자.

3. 인연에 관한 생각

(1) 만남의 의미

1) 1기 1회(一期一會)의 인연

우리가 직장을 갖게 되거나 직장의 동료를 만나게 되는 것도 모두 일생에 한 번 맞게 되는 귀한 인연이라 말할 수 있으므로 아주 소중하고 귀하게 가꾸어야 한다. 인연(因緣)이라는 말은 원인을 의미하는 불교 용어인데, 인(因)은 결과를 낳기 위한 내적인 직접적 원인을 의미하며, 연(緣)은 이를 돕는 외적인 간접적 원인을 의미한다. 일반적으로는 양자를 합쳐 원인의 뜻으로 사용한다.

직접적인 원인으로서의 인(因)과 간접적인 원인으로서의 연(緣)을 구별할 경우, 예를 들면 씨앗은 나무의 직접적 원인인 인(因)이고, 햇빛·공기·수분과 온도 등등은 간접적 원인인 연(緣)이다. 그러나 이들 모두는 씨앗에서 나무가 싹이 터 자라나게 하는 원인이라는 점에서는 같다. 고타마 붓다는 존재하는 모든 것이 인연으로써 생겨나고, 인연으로써 소멸하는 연기(緣起)의 이법(理法)을 깨우쳤다고 한다.

세상의 모든 일은 만남과 관계를 통해 이루어지고 있다. 이 둘의 조화 때문에 세상이 발전하기도 하고 쇠퇴하기도 하는 것이다. 세상에는 하늘과 땅이 조화를 이루며 제자리를 지키고 있으므로 아름다운 자연이 있듯이, 만남과 관계가 잘 조화된 사람의 인생은 아름다운 법이다. 만남에 대한 책임은 하늘에 있고, 관계에 대한 책임은 사람에게 있다고 한다. 그래서 우리는 이러한 만남을 일생일대(一生

창승부기미 치천리
(蒼蠅附驥尾 致千里)

쉬파리 혼자서는 먼 길을 갈 수 없지만, 천리마 꼬리에 붙으면 천리길도 쉽게 갈 수 있듯이, 만남의 인연이 중요함을 이르는 말이다.

향 싼 종이에는 향내가 나고, 생선 싼 종이에는 비린내가 나듯, 한평생을 살면서 누구를 만나느냐에 따라 삶이 바뀔 수 있다는 말.

사기열전 백이(伯夷)편에, 공자의 77인 제자 중에 가장 사랑했던 제자 안회는 참된 사람으로 학문을 열심히 닦았지만 공자에 의해 더욱 뚜렷해져 역사에 이름을 남기고, 백이 숙제도 공자를 만나서 역사에 이름을 남기게 된 것이다.

一代)에 한 번 오는 아주 진귀한 보배(奇貨)로운 기회로 생각해 자신에게 속한 관계의 책임을 다하기 위해 매일 만나는 사람들을 소중한 인물·인격체로 인식해야 한다.

따뜻한 관계, 아름다운 관계는 따뜻하고 아름다운 관계를 맺기 위해 노력하는 사람에게만 찾아온다. 좋은 관계는 저절로 만들어지지 않으며, 대가를 치를 때 만들어지는 결과이다.

하늘이 우리에게 보내 준 사람들, '부모, 자녀, 형제, 친구, 동료, 이웃 등등' 이들과 아름다운 관계를 유지하기 위해서는 아름다운 것들이 먼저 투자되어야 하며, 좋은 것을 투자하면 반드시 좋은 관계가 맺어지게 되는 법이다.

2) 인연과 겁

겁(劫)은 수(數)의 단위로서, 히말라야에서 발원하여 인도 대평원을 지나 벵골만에 이르기까지의 1,500여km에 이르는 갠지스강 바닥에 깔린 모래알[항하사/恒河沙]의 수(數)에 상당하는 10^{52}의 세월을 의미한다. 사람이 서로 비슷한 시기에 다 같은 인간의 몸으로 태어나, 길을 걸어가다가 무심코 서로를 의식하지 못한 채, 우연히 옆을 한번 스치게 되는 것도 10^{52}의 확률, 즉 '1겁'에 해당하는 '전생(前生)의 인연'이 있어야 가능하다고 한다.

애플의 창업자이자 21세기를 움직인 혁신의 아이콘인 스티브 잡스의 스탠포드 대학 졸업식 연설에서 그는 살아가면서 많은 '점 잇기'를 할수록 더 나은 미래를 만들 수 있다고 강조했는데, 여기에서 '점'은 '경험과 체험'을 말하는 것이며, '점 잇기'는 '인간관계 맺기'를 말한다. 화려한 스펙이나 특별한 경험이 없어도 하고자 하는 마음에 따라 누구나 충분히 벤치마킹할 수 있는 가장 기본적인 덕목은,

나라·업종·기업 규모와 관계없이 다른 사람과의 '인간관계'를 가장 소중하게 여기며 잘 가꾸어 나가는 것이다. 그것이 가장 보편적이고 기본 중의 기본이요, 가장 치열하게 지켜야 할 자세인 것이다.

여러 인생의 여러 만남 중에는 특별히 깊은 만남이 있다. 예수와 베드로의 만남은 혼과 혼의 깊은 종교적 만남이라고 할 수 있다. 공자와 안회의 만남은 고결한 인품과 인격의 성실한 교육적 만남이라고 할 수 있을 것이다. 괴테와 실러의 만남, 그것은 우정과 우정의 두

겁(劫) / 항하사(恒河沙) / 수(數)의 단위

$10^0 = 1,$	일(壹)	$10^0 = 1,$		일(壹)
$10^1 = 10,$	십(拾)	$10^{-1} = 1 / 10^1 = 1/10,$		할(割)
$10^2 = 100,$	백(百)	$10^{-2} = 1 / 10^2 = 1/100$ (%, 퍼센트),		푼(分)
$10^3 = 1,000,$	천(千)	$10^{-3} = 1 / 10^3 = 1/1,000,$		리(厘)
$10^4 = 10,000,$	만(萬)	$10^{-4} = 1 / 10^4 = 1/10,000,$		모(毛)
$10^8 = 100,000,000,$	억(億)	$10^{-5} = 1 / 10^5 = 1/100,000,$		사(絲)
$10^{12} = 1,000,000,000,000,$	조(兆)	$10^{-6} = 1 / 10^6 = 1/1,000,000,$		홀(忽)
10^{16} = 조의 1만 배, 해의 1만분의 1,	경(京)	$10^{-7} = 1 / 10^7 =$ 천만분의 1, 홀의 10분의 1,		미(微)
10^{20} = 경의 1만 배, 자의 1만분의 1,	해(垓)	$10^{-8} = 1 / 10^8 =$ 일억분의 1, 미의 10분의 1,		섬(纖)
10^{24} = 해의 1만 배, 양의 1만분의 1,	자(秭)	$10^{-9} = 1 / 10^9 =$ 십억분의 1, 섬의 10분의 1,		사(沙)
10^{28} = 자의 1만 배, 구의 1만분의 1,	양(穰)	$10^{-10} = 1 / 10^{10} =$ 백억분의 1, 사의 10분의 1,		진(塵)
10^{32} = 양의 1만 배, 간의 1만분의 1,	구(溝)	$10^{-11} = 1 / 10^{11} =$ 천억분의 1, 진의 10분의 1,		애(埃)
10^{36} = 구의 1만 배, 정의 1만분의 1,	간(澗)	$10^{-12} = 1 / 10^{12} =$ 일조분의 1, 애의 10분의 1,		묘(渺)
10^{40} = 간의 1만 배, 재의 1만분의 1,	정(正)	$10^{-13} = 1 / 10^{13} =$ 십조분의 1, 묘의 10분의 1,		막(漠)
10^{44} = 정의 1만 배, 극의 1만분의 1,	재(載)	$10^{-14} = 1 / 10^{14} =$ 백조분의 1, 막의 10분의 1,		모호(模湖)
10^{48} = 재의 1만 배, 항하사의 1만분의 1,	극(極)	$10^{-15} = 1 / 10^{15} =$ 천조분의 1,		준순(逡巡)
10^{52} = 극의 1만 배,	항하사(恒河沙)	$10^{-16} = 1 / 10^{16} =$ 일경분의 1,		수유(須臾)
10^{56} = 항하사의 1만 배,	아승기(阿僧祇)	$10^{-17} = 1 / 10^{17} =$ 십경분의 1,		순식(瞬息)
10^{60} = 아승기의 1만 배,	나유타(那由他)	$10^{-18} = 1 / 10^{18} =$ 백경분의 1,		탄지(彈指)
10^{64} = 나유타의 1만 배,	불가사의(不可思議)	$10^{-19} = 1 / 10^{19} =$ 천경분의 1,		찰나(刹那)
10^{68} =불가사의의 1만 배,	무량대수(無量大數)	$10^{-20} = 1 / 10^{20} =$ 일해분의 1,		육덕(六德)
		$10^{-21} = 1 / 10^{21} =$ 십해분의 1,		허공(虛空)
		$10^{-22} = 1 / 10^{22} =$ 백해분의 1,		청정(淸淨)

터운 만남이라 할 수 있으며, 단테와 베아트리체의 만남은 이성과 이성의 맑은 순애적 만남이라 할 수 있을 것이다.

실존주의 철학자 야스퍼스는 인생의 만남에는 두 가지 형태가 있다고 말한다. 하나는 겉 사람과 겉 사람끼리의 피상적인 만남이요, 또 하나는 인격과 인격끼리의 깊은 실존적 만남이라는 것이다.

나와 너의 깊고 성실한 만남, 이것이 우리의 만남이기를 바라고 원한다. 나의 참과 너의 참이 만나는 것처럼 기쁘고 행복한 일은 아주 드물 것이다. 훌륭한 스승을 만나는 기쁨, 역시 귀한 기쁨이다.

(2) 만남의 종류
1) 깊고 두터운 만남 vs 얕고 옅은 만남
① 삼고초려

삼고초려(三顧草廬)는 《삼국지(三國志)》, 제갈량의 〈출사표(出師表)〉에 나오는 말로서, 유비가 와룡강(臥龍江)에 숨어 사는 제갈공명을 불러내기 위해, 세 번이나 먼 길을 찾아가 정성을 다해 공명의 마음을 움직여 그를 영입할 수 있었던 고사(古事)에서 유래된 말이다.

> "신(臣)은 본래 포의(布衣)로서 몸소 남양(南陽)에서 밭갈이나 하며 구차히 어지러운 세상에 목숨을 보존하려 했을 뿐, 제후(諸侯)들 사이에서 이름이 알려지기를 바라지는 않았습니다. 선제(先帝 : 유비)께서 신의 천한 몸을 천하다고 생각지 않으시고, 황공하게도 스스로 몸을 굽히시어 세 번이나 신을 초막(草幕) 속으로 찾아오셔서 신에게 당면한 세상일을 물으시는지라, 이로 인해 감격하여 선제를 위해 쫓아다닐 것을 결심하게 되었던 것입니다."

공명의 이 말에서 보듯이 신분이나 지위가 높은 사람이 체면에 개의치 않고, 세상 사람이 대단치 않게 보는 인물을 알아보고, 자기 사람으로 만들려는 겸손한 태도와 간곡한 성의를 뜻하는 말로 쓰이고 있다.

　이와 같은 뜻의 역사상 전례를 찾아보면, 은나라의 탕왕(湯王)이 삼고의 예(三顧之禮)로 이윤(伊尹)을 맞이한 전례가 있음을 알 수 있다.

　주(周)나라 주공(周公)의 성은 희(姬)씨이고, 이름은 아침이란 뜻의 단(旦)이다. 희단(姬旦) 주공(周公)은 기원전 11세기의 인물인데, 5백년 뒤 공자의 평가 때문에 그의 이름과 명성이 높아지게 되었다. 주공이 천하통일의 1세대로서 자기가 왕이 될 수 있었음에도, 조카인 어린 성왕(成王)을 도와 끝까지 자신의 본분과 자리를 지켰다는 점을 공자는 높이 평가한 것이다.

　주공의 인재 욕심이 남달라, 수많은 사람을 만나고 그들과의 관계를 잘 맺었다고 전해진다. 어떤 때는 하루에 70여 명의 사람을 만나고 대접한 경력이 있는데, 주공은 주군(主君)을 대신해서 이처럼 끊임없이 사람을 만나고 그들 중에 능력 있는 사람을 조직으로 끌어들였다고 한다. (* 참조: p.110, 일목삼착과 일반삼토포)

　② 관포지교(管鮑之交)
　춘추전국시대의 제(齊)나라에는 죽마고우인 관중과 포숙이 있었다. 포숙은 어려서부터 범상치 않은 관중의 재능을 간파하고 그를 깊이 이해하며 불평 한마디 없이 의좋게 지냈다.

　두 사람은 벼슬길에 올라 관중은 형인 공자 규(糾)를 섬기게 되고, 포숙은 아우인 공자 소백(小白)을 섬기게 된다. 규(糾)와 소백, 두 공자가 왕위 계승을 위해 격렬히 대립하게 됨에 따라, 저절로 관중과 포숙은 본의 아니게 서로 적이 된다.

　당시 제 나라는 폭군 양공으로 인해 혼란에 빠져 있어, 결국 형

공자 규는 관중과 함께 노나라로 망명하고, 규의 동생인 공자 소백은 포숙과 함께 거나라로 망명한다. 이후 폭군 양공이 권력 쟁탈전 끝에 살해되고 나라는 혼란이 계속되어 군주의 자리가 비게 되자, 두 공자는 서로 왕위에 오르기 위해 서둘러 귀국길에 오른다.

이에 규는 관중을 보내 귀국길에 오른 소백을 암살하고 느긋하게 귀국길에 오른다. 그러나 소백은 천만다행(千萬多幸)으로 관중이 쏜 화살이 허리띠(buckl)에 맞아 목숨을 구하고 부랴부랴 지름길로 귀국해 군주의 자리를 차지했다. 결국, 소백에게 잡힌 규는 자결하게 되고 관중은 사형 집행을 눈앞에 두게 된다.

왕권 쟁탈전에서 아우 소백이 승리하여 차기 군주 환공(桓公)이 되어, 형 규(糾)를 죽이고 그 측근이던 관중도 죽이려 할 때, 포숙이 환공에게 "관중의 재능은 신(臣)보다 월등하여, 제 나라만 다스리시려면 신으로도 충분하지만, 천하를 다스리시려면 관중을 반드시 기용하셔야 한다."라며 강력히 진언(進言)했다.

그 진언과 함께, '의인물용 용물의 (疑人勿用 用勿疑. 의심이 나는 사람은 쓰지를 말고, 쓰면 의심을 말라)'라는 말로 관중을 신뢰하고 중용하셔야 한다고 간곡하게 말한다. 이에 따라 환공이 본인의 생각을 접고 포숙의 진언을 받아들여서, 관중을 등용하여 대부(大夫)로 중용하고 정사(政事)를 맡긴다. 재상이 된 관중은 환공을 잘 보필하며 수완을 발휘해, 환공은 춘추시대 5패 7웅(五霸七雄)의 첫 번째 패자(霸者)로 군림하게 된다.

관중은 대성(大成)한 후, 공개 석상에서 포숙에 대한 고마운 마음을 다음과 같이 회고한다.

"내가 젊고 가난했을 때 포숙과 함께 장사하면서, 언제나 내가 내 몫을 크게 해 더 많은 이득을 취했다. 그러나 포숙은 내가 가난한 것을 알고, 나를 욕심쟁이라고 욕하지 않았다.

나는 또 여러 번 벼슬에 나갔으나 그때마다 쫓겨났다. 그래도 그는 내게 운(運)이 안 왔다고 생각하고, 나를 무능하다고 흉보지 않았다. 전쟁터에 나가 도망쳐 온 적도 있으나, 그는 내게 늙은 어머니가 계시기 때문이라고 생각하고, 나를 겁쟁이라고 욕하지 않았다.

공자 규(糾)가 후계자 싸움에서 패해, 동료 소홀(召忽)은 죽고, 나는 묶이는 치욕을 당했지만, 그는 나를 염치 없고 비겁하다고 비웃지 않았다. 내가 작은 일에 부끄러워하기보다는 공명(功名)을 천하에 알리지 못함을 부끄러워한다는 걸 알고 있었기 때문이다."

그 말에 덧붙여, '나를 낳아준 이는 부모이지만, 나를 진정으로 알아준 이는 포숙이다."라는 말로 그의 깊은 속내를 술회한다.

③ 정관의 치

당(唐) 고조 이연이 수(隋) 양제 말(末), 반란에 가담하여 권력을 찬탈하여, A.D. 618년 당나라를 건국하지만, 실제로 당 제국의 기틀을 확립하고 세계 제국(帝國)으로서의 면모를 갖춘 사람은 2대 태종 이세민이다.

이세민은 20대에 뛰어난 지략과 대범한 성품으로 군벌을 제압하고 제거하여 무공을 세워, 당 왕조 창업의 실질적 실력자가 된다. 그러나 그는 둘째 아들이었으므로, 왕조 계승의 정통성은 어디까지나 형 이건성의 몫이었다. 이세민은 꾀를 내어 아버지 고조를 찾아가, 형 건성과 동생 원길이 자신을 제거하려는 음모를 꾸미고 있다고 억울함을 호소한다.

깜짝 놀란 고조는 이들을 급히 불러모아 화합을 시도한다. 이세민은 형 건성의 심복들인 현무문의 수비대장 상하(上下)를 미리 매수하여, 다음날 새벽 황제의 거처의 대문인 현무문을 들어서던 이들 형제를 무참히 살해한다. 이를 '현무문의 변'이라 한다. 이때 그의 나이는 불과 28세였다.

젊은 시절 타고난 무장의 재능을 보였던 이세민은 황제가 된 이후에는 항상 책을 가까이하며, '천하는 한 사람의 것이 아니라 만인의 것'이라는 말을 자주 하면서 세상을 다스린다(治世). 그의 통치기의 연호를 따서 '정관의 치(貞觀之治)'라 불리며, 요·순·우 3대에 버금가는 태평성대로 평가된다.

그의 탁월한 정치는 후대 제왕들의 모범으로 추앙되며, 그의 치세 23년 간 신하들과 나눈 문답을 기록한 《정관정요(貞觀政要)》는 제왕학의 전범(典範)이 된다. 태종의 용인술은 한 고조 유방에 비교되며, 지략과 용병술은 위(魏)의 조조에 비견된다.

스스로 부지런하고 검소한 생활을 하며, 인재를 고루 등용하고, 신구 세력의 조화 속에서 정치력을 발휘하며, 대신들의 반대 여론에 귀를 기울여 일인(一人) 통치의 한계를 최소화하였다. 그리하여 중국사 전체를 통틀어 왕으로서의 직무에 가장 적합한 걸출한 위인으로 평가된다.

③-1. 사람으로 거울 삼는다(이인 위경/以人爲鏡)

중국 역사상 가장 뛰어난 제왕으로 평가받는 당 태종 이세민은, 자기 잘못을 가차 없이 정면에서 직언(直言)·비판했던 명재상 위징의 보필이 있었기에 가능했다. 훗날 동아시아의 모든 통치자에게 모범이 된 '정관의 치'가 가능했던 주요 원인이다.

형과 아우를 죽이고 권력을 장악할 당시, 반대편인 세자 이건성의 스승으로 이세민을 자기를 죽이라고 진언한 위징의 인물 됨됨이를 제대로 보고 바르게 평가해 중용(重用)했다. 자신을 준엄하게 비판하는 위징의 말을 경청하여, 200회 이상 이를 수용하면서, 잘못을 시정(是正)했다.

③-2. 위징(魏徵)은 다음과 같은 말을 남겼다

兼聽 則明 偏信 則暗(겸청 즉명 편신 즉암) 두루 남의 말을 잘 들으면 밝아지고, 한쪽 말만 믿으면 어두워진다.

君爲舟 人似水(군위주 인사수) 임금은 배요, 백성은 물과 같다.

水能載舟 亦能覆舟(수능재주 역능복주) 물은 능히 배를 실을 수 있으나, 또한, 배를 뒤집어엎을 수도 있다.

居安 思危 戒奢 以儉(거안사위 계사이검) 편안할 때 위험을 생각하고, 사치함을 경계하고 검소하라.

③-3. 다음은 위징을 중용한 당 태종이 한 말이다

以銅爲鏡 可以正衣冠(이동위경 가이정의관) 구리로 거울을 만들면, 자신의 용모를 바르게 할 수 있고,

以古爲鏡 可以知興替(이고위경 가이지흥체) 옛일로 거울삼으면, 나라의 흥망성쇠를 알 수 있고,

以人爲鏡 可以明得失(이인위경 가이명득실) 사람으로 거울삼으면, 자신의 잘잘못을 분명히 알 수 있다.

朕常保此三鏡 以防己過(짐상보차삼경 이방기과) 나는 항상 이 세 거울로 나의 허물을 방비했는데

今徵殂逝 遂亡一鏡矣(금징조서 수망일경의) 이미 위징이 죽었으니 마침내 거울 하나를 잃고 말았다.

④ 세한도(歲寒圖)

세한 연후지 송백지 후조야(歲寒然後知 松柏之後彫也)

세월이 추워진 뒤에야 소나무와 잣나무가 더디 시드는 것을 안다.

문 하나 있는 볼품없는 조그만 집 하나, 앙상한 가지에 듬성듬성 잎을 매달고 그 집에 비스듬히 기댄 소나무 한 그루와 잣나무를 그린 그림이 〈세한도(歲寒圖)〉인데, 눈이 내린 흔적이 없지만 한기가 느껴질 정도로 쓸쓸하고 썰렁한 모습이다.

증조부는 21대 임금 영조의 부마[사위]였다. 추사의 나이 24세 때, 청나라[수도 : 연경(燕京)] 파견 사절단의 부사(副使)인 부친을 수행하게 되어, 청나라 학자들과 교유하며, 조선 최고의 금석학(金石學) 및 서화(書畵) 방면의 대가(大家)로 성장한다. 45세 때 정치 와중에 부친

군자고궁(君子固窮)·소인궁사람(小人窮斯濫)

조선시대 서화가이자 실학자였던 추사 김정희(金正喜)는 조선 후기를 대표하는 예술가이자 문학가였다. 특히 서화에 능하여 추사체라는 독특한 서체를 대성시켜, 예서·행서의 새로운 전형을 남긴 분으로도 유명하다. 제주도 유배를 포함해 다양한 인생 역정을 겪었던 그가 1844년 제주도 유배 시절 제자 이상적에게 준 그림 〈세한도(歲寒圖)〉는 국보 180호로 지정돼 지금도 많은 사람들의 사랑을 받고 있다. 세한도 왼쪽에는 추사가 직접 쓴, 세한연후지 송백지후조야(歲寒然後知 松柏之後凋也/세월이 추워진 연후에 소나무와 잣나무가 늦게 시든다는 것을 안다)라는 논어의 한 구절이 들어있다. 세상이 추워지고 온통 눈으로 뒤덮여 추위와 바람만이 가득한 엄동설한에도 푸름을 잊지 않고 서 있는 소나무(松)와 잣나무(柏)의 기상을 통해 어려운 시절 어떻게 살아야 하는지를 잘 보여준다.

어렵고 힘든 위기를 닥쳐봐야 그 사람을 제대로 알 수 있다. 평소에 그렇게 자신만만하고 정감 많은 사람이 위기가 닥치면 전전긍긍하며 어찌할 줄 모르고, 의리와 신념을 쉽게 포기할 때도 많기 때문이다. 추운 겨울에 어떤 나무가 정말 강한 나무인지 알 수 있듯이, 힘든 위기 상황은 그 사람의 정신력과 위기대응 지수를 알게 해 주는 좋은 기회다. 《논어(論語)》는 군자(君子)를 '어려울수록 더욱 단단해지고 강해지는 사람, 군자고궁(君子固窮)'이라 했고, 소인(小人)을 '어려움이 닥치면 쉽게 포기하고 넘쳐버리는 사람, 소인궁사람(小人窮斯濫)'이라고 정의하고 있다.

공자의 제자들이 공자와 함께 철환천하(轍環天下)하며 세상을 주유(周遊)할 때의 일이다. 그들은 진(陳)나라에서 최악의 위기를 맞았다. 아무것도 먹지 못해 많은 제자들이 병들고 몸을 일으킬 힘조차 없을 때였다. 다혈질로 유명한 공자의 제자 자로(子路)가 공자에게 따졌다. "선생님! 군자가 이렇게 궁한 상황에 처할 수 있습니까?"

공자를 믿고 따르는 아무 죄 없는 제자들이 왜 이런 힘든 상황에 처해야 하는지를 따지고 든 셈이다. 공자의 답은 의외로 아주 간단했다. "군자는 어려울수록 더욱 단단해지는 사람이다(君子固窮). 그러나 소인은 어려운 상황이 닥치면 곧 원칙을 버리고 넘치고 만다(小人窮斯濫)."

이 말은 어려움에 대처하는 인간의 두 가지 스타일(典型)을 분명하게 지적하고 있다. 즉 어려움(窮) 그 자체보다 그 상황에 대처하는 인간의 정신이 더욱 중요하다. 궁(窮)한 상황에서 더욱 단단해(固)질 것인가? 아니면 넘쳐(濫) 흘러 이성을 잃고 우왕좌왕할 것인가? 성공한 사람들의 비밀은 바로 여기에 있다. 어떤 상황에서도 굴하지 않고 버텨낸 '고궁(固窮)의 정신'이 있었기에 그들은 성공할 수 있었다. 국민도 마찬가지다. 위기 때 애국심을 발휘해 자신의 조국을 지키려는 사람들이 많은 나라는 오래도록 존속할 수밖에 없다. 반면 평소에 나라의 혜택만 받고 위기 앞에서는 의무를 저버리는 사람에게는 고국(故國)이 더 이상 그들의 나라가 될 수 없다.

이 전라도 고금도로 유배되었으며, 10년 뒤 그의 나이 55세 때는 추사(秋史) 자신도 제주도로 유배된다. 유배 후 얼마 안 돼 가장 친한 친구의 사망 소식도 들리고, 아내와도 사별(死別)한다. 반대파의 박해도 계속되면서, 서울 친구 소식도 단절되고, 위리안치(圍籬安置 / 가시울타리 만들고 그 안에 가둠)되어, 책만 벗 삼을 뿐이었다.

제자 우선(藕船) 이상적(1804~1865)은 김정희(金正喜)의 심경을 깊이 이해하여, 역관으로 청나라에 사신으로 갈 때마다 구하기 힘든 책을 구해 김정희에게 보내 준다. 한 번은 권력자에게 바치면 출세에 도움 될 아주 귀한 《경세문편(經世文編)》을 구해 보내줘, 이 책을 받은 김정희는 심히 감격함과 동시에 유배 전·후 한결같은 이상적을 깊이 생각하게 된다.

논어의 한 구절 '歲寒然後知 松柏之後彫也'을 상기(想起)하여, 자신의 참담한 처지와 이상적의 고귀한 의리를 비유한 그림을 그려, '藕船 是賞'(우선! 감상하게!)이라고 쓰고, '長毋相忘'(오래도록 서로 잊지 말자)이라는 인장(印章)을 찍어, 이상적에게 보낸다. 이상적은 청나라 연경 사신 길에 추사(秋史)로부터 보내 받은 〈세한도(歲寒圖)〉를 지참하고 가서 보여 주니, 이상적의 청나라 친구들은 그림을 보며 이상적의 의리에 감동하고, 김정희의 처지를 안타까워하며 글을 지어준다.

〈세한도(歲寒圖)〉의 표면적 의미는 김정희의 참담한 신세와 이상적의 의리에 감동한 마음이지만, 내면적 의미는 조선 지식인의 티 없이 맑고 깨끗한 의리와 절개를 형상화(形象化)한 것이리라.

〈세한도(歲寒圖)〉의 원래 규격은 세로 23㎝, 가로 61.2㎝였으나, 청나라 문인 16명과 오세창·이시영·정인보 등의 감상문이 붙여져 10.8m 길이의 두루마리로 된다.

이상적이 2대째 보관하던 그림은 행방이 묘연한 가운데, 경성제대 교수로 추사 연구의 대가인 후지즈카(藤塚) 교수가 북경의 청나라

골동품 전문 가게에서 구입한 후, 1943년 퇴직하면서 일본으로 갖고 갔던 것이다.

서예 수집가 손재형은 1944년 일본으로 건너가 제2차 대전 당시 미군 공습이 한창인 도쿄의 후지즈카 집에 3개월 동안 문안 인사를 간 끝에 무상으로 양도받는다. 이어 개성 출신 미술품 수집가 손세기가 매입했고, 그의 아들 손창근 씨(85)가 소유하고 있던 중, 손 씨는 2011년 세한도를 서울 국립중앙박물관에 기탁한다. 기탁(寄託/맡겨 둠)은 기증과 달리 소유권을 기탁자가 계속 갖게 되는데, 그 후 2020년 서울 국립중앙박물관에 기증하여 영구 보관되고 있다.

⑤ 삼봉 정도전(三峯 鄭道傳)

고려에서 조선으로 교체되는 격동의 시기에 역사의 중심에서 새 왕조를 설계한 인물이다. 평소 취중(醉中)에 "한나라 고조가 장량을 이용한 게 아니라, 장량이 한 고조를 이용했다."라는 말을 하면서, 천명(天命)을 읽고 장자방(호)을 자처하며, 자신이 이성계를 이용하겠다는 야망을 품는다.

위화도(威化島) 회군(回軍)으로 이성계가 권력의 핵심으로 부상(浮上)하게 됨에 따라 정도전의 야망도 빛을 보게 되어, 조선 개국 후 정도전의 활약은 실로 눈이 부실 지경이다. 국가 통치이념 정립 및 한양 천도 과정에 현재의 경복궁과 도성 자리를 결정하는 것을 비롯하여, 수도 한양의 건설 총 책임자 임무를 수행한다.

경복궁을 위시(爲始)한 성문 이름과 한성부 이름을 작명(作名)하는 것은 물론, 서울을 구성하던 각종 상징물에 유교의 덕목과 가치가 담긴 의미를 부여하여, 수도로서의 의미만이 아닌 유교적 이상을 담은 곳으로 한양이 자리 잡게 한다.

또한 《조선경국전》을 저술하여 조선의 통치 규범을 제시함으로써, 후일 조선 최고 법전인 《경국대전》이 탄생하게 된 기반을 조성한다.

이 책에서 자신이 꿈꾸던 요순시대처럼 왕권(王權)과 신권(臣權)이 조화를 이루는 이상적인 왕도정치를 표방하는 거대 정치 구상을 제시한다. 개국 후 요직을 두루 거치며 권력의 핵심에 있었으나, 그가 주창한 요동 정벌 문제는 조선과 명나라의 주요 외교 문제로 비화(飛火)된다.

이러한 과정에서 사병 혁파를 둘러싸고 강력한 왕권에 바탕을 둔 왕조 국가를 지향하던 이방원 일파를 비롯한 왕자 및 공신들과 갈등을 초래하게 된다. 이상과 현실의 갈등에서 현실이 우세하면서, 자신이 꿈꾸던 성리학적 이상 세계의 실현을 보지 못하고, 끝내는 제1차 왕자의 난 때 정적의 칼에 단죄되어, 조선 왕조 끝자락에 가서야 겨우 신원(伸冤)이 된 것이다.

2) 창조적·건설적인 만남 vs 퇴영적·파괴적 만남

① 쇼팽(Chopin)의 즉흥곡(卽興曲)

즉흥곡(Impromptu, 卽興曲)은 즉흥적인 악상을 소품 형식으로 쓴 악곡을 말한다. '환상곡'으로도 불리는 이 곡(曲)은 연상의 연인 여류 작가 조르주 상드(George Sand : 1804~1876)와의 사랑이 시작된 때에 작곡한 것이다. 다른 즉흥곡보다 맑고 밝으며 경쾌하고 매혹적인 곡(曲)이라 할 수 있다.

1836년 12월 어느 날, 26세 쇼팽은 리스트의 소개로 어느 백작 집에서 상류 사회에서 유명한 미모의 여류 소설가 조르주 상드를 만나게 되어, 6살 연상임에도 둘 사이는 급속도로 친근해지게 된다.

이 무렵 쇼팽은 폐병이 악화되어, 의사로부터 파리를 떠나 조용한 시골 요양을 권고받았는데, 마침 조르주 상드의 아들도 급성 류

마티즘으로 한창 고통받고 있는 참이어서, 추운 한겨울을 지중해 마조르카 섬으로 옮겨 함께 살게 된다.

쇼팽은 매우 섬세하고 여성적인 데 반해, 상드는 매우 열정적이며 남성적이어서, 두 사람은 상호 존중과 이해 속에 10년의 긴 시간을 열렬히 사랑하며 삶을 함께하게 된다. 쇼팽은 인생의 1/3을 사랑하던 상드의 헌신적이고 모성적인 보살핌 속에서 주옥같은 걸작들을 작곡한다.

전주곡 1~25번, 왈츠 2~8번, 스케르초 2~4번, 야상곡(녹턴) 9~18번, 즉흥곡 1~3번, 발라드 2~4번, 피아노 소나타 2~3번, 폴로네이즈 3~7번, 마주르카 18~41번, 자장가 Db장조, 환상곡 f단조 등, 이외에도 많은 주옥(珠玉)같은 작품을 작곡한다.

참고로 음악의 분야별 제왕을 들라면, 교향곡의 베토벤, 실내악의 하이든, 가곡의 슈베르트, 피아노의 쇼팽을 들 수 있을 것이다.

② 단테와 베아트리체

단테(Dante Alighieri, 1265-1321)는 다섯 살 때 어머니를 여의고 소년 시절을 외롭게 자랐다.

아홉 살 때 피렌체 귀족의 딸 베아뜨리체(Beatrice Portinari, 1266~1290)를 만나, 첫눈에 반해, '그때부터 사랑이 나의 영혼을 지배했다.'라면서, 가슴 가득 그녀에 대한 그리움을 안고 살아가게 되었으나 아버지의 명(命)으로 열두 살 무렵에 젬마 도나티와 결혼을 약속하게 된다.

9년 뒤 단테가 열여덟 살 때, 아르노 강가에서 두 친구와 산책하고 있는 베아뜨리체를 우연히 만나게 되어, 그 후 영혼의 여인 베아뜨리체를 다시 열정적으로 사랑하게 되지만, 운명의 여신은 단테의 소망을 들어주지 않는다.

단테는 베아뜨리체에 대한 사랑을 담은 시집《신생(La Vita Nuova, The New Life, 1293)》에서 베아뜨리체를 지상의 천사, 구원(救援)의 여인으로 묘사한다. 마지막 장에서 "그녀에 대한 내 참담한 심정이 이것으로 마무리될 수는 없다. 내 시는 이전에 존재한 적 없고, 앞으로도 나오지 못할 정도로 열렬하고 숭고하리. 그것을 쓰기 전까지 그녀에 대해 아무것도 쓰지 않으리."라고 말한다.

베아뜨리체는 S. 바르디라는 사람과 결혼했다가 1290년 6월 8일, 스물네 살의 젊은 나이로 타계한다. 단테는 베아뜨리체가 죽고 나서 이렇게 말한다.

> "우리의 숭고한 사랑은 그녀가 내 곁을 떠난 후 이전의 어떤 때보다도 내 가슴에 살아 있다.(The love between them was wholly spiritual ; after her death Dante realized she was more alive than ever.)"

단테가 16년 동안 사랑했던 연인 베아뜨리체를 잊지 못해, 고통과 아픔을 승화시킨 시적 정서는 결국 불후의 명작《신곡(神曲, The Divine Comedy)》으로 실현된다. 첫눈에 반한 아름다운 소녀 베아뜨리체를 잊을 수 없어 문학작품 속에 영원히 살아 있게 한 것이리라. 단테는 베아트리체를 신에 버금가는 신성하고 고귀한 존재로 격상(格上)시킨다.

③ 살아 있는 신화, 혼다 쇼이치로와 후지사와 다케오

혼다는 학벌주의를 꼬집는 카리스마, 세습 경영을 뿌리 뽑는 평등원칙, 삼현주의(현장·현물·현실)를 실천하는 능력을 겸비했다. 게다가 엄격함과 인자함도 갖춘 감성주의 CEO로 알려졌다.

혼다 쇼이치로의 약력을 보면, 1906년 11월 17일에 출생하여, 초등학교 졸업 후, "졸업장 따위에 관심 없다. 졸업장은 영화표만 한 가치도 없다. 영화표는 최소한 영화관 입장을 보장해 주지만, 졸업장은 아무것도 보장해 주지 않는다."라고 말하며, 포드 모델 T를 보고, 자동차에 관심을 가지기 시작한다.

그리고 16세의 나이 1922년에 도쿄의 자동차 정비업소에 입사하여 정비 업무를 시작한 후, 1928년 22세 나이에 작은 정비업소를 창업한다.

드디어 1948년 그의 나이 42세에 혼다를 창립하고, 1973년 67세에 은퇴하여 1991년 8월 5일, 85세에 사망한다.

'기술의 혼다'라는 찬사는 창업자 혼다 쇼이치로의 노력과 집념의 산물이며, 기술자 출신으로 오늘의 혼다를 만들어 낸 신적인 인물임을 상징하는 말이다.

1948년, 42세 나이에 혼다 기술연구소를 설립하고, 독자 기술로 모터사이클 제작을 시작한다. 1948년 9월 혼다 자동차를 창립하고, 그 이듬해인 1949년 10월, 혼다 나이 43세 때 4세 연하의 후지사와 다케오를 공동창업자로 영입한다.

1959년 6월, 미주 혼다(America Honda Motor)를 설립하고 1978년 3월에 미주 생산법인(HAM / Honda of Manufacturing)을, 1984년 10월에 미주 혼다 재단(America Honda Foundation)을 설립한다.

혼다 쇼이치로가 사장으로, 후지사와 다케오가 부사장으로, 1973년 두 사람이 동시 퇴임할 때까지 25년간, 후지사와 다케오가 CEO 역할을 수행하고, 혼다 쇼이치로가 CTO 역할을 수행했다.

혼다주의의 핵심은 국제화, 개인존중, 임전무퇴, 현장경영, 젊은 패기, 필승 정신, 창업 정신 고취 등이다.

④ 김춘추와 김유신
가야국 시조 김수로왕의 12대손으로 나라 잃은 왕손 김유신(AD595 / 진평왕 17~ AD673 / 문무왕 13)과 성골이 아닌 진골 왕손 김춘추

의 만남은 참으로 운명적이라 할 수 있다. 김유신의 누이동생 문희가 김춘추의 저고리 옷고름을 꿰매 준 인연으로, 무술 실력과 지략이 출중한 김유신과 외교력과 정치력이 탁월한 김춘추는 처남·매부 사이로 굳게 협력·결속하게 된다. 훗날 두 사람의 절대적 협력과 결속으로 김춘추는 태종 무열왕에 즉위(卽位)했다.

백제를 멸망시켜, 김춘추와 김유신의 정치적 위상은 더욱 강화·긴밀해지고 공고화되었다. 왕위에 오른 김춘추는 자신의 셋째 딸을 61세의 김유신에게 시집 보내 두 사람의 혈맹관계를 더욱 다졌다.

김유신의 관등(官等)도 최고 등급인 각간(角干)에서 대(大)각간으로, 다시 태대(太大)각간으로 상향되어, 신라 최고의 명문이 되었다. 결국 두 사람의 만남은 삼국 통일의 대업(大業)을 이루는 초석(礎石)이 되었다. 이후 후계 문무왕은 고구려를 멸망시켜 드디어 삼국 통일의 대업을 성취했다.

문무왕은 김유신에게 "과인에게 경이 있음은 물고기에게 물이 있음과 같소."라며, 선왕과 다름없는 믿음을 보였고, 김유신 또한 죽을 때까지 문무왕에게 충성을 다했다.

원로로서 김유신의 처신과 충성도 각별했다. 연속되는 출정 중에 가족들이 기다리는 집 앞을 지날 때도 돌아보지도 않고 지나치며, 혹독한 추위 속의 행군에 군사들이 지치자 어깨를 드러낸 채 스스로 대열의 선두에 서기도 했다. 아들 원술이 당나라군과의 전투에서 패배·도망해 오자, 왕에게 참수형에 처하라고 건의하고 끝까지 용서하지 않는 등 노블레스 오블리주(noblesse oblige)를 실행했다.

⑤ 빌 게이츠와 워런 버핏

빌 게이츠는 2016년 7월 5일 자신의 블로그에 워런 버핏과의 만남과 그 후 자신에 대한 변화된 이야기를 기재했다. 워런 버핏은 '빌

& 멜린다 게이츠' 재단의 이사가 되었다.

"얼핏 보면 워런과 저는 이상한 조합으로 보일 수 있습니다. 저는 고지식한 엔지니어인데, 그는 이메일조차 쓰지 않는 투자가이지요. 실제로 저 자신도 그와 친구가 될 거라곤 예상하지 못했습니다.

'이것 보세요, 엄마! 그 사람은 그저 종잇조각[주식]을 사고파는 사람이라구요. 진짜 가치를 늘리는 건 아니란 말이에요. 우리 둘 사이에는 공통점이 많지 않다고 생각해요.' 하지만 결국에는 어머니의 고집에 졌습니다. 가서 2시간만 머무르다 회사로 돌아오는 조건으로 가기로 했습니다.

가서 워런을 만났지요. 그가 제게 질문을 하더군요. 소프트웨어 사업에 관해 물었습니다. 그리고 마이크로소프트 같은 작은 회사가 IBM과 경쟁할 수 있을 거라고 보는 이유가 뭔지에 대해서도 묻더군요. 갖고 있는 기술력은 무엇이고, 가격 책정은 어떻게 할 건지도 물었습니다. 저는 깜짝 놀랐습니다. 그전까지 아무도 묻지 않았던 핵심적인 질문들이 그의 입에서 쏟아져 나왔습니다. 순식간에 그와의 대화에 빠져들었지요. 몇 시간이 지났는지도 모를 정도였습니다.

대화 중에도 그는 거물 투자자의 티라고는 전혀 없었습니다. 자신이 하는 일에 대해 이야기하는 방식이 너무나 겸손했습니다. 그는 이야기도 재미있게 할 줄 아는 사람이었습니다. 하지만 무엇보다 가장 인상적이었던 것은 세상에 대해 아주 명료하게 생각하고 있다는 점이었습니다. 그렇게 첫 대화에서 우리의 깊은 우정은 시작됐습니다."

– 빌 게이츠와 워런 버핏의 25년 우정에 관한 회고의 글.

빌 게이츠는 워런 버핏과의 관계를 서로에게서 장점을 배워가는 관계라고 정의했다. 빌 게이츠는 워런 버핏의 권유로 세계 빈곤 문제를 분석한 세계은행의 '세계 개발 보고서'를 읽은 뒤 자선 사업의 중요성을 깨닫게 된 후 기부 재단을 설립하게 되었다. 워런 버핏도 이런 빌 게이츠의 모습에 감동받아 자신의 재산을 빌 게이츠 재단에 대부분 기부하기로 결정했다.

빌 게이츠는 '남의 지적을 수용하고, 자신에게는 엄격한 사람이 돼라.', '주변의 모든 사람들에게 선(善)하게 대하라. 타인을 선대(善待)

하는 것은 곧 자신을 선대 하는 것이다.'라는 말을 남겼다.

3) 밝고 행복한 만남 vs 어둡고 불행한 만남
① 에드워드 8세와 심프슨 부인

자신의 사랑을 지키기 위해 왕위까지 포기한 세기의 로맨스 주인 공으로 알려진 에드워드 8세는 두 번의 이혼 경력이 있는 민간인 출신 윌리스 심프슨과의 결혼을 위해 80여 통의 절절한 편지를 주고받으며 사랑을 이어간 그의 용기와 사랑에 대한 믿음은 머리로는 하지 못하는 진심의 승리였다. 훗날 윈저 공이 된 대영제국의 황태자 에드워드는 심프슨 부인에 대해 '불꽃 같은 눈을 가진 아름다운 여인'이라고 말했다.

그러나 영국 왕실과 의회, 국민에게 그녀는 국왕을 현혹시킨 공적 (公敵)이었고, 결코 대영제국의 왕비가 될 수 없다고 여겨졌다. 에드워드 8세는 심프슨 부인과 결혼하기 위해 부단히 노력했지만, 의회의 반대에 부딪혀 심프슨 부인이 아니면 국왕의 자리를 포기해야 하는 처지에 놓였다.

1936년 12월 11일, 에드워드 8세는 라디오 방송을 통해 심프슨 부인과 결혼하기 위해 국왕 자리에서 물러나겠다고 발표했다. 그때까지도 심프슨 부인은 어니스트 심프슨의 아내였고, 영국은 물론 전 세계가 충격에 빠졌다.

퇴위한 에드워드 8세는 영국을 떠났고, 윈저 공작의 작위를 받았다. 윈저 공은 심프슨 부인의 이혼 절차가 끝나기를 기다려 1937년 6월 3일 프랑스에서 결혼식을 올렸다. 하객은 16명에 불과했으며, 영국 왕실에서는 단 한 사람도 참석하지 않았다. 영국 왕실은 심프슨 부인에게 작위는 물론 왕실의 격식에 맞는 어떤 호칭도 허용하지 않았고 그녀는 결혼 후에도 전남편의 성을 따라 심프슨 부인으로 불렸다.

② 레이니에 3세와 그레이스 켈리

미국 영화배우 출신으로 모나코의 왕비가 된 그레이스 켈리는 어릴 적부터 귀족 못지않게 미국 필라델피아의 명문가인 최상류층 집안에서 자랐다.

그녀의 아버지는 올림픽에서 3회 금메달을 딴 조정 선수였으며 후에 건축사업으로 크게 성공하여 그레이스 켈리는 남부럽지 않은 유년 시절을 보냈다.

그녀는 5년간의 짧은 배우 생활을 했지만 할리우드의 대표적인 여배우로 전 세계에서 사랑을 받았다. 20살 때 미국 tv 드라마의 조연으로 데뷔하여 총 14편의 영화에 출연했다.

동화 속 주인공처럼 미국의 유명 배우와 모나코 왕의 결혼 소식은 전 세계를 떠들썩하게 만들기 충분했다. 1955년 칸 영화제에서 처음 만난 모나코 왕 레이니에 3세와 그레이스 켈리는 잡지 사진을 찍으러 모나코로 가며 다시 만났고, 그녀에게 관심이 있던 레이니에 3세는 무려 12캐럿의 어마어마한 다이아몬드 반지로 청혼했다.

그레이스 켈리는 할리우드 여배우답게 그녀의 마지막 영화인 〈상류사회〉에서 레니에 3세에게 받은 다이아몬드 반지를 착용하여 결혼을 승낙했다는 것을 알렸다.

1956년 레이니에 3세와 결혼하며 은퇴한 그레이스 켈리는 할리우드 여배우에서 모나코 왕비가 되었다. 3천 명 이상의 유명인들이 기차와 비행기, 요트, 여객선 등 다양한 이동수단으로 그녀의 결혼을 축하하기 위해 세계에서 두 번째로 작은 나라 모나코로 몰렸다.

프랑스와 합병될 위기에 처했던 모나코는 그레이스 켈리의 입궁과 함께 모나코라는 작은 나라에 관심을 갖기 시작한 사람들로 관광 수입이 급증하고 더불어 경제가 활발하게 일어나면서 위기를 모면하게 된다.

1982년 모나코 근교의 모나코빌의 여름별장에서 왕궁으로 돌아오던 중 교통사고로 52세의 젊은 나이로 생을 마감했다.

③ 김춘추와 김유신의 여동생 김문희

김문희는 김유신의 둘째 누이다. 어느 날 그녀의 언니인 보희가 문희에게 자신이 꾼 꿈을 얘기했다. 즉 보희가 서라벌의 남산에 올라가서 소변을 보았는데 그 소변이 서라벌 시내에 가득 찼다고 한다. 문희는 그 얘기를 듣고 언니에게 비단 치마를 꿈값으로 주며 그 꿈을 샀다.

며칠 뒤에 오라비 김유신이 왕족인 김춘추를 집에 데리고 와서 같이 놀다가 그의 옷고름을 밟는 바람에 김춘추가 입은 옷의 솔기가 터졌다. 이에 유신은 보희를 불러 옷고름을 꿰매어 주라고 시켰는데 보희는 몸이 불편하다는 핑계로 나서지 않았다. 그래서 문희에게 바느질 소임이 돌아갔는데 이후에도 김춘추가 올 때마다 김유신이 문희를 불러서 그에게 보였다는 것이다.

그런 연유로 맺어진 인연으로 김춘추와의 사이에서 여섯 아들을 두었으며, 김춘추를 잘 보필하여 삼국 통일의 기초를 이루게 했다.

④ 바보 온달과 평강공주

평강공주는 어릴 때부터 자주 울었는데, 아버지인 평원 왕은 평강공주가 울 때마다 "넌 너무 울어서 탈이니 귀한 사람의 아내는 못 되겠다. 아무래도 바보 온달한테 시집 보내야겠는걸?" 하며 놀리곤 했다고 한다. 그러나 이 말이 씨가 될 줄 누가 알았으랴?

후에 평강공주가 결혼할 나이가 되자 평원 왕은 공주를 상부(上部) 고씨(高氏)에게 시집 보내려고 하였다. 그러나 평강공주는 예전에 평원 왕에게 들었던 농담을 들먹이며 온달에게 시집을 가겠다고 고집을 부렸다. 왕은 기가 막혀서 공주를 말렸지만 오히려 공주는 "보통 사람도 거짓말을 하지 않으려 하는데, 대왕께서 거짓말을 하신다면 누가 왕명을 따르오리까."라며 되려 왕을 나무랐다.

공주가 고집을 꺾지 않자 화가 난 평원 왕은 공주를 궁 밖으로 내쫓았는데, 이때 공주는 금팔찌 등의 패물을 잔뜩 가지고 나와 온달에게 시집가게 된다. 평강공주는 궁에서 나올 때 가져온 패물을 팔아서 가난에 시달리던 온달의 집안을 다시 일으켜 세웠으며, 온달에게 무술과 병법을 가르쳐 가난뱅이 온달을 훌륭한 장수로 성장시킨다.

이후 온달은 중국 후주의 침략을 받았을 당시에 이산(肄山)의 전투에서 전공을 세워 대형(大兄) 벼슬을 받았으며, 비로소 평원 왕으로부터 사위로 인정받게 되었다. 그러나 평원 왕의 뒤를 이은 영양 왕 때에 온달은 신라에 빼앗긴 죽령 이서(以西) 땅을 찾아오기 전에는 돌아오지 않겠다고 맹세하며 신라군과 격전을 벌이던 중에 아단성(阿旦城)에서 화살을 맞고 전사하고 말았다.

(3) 인간관계의 중요성

미국 카네기 공대 졸업생들을 추적 조사한 결과, 그들은 한결같이 "성공하는 데 전문 지식이나 기술은 15%밖에 영향을 주지 않았으며, 나머지 85%가 인간관계다."라는 말을 했다.

주위의 성공한 사람을 보면, 하찮다고 생각할 만한 작은 일도 소홀히 하지 않고 잘 챙겨서, 여러 사람과 좋은 인간관계를 맺어온 사실을 알 수 있다. 그들은 특히 '입 방문·손 방문·발 방문'을 잘했다고 한다.

　'입 방문'은 전화나 말로써 사람을 부드럽게 대하며 칭찬해 주고 용기를 주는 것, '손 방문'은 편지나 쪽지 글(메모) 등으로 속내나 사랑하는 진솔한 마음을 전달하는 것, '발 방문'은 상대가 병들거나 어려움이 있을 때 직접 찾아가서 위로해 주는 것을 의미한다.

　　바로 이런 것을 잘하는 사람이 성공할 수 있고, 큰일을 할 수 있다. 이와 같은 인간관계로 감동을 주는 사람은 오랫동안 잊지 않고 기억에 오래 남을 것이다.

　4. 출세에 관한 생각

　(1) 고전적 의미의 출세

　《대학(大學)》의 핵심 내용은 3강령·8조목에 있다. 이 책의 주제는 바로 수기(修己) [內聖]와 치인(治人)[外王]이다. 지선(至善)의 경지에 이르기까지 자기 수양을 이룰 뿐만 아니라, 더불어 백성도 잘 다스려 사회도 지선(至善)의 경지로 나아가게 하는 것, 다시 말하면 자신을 수양하고(修己), 백성을 올바르게 다스리도록 하는 것(治人), 그것이 《대학(大學)》의 핵심이다.

　《전습록(明代 왕양명 陽明學/新儒學)》에서 말하는 출세의 의미는 자기 분야에서 깊이 정진하여 양지(良知) 즉 선천적 도덕 법칙과 천리(天理)를 터득하고 발휘하도록 하는 것이다.

　동양의 대표적 고전인 《대학》과 《전습록》을 통해 고전적 의미의 출세를 종합하여 요약해 보면, 개인의 수양을 통해 사회 정의를 실현하는 것이며, 전문가적 경지에 이르러 지행합일을 통해 양지를 터득하고 발휘하는 것이라고 말할 수 있다.

(2) 현대적 의미의 출세

출세의 사전적 의미를 보면, 높은 자리에 올라 잘되거나 사회적 지위를 차지하게 되는 것, 즉 입신·영달하거나 승진하게 되어, 성공하게 되는 것을 말한다.

출세의 고전적 의미와 현대의 사전적 의미를 종합해보면, 출세의 진정한 참된 의미는 어떤 분야에서든 상당한 경지에 이르러 전문가적 일가견을 이루고, 대가로서 해당 분야뿐만 아니라 그 이상의 영역으로 영향력을 확대하고, 자기 정체성을 확장하는 것이라고 말할 수 있을 것이다.

궁핍한 현세적 삶을 살았음에도 출세에 성공한 대표적 사례로는, 예수 그리스도, 석가모니, 공자, 맹자, 소크라테스, 칼 마르크스 등을 들 수 있다. 반면, 부귀영화와 호의호식을 누렸음에도 출세에 실패한 사례로는 마피아의 대부 알 카포네, 마리 앙투아네트, 대도(大盜) 조세형, 대다수의 독직(瀆職) 공직자들을 들 수 있을 것이다.

청빈하고 헌신적 삶으로 출세에 크게 성공한 사례도 있고, 권력과 세도를 크게 누렸음에도 출세에 실패한 사례도 많다. 국가와 민

아리스토텔레스의 5가지 지적(知的) 덕성(德性).

아리스토텔레스가 《니코마코스 윤리학》에서 말하는 5가지 지적(知的) 덕성(德性)이라 함은, 첫째, 프로네시스(phronesis, 실천적 지혜), 둘째, 테크네(techne, 기술적 지식), 셋째, 에피스테메(epistêmê, 인식력), 넷째, 누스(nous, 직관적 이해력), 다섯째, 소피아(sophia, 현명함)를 일컫는 것이다.
5가지 지적 덕성은 '이론 지식'과 '실용 지식'의 기준으로 분류된다. 그중에서 ①프로네시스와 ②테크네는 실용 지식이며, ③에피스테메와 ④누스와 ⑤소피아는 이론 지식이다.
①프로네시스 : 신중·윤리·실용적 지혜 또는 실용적 이성 등을 뜻하며, 특정한 상황에서 공익을 위해 최선의 행동을 선택하는 능력을 이른다.
②테크네 : 테크닉·테크놀로지·예술 등에 해당하는 말로서, 창조 능력에 필요한 노하우나 실질적인 기술을 이른다. 테크네가 지식 그 자체라면, 프로네시스는 가치 판단과 가치 판단 실현에 대한 자각을 말한다.
③에피스테메 : 보편적 진리를 뜻하며, 시공간으로부터 독립적인 보편 적용성에 초점을 맞추고, 맥락에 의존적이지 않은 형식적·객관적 지식을 말한다. 인간이 삶 가운데서 마주치는 윤리적 상황에서는 습득해서 적용할 수 있는 테크네가 그리 중요하지는 않다.

중을 위한 삶을 살다가 피살되었음에도 출세에 성공한 사람도 있고, 불행한 비운(悲運)의 삶으로도 출세에 성공한 사람도 있다.

(3) 바람직한 의미의 출세

이런 사례들을 반추해 보면 바람직한 출세란 어떤 모습이어야 할까? 격변하는 환경에 알맞은 자기 변신을 통해, 변화와 개혁 및 충격

'테크네'와 '프로네시스'

일찍이 아리스토텔레스는 '테크네'와 '프로네시스'를 두 가지 종류의 '실천적 지식'으로 제시했다. 그는 이 구분에 앞서 인간의 실천을 두 가지 종류로 구분했는데, 한 가지는 '제작', 즉 '포이에시스(poiesis)'이며, 다른 한 가지는 '훌륭한 행위'로서의 '프락시스(praxis)'다.

포이에시스는 무엇인가를 만들어 낼 목적을 가진 활동이며, 이것은 이 활동에 목적을 제공하는 하나의 산출물에서 종료된다. 예컨대 배를 제작하는 활동은 '배'라는 산출물을 목적으로 삼으며, 그것이 산출되면 일련의 제작 활동은 종료된다. 요컨대 포이에시스는 특정한 산출물을 획득하고자 하는 제작 활동으로서의 실천인것이다.

포이에시스와 구분되는 또 다른 종류의 실천은 '프락시스(praxis)'다. 이것은 삶의 행위, 시민으로서의 행위에 해당하는 것이며, 이 경우 활동의 목적은 활동 자체를 하는 바로 그것에서 실현된다. 제작은 제작 이외의 목적을 갖는 활동인데 반해, 프락시스는 그 자체 이외의 목적을 갖지 않는다.

행위의 목적은 바로 행위를 잘하는(eupraxia) 그 자체라는것이다. 산출물이 없음에도 불구하고 행위 그 자체가 목적이 된다는 말은, 그 행위가 훌륭하고 선한 것임을 시사한다. 아닌 게 아니라 우리는 별도의 가시적 산출물을 내어놓지 못하는 활동이라도, 공동체 전체를 위한 선행, 예컨대 훌륭한 정치 행위를 그 자체로서 가치 있게 여긴다.

아리스토텔레스에 의하면 이 두 가지 종류의 '실천', 즉 포이에시스와 프락시스는 그에 상응하는 지식이 필요하다. 제작에 필요한 지식은 '제작술' 또는 '기예(技藝)'로 번역될 수 있는 '테크네'다. 예컨대 배를 제작하는 데 필요한 '조선술'은 테크네의 한 가지 예가 될 수 있다. 그것은 무엇인가를 만들어 내는 추론적 역량을 갖춘 상태다.

테크네는 유용한 사물들을 생성하는 원천과 만드는 사람의 습관에 해당하는 능력이며, 이 능력으로 인해 그 사람은 유용한 사물들을 생산하고 재생하는 일에서 신뢰할 만한 사람이 된다. 이런 의미의 제작자는 자신이 만드는 사물의 목적을 이해하는 사람이다.

모종의 산출물을 얻기 위해서는 체계적인 절차가 필요하며, 이것은 합리성이 없이는 불가능하다. 테크네를 가리켜 실천에 필요한 추론적 역량이라고 부르는 것은, 그것이 이 의미의 합리성을 요구하기 때문이다.

포이에시스에 필요한 지식이 '테크네'라면, 프락시스를 위한 지식은 '실천적 지혜', 즉 '프로네시스'다. 아리스토텔레스에 의하면 프로네시스는 자신에게 좋은 것, 유익한 것들과 관련해서 잘 숙고할 수 있는 것으로서, 건강이나 체력과 같은 부분적인 것에서 무엇이 좋은지 생각하는 것이 아니라, 전체적으로 잘 살아가는 것과 관련해서 무엇이 좋고 유익한지 숙고하는 것을 의미한다. 프로네시스는 특정한 분야에 국한된 '부분적' 지식이 아니라, 그러한 지식을 활용하는 '가사(家事)' 또는 '정치(政治)'의 분야에서 필요한 지식이다. 또한, 프로네시스는 자신이 소속된 공동체에 관한 관심과 헌신을 포함한다. 프로네시스는, 테크네와 달리 자신으로부터 분리된 산물을 만드는 것이 아니라, 자신의 동료들과 더불어 하는 행위들 속에서 전개된다.

테크네가 특정한 산출물을 제작하기 위한 지식이라면, 프로네시스는 가사(家事) 혹은 정치(政治) 등 공동체 전체의 좋은 삶을 위해 필요한 것이다. 그것은 공동체 내에서 동료들을 배려하고 그들과 협동하는 방법에 관한 지식이다.

요컨대 프로네시스는 자신이 어떤 행위를 해야 하는지를 지시해 주는 실천적 지식이지만, 개인의 이기적이고 사사로운 목적이 아니라 공동체 전체의 선을 반영한다.

공(公)과 사(私)의 구분

사(私)는, 자신의 사적 이해와 개인적 충동을 구현하려는 자세를 일컫는 말이라고 할 수 있으며, 공(公)이라 함은, 자신의 사적 이해와 개인적 충동을 유보하고 절제하면서, 공공의 선(善)과 보편적 가치를 구현해 나가려는 태도나 자세를 일컫는다.

그런 점에서 공(公)과 사(私)는, 영역의 구분이 아니라, 규범의 범주라고 할 수 있다. 즉 전체 속에서 부분인 자신의 사적 욕망을 추구하느냐, 아니면 공적 질서, 즉 전체의 협력과 조화를 축으로 할 것이냐가 관건이다.

사적 경향에 대한 반발로서의 공적 가치는 2가지 방향을 가진다. 소극적으로는 자기를 억제(unselfish / 非利己主義)하는 길이요, 적극적으로는 타자를 실현(altruism / 利他主義)하는 길이라고 할 수 있을 것이다.

에 성공적으로 대응할 수 있도록 유연성과 탄력성을 강화함으로써 전문성, 차별성, 독특한 통찰력과 실행력을 갖추고, 새로운 지식과 지혜의 창조·활용·확산을 이루고, 또 이를 통해 가치 창출에 이바지하는 실천적 지성인이 되는 것, 즉 프로네시스*(앞페이지 하단의 아리스토텔레스의 5가지 지적(知的) 덕성(德性)과 '테크네'와 '프로네시스'를 참조 바람)를 함양하는 것이 바로 올바른 출세일 것이다.

공자께서는 《논어》〈술이편(述而篇)〉에서 반소사음수 곡굉이침지 낙역재기중의 불의이부차귀 어아여부운(飯疏食飲水 曲肱而枕之 樂亦在其中矣 不義而 富且貴 於我如浮雲)이라고 말씀하셨다. 번역하자면 '거친 밥을 먹고 물 마시고, 팔을 구부려 베개 삼아 누워 잘지라도 즐거움이 그 가운데 있나니, 도의에 어긋나면서 정의롭지 못하고 떳떳하지 못하면서 부유하고 또 지위까지 높은 것은 나에게는 바람에 흩날리는 뜬구름과 같은 것'이라는 의미다.

평생 맨발로 살며 고아와 빈민의 어머니로 불린 마더 테레사는 그녀가 기도하던 방에 '존경받고, 찬양받고, 인정받고, 명예로워지고, 인기를 끌려는 욕망으로부터 자유롭게 하소서'라는 문구를 써놓았다고 한다. 행복은 다른 사람들 위에 올라섬으로써 얻어지는 게 아니라, 주위를 돌아보며 함께 나눌 때 찾아오는 것이라고 확신했던 겸손하고 진실한 인간의 모습이다.

흔히들 말하는 잘난 사람, 속칭 '출세한 사람들'의 행복 지수가 그리 높지 않은 것은 자신의 지위와 소유하고 있는 모든 것이 다 본인의 힘과 노력에 의한 것으로 생각하며, 그 누구에게도 별로 고마워하지 않기 때문이다. 돈과 권력과 명예는 움켜쥐면 쥘수록 손안에 있는 모래알처럼 쉽게 빠져나가서 한시도 마음을 놓을 수 없는 법이다.

세상에 존재하는 돈과 권력과 명예는 한 사람의 노력과 힘만으로 이루어지는 것이 아니라, 누군가의 희생과 도움과 배려가 있어야만 가능하다. 출세는 사람들의 우러러봄을 받으며 세상에 나오는 것이지, 사람들의 고마움을 무시한 채 세상에 홀로 서는 것이 아니다.

다시 말하면, 출세는 '오랫동안 준비한 사람'이 세상의 부름을 받고 나와, 만인을 위해 봉사의 길로 들어서는 것을 말한다.

5. 밝은 지혜에 관한 생각

(1) 고전적 의미의 밝은 지혜

의미 있는 삶을 위한 밝은 지혜에 대해 고전적 의미와 현대적 의미의 양면으로 접근해서 생각해보면, 고전적 의미의 밝은 지혜는 군자(君子)가 되는 것을 의미한다.

군자(君子)는 '마음속으로 반성을 해도 잘못이 없는데, 무엇을 걱정하고 무엇을 두려워하겠는가? [내성불구 하우하구(內省不疚 何憂何懼)]'라고 말할 수 있는, 다시 말하면 지자(知者)·인자(仁者)·용자(勇者)의 경지에까지 이르는 것을 의미한다.

지혜로운 사람(知者)은 사물의 도리를 잘 분별하여 현황을 제대로 인식·파악할 수 있고, 미래까지도 어느 정도 짐작할 수 있는 지혜가 있어, 어떤 어려운 상황에 부딪혀도 미혹되지 않고 해결해 낼 수 있다. 이것이 바로 지자불혹(知者不惑)이다.

어진 사람(仁者)은 인(仁)과 덕(德)을 갖추고 있어서, 사리사욕을 버리고 자연과 천리(天理)에 따라 행동하며, 양심에 거리끼는 일을 하지 않기 때문에, 아무런 근심·걱정을 하지 않아도 된다. 이것을 일컬

노자(老子)의
상선약수(上善若水)

으뜸이 되는 선(善)은 겸허(謙虛)와 부쟁(不爭)의 물과 같다.
수선리만물 이부쟁, 처중인지소오(水善利萬物而不爭, 處衆人之所惡)
물은 만물을 이롭게 하면서도 다투지 않고, 뭇사람이 싫어하는 곳에 처한다. 물은 자기를 낮추어 낮은 곳으로 흐르고, 바위를 만나면 몸을 나누어 비켜 가고, 산이 가로막으면 멀리 돌아간다.

그런 취지에서 필자의 바람직한 삶의 모토(Motto)는,
① 꿈과 희망(담대한 비전 / Audacious Vision),
②시스템적 사고(Systems Thinking),
③스펀지 정신(Spirit of Sponge)의 세 가지로 정했던 것이다.

사마천의 세상 보는 눈. [cf] 신념, 주체성, 자기 존엄성, 실행성.
태산은 한 줌의 흙을 사양하지 않고, 바다는 세세한 물결을 가리지 않는다.
[cf] 모택동(毛澤東)과(vs) 장개석(蔣介石)의 역사(歷史)를 보는 눈을 비교하면, 毛澤東은 역동적(力動的)으로 본 반면에, 蔣介石은 운명적(運命的)으로 본 것.

어 인자불우(仁者不憂)라 한다.

용기 있는 사람(勇者)은 용맹하고 결단력이 풍부하여, 나아가고 물러남에 있어 언제 어디서나 두려워하지 않는다. 용자불구(勇者不懼)라는 말이다.

넬슨 만델라도 용기 있는 자(者)는 두려움을 느끼지 않는 자가 아니라, 두려움을 극복한 사람이라고 했다.

(2) 현대적 의미의 밝은 지혜

현대적 의미의 밝은 지혜는 실천적 지성인, 다시 말해 현자(賢者)·부자(富者)·강자(强者)가 되는 것을 의미한다. 현자(賢者)는 만나는 모든 사람으로부터 배우는 사람이요, 부자(富者)는 현재 가지고 있는 것으로 만족하는 사람이요, 강자(强者)는 자기와의 싸움에서 싸워 이기는 사람을 말한다.

고전적 의미의 밝은 지혜, 즉 지자·인자·용자가 되는 길은 말하기보다는 피 나는 자기 수련과 연마(研磨)가 없이는 지극히 어려운 길이다. 그러나 현대적 의미의 밝은 지혜, 즉 현자(賢者)·부자(富者)·강자(强者)가 되는 길은 마음 먹기에 따라서는 누구나 실행 가능하다.

정말 행복한 사람은 모든 것을 다 가진 사람이 아니라, 현재 가지고 있는 것에 만족하는 사람, 지금 하는 일을 즐거워하는 사람, 하고 싶은 일이 있는 사람, 갈 곳이 있는 사람, 갖고 싶은 것이 있는 사람들이 진정 현명한 사람이요, 부자이고 강한 사람이다.

(3) 집단 지성(Collective Intelligence)

소수의 잘난 사람들이 조직의 의사결정을 전담하던 시대는 이미 지났다. 예컨대, 요즘 잘 나가는 기업에서는 신제품을 개발하거나 새로운 디자인을 채택할 때, 다수의 소비자 의견을 수렴하여 최종

결론을 내리는 소위(所謂) 크라우드 소싱(Crowd Sourcing) 방식을 채택한다.

집단 지성이 지배하는 사회에서는, 의사결정 과정에 수많은 사람들의 마음을 움직여야 하기 때문에, 자연히 감성 사회의 특성이 선호되고 있다.

과거엔 정부 정책이 당위성을 근거로 소수의 실력자에 의해 결정되었지만, 요즈음은 대다수 국민의 이해와 공감이 절대적으로 필요한 시대가 된 지 벌써 오래다.

논리와 이성이 지배하던 시대는 지나가고, 감성적인 측면을 최대한 활용해야 하는 시대가 도래했음에 따라 자연히 소통(疏通)이 모든 조직 집단에서 매우 중요한 과제로 등장된 것이다.

(4) 가치 지향적 삶

20년간(1960~1980) 하버드대 MBA 과정 졸업자 1,500명을 추적 조사한 결과, 20년 후 그들 중 101명이 백만장자가 되어 있었다.

83%의 A그룹 1,245명 졸업생은, 먼저 돈을 벌고, 그다음에 자신이 하고 싶은 일을 하겠다고 대답했던 사람들이다.

수단에 집착한 현실 지향적인 A그룹 사람 1,245명 중 단 1명만 백만장자가 된 것이다.

17%의 B그룹 255명 졸업생은, 처음부터 자신이 관심 있는 일을 하다 보면, 돈은 자연스레 따라올 것이라고 대답했다고 한다. 목표 지향적·가치 지향적인 B그룹 사람 255명 중, 100명이 백만장자가 되었다고 한다.

젊은 날 출발점에서부터 비전과 꿈, 자신이 추구하는 가치관에 헌신한 사람들이 성공적인 삶을 살게 되는 것이며, 자신의 가치관을 따라 그 가치를 성취하려고 열심히 사는 사람들이 성공할 확률이

해불양수(海不讓水)

바다가 물의 제왕인 것은 크고 넓고 깊어서이기도 하지만, 그보다는 낮은 데 위치하고, 모든 것을 받아들이기 때문일 것이다. 바다는 큰 물, 작은 물을 가리지 않고, 깨끗한 물, 더러운 물을 마다않고, 마치 스펀지처럼 모든 것을 다 받아들여서 대양(大洋)을 이룬다.

높다는 것이다.

비전, 즉 '꿈과 희망'을 향해 열심히 살다 보면, 성공은 자연히 뒤따라오게 된다는 것을 시사(示唆)해 주고 있다.

(5) 룰라와 바웬사

룰라 다 실바 전 브라질 대통령과 레흐 바웬사 전 폴란드 대통령은 모두 노조 지도자 출신이다. 룰라 다 실바는 레흐 바웬사와는 달리, '성장이 멈추면 가난한 사람이 더 큰 고통을 받는다'라면서, 분배보다는 경제 성장에 관심과 역점을 두어, 연간 7%씩 경제를 성장시키며 사회 통합 방안을 모색·실행했다.

퇴임 당시 레흐 바웬사의 지지율이 겨우 0.2%인 반면, 룰라 다 실바의 지지율은 물경(勿驚) 87%이었다. 좌파이면서 기업 숨통을 틔워 주기 위해 우파 정책인 감세(減稅)를 골자로 하는 세제 개혁 방안을 시행한 때문이다.

사회 통합정책으로, 극빈층을 중산층으로 견인하기 위해 지원금을 배분해, 전선 110만 km를 무료 배선함과 동시에 전기도 무료 공급했다. 이에 따라 극빈층의 80%가 TV를, 75%가 냉장고를, 50%가 오디오 제품을 구매하게 되어, TV·냉장고·AUDIO·컴퓨터 회사들도 잘 되기 시작한 것이다.

룰라는 "사회 통합은 정치이념이 아니라, 삶이 힘들어지고 사회가 어려워질수록 더욱 필요한 것이다. 사회 통합에 힘쓰다 보니 경제도 살고 분배도 개선되었다. 통합정책 추진 결과 5,200만 명이 수혜를 받았다."라고 술회했다.

그는 또한 "어느 나라든 젊은이들은 희망, 자존심, 일자리, 공정하고 정의로운 민주주의를 갖고 싶어 한다. 권력을 바라지도 않고, 좌파든 우파든 상관하지 않는다. 학교를 졸업하고, 사회의 의사결정

과정에 정당하게 참여할 수 있는 방법을 알고 싶어 할 따름이다."라
고 역설했다.

태도가 곧 성취

어떤 마음을 가지느냐에 따
라, 할 수 없던 일도 할 수
있는 일이 된다.
그리고 학생이 배울 준비가
되어 있으면, 스승은 나타나
게 마련이다.

경청(傾聽)

듣고 있으면 내가 이득을 얻고, 말하고 있으면 남이 이득을 얻는다.
말[표현]하는 것은 지식의 영역이요, 듣는 것[傾聽]은 지혜의 영역이다.

지자 천려 필유 일실, 우자 천려 필유 일득(智者 千慮 必有 一失, 愚者 千慮 必有 一得)
지혜로운 사람의 많은 생각 중에는 반드시 놓치는 것이 하나 있고, 어리석은 사람의 많은 생각 중에는 반드시 얻을 것
이 하나 있다.

1인의 지혜보다 집단 (1 + 다수)의 지혜가 낫다.

한 사람의 지혜보다는 그 사람을 포함한 집단의 지혜가 항상 우월한 법이다. None of us is as smart as all of us.
그 누구도 우리 모두보다 현명하지 않다는 말이 있듯, 중지를 모아[衆智 結集] 소속 조직 전체의 집단 지성을 제고(提
高) 해야 한다.
法語之言 能無從乎 改之爲貴 (법어지언 능무종호 개지위귀)
법도에 맞는 말을 능히 따르지 않겠는가마는, 그 말에 따라 잘못을 고칠 줄 아는 게 중요하다.
巽與之言 能無說乎 繹之爲貴 (손여지언 능무열호 역지위귀)
자상하게 타이르는 말이 기쁘지 않을 수 있겠는가마는, 그 말의 참뜻을 찾아내는 것이 중요하다.

스펀지(Sponge) 정신

어린이와 노인은 학습 능력에서도 많은 차이를 보인다. 어린이는 호기심(curiosity)이 많고 예민(sharp)하며, 수
용성(receptive capacity)이 매우 높은데 비해, 노인은 경험과 경륜이 풍부할 뿐만 아니라 이로 인해 선입견
(preconception/prejudice)이 매우 강해, 먼저 가치 판단한 후 선택적으로 받아들이는 경향이 많다.

스펀지(Sponge)는 빨간 물이든 파란 물이든, 맑은 물이든 흐린 물이든, 청탁(淸濁)을 가리지 않고 있는 그대로 다 빨
아들인다. 이러한 스펀지의 특성을 일컬어 '스펀지 정신'이라고 명명하고자 한다.
어린이는, 특히 태어난 지 얼마 되지 않은 어린아이일수록 주위에서 보고 듣는 모든 것에 대해 미리 가치 판단하거나
편견을 갖지 않고, 보고 듣는 있는 그대로를 받아들이(dead copy)는 스펀지의 특성이 강하다.
그래서 어린이는 어른에 비해 학습곡선(Learning Curve)의 기울기가 크기 때문에 정신적으로나 육체적으로 성장·발
전이 빠를 수밖에 없는 것이다.

아주 비근한 예로, 자전거 타기를 배울 때도 넘어지지 않으려고 고집스럽게 넘어지는 반대쪽으로 핸들을 틀려는 노인
들과는 달리, 어린이의 경우에는 가르치는 대로 넘어지는 쪽으로 쉽게 핸들을 틀어 시행착오를 줄여 빨리 적응하므로
단시간에 자전거 타기를 습득하고 숙달된다.
그래서 '성장해가는 노인이 죽어가는 젊은이보다 낫다.'는 말이 성립되는 것이다.

지식이 운명을 결정할까, 아니면 기회가 운명을 결정할까? 그것도 아니면 성격이 운명을 결정할까?

앞의 두 요소는 운명에 중요한 영향을 끼치지만, 궁극적으로는 성격이 운명을 결정한다. 그렇지 않다면 어찌하여 같은 지식을 소유한 자의 운명이 서로 다르며, 균등한 기회를 가진 자의 운명 또한 전혀 다르겠는가?

성격이 무엇이냐고 묻는다면 간단히 대답할 수 없다. 스스로 실천 속에서 끊임없이 음미할 수밖에 없을 것이다.

(6) 아버지가 굴린 복지(福祉) 바퀴에 치인 그리스 아들의 비극

그리스의 모습은 참으로 교훈적이다. 파판드레우 전 총리의 부친 안드레아스도 1981년부터 두 차례에 걸쳐 11년간 총리를 역임했다.

미국 하버드대 경제학 교수 출신으로 사회주의자였던 그는 집권 직후부터 재분배를 경제 정책의 키워드(key word)로 표방했다.

의료보험 혜택을 전 계층으로 확대하고, 노동자들의 최저 임금과 평균 임금, 연금 지급액도 대폭 끌어 올렸다. 노동법을 고쳐서, 기업들이 경영 실적이 나빠져도 직원을 해고하기 어렵게 만들었다. 안드레아스의 재분배·복지정책 덕분에 그리스 국민 대다수의 실질 소득이 크게 늘었고, 빈부 격차도 줄어들었다.

그리스 국민들은 65세 이전에 은퇴하고서 퇴직 전 임금의 80%를 연금으로 받으며, 경제 선진국 국민들이 부러워하는 노후(老後)를 보내게 된다.

그러나 벌어들이는 것보다 많이 쓰는 나라엔 종말(終末)이 오게 마련이다. 1970년대 연평균 4.7%이던 그리스의 경제성장률은 그가 집권한 1980년대에 연평균 1.5%로 뚝 떨어졌고, '안드레아스 시대'는 그 이후 그리스의 진로를 결정적으로 바꿔 놓고 말았다.

안드레아스 시대에 국민들은 과(過)복지에 맛을 들였고, 그렇게 길든 국민의 표를 얻어 집권하려면 정치인들은 더 많은 빚을 얻어 복지를 더 확대하겠다고 나설 수밖에 없었다.

그런데도 그리스 국민은 여론 조사에서 나라를 빚더미에 올려놓은 안드레아스를 역대 최고의 총리로 꼽을 만큼 아직도 그 시절을 황금시대로 기억하고 있다. 결국 유럽연합(EU)은 빚더미 위의 그리스에 대해 여러 차례 국가 재정의 파탄 위험을 경고하게 된 것이다.

아들 파판드레우 총리는 2009년 취임과 함께 공무원 임금과 복지 수당을 줄이고, 연금지급 연령을 늦추고, 공기업을 민영화하는

구조 조정과 복지 개혁에 나설 수밖에 없었다. 대부분 그의 아버지가 남겨 놓은 유산(遺産)을 부정하고 폐기 처분하는 작업이었다. 그러나 이미 그리스는 정치가 국민을 오염(汚染)시키고, 이어 오염된 국민이 오염된 정치인을 불러와 나라를 수렁으로 몰아가는 악순환의 바퀴에 깔린 것이다. 한 해 동안 노동계가 재정 긴축에 반대하는 총파업을 7차례나 벌였고, 공무원들까지 거리에 나섰다.

여론 조사에서 응답자의 77%가 아버지가 남긴 부정적 유산을 털어 버리려 발버둥 치는 파판드레우 총리를 믿지 못한다면서 내리막길을 굴러가는 수레 안에서도 복지의 유혹을 놓지 못했다.

정치인들의 무책임한 전면 복지가 그리스 국민들의 근로정신을 말살하고 거지 근성을 길러낸 결과(結果)이다.

생활의 지혜, 일상에서 배우는 작은 교훈

제비꽃은 제비꽃답게 피면 된다. 진주에도 상처가 있다.
천 년을 함께 있어도 한 번은 이별해야 한다. 별을 보려면 어둠이 꼭 필요하다.
친구는 한 사람이면 족하고, 두 사람이면 많고, 세 사람이면 불가능하다.
시간이 없을 때 오히려 시간이 있고, 바쁠 때 더 많은 일을 한다.
항구에 있는 배는 안전하지만, 그것이 배를 만든 이유는 아니다.
돈은 바닷물과 같아서 마시면 마실수록 목이 마른다.
잠은 새우잠을 자더라도, 꿈은 고래 꿈을 꾸어라.
목표를 세우면 목표가 나를 이끈다.
돈이란 훌륭한 하인이기도 하지만, 나쁜 주인이기도 하다.
친구를 갖는다는 것은 또 하나의 인생을 갖는 것이다.
사랑을 하다가 사랑을 잃은 편이 한번도 사랑하지 않은 것보다 낫다.
천재는 노력하는 사람을 이길 수 없고, 노력하는 사람은 즐기는 사람을 이길 수 없다.
어떤 이는 가난과 싸우고, 또 어떤 이는 재물과 싸운다.
가난과 싸워 이기는 사람은 많으나, 재물과 싸워 이기는 사람은 적다.
내가 꿈을 이루면, 나는 다시 누군가의 꿈이 된다.
기회는 준비하는 자의 것이요, 꿈은 꿈을 꾸는 자의 것이다.
연 잎은 자신이 감당할 만한 빗방울만 싣고 있다가 그 이상이 되면 미련 없이 비워 버린다.
유리하다고 교만하지 말고, 불리하다고 비굴하지 말아야 한다.
상처 없는 독수리는 이 세상에 태어나자 마자 죽어버린 독수리 뿐이다.
자신의 가장 약한 부분을 사랑하라.

1. 삶에 임하는 기본자세

누구나 인생을 살아가는 데에는 삶에 대한 기본적인 자세가 중요하다. ①무엇보다 먼저 주체성과 자기 존엄성을 갖추고,

②생각과 행동에도 일관성 있는 자세가 필요하며,

③일에 임할 때도 올바른 자세가 중요하다고 할 수 있다.

(1) 주체성과 자기 존엄성

주체성(Identity·subjectivity)의 본질은, 본인이 자기 삶의 진정한 주

헤겔의 '주인과 노예'의 변증법

헤겔은 개인 간의 인정 투쟁이라는 모델로 사회 형성을 설명했다. 인정 투쟁이란, 인간이 서로를 욕망의 대상으로 보면서 전개되는 투쟁 상태로서, 남이 자신을 존중하고 섬겨주기를 바라며 서로의 욕망이 충돌하여 인정받기 위한 생명을 건 투쟁을 말한다.

주인이란 투쟁의 승리자이며, 동물적 생명을 초월하여 죽음을 두려워하지 않고 생명에 대한 예속에서 벗어나 타인으로부터 인정을 획득하고 주인 의식을 가진다. 노예라 함은, 죽음을 두려워하여 생명에 집착한 결과 주인의 허락을 받아 사물로 안주하고 노예 의식을 가진다.

이렇게 하여 주인과 노예의 관계가 성립되는데 여기서 변증법적 반전이 일어나게 된다.

주인은 자연에 직접 관계하지 않고, 노예의 노동 결과를 누린다. 주인은 노예를 통해서만 자연에 관계하고, 노예를 통해서 자신의 욕구를 충족하기 때문에, 주인의 욕구 충족은 노예에 의존하게 되는 것이다.

주인이 주인일 수 있는 것은 노예를 통해서이기 때문에, 주인 개념은 노예에 예속된다. 노예는 사물을 가공하는 과정에서 자기와 사물과의 통일을 실현하고, 자연에 대한 의존성을 지양하면서 자신이 독자적인 존재임을 인지하게 된다.

이리하여 주인이 노예이고, 노예가 주인이라는 변증법적 반전이 일어나게 되는 것이다.

체가 되고, 자기 결정권을 가진 참다운 주인이 되는 것이라고 말할 수 있다.

자기 존엄성(self esteem / dignity / sanctity)의 본질은, 자기 생각과 행동을 스스로 결정할 수 있는 품위와 자유의지와 능력이다.

인간은 누구나 자신의 의지와 자기 생각대로 상황에 관해 결정할 수 있어야 한다. 자신의 자유의지(free will)와 판단에 따라 스스로 결정하고, 자신의 능력을 고려하여 자기 행동의 참된 주인이 되는 것이 바로 자기 결정권이다. 이러한 자기 결정권이 주체성의 본질이며, 자기 존엄성을 지키는 필수조건인 것이다.

1) 인문학적 소양을 길러야

뉴욕시의 클레멘트 프로그램은 노숙자·빈민·죄수들에게 인문학 즉 인간을 이해하는 학문을 가르치는 것이었다. 이 코스를 거쳐 간 사람들의 재범률은 그렇지 않은 사람보다 현저히 낮았다.

가난한 사람들에겐 중심가 사람들이 누리고 있는 정신적 삶이 없었기 때문이다. 그들은 인문학을 접하는 기회가 적고, 깊이 있게 사고하는 법·현명하게 판단하는 법·바르게 사는 법을 모른다.

그래서 고달프고 궁색한 현재의 자기 처지에서 벗어나지 못하고 있는 것이다.

인문학을 배운 사람은 삶을 대하는 태도가 진지하게 바뀐다. 언어 표현 능력도 현저하게 개선되고, 자신의 삶을 되돌아보고 무기력함에서 벗어나서, 일상을 자율적이며 자신감 있게 새로 시작하도록 이끌어 주기 때문이다. 미국의 사립 초등학교가 공립 초등학교보다 확실하게 나은 점은 읽기와 쓰기의 중요성을 강조한다는 것이다.

인문학은 옳고 그름·현명함과 어리석음·착각과 실제 등을 구분하는 능력을 가르쳐 준다. 금세기 가장 탁월한 창의력과 IT의 천재인 스티브 잡스는 '인문학과 기술의 교차점에 애플이 있다. 세계 유수의 IT 업체들이 기술을 앞세워 경쟁하는데 이를 압도할 힘은 인문학에서 나온다.'라고 말한 바 있다.

2) 쓸모없는 인생은 없다

돈을 발로 짓밟고 구겨도, 돈의 가치는 전혀 줄어들지 않는다. 구겨지고 더럽혀진 돈처럼, 누구나 인생이라는 무대에서 실수하거나 실패 또는 패배해서 여러 번 추락하고 짓밟히고 더러워지는 일이 있을 수 있다.

그런 아픔을 겪게 되면, 사람들은 대부분 자신을 쓸모없는 사람이라고 스스로 평가절하하거나 자기비하하거나 자포자기하는 경우가 많다.

그러나 실패했다고 하더라도, 마치 구겨지고 짓밟혀도 여전히 자신의 가치를 지닌 지폐처럼, 사람들의 가치는 여전히 변함이 없다.

실패를 두려워 말고, 오히려 그 실패를 통해 더 풍부한 경험과 경륜으로 다시 시작할 좋은 기회가 될 수도 있다.

모든 생명체는 살 수 있는 영역과 틈새(Niche)가 다 있다. 인간도 마찬가지다. 비록 남루하고, 비루하고, 능력이 없어 보일지라도, 그 사람이 서 있는 자리는 잘난 사람, 많이 배운 사람이 침범할 수 없는 고유한 영역일 수 있다. 그러므로 살아 있는 모든 인간에 대한 긍정은 그 존재에 대한 최소한의 기본적인 예의다.

사람은 모두 다 선장이 될 수도 없고, 배에는 선원도 있어야 한다. 우리는 누구나 다 해야 할 크고 작은 일들이 있고, 다 쓸모 있는 존재들이다. 승리와 실패의 문제가 아니다. 최선을 다해야 한다.

사람들은 넘어지지 않고 달리는 사람에게 박수를 보내기보다는,

넘어졌다가 다시 일어나 달리는 사람에게 더 많은 박수를 보낸다.

3) 인간다움을 잃지 않는 몸부림

2차 세계대전 중 독일군이 유대인을 학살할 때 독일군이 가장 견디기 힘들었던 점은 인간의 양심이었다고 한다.

양심의 가책을 피하고자 독일 군부는 3만 명이 넘는 수용소에 화장실을 단 한 개만 만들었다. 할 수 없이 유대인들은 아무 데나 배설했고, 배설물과 어우러진 유대인이 짐승으로 보이면서, 독일군의 양심은 점점 사라져 갔고, 살인은 쉬워졌다.

매일 새벽 4시 반이 되면, 수용소에서는 사람마다 따뜻한 물 한 컵씩을 제공했는데, 어떤 사람은 그 물을 받아 조금만 마시고, 나머지 물을 아껴서 세수하고, 옷 조각으로 이를 닦고, 수용소에서 발견한 유리 조각으로 깨끗하게 면도를 했다. 이는 언제 죽더라도 인간다움을 잊지 않겠다는 인간 존재에 대한 몸부림이었다.

독일군에게 가장 무서운 항거는 이러한 인간다움의 몸부림이었다. 독일군은 유대인이 인간이기를 포기하고 짐승처럼 보이게 되기를 원했다. 짐승은 쉽게 죽일 수 있었지만, 인간은 쉽게 죽일 수 없었기 때문이다.

매일 일정 시간이 되면, 독일군은 처형자를 골라냈다. 그때 면도가 잘된 얼굴은 처형자로 잘 선택되지 않았다고 한다. 그건 여전히 더럽긴 하지만 분명히 인간의 얼굴이었기 때문이다.

수용소의 생존자들은 희망 때문이 아니라, 희망보다도 더 강한 의지, 인간의 존엄성을 포기하지 않으려는 삶에 대한 진지한 태도 덕분에 살아남을 수 있었다. 인간다움의 선언이 있는 곳에 생명의 길이 있다.

4) 어느 복지사가 전하는 이야기

그 아주머니의 얼굴을 보는 순간 나는 흠칫 놀라고 말았다. 얼굴 한쪽은 화상으로 심하게 일그러져 있었고, 두 개의 구멍이 뚫려 있는 것으로 보아, 예전에 코가 있던 자리임을 알 수 있을 정도였다.

순간 할 말을 잃고 있다가, 내가 온 이유를 생각해내곤 마음을 가다듬었다.

"사회 복지과에서 나왔는데요."

"너무 죄송해요. 이런 누추한 곳까지 오시게 해서요, 어서 들어오세요."

금방이라도 떨어질 듯한 문을 열고 집 안으로 들어서자, 밥상 하나와 장롱뿐인 방에서 훅하고 이상한 냄새가 끼쳐왔다. 그녀는 나를 보더니, 어린 딸에게 부엌에 있는 음료수를 내오라고 시킨다.

"괜찮습니다. 편하게 계세요. 얼굴은 왜 다치셨습니까?"

그 한마디에 그녀의 과거가 줄줄이 읊어 나오기 시작했다.

"어렸을 때 집에 불이 나, 다른 식구는 죽고, 아버지와 저만 살아남았어요."

그때 생긴 화상으로, 온몸이 흉하게 일그러지게 되었다는 것이다.

"그 사건 이후로 아버지는 허구한 날 술만 드셨고, 절 때렸어요. 아버지의 얼굴도 거의 저와 같이 흉터투성이였죠. 도저히 살 수 없어서 집을 뛰쳐나왔어요."

막상 집을 나온 아주머니는 부랑자 보호시설을 알게 되었고, 거기서 몇 년을 지낼 수 있었다.

"남편을 거기서 만났어요. 이 몸으로 어떻게 결혼을 했느냐고요? 남편은 앞을 못 보는 시각 장애인이었지요."

그와 함께 살 때 지금의 딸도 낳았고, 그때가 자기의 인생에서 가장 행복한 시기라고 말했다.

그러나 행복도 정말 잠시, 남편은 딸아이가 태어난 지 얼마 지나지 않아 시름시름 앓더니, 결국 세상을 등지고 말았다. 마지막으로 그녀가 할 수 있는 것은 전철역에서 구걸하는 일뿐. 말하는 게 얼마나 힘들었던지 그녀는 눈물을 쏟기 시작했다.

그러던 중 어느 의사 선생님의 도움을 받아 무료로 성형수술을 할 수 있게 되었지만, 여러 번의 수술로도 그녀의 얼굴은 나아지지 않았다는 것이다.

"얼굴인데 얼마나 달라지겠어요."

수술만 하면 얼굴이 좋아져 웬만한 일자리는 얻을 수 있을 거라는 희망과는 달리, 몸과 마음에 상처만 입고 절망에 빠지고 말았단다.

부엌을 돌아보니 라면 한 봉지, 쌀 한 톨 있지 않았다. 상담을 마치고, "쌀은 바로 올라올 거고요. 보조금도 나올 테니까 조금만 기다리세요." 하며 막 일어서려는 데, 그녀가 장롱 깊숙한 곳에서 무언가를 꺼내어 내 손에 쥐여 주는 게 아닌가?

"이게 뭐예요?"

검은 비닐봉지에 들어있어 짤랑짤랑 소리가 나는 것이 무슨 쇳조각 같기도 했다. 봉지를 풀어보니 그 속에는 100원짜리 동전이 가득 들어있는 게 아닌가? 어리둥절해 있는 나에게 그녀는 잠시 뜸을 들이다가 말하는 것이었다.

"혼자 약속한 게 있어서요. 구걸하면서 1,000원짜리가 들어오면 생활비로 쓰고, 500원짜리가 들어 오면 자꾸 시력을 잃어가는 딸아이 수술비로 저축하고, 그리고 100원짜리가 들어오면 나보다 더 어려운 노인분들을 위해 드리기로요. 좋은 데 써 주세요."

내가 꼭 가지고 가야 마음이 편하다는 그녀의 말을 뒤로하고 집에 와서 세어보니, 모두 1,006개의 동전이 들어있었다.

그 돈을 세는 동안 내 열 손가락은 모두 더러워졌지만, 감히 그 거룩한 더러움을 씻어 내지 못하고, 그저 그렇게 한밤을 뜬눈으로 지새우고 말았다.

5) 크리스마스 선물에 담긴 이야기

아직 돈의 가치를 잘 모르는 한 키 작은 소녀가 윈도에 장식된 보석을 한참 살펴보더니 보석가게 안으로 들어갔다. 소녀는 주인아저씨께 방긋 웃고는 자기가 결정한 목걸이를 가리킨다. 큰 보석은 아니었지만, 그래도 꽤 가격이 나가는 보석이었다.

"누구에게 선물할 건데?"

"언니에게 줄 선물이에요. 저는 엄마가 없어서 언니가 저를 키우거든요. 언니에게 줄 크리스마스 선물을 찾고 있었는데 이 목걸이가 꼭 맘에 들어요. 언니도 좋아할 것 같아요."

"그래, 돈은 얼마나 가지고 있지?"

"제 저금통을 모두 털었어요. 이게 전부예요."

소녀는 저금통을 턴 돈을 손수건에 정성스레 싸 왔다. 소녀는 돈이 싸여 있는 손수건을 모두 주인에게 넘겨주었다. 가엾게도 소녀는 가격에 대해 전혀 몰랐다. 소녀는 사랑하는 언니를 위하여 자기가 가진 전부를 내놓은 것밖에는 아무것도 몰랐다. 주인아저씨는 가격표를 슬그머니 떼고 그 보석을 정성스럽게 포장해 주었다.

그런데 크리스마스이브에 한 젊은 여인이 가게에 들어서는데, 손에는 소녀에게 팔았던 목걸이가 들려 있었다.

"이 목걸이, 이곳에서 판 물건이 맞습니까? 진짜 보석인가요?"

"예. 저희 가게의 물건입니다. 썩 좋은 것은 아니지만, 진짜 보석입니다."

"누구에게 팔았는지 기억하시나요?"

"물론이지요. 이 세상에서 마음씨가 가장 착한 소녀였지요."

"가격이 얼마지요?"

주인이 보석값을 말하자, 그 여인은 몹시도 당황했다.

"그 아이에게는 그런 큰돈이 없었을 텐데요?"

"그 소녀는 누구도 지불할 수 없는 아주 큰돈을 냈습니다. 자기가 가진 전부를 냈거든요."

가게를 나가는 여인의 두 눈에 감격의 눈물이 맺혔다. 보석 가게 주인아저씨의 눈에도 사랑의 벅찬 감사의 눈물이 맺혔다.

보석보다 소녀와 언니와 가게 주인아저씨의 아름다운 사랑이 더 아름답게 빛이 난다.

(2) 생각과 행동의 일이관지

일이관지(一以貫之)라고 함은 사상과 행동이 하나로 꿰어(一貫) 있어, 진리에 따라 그대로 실행하는 것을 의미한다.

"너는 내가 많이 배워서 그것을 모두 기억하는 줄로 아느냐?"는 공자의 물음에, 증자가 "그렇지 않습니까?"라고 되물으니, "아니다. 나는 하나로 꿸 뿐이다."라는 문답에 이어, 공자가 자리를 뜨자 증자는 말했다.

"선생님의 도(道)는 충(忠)과 서(恕)뿐이다. 충은 속에 있는 마음이요, 지성(至誠)이라는 뜻이다. 충이 밖으로 나타날 때 서(恕)이고, 서(恕)는 다른 사람의 마음을 자기 마음과 같이 생각하는 것이요, 지성(至誠)을 그대로 실천에 옮기는 것을 말한다.

그것이 仁(인)이며, 증자(曾子)가 충(忠)과 서(恕)로 해석한 것은, 충(忠)과 서(恕)가 곧 仁(인)을 달성하는 길이기 때문이다.

한유(韓愈)의 동공이곡

동공이곡(同工異曲)이란 말은, 시문(詩文)을 지음에 있어 같은 것 같기도 하면서 흥취가 다른 것, 또는 행동한 것이나 지은 것이 다른 것같기도 하면서 처리하는 방법이 전혀 똑같은 것을 일컫는 말로써, 한유(韓愈 768~824)의 《진학해(進學解)》에 나오는 말이다. 한유는 복고문(復古文)을 부르짖은 중당(中唐)의 대문호, 그의 글은 《고문진보(古文眞寶)》나 당송 팔가문《唐宋八家文》 등에 수록돼 있다.

한유는 34살 때 국자* 사문박사(國子四門博士)에 임명되었지만, 그 뒤 9년 정도 사이에 여러 가지 관직으로 옮겨진 뒤, 다시 사문박사에 임명되어 마음이 몹시 편하지 않자, 이 문장을 지어 자신을 위로하고 또한 경계로 삼았다고 한다.

국자 선생인 한유는 아침 일찍이 대학에 나가 학생들에게 훈계했다. 설령 세상에서 벼슬자리를 얻지 못하더라도, 관직의 불공평을 말하는 것은 좋지 않으며, 자신의 학업을 닦지 못한 부족함을 책망하고, 한층 노력하는 일이야말로 중요하다고 말했다. 그러자 한 학생이 웃으면서 헐뜯어 말한다.

"선생님은 모든 학문을 닦으시고, 글을 지으셔도 옛날의 대 문장가에 필적하며, 인격에서도 아무런 부족함이 없으신 데도 공적으로는 사람들에게 신임을 받지 못하시고, 사생활에서는 친구분들의 도움이 없고 자칫하면 죄를 몸에 받는 형편이니, 언젠가는 파멸을 초래하여 아들은 추위에 떨고 아내는 굶주림에 울어, 선생님은 머리가 벗어지고 이가 빠져 죽음에 이를 것입니다. 그런데도 왜 저희에게 처세의 도리를 설명하십니까?"

한유는 대답해 말한다.

"공자(孔子)나 맹자(孟子)께서도 다 세상에 받아들여지지 않았고 불

<hr>

군자 원포주 (君子 遠庖廚)

군자는 어질고 사랑하는 마음이 풍부하기 때문에, 새나 짐승이 죽임을 당하는 것을 차마 보지 못하고, 그 죽을 때 소리를 듣고는 그 고기를 차마 먹지 못한다. 그러므로 군자는 푸줏간과 부엌을 멀리하는 것이다.

맹자는 '차마 하지 못하는 마음'이 인자한 마음이고, '이같은 어진 마음을 백성들에게까지 미치게 하는 것이 왕도정치(王道政治)이며, 왕이 될 자질을 지니고 있으면서도, 왕이 왕 노릇을 하지 않는 것은, 능(能)하지 못한 것이 아니라, 하지 않기 때문이다.'라고 말한다.

<hr>

국자(국자감)

국자감(國子監)은 중국에서 황태자(皇太子)와 태자 및 귀족 자제(子弟)와 민간 수재(秀才)들을 가르치던 대학(大學). 여기의 교수(教授)를 국자박사(國子博士)라 했는데, 당(唐)의 한유(韓愈)가 국자박사를 지냈다.

우리나라에서는 고려 성종(成宗) 때부터 유학(儒學)을 가르치던 관아로 조선시대까지 이어져 오다가 후에 성균관(成均館)·경학원(經學院)으로 명칭이 바뀌었다가, 1894년 고종 31년에 폐지되었다.

행한 생애를 보냈다. 나 같은 사람은 이와 같은 대 성인에 비교하면 아무런 인물도 아니다. 그런데도 벼슬을 살아 녹봉을 받고, 아내와 아들들을 안온하게 부양하며, 몸은 벌을 받는 일도 없이 이렇게 편안하게 살고 있다. 그러므로 사람들로부터 헐뜯음을 받고, 악한 이름을 받는 것도 이상할 것이 없으며, 박사라는 한가한 벼슬에 붙어 있는 것만도 과분한 일이다"

2) 청렴한 공직자

"지혜가 높고 사려가 깊은 사람은 욕심이 많아 염리(廉吏)가 되고, 지혜가 짧고 사려가 얕은 사람은 욕심이 적어 탐리(貪吏)가 된다."

① 북위(北魏) 말엽, 양진(揚震)의 4지(四知)

형주(荊州) 자사(刺史)가 된 양진의 천거로 창읍 지역의 원님을 제수받았던 왕밀(王密)이 찾아와, 양진에게 금 10근을 내어놓으면서, "한밤중이라 아무도 보지 못해 모릅니다."라고 말한다. 그러자 양진이 4지(四知)를 말한다. "하늘이 알고, 땅이 알고, 내가 알고, 그대가 아는데, 어찌 아무도 모른다고 하오?" 이에 왕밀이 부끄러워하며 물러갔다.

② 송(宋) 염리(廉吏) 자한(子罕)

송(宋)나라의 농부가 밭을 갈다가 아주 진귀한 옥을 주워, 그곳을 다스리는 자한에게 그 옥을 바치자, 자한이 받기를 거절한다.

농부가 말하길, "이것은 우리가 아주 진귀한 보배로 여기는 것입니다. 상공께서는 받아 주십시오" 자한이 이르기를 "그대는 옥을 보배로 삼고, 나는 받지 않는 것을 보배로 삼는다. 만일 내가 이것을 받는다면, 그대와 내가 모두 보배를 잃는 셈이 된다."라고 말한다.

③ 양일(揚逸)의 천리안(千里眼)

북위(北魏) 말엽, 양일이 임지에 부임할 당시 29세였다. 명문 출신의 귀공자이면서도 조금도 교만하지 않고 민심 안정에 침식을 잊을 정도로 헌신 몰두했다.

병사들이 출정(出征)할 때 비바람과 눈보라가 몰아침에도 개의치 않고 반드시 전송(轉送)했으며, 백성을 사랑하는 한편 법과 질서를 엄정히 집행하며 지역을 잘 다스려 죄를 짓는 자가 없을 정도였다.

예컨대 '도불습유(道不拾遺)', 길에 물건이 떨어져 있어도 주워 가지 않을 정도로 나라가 잘 다스려져 태평했다.

계속되는 흉년으로 굶어 죽는 사람[餓死者]이 셀 수 없을 정도로 많이 발생하자, 나라의 창고를 열어 식량 배급을 시도했다.

담당 관리가 처벌이 두려워 강력히 반대하자, "나라의 기본은 백성이고, 백성이 굶주리고 있는데 군주 된 사람이 배불리 먹고 있는 것은 좋은 일인가?"라며, "만일 이것이 안 된다면 내가 죄를 달게 받도록 하겠다"라며 밀어제치고, 창고를 열어 양곡을 굶주린 백성들에게 베풀어 준 다음, 이 같은 까닭을 임금에게 상소(上訴)했다.

임금은 관청 문 앞에서 죽으로 연명하는 수많은 백성들이 있다는 소식을 듣고, 조정(朝廷)의 반대를 물리치며 오히려 긴급조치를 가상히 생각했다.

양일 스스로가 이와 같이 백성을 사랑하고 있었기 때문에, 부하 관리가 법을 무시하고 백성들에게 피해를 입히는 것을 극단적으로 싫어했다.

관리들의 위법 행위를 감시하는 사람을 각지에 배치함과 동시에 병사나 하급 관리가 지방으로 떠날 경우에는, 반드시 자기들의 식량을 가져가게 했다. 그들이 지방으로 가자, 개중에는 식사를 대접하겠다는 사람도 있었지만, 그들은 이구동성으로 "양 장관은 천 리 앞을 내다보는 눈을 가지고 계신다. 아무래도 장관의 눈을 속일 수는 없다."라며 사퇴하여, 설사 외부에서 볼 수 없도록 방 안을 어둡게 해 놓고 있어도 한 걸음도 들어가려 하지 않았다고 한다.

④ 기자(箕子)의 맥수지탄(麥秀之嘆)

은(殷)나라의 주왕(紂王)은 폭군이었지만, 그런 가운데서도 미자(微子), 기자(箕子), 비간(比干)이라는 훌륭한 신하 3인이 있었다.

미자(微子)는 주왕의 포학을 보고 자주 간해도 듣지 않아, 이대로 가면 나라의 장래도 멀지 않다고 생각하고, 나라가 망할 때 자기가 함께 죽으면 조상의 제사가 끊어진다고 생각하여, 이웃 땅으로 도망가서 사는 편이 좋겠다고 결심하고 망명했다.

기자(箕子)는 주왕이 술과 여자에 빠져 방탕한 생활만 일삼고 정치를 돌보지 않기 때문에, 주왕에게 간했지만 역시 들어주지 않았다.

그러나 망명하여 임금의 부끄러움을 드러나게 해서는 안 된다고 생각하여, 갓도 쓰지 않고 머리를 풀어 헤치고 미친 사람 노릇을 하여, 남의 종이 되어 세상에서 숨어 버렸다.

비간(比干)도 자기가 임금의 잘못을 끝까지 간하지 않는다면, 그 재앙이 아무 죄도 없는 백성들에게까지 미친다고 생각하여, 솔직하게 말해 주왕에게 간(諫)했다. 주왕은 화가 나서, "나는 성인의 심장에는 구멍이 7개 있다고 들었다.' 과연 그러한지 확인해 보겠다."라며, 비간을 죽여 가슴을 헤치고 그 심장을 보았다고 한다. 드디어 주(周)나라의 무왕(武王)이 은나라를 멸망시켜, 천하는 주(周)나라의 것이 되고 말았다.

미자(微子)는 자수(自首)하고 나왔는데, 무왕은 그를 용서하여 송(宋)나라에 봉(封)했다. 기자(箕子)는 정치와는 결별했는데 무왕은 기자의 뛰어난 인품을 보고 감명하여, 신하로 삼지 않고 조선(朝鮮)의 왕으로 봉했다.

그로부터 몇 해 뒤에 기자는 주(周)나라를 찾아가는 길에 은(殷)나라의 옛 도읍을 지나가게 되었다. 번화하던 도읍의 흔적은 간 곳이 없고, 궁전이 있던 근처에는 벼와 기장이 우거져 있었다. 기자는 감회를 금할 길 없었으나, 목 놓아 통곡하는 것은 께름칙하고, 속으로 흐느껴 우는 것은 기개가 없는 처사라고 생각하여, 그래서 맥수지탄의 시를 지어 노래했다.

麥秀漸漸兮 옛날 화려한 궁궐이 있던 곳에 보리는 패어 점점 자라고 (맥수점점혜)
禾黍油油 벼와 기장도 무성하네 (화서유유혜)
彼狡僮兮 번성하던 도읍이 이렇게 된 것은 저 사나운 아이 주왕이 (피교통혜)
不與我好兮 내 말을 듣지 않았음이라 (불여아호혜)

⑤ 근화일일자위영(槿花一日自爲榮)

백낙천(白樂天, 772 ~ 846)은 중당(中唐)의 시인이다. 백거이(白居易). 낙천은 자, 호는 향산거사.

泰山不要 欺毫末 顔子無心 羨老彭 (태산불요기호말 안자무심선호팽)
松樹千年 終是朽 槿花一日自爲榮 (송수천년종시후 근화일일자위영)
何須戀世 常憂死 亦莫嫌身 漫厭生 (하수연세상우사 역막혐신만염생)
生去死來 都是幻 幻人哀樂 繫何情 (생거사래도시환 환인애락계하정)

태산과 같은 천하의 큰 산은 터럭 끝 같은 작은 것을 모멸할 필요가 없으며, 공자의 제자인 안자는 불과 32세의 젊은 나이로 죽었지만, 8백 년이나 살았다는 팽조(彭祖)를 부러워하는 마음이 조금도 없다.

소나무는 천 년을 살지만 마침내는 썩어서 문드러지고, 무궁화꽃은 단 하루를 피었다가 지지만 그 아름다운 광영을 누린다.

그러므로 세상에 집착하여 죽음을 근심할 필요는 없으며, 또 덧없는 자기의 육체나 생명을 싫어할 필요도 없다.

삶이 자기로부터 떨어져 나가면 죽음이 오니, 이것은 모두가 환상에 지나지 않는다. 인생은 환상이니 슬픔과 즐거움을 어찌 정으로 이어가려 하겠는가?

백낙천은 사람의 영화는 무궁화꽃처럼 하루 동안 피었다 지는 것이라고 하여서, 짧은 영화를 한탄하지는 않는다. 도대체가 인생은 모두가 환상 이외의 아무것도 아니므로, 슬퍼하거나 기뻐하는 자체가 어리석다고 말하고 있다.

《사기 초세가(史記 楚世家)》에는 팽조(彭祖)가 오제(五帝) 중 한 명인 전욱(顓頊)의 손자라고 기록되어 있다. 하(夏) 왕조부터 상(商) 왕조에 걸쳐 그는 약 800년을 살았는데, 그의 장수(長壽) 이야기에 관한 것은 일찍이 진한(秦漢) 이전에 전해졌다고 한다.

사람들은 그가 보양(保養)의 방법을 손에 넣어 불로장생(不老長生)의 비결을 잘 이해하는 사람이라 여겼고, 이러한 부분이 그를 장수 노인의 표상으로 삼게 된 이유이다.

팽조(彭祖)의 장수 비결은 대체로 네 개로 나뉜다.

첫째는, 수신(修身)이다. 그가 기공(氣功)의 최초 창시자이고, 후손들은 이를 '팽조 인도법(彭祖引導法)'이라고 부르고 있다.

둘째는, 양성(養性)이다. 이해득실을 따지지 않고, 물질적 향락을 추구하지 않으며, 마음을 편안하고 차분하게 하여 달관하는 것이다.

셋째는, 좋은 생활 습관이다. 모든 것은 자연에 따르고, 절기에 순응하며, 일과 휴식을 결합하는 것을 중시해야 하고, 머리를 지나치게 쓰는 것은 절대로 삼가는 것이다.

넷째는, 절제다. 부부는 조화를 이뤄 나가면서 절제 있는 생활을 해야 한다는 것이다. 이런 장수 노인의 전설은 도교의 양생(養生) 관념과 융합되어 탄생하였다.

　3) 군자(君子) 화이부동(和而 不同)

　공자께서 일찍이 '군자(君子)는 화이부동(和而不同)하고, 소인(小人)은 동이불화(同而不和)한다.'라고 말한 바 있다.

　'군자(君子)는 도리에 화합하고 부화뇌동하지 않으며, 소인(小人)은 부화뇌동하고 도리에 화합하지 아니한다.'는 뜻이다.

　춘추전국시대의 제(齊)나라 경공(景公)이 사냥에서 돌아왔을 때, 재상 안영(晏嬰)이 기다리고 있자, 간신 양구거(梁丘據)도 수레를 달려 찾아왔다. 경공이 그를 보자 말했다.

　"양구거와 나는 마음이 맞는 거야."

　그러자 안영이 이렇게 대답했다.

　"양구거도 똑같을(同) 것입니다. 그러나 어찌 그것을 조화(和)를 이루었다 할 수 있겠습니까?"

　경공이 다시 물었다.

　"화(和)와 동(同)은 어떻게 다른가?"

　그러자 안영은 그 차이를 이렇게 설명했다.

　"다른 것입니다. 화란 국과 같습니다. 물과 불과 고기와 소금과 양념을 넣고 고기를 삶습니다. 이것을 갖추는 데 맛으로써 하며, 그 미치지 못하는 것을 화합시키고, 그 지나친 것을 물로써 맞춥니다. 군자가 이것을 먹음에 마음을 편안하게 합니다. 임금과 신하의 관계도 같습니다. 임금이 옳다고 말하는 바에 잘못이 있으면, 신하가 그 잘못을 간(諫)하여 그것을 옳게 이루어야 합니다. 임금이 그른 것을 말함에 있어 옳다고 한다면, 신하는 옳음을 간(諫)하여 그릇 됨을 없게 해야 합니다. 이로써 정치가 평화로워져, 백성들이 범하지 않고 다투는 마음이 없는 것입니다. 그런데 양구거는 그렇지 않습니다. 임금이 옳다고 말씀하시면 양구거도 옳다고 말하고, 임금이 그렇다고 말씀하시면 양구거도 그렇다고 말합니다. 이것은 물에 물을 탄 국과 같으니, 누가 이것을 먹겠습니까? 거문고와 비파가 서로 어울림과 같으니, 누가 이것을 듣겠습니까? 부화뇌동의 옳지 않음이 이와 같습니다."

(3) 일에 임하는 바람직한 자세

일에 임할 때 사람은 누구나 각자 나름의 강·약점과 장·단점을 모두 갖고 있음을 깊이 인식해야 한다. 그러므로 남의 얘기를 잘 듣고(傾聽), 합리적인 얘기는 잘 받아들여야(受容) 한다. (참조: p.81의 sponge 정신) 우선 상대방의 말을 경청하고, 그 말이 옳고 논리적이고 합리적이라고 생각되면, 상대가 어른이건 아이건, 배운 사람이건 못 배운 사람이건, 남자이건 여자이건, 누구든지 수용해야 한다. 이는 '시스템적 사고'에 의해 자신의 존엄성을 스스로 지키기 위함이요, 동시에 유연성과 탄력성을 다져 자기 정체성을 확장해 나아가기 위해서다.

또한 강한 소신과 신념과 열정을 갖고, 맡은 일과 창의적 혁신에 헌신해야 한다. 설령 본의 아니게 주위 사람들에게 때로는 예상치 못한 불이익을 주게 되는 황당한 경우가 발생하게 되더라도, 욕설이나 비난에 개의치 않고 애초 생각하고 기획한 대로 소신 있게 추진해 나아가는 길만이 꿈을 실현할 수 있는 유일한 길이다.

《孟子》의 〈告子下篇〉에는 이런 말이 나온다.

하늘이 대임(大任)을 내릴 때는, 먼저 그 마음을 괴롭게 하고, 고달프게 하며, 굶주리게 하고, 목마르게 한다.

그 하는 바를 흐트러지게 하는 것은 마음을 움직여 참을성 있게 만들고, 또 그 능(能)하지 못한 바를 증익(增益)시켜 결점을 고쳐 장점이 되게 하기 위해서다.

큰 일을 할 사람에겐 견디기 어려운 고난과 시련이 먼저 온다. 걱정거리나 고민거리가 아닌, 그런 고통과 어려움 속에서도 끊임없이 스스로를 단련하면 큰 사람이 된다'는 뜻이다. 우리는 자신에게 부끄럽지 않게 강한 주체성과 자기 존엄성을 견지하도록 풍찬노숙(風餐露宿)의 각고의 노력을 기울여야 한다.

1) 안회(顏回)의 단사표음(簞食瓢飮)

《논어(論語)》〈옹야편(雍也篇)〉에 나오는 말이다.

공자는 이재(理財)에 밝은 자공(子貢), 벼슬길에 나아가 성공한 자로(子路), 가난하지만 학문을 좋아하는 안회(顏回) 등 일생 무려 3천여 명의 제자를 두었다.

그 가운데에서도 공자가 가장 사랑하고 아끼던 제자는 안회(顏回)였다. 공자는 제자들을 그 역량에 따라 평하고, 그에 맞는 충고를 하곤 했지만, 안회에게만은 늘 칭찬을 잊지 않았다.

공자의 기대에 맞추어, 안회도 워낙 학문을 좋아하여, 나이 29세에 벌써 백발이 되었다 한다. 자공(子貢)이 '하나를 들으면 열을 안다(聞一 知十)'라며, 자신과는 비교할 수 없다고 말한 사람도 바로 안회다.

그러나 안회는 찢어지게 가난하여 끼니 거르기를 밥 먹듯 했으며, 평생 지게미조차 배불리 먹어 본 적이 없을 정도였다. 그러나 가난은 그의 수행과 학문 연구에 아무런 영향도 줄 수 없었다. 이런 안회를 보고, 공자가 칭찬하였다.

"어질도다, 안회여! 한 소쿠리의 밥과 한 표주박의 물로 누추한 곳에 거처하면, 다른 사람은 그 근심을 견디어 내지 못하거늘, 안회는 즐거움을 잃지 않는구나. 어질도다, 안회여! (賢哉 回也 一簞食 一瓢飮 在 陋巷 人不堪其憂 回也 不改其樂 賢哉 回也)".

공자가 철환천하(轍環 天下)할 때, 제자들과 함께 채나라로 가던 도중 일어난 일이다. 일주일 동안이나 제대로 먹지 못해 너무 지쳐 잠든 사이, 수제자 안회(顏回)가 어디선가 쌀을 조금 구해와서 밥을 짓기 시작했다.

잠에서 깬 공자가 눈을 떠 보니, 안회가 솥에서 밥을 한 움큼 집어내어 입에 넣는 게 아닌가. 안회도 원체 배가 고프니까 저런 행동을 하는가 의아스러운 생각이 들어, 가르침을 줄 요량으로 안회를 불러 말한다.

"안회야, 내가 꿈에서 조상님을 뵈었는데, 아무래도 지금 짓고 있는 밥으로 조상님께 제사를 먼저 올려야겠다. 서둘러 준비를 하려무나."

안회가 대답해 말한다.

"이 밥은 안 됩니다. 아까 밥이 어떻게 되었는가 잠시 보려고 솥뚜껑을 열었더니 천장에서 재가 떨어져, 그냥 두려니 조촐치 못하고 버리기엔 아까워 제가 먹었습니다. 제 손을 탄 음식을 제사에 올리기엔 적당하지 못합니다"

나중에 공자는 제자들에게 이렇게 말했다.

"이제까지 나는 내 눈으로 본 것을 믿었으나, 인제 보니 내 눈 역시 믿을 것이 못 되는구나. 예전에 나는 내 머리를 믿었으나, 그 또한 완전히 믿을 것이 못 되느니라. 한 사람을 온전히 이해한다는 것이 그토록 어려운 일이니라."

안회(顏回)는 공자보다 30년 연하이지만 32세로 먼저 세상을 떠났는데, 공자는 제자들 앞에서 대성통곡(大聲痛哭)을 하며, "아아, 애달프구나! 하늘이 나를 버리는구나, 하늘이 나를 버리는구나!(噫, 天喪

予! 天喪予)"라고 할 정도로 안타까워했다.

2) 데카르트의 심신(心身)이원론

① 이제까지 나는 내 눈으로 본 것을 믿었으나, 인제 와서 보니 내 눈 역시 믿을 것이 못 되는구나. 예전에 나는 내 머리를 믿었으나, 그 또한 믿을 것이 못 되느니라. 한 사람을 이해한다는 것이 그토록 어려운 일이다. 공자의 말씀은 2,200여 년이 지난 17세기 중반에 이르러 전통적인 결정론적 세계관과 질료형상론(Hylomorphism)이 지배하던 서양 근대 철학의 세계관에, 뉴턴으로 대변되는(예측력과 설명력이 획기적으로 향상된) 새로운 과학에 근거한 세계관과 더불어 데카르트의 철학적 작업과 통찰을 통해 제기된 심신이원론(Mind-Body Dualism)적 세계관으로 심화·발전된다.

바깥세상 즉 형상을 대상으로 하는 감각기관의 하나인 '신체의 눈'으로 관찰한 내용은 틀릴 수 있지만, 내면의 세계 혹은 의식의 세계를 대상으로 하는 '마음의 눈'을 통해 '이성적 사유'에 의해 파악한 내용은 틀릴 수 없다는 생각이다. 이는 '생각한다. 고로 나는 존재한다(Cogito ergo sum)'라는 데카르트의 선언으로 이어진다.

② 질료형상론(Hylomorphism)

세상에 존재하는 모든 것은 재료와 형태의 결합으로 이뤄져 있음을 뜻한다. 질료와 형상은 그 각각이 자체로서는 존재할 수 없고, 항상 같이 결합하여 있어야 한다는 것이다. 질료와 형상은 그 자체로는 불완전하여 이 두 요소가 결합하여 비로소 우리가 흔히 존재한다고 생각하는 여러 종류의 개체(individual)들이 존재할 수 있다는 생각이다.

③ 심신이원론(Mind-Body Dualism)

물리 법칙의 지배를 받는 물질계와 자유의지의 영역인 정신계는 분리되어 있다는 것이다. 이 둘을 완전히 분리해서, 물질계는 결정론적이어서 물질에는 의도나 목적 같은 것이 없고 법칙적으로 움직일 뿐이며, 정신계는 우리들의 의지를 자유롭게 행사할 수 있다는 생각이다.

"나는 생각한다. 고로 나는 존재한다(I think, therefore I am.)."에서 출발해서, 정신이 이성적 사고·상상·느낌·의지 작용과 같은 다양한 활동에 참여하는 비물질적인 실체라는 생각으로서, 물질은 기계적인 방식으로 물리 법칙을 따르지만, 사람의 육체는 예외이다. 사람의 육체는 정신에 의해 인과적으로 영향을 받고, 또 어떤 정신적 사건을 인과적으로 산출하기도 한다는 생각이다.

3) 스피노자의 한 그루의 사과나무

스피노자는 1632년 네덜란드 암스테르담에서 유대계 상인의 아들로 태어났다. 유대 공동체에서 전통적인 유대식 교육을 받았다. 율법 학자(랍비)가 될 것이라고 촉망받았으나, 라틴어를 배우고 그리스도교를 접하면서 유대 교의(敎義)에 만족하지 않게 된다. 이후 르네상스와 데카르트 등의 영향을 받아 1651년경부터 독자적인 사상을 갖게 된다.

유대교 비판과 신을 모독했다는 구실로 가혹한 탄압을 받고 추방되었으며, 1660년경 파문 선고를 받는다. 운명에 굴하지 않고, 더 치열하게 그 어떠한 명예나 부나 권위까지도 물리치며, 오로지 철학적 진리를 구현하는 길로 나선다. 열악한 환경에서 안경 렌즈를 연마하는 노동으로 생계를 유지하면서도, 당시 독일 최고의 이델베르크 대학으로부터 초빙을 받았으나, 자유로운 철학 활동을 보장하지 않는 곳에서 재직할 이유가 없다면서 이를 단호히 거부하는 등, 철학자로서의 교훈이 되는 숱한 일화를 남긴다. 처절한 고독과 빈곤 속에서 과로로 인한 폐병으로 44세를 일기(一期)로 숨을 거둔다.

실체를 유한과 무한으로 나누는 데카르트의 이원론에 반대하며, 일원론적 범신론을 주장한다. 세계 내의 '모든 것이 하나'라는 것이 그의 철학적 입장인 것이다. 모든 것은 오로지 자연 안에서만 존재하며, 생성하는 모든 것도 오직 자연[神]의 무한한 본질적 법칙에 따라 생긴다는 견해를 가진다.

"내일 지구의 종말이 온다고 할지라도, 나는 오늘 한 그루의 사과나무를 심겠다."라는 말은 그에 의하면, 우주와 세계, 즉 시간과 공간이 하나이므로 시작과 종말이라는 것 자체가 성립될 수 없으니, 순간적인 지구변화에 연연하지 않고 갈 길을 끝까지 가겠다는 뜻으로 이해할 수 있다.

"우리가 사랑하지 않는 것에 대해서는 논란이 있을 수 없다. 그것을 잃었다 해도 슬픔이 생기지도 않을 것이고, 다른 사람이 소유한다 해도 시기하는 마음이 없을 것이며, 두려움도 미움도 없을 것이다. 요컨대 영혼의 동요가 전혀 없을 것이다. 이것들은 모두 없어질 것들에 대한 사랑 때문에 생기는 것들이다. 그러나 영원과 무한한 것에 대한 사랑은 순수한 기쁨으로 영혼을 먹이며, 어떤 슬픔도 여기에 끼어들지 않는다. 이것은 매우 바람직하고, 온갖 힘을 다해 추구해야 할 것이다."

4) 칸트의 인간 존엄성

칸트(Immanuel Kant, 1724~1804)는 쾨니히스베르그(Königsberg), 칼리닌그라드에서 출생했다.

칸트는 인간이 다른 동물 존재와 근본적으로 다른 근거를 인격성에 둔다. 인격성이란 절대적인 이성 법칙에 따라 인간을 다른 어떤 고려 없이 그 자체로 목적으로 대할 때의 인간성을 말한다.

그러므로 나와 혈연관계가 있다는 이유만으로 부모나 자식을 다른 사람들과 근본적으로 차별적으로 대하는 자세는 인격성 자체에 대한 존중과는 거리가 먼 것이다.

칸트의 견해는 감정이 삶에서 매우 커다란 부분을 차지하는 것이 사실이지만, 현재의 감정에 자신의 삶을 내맡기는 것은 자신을 (동물적) 자연에 귀속시키는 것이다. 인간이 인간으로서의 가치 및 존엄성을 얻게 되는 것은, 감정으로서의 경향성이 이성의 법칙에 종속되도록 '강제로 시키려는' 태도에서 비롯한다고 할 수 있다.

이성의 법칙에 따라 사는 것은 스스로가 이성의 법칙에 따라 살 것을 의무로 부과할 때만 가능하다. 칸트도 우리의 삶에서 감정의 역할을 인정하기는 하지만, 그렇다고 현재의 감정을 그 자체로 정당화하는 것은 아니다. 인간은 현재의 감정을 초극(超克)하여 자신을 자연의 존재에서, 이성의 존재로 비상(飛上)시켜야 하는 의무를 지닌 존재다. 인간은 자연 속에서 자신을 '새로이 만들어 가야 하는', '창조해 내야 하는' 유일한 존재다.

이것이 바로 '당위'의 존재로서의 인간이다. 당위의 존재로서의 인간의 삶만이 인간을 '가치 있는' 존재로 만들어 준다.

사고를 위한 이마는 침착한 유쾌함과 기쁨의 자리였다. 말에는 풍부한 사상이 넘쳐흘렀고 농담과 재치가 장기였다. 알 만한 가치가 없는 것에 대해서는 무관심했다.

어떠한 음모나 편견 그리고 명성에 대한 욕망도, 진리를 빛나게 하는 것에서 그가 조금이라도 벗어나도록 유혹하지 못했다. 그는 다른 사람들이 스스로 생각하도록 부드럽게 강요했다.

내가 최고의 감사와 존경을 다 해 부르는 그의 이름은, 임마누엘 칸트이다."

- 칸트의 제자 요한 헤르더

"내 마음을 늘 새롭고 한층 더 감탄과 경외심으로 가득 채우는 두 가지가 있다. 그것은 내 머리 위에 있는 별이 빛나는 하늘과 내 가슴 속에 있는 도덕 법칙이다."

"내용 없는 개념은 공허하고, 개념 없는 직관은 맹목이다."

칸트는 어려서부터 허약 체질이었지만 규칙적인 생활과 건강관리로 강의·연구·저술 활동을 별 어려움 없이 이어갈 수 있었다.

그가 하루도 어김없이 정해진 시각에 산책에 나섰기 때문에, 쾨니히스베르크 시민들은 산책하는 칸트를 보고 시계의 시각을 맞췄다는 얘기가 있다. 그런데 장 자크 루소의 《에밀》을 읽느라 단 한 번 산책 시간을 어겼다는 전설은 유명하다.

2. 유능한 구성원의 모습

조직에서 필요로 하는 유능한 구성원의 모습은, 자신이 속한 직무 분야에 전문성을 가지고 지식과 기술을 펼치는 사람이다. 도덕적으로 문제가 없고, 탁월한 업무 성과를 내는 사람, 원만하고 통솔력 있는 리더십으로 상하 관계를 잘 통합하는 사람이다.

요컨대, 어느 조직에서 어떤 일과 직책을 맡고 있든 두드러지게 눈에 띄는 사람으로서, '시스템'과 '시스템적 사고'에 능통하며, 시스템은 물론 다른 구성원에게도 능통한 사람이다. 자신의 능력을 최대로 끌어올려 성과를 창출하는 운용 능력도 갖추고 있지만, 다른 구성원의 능력 발휘도 최대화할 수 있는 자질도 갖추고 있다는 뜻이다.

뇌 과학자들에 의하면, 인간은 식욕이나 수면욕 같은 생명 유지를 위한 기본적 욕구 이외에 감정 시스템이 존재한다고 한다. 균형

시스템·자극 시스템·지배 시스템에 능통하여, 자기 자신을 잘 컨트롤 할 수 있고 조직의 시스템에도 능통한 사람이라면, 조직을 잘 컨트롤하여 성과를 극대화할 수 있는 것은 당연한 이야기다.

자신에 능통하고 구성원에 능통하다는 것은 직설적으로 표현하면, 지배 시스템이 강하다는 것이다. 하지만 모든 구성원이 입사 초기 때부터 지배 시스템이 강한 구성원일 수는 없다.

다만 그런 성향을 부추기고 독려함으로써, 조직의 목표를 성취하도록 해야 하는 것이다. 지배 시스템이 강한 구성원이 많거나 구성원을 그런 성향으로 최대한 끌어올리는 기업은 당연히 성과가 높아진다.

조직 안에서 지배적이고 우월한 구성원이 되기 위해서는 자신의 감정 시스템에 능통해야 한다. 자신의 부족한 면을 채우려는 노력과, 단점을 의도적으로 고치려는 습관이 필요하다. 심하게 말하면 뇌 구조까지 바꾸어 자신의 감정 시스템도 조율하고 운용하는 데 능수능란해야 한다는 의미다.

말하자면 자신의 뇌 시스템에 능통해야 한다는 것이다.

사람의 뇌는 지극히 시스템적이다. 뇌의 140억 개 세포는 서로 연결되어 감각과 지각, 사고와 상상, 언어 구사 능력을 가능하게 한다. 그뿐만 아니라 외부로부터 받아들인 정보를 처리하고 축적하는 정보 처리 능력을 갖추고 있는 거대하고 복잡한 시스템이다.

감정을 잘 제어하고 운용할 줄 아는 사람은 결국 자신의 뇌 시스템에 능통할 뿐만 아니라, 자신의 장단점을 아주 정확하게 판단할 줄 알고, 그것을 개선·수정하는 데 주저하지 않고, 그러한 결과를 외부 시스템에 잘 대응할 수 있도록 자신을 최적화한다는 것이다.

기업이나 조직의 외부환경만 변화무쌍한 것이 아니라, 조직 내부

신의 음성을 들으려면?
뜨거운 열정에 더하여 깊은 생각과 예리한 관찰이 더해져야 신의 음성[계시, 영감]이 들려 올 것이다.

의 업무환경도 마찬가지다. 무쌍한 변화에 유연하게 대처하려면 우선 자신의 감정 시스템에 능통해야 하며, 내부시스템에 민감해야 한다.

가령 호기심은 강하지만 추진력이 약하다고 판단되는 구성원은 번번이 그것 때문에 지적을 받거나 업무상 장애를 느낀다면, 망설임 없이 개선해야 한다는 것이다. 이 경우 자극 시스템은 강하지만, 지배 시스템이 약한 것이다. 반면에 추진력은 좋지만, 항상 위험 요소를 안고 일을 하거나 그것 때문에 적잖은 업무 손실을 초래하는 구성원이라면, 지배 시스템은 강하지만 균형 시스템이 약하다고 볼 수 있어 마찬가지로 개선 노력이 필요하다.

사람이 완벽할 수는 없다. 다만 단점을 보완하고 장점을 부각함으로써 완벽에 가까워질 수 있을 뿐이다. 뇌 시스템에 능통해 자기 자신을 컨트롤 할 수 있고, 조직의 시스템에도 능통하다면, 그는 곧 조직도 잘 컨트롤 할 수 있을 것이다.

이것이 바로 조직을 지배하고 싶은 구성원이 시스템에 능통해야 하는 이유이다. 그러니 자신이 왜 지금까지 지배하지 못했는지를 알려고 하지 말고, 그 전에 자기 자신의 뇌 시스템을 먼저 컨트롤 해야 한다는 얘기다.

3. 직장에서 성공하는 비결

(1) 누구나 자기가 일하는 직장에서 성공하기를 바란다. 성공의 기준이 사람마다 다를 수는 있다. 그러나 성공을 바라는 직장인은 평소 직장인의 기본자세를 철저하게 잘 지켜, 경영의 기초와 기본을 견실하게 다져야 한다.

1) 철저한 직업의식으로 무장해야 한다.

확고한 직업관과 직장관을 갖고, 흔들리지 않고, 자나 깨나 앉으나 서나 맡은 일과 고객에 대해 신명(身命)을 바쳐 최선을 다해야 한다.

　2) 또한 직장인의 기본자세를 견지(堅持)해야 한다.

　직장인의 기본자세란 다음의 세 가지를 꼽을 수 있다.

　① 강한 주체성으로 자유의지(free will)와 자기판단에 따라 스스로 결정할 수 있는 자기 결정권을 지녀야 한다.

　② 어떤 상황에서도 자기 존엄성을 지키면서, 자신의 능력을 고려하여 자기 행동의 참된 주인이 되어야 한다.

　③ 일이관지(一以貫之)하는 자세를 견지(堅持)해야 한다.

　제1차 오일 쇼크 무렵의 이야기다. 필자가 맡고 있던 부서의 거래처 중 한 중소기업이 이미 체결된 석유 관련 건설 자재의 연간 구매 단가 계약을 현실화해 달라고 요구해왔다. 필자는 상위 결재권자의 반대에도 불구하고, 그 업체의 요청을 수용해 주었다. 대표이사에게 석유 파동은 세계적인 비상사태임을 설득해서 얻은 결과였다.

　어려운 요구를 과감하게 수용·실행해준 필자의 신의(信義)와 용기에 보답하고자 그 중소기업에서 향응 제의를 해왔다. 수차 거절한 후 거래중단을 조건부로 그 요청을 수용했다. 그리고 휘하 직원들에게도 사직을 각오하는 강한 소신을 가질 것을 주문했다.

　3) 강한 스펀지(Sponge) 정신을 함양(涵養)해야 한다.

　바다가 크고 작은 물을 가리지 않고 받아들여 대양을 이루듯, 수용성(受容性)과 학습 능력(Learning Curve)을 길러, 때와 장소를 가리지 않고 진취적이고 혁신적·발전적인 삶을 지향해야 한다.

　(2) 사람에 대한 욕심을 내어 우수 인재를 선호하고 확보하는 데

혈안이 되어야 한다.

1) 확보 대상은 맛과 멋이 있는 우수한 사람, 다시 말하면 학교에서는 공부를 잘하는 사람(될성부른 떡)이요, 사회에서는(맛과 멋을 잘 알고) 처신을 잘하는 사람이요, 직장에선(높은 역량을 갖추고) 성과를 잘 내는 사람이다. '맛'은 감성과 이성, 필연과 자유, 과학과 도덕의 통합을 어느 정도 이룬 사람의 인간미를 말한다. '멋'은 문·사·철(文·史·哲)의 인간을 이해하는 인문학에 밝으며, 진선미(眞·善·美)에 감흥을 느끼고 전율을 느낄 수 있는 지성미와 교양미를 갖추어 신언서판(身言書判)이 반듯함을 이른다. 중용(中庸)은 과불급(過不及)이 없는 상태가 아니라, 맛과 멋을 제대로 아는 상태를 말한다.[지자과지 우자불급야(知者過之 遇者不及也) 현자과지 불초자불급야(賢者過之 不肖子不及也)]

맛은 멋이요, 우리 몸의 궁극적 도덕성이라는 말을 명심해야 한다.

2) 인재 확보의 주체는, 확보 주체가 우수한 사람인 게 절대적인 전제 조건이다. 예컨대 주공(周公)의 탁월성과 인재 영입 정성, 일목삼착(一沐三捉)과 일반삼토포(一飯三吐哺)의 예와, 마이크로소프트의 빌 게이츠, 애플의 스티브 잡스, 아마존닷컴의 제프 베조스, 구글의 래리 페이지와 세르게이 브린, 알리바바의 마윈, 레이쥔(雷軍)의 샤오미 등은 모두 우수한 사람이면서 인재 확보의 귀재들이라 할 만하다.

일목삼착(一沐三捉)과 일반삼토포(一飯三吐哺)

주공은 그의 아들 백금(伯禽)에게 인재를 대할 때는 우대하고 교만하지 말라는 당부와 함께, 일목삼착(一沐三捉)과 일반삼토포(一飯三吐哺)의 인재 사랑에 대한 경험과 경륜도 당부했다고 한다.
목(沐)은 '머리를 감는다.'라는 뜻이고, 착(捉)은 '잡는다'라는 뜻이다.
일목삼착(一沐三捉)은 주공(周公)이 한 번 머리를 감을 동안에 누가 찾아 왔다는 전갈을 받으면, 감던 머리를 세 번이나 움켜잡고 머리에 물이 묻은 채 나가서 인재를 만났다는 얘기이며, 일반삼토포(一飯三吐哺)는 한 번 식사 하는 동안에 누가 왔다는 전갈을 받으면, 현인(賢人)을 놓치지 않으려고 입 안에 든 음식물을 세 번이나 뱉어내면서 나가서 인재를 만났다는 고사에서 유래된 말이다.

인재를 확보하는 전략은, 선수(先手), 선제(先制), 선점(先占)이다.

(3) 조직 구성원을 제대로 길러야 한다

1) 회사 안에서 어떤 조직을 운영하게 되면 조직 구성원을 잘 키워줘, 스스로의 힘으로 성장할 수 있는 기틀을 마련해 주어야 한다.

조직의 구성원은 각자의 가정에서 아주 귀하고 소중한 존재다. 따라서 회사에서는 (CEO 후보감으로) 잘 키워줄 책임과 의무가 있다.

2) 구성원을 성장시키는 방법은 자력성장기반(自力成長基盤) 구축이 절대 조건이다. 구성원에게 줄 수 있는 최상의 선물은 혹독한 교육과 훈련이다. 그러나 이 교육과 훈련은 정교한 최신 선진 시스템(STM / Best Practice)으로 뒷받침해야 한다. 그리하여 구성원들이 조직적·체계적으로 자발적 혹사(incredibly hard working)가 되도록 이끌어야 한다.

'자발적 혹사'란 경험과 경륜의 축적이 역량을 끌어올리는 데 최상의 지름길임을 확신하여, 구성원이 조직적·체계적으로 자신을 혹사할 정도로 일에 몰입하도록 하는 것이다. 인간존중, 자율경영, 종업원 가치 제안(EVP) 제고, 도전적 목표(Stretched Goal) 설정, 부드러운 리더십 지향 등은 물론, 기반 역량교육 등을 통해 아주 세련된 방법으로 자발적으로 자연성(自燃性)이 고취되도록 해야 한다.

3) 구성원의 양성과 활용은 결국 동전의 양면과 같다. ①구성원을 키우는 목적은 회사의 성장에 도움이 되게끔 하는 것이다. 그래서 ②능력주의·적재적소·신상필벌의 인사 원칙에 더하여, ③목표 관리(MBO)를 통해 도전적 목표(Streched Goal)가 달성되게 해야 한다.

이를 실행하는 측면에서 재벌 그룹 오너와 전문 경영인 CEO는 주주이면서 권한이 막강하다는 점에서는 비슷하지만, 지분율의 크

차래지식(嗟來之食)

춘추전국시대 제(齊)나라에 큰 기근이 들자 검오(黔敖)가 길거리에 음식을 차려놓고 지나가는 주린 사람들에게 나누어 주고 있었다. 한 굶주린 사람이 옷소매로 얼굴을 가리고 짚신을 질질 끌면서 맥없는 모습으로 다가왔다. 검오가 왼손에 밥을 들고 오른손에 마실 것을 들고 말했다.

"이봐! 이리 와서 먹어!"
사내는 눈을 치켜 뜨며, "내가 이런 차래지식(嗟來之食) 따위를 먹으려 하지 않았기 때문에 이 꼴이 되고 말았소."라고 말하며 그냥 지나가버렸다.
검오가 쫓아가서 무례를 사과했지만, 그는 끝내 먹지 않고 죽고 말았다.

이 이야기를 듣고, 증자(曾子)가 말했다.
"잘못했구나. 무례하게 불렀을 때 그냥 가는 것이야 그럴 수 있다지만, 사과를 했으면 먹어도 되지 않았겠는가?."
이 이야기는 《예기(禮記)》의 〈단궁(檀弓)〉 편에 나온다.

"이봐." 하고 불러서 밥을 먹으라고 한 데서 유래한 말이다. '차래지식'은 무례한 태도로 남에게 주는 식사를 비유하는 말로 쓰인다. 자존심을 건드리며 대접해 주는 무례한 오너(owner)의 차래지식보다는, 차라리 구멍가게 주인이 정성껏 차려 주는 꽁보리밥이 낫다는 뜻이다.

먹고 마시지 않는 사람은 없지만 맛을 제대로 아는 사람은 드물다.
인막불음식야
(人幕不飮食也)
선능지미야
(鮮能知味也)
지혜로운 자는 과하고 어리석은 자는 미치지 못하며 어진 자는 과하고 어질지 못한 자는 미치지 못한다.
지자과지 우자불급야
(知者過之 遇者不及也)
현자과지 불초자불급야
(賢者過之 不肖子不及也)

기·권한의 세기·전문성[실력]의 차이 등에서 차이가 나는 점을 감안해야 한다.

(4) 직장을 성장·발전하도록 하려면 강한 주인 의식과 열정을 고취하여 고성과를 창출해야 한다.

1) 직원들에게 강한 주인 의식과 일에 대한 뜨거운 열정을 갖도록 하여, 본인과 조직의 성장·발전을 이루도록 하는 데에는, 역량과 성과에 대한 논리적·합리적으로 설득력 있는 평가와 보상 이외 더 효과적인 방법은 없다.

2) 구성원에 대한 평가는 역량과 성과 위주로 공정하고 엄정해야 하고, 구성원에 대한 보상은 성과주의에 따라 합리적으로 차별화하여 사회 정의에 맞게 공정하고 정의로워야 한다.

평가와 보상을 제대로 시행하려면, 불합리하고 획일적인 평등을 지양하고, 정의롭고 합리적인 불평등과 차별화를 실현해야 한다.

그리하여 잘한 사람은 잘한 만큼 차별적으로 우대(優待)하고, 잘못한 사람은 잘못한 만큼 그에 합당한 처우를 차별적으로 함과 동시에, 패자부활의 시스템을 마련하여 정의롭게 실현되어야 한다.

마치 조직 구성원 본인 스스로가 주인인 양 착각하도록 할 만큼, 강한 주인 의식과 일에 대한 열정을 불태우도록 해야 한다. 예를 들어 삼성의 임원쯤 되면 삼성의 상호·브랜드·자본금·사업·제품·고객·시스템·기업문화를 체득하여, 마치 자기 사업을 하는 것처럼 만들어야 한다. 아울러 앞서가는 최신 성과주의 운영 시스템을 정착·심화함과 동시에 과감한 발탁과 도태의 인사 관행도 확립해야 구성원의 자발적 헌신을 극대화해 나가게 되는 것이다.

(5) 조직 전반에 위기의식*을 심어, 구성원의 결속력을 강화해야
한다.

1) 핀란드의 노키아, 미국의 모토로라, 웨스팅하우스 등 세계적인
초일류기업도 급변하는 경영환경에 적절하게 신속히 대응하지 못
해 눈 깜짝하는 사이에 기업 순위에서 사라졌다. 마음가짐을 새롭
게 다지고, 정신 무장을 강화하지 않으면 자신이 몸담고 있는 조직
이 언제 무너질지 모르는 일이다. 위기의식을 강하게 심어 주어 조
직 구성원 전원이 일체감을 갖고 조직력을 극대화하도록 해야 한다.

차별화의 원리와 평등

시장은 우수 경제 주체를 선택하고 자원을 집중시켜, 그 등장을 증폭시킴으로써 경제변화를 주도한다. 경제는 바로 시
장의 이러한 차별화 기능을 통해 진화한다. 시장경제의 진화 과정은 결과적으로 우수 경제 주체에게 더 많은 경제적
실리를 몰아줌으로써 경제적 불평등을 만들어 내게 된다.
변화를 주도하는 혁신적 주체에게 집적(集積)과 거점(據点)이 형성되는 것이 경제의 진화 과정이다. 그런 의미에서 발
전은 불균형적 현상인 것이다. 경제에서 모든 부문이 같아지는 평등은 결국 변화의 정지와 영원한 휴식을 의미한다.
경제발전은 모두가 평등하지는 않지만, 모두가 발전하는 동반성장을 초래하게 된다.

시장경제에서의 차별화란 앞서가는 부문에 불이익을 주는 것이 아니다. 오히려 자생적으로 성장하게 하여 사회의 시
너지 원(源) 역할을 충실히 하도록 하고, 낙후된 저개발 부문에 차별화 원리를 적용하여 발전을 가속함으로써, 재분배
를 통해서가 아니라 낙수(落水)효과에 의한 발전을 통해 균형과 평등이 점진적으로 회복되도록 유도하는 것이 순리라
고 할 수 있다.
이처럼 차별화 원리를 적용하여 또 다른 불균형을 만들어 냄과 동시에 그 부문의 발전을 가속시켜 전체 경제 및 사회
의 불균형을 완화해 나가는 전략을 '부조화를 통한 조화·불균형을 통한 균형·불평등을 통한 평등'이라 할 수 있다.
우리가 추구하는 목표로서의 조화·균형·평등은 역설적으로 부조화·불균형·불평등을 초래하는 차별화 발전전략을 통
해서만 달성될 수 있을 뿐이다.
그러므로 발전하는 나라가 되도록 하기 위해서는 사회와 시장의 자생적인 차별화 기능을 강화해서, 정부는 물론 국가
의 지도자도 '스스로 노력해서 성공하는 국민'을 차별적으로 우대하는 발전 친화적인 인센티브 구조를 만들어 내고,
또 그러한 국민을 하루빨리 양산(量産)하도록 해야 한다.

차별화 원리는 불변의 경제발전 원리다. 민주주의의 지향점은 모두가 잘 사는 자유롭고 평등한 사회를 건설하는 것,
모두가 더불어 잘 산다는 것은 모두가 같아져야 하는 것이 아니라, 모두가 같아지지는 않더라도 모두가 발전하고 성공
한 사람이 되는 것을 말한다.
이런 사회를 실현하기 위해서는 모든 제도가 '하늘은 스스로 돕는 자를 돕는다'라는 원리에 부응해야 한다. 취약 계층
을 돕는 사회정책은 약하고 가난하기 때문이 아니라, 스스로 성공하려고 노력하기 때문에 돕는 발전정책으로 전환되
어야 음지 사람을 양지로 끌어낼 수 있는 것이다.
이러한 발상의 전환은 도덕적 해이를 양산하는 '실패한 복지'에 발목 잡힌 21세기 민주주의가 진정한 의미의 복지와
발전을 동시에 성취할 수 있는 최선의 해결 열쇠인 것이다. '역량과 성과'에 따라 '정의롭게 차별하는' 것은 모든 사람
을 평등하게 만들지는 못해도, 모두를 성공한 사람으로 만들 수 있는 유일한 완전 해법이다.

2) 그렇기 때문에 강한 결속력과 팀워크를 형성해 조직력의 극대화를 실현해야 한다. 그리하여 미친 듯이 일에 몰두하게 하여 성과 극대화를 실현하도록 해야 한다. 다만, 본인 성과보다는 조직 성과를 더 중시·우선시하게 한다.

*역사에서 볼 수 있는 손자병법의 위기관리 교훈 사례를 살펴보자.

① ①[불수이계(不修而戒)] : 조직이 막다른 위기 상황이 되면 병사들은 특별히 지시하지 않아도 자신들이 먼저 조심한다.

②[불구이득(不求而得)] : 장수(將帥)가 구하지 않아도 병사들의 마음을 얻는다.

③[불약이친(不約而親)] : 약속하지 않았는데도 서로 단결하고 친해진다.

④[불령이신(不令而信)] : 호령(號令)하지 않아도 병사들에게 신뢰를 얻는다.

낙수(落水)효과(Trickle-Down Effect)

대기업·재벌·고소득층 등 선도(先導) 부문의 경제적 성과가 늘어나면, 연관 산업을 이용해 중소기업이나 후발 낙후부문에도 혜택이 돌아가 부(富)가 유입되는 등 총체적으로 경기가 활성화되는 효과를 이르며, 적하(滴下)효과 또는 하방 침투(浸透)효과라고도 한다.

알려진 바로는, 1896년 7월 9일 미합중국 민주당 시카고 전당대회에서 윌리엄 브라이언은 "노동의 이마에 면류관을 씌우거나 인류를 금 십자가(Cross of gold)에 못 박지 말라."는 금 십자가(Cross of gold) 연설을 이용해 처음 언급했다.

두 가지 발상의 정부가 있다. 부자들을 더욱 번창하게 하면 그들의 번영이 위에서 아래로 새어(leak through) 나온다고 믿는 사람들과, 이와는 반대로 다수의 풍요가 모든 계층으로 차오를 것이라고 믿는 것이 민주당의 구상이었다.

조지 부시는 대기업이 성장하면, 성장세가 하위 계층에게도 흘러가서 긍정적인 영향을 준다는 이유로 낙수 이론에 근거한 경제정책을 채택했다. 하지만 그로부터 10년의 세월이 지난 후, 소득격차, 기업의 사내 유보금과 부채가 동시에 증가했다.

프랑스의 경제학자 피케티가 쓴 《피케티의 자본》에 따르면, 미국이 1980년대 초반부터 신자유주의 낙수 효과를 채택한 이후 오히려 소득격차가 심화되었다고 한다.

IMF에서는 상위 20%의 소득이 1%포인트 늘면 경제 성장률은 0.08% 하락하고, 하위 20%의 소득이 1%포인트 상승하면, 경제 성장률은 0.38% 증가했다는 정례 보고서가 나오기도 했다.

② 상산(常山)에 사는 솔연(率然)이라는 뱀은, 머리를 건드리면 꼬리가 와서 머리를 구해 주고, 꼬리를 건드리면 머리가 달려들어 구해 준다. 그리고 몸통을 건드리면 머리와 꼬리가 동시에 함께 달려들어 구해 준다. 이렇게 해서 솔연이라는 뱀은 영원히 죽지 않는 뱀이 되는 것이다. [상산지사 솔연자 불사지사야(常山之蛇 率然者 不死之蛇也)] 이처럼 조직이 일체감을 이루고 하나가 되어 목숨을 걸고 서로 지켜주게 되면, 어떤 위기에서도 무너지지 않는 막강한 조직이 된다.

③ 오월동주(吳越同舟) 오나라와 월나라는 서로 불구대천(不俱戴天)의 원수 사이로 반목하면서도, 이들이 함께 같은 배를 타고 가다가 폭풍우 등 공통의 위험과 처지에 빠지게 되면, 서로가 살기 위해 목숨 걸고 협력하게 된다.

④ 파부침주(破釜沈舟)라는 말은 초(楚)나라의 항우(項羽)가 가끔 사용했던 전술로 유명한데, 병사들이 밥해 먹을 솥을 일부러 깨트리고, 타고 온 배를 고의로 침몰시켜 되돌아갈 수단이 없도록 하여, 이번 전쟁에서 지게 되면 더 물러날 곳이 없다는 극도의 정신적 위기감을 만드는 것. 위기감이 조성되면 조직 구성원들은 배수(背水)의 진(陣)을 치고 죽기를 각오하고 승리를 위해 싸울 수밖에 없다는 생각이 파부침주의 철학이다.

3) 결국, 강한 결속력과 팀워크를 형성해 조직력의 극대화를 실현하여 미친 듯이 일에 몰두하게 되면 성과 극대화는 실현되는 것이다. 다만, 본인 성과보다는 조직 성과를 더 중시・우선시하게 해야 한다. 유능한 리더들은 이처럼 종종 고의(故意)로 조직을 막다른 길로 몰아넣어 승리를 쟁취하는 경우도 있다. 손자병법의 고민은 어떻게

조직력을 극대화할 것인가에 있고, 그 해답 중의 하나가 구성원들 사이에 일체감을 느끼게 하는 것이다.

일체감은 단순히 정신교육이나 형식적 구호에서 나오는 것이 아니라, 더는 후퇴할 곳이 없는 막다른 처지나 위기에 봉착했을 때 알게 모르게 저절로 발현된다는 것이라는 얘기다.

*삼성그룹의 창업자인 고 이병철 회장의 젊은 시절, 농사지을 때의 일화 한 토막을 소개한다.

당시에는 200평 기준으로 논 한 마지기에 농사가 잘되면 쌀 2가마니가 생산되던 시절이었다. 그가 시험 삼아 논 한 마지기에 새끼 미꾸라지 1천 마리를 사다 넣고 봄부터 길렀는데, 가을에 수확해 보니 쌀 2가마니 외에 커다란 미꾸라지가 2천 마리로 늘어나 있어, 이를 팔아 쌀 4가마니 값을 만들 수 있었다고 한다. 다음 해에는 미꾸라지 1천 마리 외에 미꾸라지를 잡아먹고 사는 메기도 20마리를 같이 넣어 길렀는데, 그해 가을에는 메기들이 열심히 미꾸라지를 잡아먹었는데도 미꾸라지는 4천 마리로 늘어났고, 메기도 200마리로 늘어나 있었다. 그걸 모두 팔았더니 쌀 2가마니가 고작이던 논에서 쌀 8가마니에 해당하는 돈을 벌 수 있었다.

이것은 이재(理財)에 관한 얘기가 아니라, 메기와 미꾸라지에 관한 얘기다. 동물이건 식물이건 어려움과 위험이 닥치면 긴장해서 활발히 움직이기 때문에 강인해지고 생존 본능도 강화되어 번식이 왕성해진다. 잡아 먹히지 않으려고 미꾸라지들이 기민하게 움직여서 살이 통통하게 찌는 것처럼, 조직도 위기의식을 갖고 긴장해야 그만큼 더 생기발랄하고 민첩하게 움직이게 되는 법이다.

역사적으로 보면 성공의 반은 죽을지도 모른다는 위기의식에서 반전(反轉)된 것이고, 실패의 반은 찬란했던 시절의 안일함에서 비롯된 것임을 알 수 있다.

기업의 흥망성쇠도 모토로라와 노키아의 예에서 볼 수 있듯이 잘 나가는 때나 안정된 상태에서 잠시 여유를 부리거나 허세를 부리면, 긴장이 풀어지고 위기가 닥쳐오는 걸 예민하게 감지하지 못해 쇠망의 길로 들어서게 된다.

위기의식을 느끼지 못하고 긴장하지 않거나, 쓸데없이 두려워하며 공포의식을 갖게 되면, 절대로 다음 단계로 도약할 수 없다. 위기의식을 느끼고 긴장하면 어려움을 극복하겠다는 의지가 살아나게 되지만, 나태해지거나 공포의식을 느끼게 되면 과감하게 도전하거나 위험을 감내하려는 모습이 보이지 않게 되기 때문이다.

지금 당장 할 일

'알고 있는 것'과 '할 수 있는 것'은 동격(同格)이 아니다. '알고 있는 것'과 '할 수 있는 것', 이 둘 사이에는 깊고 큰 골이 있다. 그 골을 메우는 것은 현장에서의 경험과 경륜이다.

일을 많이 해 본 사람이 일을 잘하는 법. 따라서 직접 몸을 던져 몸소 체험하는 것이야말로 가장 소중한 자산이다. 그러므로 여러분들이 지금 당장 할 일은 얼른 현장으로 돌아가서 일에 열정을 쏟는 것이다.

촌철살인, 희망의 꽃 한 송이

2차 대전 직후 독일은 완전히 폐허가 되어 있었다. 미국의 한 사회학 교수가 조수와 함께 지하실에 살고 있는 독일의 어느 한 가정을 방문하여 인터뷰 시간을 가졌다. 폭격으로 허물어진 건물 밑에 어둠침침하여 사람이 살기에는 최악의 조건인 지하실이었다.
인터뷰를 마치고 돌아오는 길에 교수가 조수에게 물었다.
"저들이 나라를 재건할 수 있을 것 같은가?"
조수는 고개를 저으며 말했다. "어려울 것 같습니다."
그러나 교수는 반대되는 의견을 말했다.
"아니야, 나는 저들이 할 수 있을 거라 생각하네!"
조수가 의아하여 물었다. "어째서입니까?"
교수가 웃으며 답했다.
"그 어두운 지하실의 탁자 위에 무엇이 있었는지 자네는 기억하는가?"
"생화가 꽂힌 꽃병이 있었습니다."
"바로 그걸세. 최악의 재난을 당한 상황에서도 여전히 탁자 위에 꽃 한 송이를 놓아둘 수 있는 민족이라면 반드시 나라를 재건할 수 있을 것이네. 아직도 희망의 힘을 가지고 있다는 뜻이니까"

6 성공의 조건과 윤리 경영

1. 성공의 조건

인간은 신이 창조했고, 신은 결코 실패작을 만들지 않는다. 인간은 스스로 노력하면 얼마든지 성공할 수 있도록 창조된 존재이다. 어떻게 하면 성공할 수 있을까?

성공의 첫 번째 조건은 실패라고 할 수 있다.

아이러니컬하게도 실패를 거쳐 가지 않으면 성공할 수 없다. 홈런왕 베이브 루스는 최다 삼진아웃 기록도 같이 보유하고 있다. 발명왕 에디슨의 전구 발명은 2천 번 이상의 실패 끝에 이루어진 것이다. 이렇듯 성공으로 향한 길은 항상 장애물과 시련, 피할 수 없는 난제로 가득 차 있다.

성공의 두 번째 조건은 변화다.

성공한 사람들은 '발상의 전환'을 성공 조건으로 꼽는다. 즉 변화인 것이다. 생각을 바꾸면 세상이 달라진다. 남들과 다른 1%의 생각, 그것이 당신의 인생을 당신 것으로 만들고, 구겨지고 짓밟힌 당신의 이마 위에 승리의 월계관을 씌워 준다. 성공한 사람을 만드는 것은 그 1%의 생각하는 힘이다.

성공의 세 번째 조건은 실행이다.

꿈이 그냥 머릿속에 머물고만 있으면, 이는 논밭에 뿌려지지 않고 창고 속에 보관된 씨앗과 무엇이 다르겠는가? 생각만 있고 실행이 없으면, 아무리 위대한 꿈이라도 무의미한 것이다. 이 세상에서 가장 큰 보물 창고는 무덤이라는 말이 있다. 실행하지 못해 못다 이룬 꿈을 품고 떠난 수많은 사람이 누워 있으므로 생긴 말이다.

지금 여러분이 힘겨운 길을 가고 있다면, 그것이야말로 실패, 변화, 실행이 반복되고 누적되어 성공의 금자탑을 쌓는 중이라고 말할 수 있다.

2. 실패하지 않는 유일한 방법

무슨 일이든 처음부터 잘되는 일은 별로 없다. 실패하면서 성공을 향해 나아간다. 실패, 또 실패, 거듭되는 실패는 성공으로 가는 이정표다. 실패하지 않을 수 있는 유일한 길은 아무런 시도도 하지 않는 것뿐이다.

A. 링컨은 미국 역대 대통령 중 최고의 대통령으로 손꼽힌다. 그런 점에서 그는 가장 성공한 대통령이다. 그러나 그의 일생은 실패의 연속이었다. 27번이나 되풀이된 실패가 밑거름되어 이루어진 값진 성공이었다.

링컨은 구두 수선공의 아들로 태어나, 가난으로 학교는 9개월밖에 다니지 못했다. 9살이었을 때 어머니가 세상을 떠났으며, 22살에 사업을 시작했으나 실패했다. 23살에 주 의회에 출마했으나 낙선되었다. 24살에 다시 사업을 시작했으나 또다시 실패했으며, 그 후 17년 동안이나 그 빚을 갚아야 했다. 27살에 신경 쇠약과 조현병에 시달린다. 29살에 의회 의장직에 나섰으나 낙선된다. 31살에 대통령 선거 위원에 나섰으나 실패한다. 34살에 국회의원에 출마했으나 낙선된다. 37살에 국회의원에 당선되었으나, 39살에 다시 낙선된다. 46살에 상원의원에 출마했으나 낙선된다. 47살에 부통령에 출마했으나 역시 낙선된다. 49살에 다시 상원의원에 출마했으나 이번에도 낙선된다.

그 이후에도 여섯 번의 낙선 경험이 있었던 링컨은 51살에 드디어 16대 대통령에 출마해 당선되고, 미국 역사상 가장 추앙받는 대통령이 된다.

3. 직장에서 갖추어야 할 기본의식

(1) 첫째는 천인합일(天人合一)의 마음을 가져야 한다.

직장인은 모름지기 직장인이기에 앞서 인간 본연의 자세로 천인합일(天人合一)*의 마음을 가져야 한다. 《중용(中庸)》에서 말하는 '천명지위성(天命之謂性, 하늘이 명한 것을 성)'이라 하고, 솔성지위도(率性之謂道, 그것을 따르는 것을 도)라고 하고, 수도지위교(修道之謂敎, 그 도를 닦는 것을 교)라고 한다고 했다. 인지생야직 망지생야행이면(人之生也 直, 罔之生也 幸而免)', '사람의 삶은 정직한 것이니, 정직함이 없이 사는 것은 요행히 화(禍)나 면하고 있을 뿐'이라는 것이다.

(2) 둘째는, 필수 기본의식으로 정신 무장해야 한다.

직장인은 모름지기 기본적으로 ①인본주의 경영 의식·②책임경영 의식·③세계화(글로벌화) 의식·④정보화 의식·⑤윤리 경영 의식을 갖추어야 한다.

1) **인본주의 경영 의식** : GE의 전(前) 회장 잭 월치(Jack Welch)에 의하면 사람이 경영의 핵이요, 시스템의 기초 원단위다. 구성원의 의식 수준의 차이가 바로 기업 경쟁력의 수준을 좌우한다. 구성원의 지식과 지혜 및 정보를 바탕으로 한 자율과 창의를 비롯한 인본주의 사상이 부가가치 생성의 핵심적인 역할인 것이다.

2) **책임경영 의식** : 직장인이라면 또한 책임경영에 관한 투철한 자각을 가져야만 한다. 권한이 주어진 만큼 책임이 공존한다는 생각을 늘 머릿속에서 되뇌어야 하는 것이다. 선택의 자유를 가지는 동시에 실패에 대한 책임을 스스로 지는 책임경영 자세를 견지하도록 한다.

불원천 불우인 하학이 상달 지아자 기천호(不怨天 不尤人 下學而 上達 知我者 其天乎, 하늘을 원망하지 않고, 남을 탓하지도 않으며, 낮은 것을 배워서 높은 것까지 통달했으니, 나를 알아주는 이는 하늘이다.)라는 공자의 말씀처럼 늘 긍정적인 자세를 견지하도록 노력해야 할 것이다.

3) **세계화(글로벌화) 의식** : 직장인이라면 모름지기 세계를 상대로 하는 목숨을 건 세계화 수준의 경쟁력 확보·강화가 필수 요건이다. 국제적 관행과 세계적 조망에 의한 경영 자세를 강화해야 한다. 글로벌 스탠더드 및 국제 회계 원칙을 모르면 요즘 같은 글로벌 시대에는 도태되기 십상이다.

4) **정보화 의식** : 경영 전략과 경쟁 우위 확보를 위한 정보화 기술 활용 및 강화가 절대적으로 필요하다.

5) **윤리 경영 의식** : 이제는 산업윤리·기업윤리·노동윤리 등 직장인의 행동철학을 강화할 뿐만 아니라 기업인의 윤리 경영 의식과 구성원의 직업적 소명의식도 함께 강화해야 한다.

사람을 키우는 확실한 방법

프로의 기본은 워커 홀릭이다. 프로와 아마추어는, 생업 vs 취미, 자세(목숨)와 무대가 다르고, 감각이 다르다. 올챙이는 아가미로 숨을 쉬고, 개구리는 허파로 숨을 쉰다.
프로는 적성·전공을 고려하지 않는다(不考). ㅡ專多能(일전다능)의 T형 vs 多一能(다전일능)의 V형.

능력은 학습(學習)의 산물

·만나는 사람마다 학습의 기회로 삼아라. ㅡ A Lincoln
·가장 유능한 사람은 끊임없이 배우는 사람이다. ㅡ 괴 테
조직 내에서 사람을 키우는 가장 확실한 방법은,
① 시스템을 정교하게 구축하고, ② 혹독하게 교육·훈련시키고, ③ 조직적·체계적으로 혹사시켜서, ④ 엄정하게 평가·보상 관리하는 것이다.
그리하여 스스로 성장·발전하도록 기반을 구축하도록 지원하여, 자력으로 성장·발전[自力 成長 圖謀]하도록 해야 한다.
(cf)君子 成 人之美 不成 人之惡 (성 인지미 불성 인지악) 군자는 남의 아름다운 점은 이루도록 해주고, 남의 나쁜 점은 이루지못하게 한다.
상대의 장점은 길러주고, 단점은 아예 싹을 잘라 버려야 한다는 의미다.
인생에서 가장 비참하고 구제 불능인 것은, 장래 희망이 없는 것이다.

4. 윤리 경영의 기본 정신

(1) 윤리 경영의 필요성

우리나라도 이제는 창업자 가족이 경영에 직접 참여하여 기업을 좌지우지(左之右之)하며 지배하던 가족 자본주의에서 빠른 속도로 소유와 경영이 엄격히 분리되고, 시장감시 기능에 의해 기업 지배권에 대한 통제가 강화되는 시장 자본주의로 급격히 이행되고 있다.

이제 기업은 윤리 경영 실현을 통해 고객과 시장과 사회로부터 기업 이미지와 평판을 알 수 있고, 기업 가치를 극대화하고 시장에서 최고의 가치를 인정받을 수 있게 되어, 윤리적인 기업이 곧 효율적인 기업이요, 기업의 영속성(Sustainability)을 높일 수 있는 시대 환경으로 전환된 지 이미 오래되었다.

따라서 이제는 소비자 보호·공정거래·노동 및 환경 관련 법규의 준수는 말할 필요 없이, 제반 준법 감시활동을 비롯한 윤리 경영 차원의 사내 행동지침과 법 등도 그에 걸맞게 시급히 보완·강화되지

천인합일

천인합일(天人合一)은 온 누리의 삼라만상을 상징하는 하늘[천상(天象)]과 개체인 인간[인사(人事)]이 잘 어울려 물아일체(物我一體), 즉 물질계와 정신계, 객관과 주관이 하나가 됨을 이루어, 자연과 인간이 조화를 이루는 건강한 상태를 이르는 말이다.

'삼라만상(森羅萬象)은 모두 다 변화한다'는 것이 우주의 순리(順理)다. 이 순리는 하늘의 뜻이 아니고 사물 자체가 가지고 있는 일반적인 속성일 뿐이다. 이러한 삼라만상의 모든 것은 인과관계 때문에 생겨나고 유지되고 사라지게 된다. 존재의 속성은 이 인과관계에 원인이 있고 조건이 성숙하면 결과가 나올 뿐이므로, 이런 자연법칙에 의해 어떤 사람의 언행을 보고 그 사람의 인성과 겉으로 드러나는 신체적인 문제를 미루어 짐작할 수 있는 것은, 생명계의 핵심 요인인 속내의 움직임 즉 심리(心理)가 있기 때문이다.

세상의 모든 문제는 이러한 자연법칙이 물체 내부에 있는 속내에서 연유하여 행위를 일으키므로, 천인합일은 자신의 마음과 영혼을 수련·성숙시켜 하늘의 뜻과 조화를 이루는 인간 본연의 모습을 찾는 길이라고 말할 수 있을 것이다.

천인합일(天人合一)의 삶을 노래한 나옹화상 (고려 3대 화상(和尙)[선사(禪師)]인 지고, 나옹, 무학 중의 한 분임. 여주 신륵사에 머물렀으며, 이곳에서 입적(入寂), 신륵사의 사세가 확장됨)의 시를 한 수 감상해 보자!

青山兮要 我以無語 (청산혜요 아이무어)　　蒼空兮要 我以無垢 (창공혜요 아이무구)
聊無愛而 無憎兮 (료무애이 무증혜)　　　　如水如風 而終我 (여수여풍 이종아)
청산은 나를 보고 말없이 살라 하고,　　　　창공은 나를 보고 티 없이 살라 하네,
사랑도 벗어 놓고 미움도 벗어 놓고,　　　　물같이 바람같이 살다가 가라 하네.

않으면 안 되게 되었다.

(2) 윤리 경영의 목표

윤리 경영이 지향하는 궁극(窮極)의 목표는 주주 측면에서는 우량 기업을, 임직원 측면에서는 좋은 직장을, 사회적 측면에서는 신뢰받는 기업, 즉 한마디로 초일류기업을 실현하는 것이다.

(3) 윤리 경영의 기본 정신

이윤을 극대화하기 위한 기업의 제반 경영활동과 윤리 경영은 겉으로는 상충되는 것처럼 보이나, 오히려 이와는 반대로 윤리 경영을 도입·실행하면 기업을 경영함에 있어 인간 본성에 대한 깊은 신뢰와 윤리를 바탕으로 하게 되므로 상호 호혜 관계를 이루게 된다.

다시 말해, 투명하고 합리적이며 이타적으로 기업을 경영하면 모든 구성원이 긍지와 자부심과 보람을 느끼며, 열심히 일하려는 의욕이 생겨나 생산성이 크게 향상된다. 그뿐 아니라, 기업의 역할이나 활동에 대해서도 사회적 정당성을 확보할 수 있게 되어, 조직의 자율성 증대 및 경쟁력 향상이라는 선순환 과정을 통해 성공적인 기업 성장을 이루게 된다.

1) 투명성(Transparency) : 소유와 경영이 분리되지 않은 시대에는 주주와 경영자가 동일인이기 때문에 기업 본래의 목적인 이윤 극대화를 추구함에 있어 이해관계의 상충이 있을 수 없다. 그러나 소유와 경영이 분리된 현대 기업의 경우에는 주주와 경영자 간의 이해가 상충될 수 있으므로, 투명성 제고를 통한 정도경영의 필요성이 강력히 요구되는 것이다.

더욱이 이제는 공기업이든 사기업이든 기업의 경영정보는 사적 정보라기보다는 공적 정보라고 할 수 있으므로, 소비자 및 투자자를 비롯한 기업을 둘러싼 회사 내부의 이해 관계자들에게 경영 실상을 은폐하지 않고 투명하게 전달해 시장의 신뢰를 확보하는 것이 생존과 성장·발전을 위한 정도경영의 필수 요건이 되고 있다.

2) 합리성(Rationality) : 일반적으로 비논리적·비이성적·우연적인 것

윤리 경영의 실행 체계

목표	초일류 기업(World Class Excellent Company)		
	우량 기업	좋은 직장	신뢰받는 기업

목적	주주가치 극대화	종업원가치 극대화	사회적가치 극대화
	재무 가치	직업 가치	고객 가치
	브랜드 가치	직장 가치	공익 가치

실행 방향	정도 경영	직업 윤리	사회적 책임
실천 과제	회계정보의 투명성	공정한 평가 · 보상	고객만족 · 고객보호
	고효율의 내부통제	직장생활 수준향상 (GWP · QWL 구현)	공정경쟁 · 공정거래
	건전한 지배 구조	직장윤리 · 책무확립	환경친화 · 위험관리
	주주권익의 중시	주인의식 · 프로정신	공공복지 · 사회봉사

캐치프레이즈	고윤리 · 고성과! (Strict Ethics · High Perfomance)		
실행 지침	**윤리강령 및 행동규범**		
기본 정신	투명성 · 합리성 · 이타성		

을 배격하고, 논리적·이성적·필연적인 것을 중시하는 것이 합리성이라고 말할 수 있다.

기업 경영의 합리성은 효율과 순리를 바탕으로 경영 합리화와 기술 혁신을 통해 보다 높은 부가가치를 창출하여 견실경영을 이룸과 동시에, 모든 이해 집단과 공동의 이익과 번영을 추구하는 것이라고 할 수 있다.

효율은 최소의 비용으로 최대의 효과를 거두는 것이요, 순리란 무리와 비리를 배제하고 순서와 원칙에 충실한 것이라고 할 수 있다.

이처럼 효율과 순리를 바탕으로 하는 경영의 합리성은 원천적으로 시스템이나 운영 메커니즘에 의한 효율의 문제임과 동시에, 보편적인 윤리적 적응력을 갖는 논리적·이성적·필연적인 순리의 문제라는 점에서 바람직한 기업과 직장인이 갖추어야 할 직업윤리·직장윤리의 필수 요건인 것이다.

3) 이타성(Altruism) : 자본주의 초기에는 기업이 이윤 극대화만을 추구하는 이기적 존재로 평가됐다. 그러나 요즘에는 기업이 단순히 이기심에 예속된 행위만을 할 경우 존립 그 자체가 어렵게 되고 있다.

기업이 경제적 목적만을 추구하는 데 그치지 않고 비경제적 목적으로 사회적 책임의 목적을 설정할 뿐만 아니라, 또 이를 실현하기 위한 사회적 전략을 실행할 때에도 인간적·사회적 가치에 미치는 영향을 의무의 기준으로 받아들이는 이타적 자세가 강력히 요구된다.

기업은 오픈 시스템으로서의 투입과 산출에 의해 사회환경과 밀접한 상호작용 관계에 있으므로, 사회적 책임을 수행하지 않고는 기업의 존속과 발전을 결단코 기대할 수 없는 것이다.

그렇기 때문에 기업을 둘러싼 이해 관계자들에 대한 공감적 반응·공존 공영의 정신은 사회적 책임 수행의 필수 요건이 되고 있다.

5. 바람직한 출세를 요약

(1) 어떤 것이 바람직한 출세인가?

혼탁하고 어지러운 현시대를 살아가는 직장인의 한 사람으로 어떻게 처신하고 출세해야 하는지를 간결하게 요약하면,

첫째, 바람직한 직장 생활을 하기 위해서는 강한 주인 의식과 일에 대한 뜨거운 열정이 있어야 함은 기본이다.

둘째, 그에 더해 전공 분야에서 전문가적 일가견을 이루고, 시대 흐름에 맞는 경제 우선·세계화·정보화의 마인드와 시스템적 사고로 자신의 정체성을 확장해 나가야 한다.

셋째, 그리고 새로운 지식과 지혜와 창의적 아이디어를 창출하고, 이를 활용하여 주위에 확산시켜 나감으로써, 프로네시스를 함양함과 동시에, 가치 창출에 기여하는 실천적 지성인이 되는 것, 그리하여 전문 영역뿐만 아니라 그 이상의 영역으로 영향력을 확대해 나가는 것, 그게 바로 바람직한 출세일 것이다.

(2) 성공하는 사람의 기본은 무엇인가?

첫째, 프로페셔널의 기본 요건인 ①워크 홀릭(hobby- holic / 몰입), 강한 주인 의식과 뜨거운 열정, ②전문화와 차별화, 유연성과 탄력성, 화합과 소통, ③기업가 정신(Entrepreneurship) 및 모험심과 개척자 정신(New Frontier)으로 정신 무장하는 것이요,

둘째, ①기초와 기본을 중시하고, ②강한 주체성을 견지하며, ③자기 존엄성을 유지하면서, ④일이관지(一以貫之)하는 자세로, ⑤끊임없이 Sponge 정신으로 학습하는 것이 성공하는 사람의 기본이라 할 수 있다.

7 격변의 시대와 리더의 모습

1. 급변하는 경영환경

지금은 모든 것이 변하는 격변의 시대이고, 변하지 않는 것이 있다면 오로지 "모든 것이 변한다[諸行無常]."라는 진리 이외는 아무것도 없다.

단편적인 예를 하나 들어보면, 구소련의 우주비행사 세르게이크리칼레프(Sergei Krikalev)가 1991년 5월부터 이듬해 3월까지 10개월에 걸쳐 우주 비행을 하고 지상으로 내려와 보니, 구소련은 완전히 해체·붕괴되었고 동·서독의 국경도 없어지고 동유럽의 공산주의도 궤멸(潰滅)되어, 천지가 개벽(開闢)하듯 상상할 수 없는 엄청난 변화에 정신을 잃을 정도였다고 한다.

지상에 있던 세상의 모든 사람은 변화의 소용돌이 한가운데에 있었기 때문에 오히려 충격에 둔감했을 뿐이다. 작년과 다른 올해, 지난달과 다른 이달, 어제와 다른 오늘처럼 시시각각으로 세상이 변하고 있어, 현재 우리가 누리고 있는 문명의 이기들은 대부분 최근 100년 이내에 발명된 것이며, 요즘의 10년간의 변화는 과거 100년간의 변화보다 훨씬 더 급격하다.

2. 변화의 특징

이러한 변화의 특징들을 살펴보면, 마이크로·전자 기술 진전에 따른 ①고도 정보화, 경쟁 심화와 소비패턴 변화에 따른 ②소프트 (Soft)화, 경제활동의 광역화에 따른 ③글로벌(Global)화 등임을 알 수 있다.

이러한 변화에는 불확실성, 동시 진행성, 급속화, 고 강세화, 복합화, 짧은 주기성(cycle time) 등의 특징이 담겨 있다. 지난 30년 동안 컴퓨터 산업이 성취한 것을 자동차 산업이 이룩했더라면, 승용차 한

21세기, 메가트렌드 시대의 특성은 무엇이며, 어떻게 대처해야 하는가?
1. 기본의 시대 : 태풍의 핵은 고요하다. 환경 변화가 극심하고 세상이 급변해도 중심핵은 움직이지 않는다. 기본으로 돌아가서 원점에서 사고하고 본질적 의미를 추구해야 한다. 태풍의 핵이 고요하듯, 기본에 충실하고 중심이 흔들리지 않는 평정심이 요구된다.
2. 지식의 시대 : 보이지 않는 것이 돈이 된다. 재무제표에 기록되는 자산 가치보다 눈에 보이지 않는 자산(Invisible Assets)의 가치가 더욱 큰 시대가 도래하고 있다. Coca Cola의 보이지 않는 기업 Brand 가치가 850억 달러에 이르는 걸 보면 알 수 있다. 기업 이미지는, 예컨대 J&J의 타이레놀 독극물 사태 발생 시 보여준 예처럼 관리 방식에 따라서는 기업의 운명을 결정하고 좌우할 수 있는 주요 변수가 될 수 있다.
3. 특이(特異)의 시대 : 튀는 인재가 일낸다. 창조적 소수 인재의 역할이 증대되고, 그들의 능력이 기업 가치를 결정·좌우한다. 기업의 성과도, 예컨대 MS의 빌 게이츠나 Soft Bank의 손정의처럼 탁월한 CEO의 능력에 따라 흥망성쇠가 결정된다. 그러므로 조직 구성원이 기업가 정신(Enterpreneurship)으로 무장할 수 있는 진취적이고 활기찬 기업문화가 구축되어야 하는 것이다 .
4. 공유의 시대 : 나눌수록 커진다. 예컨대 YL의 공장 없는 생산방식을 봐도, 핵심역량을 제외한 모든 것을 공유하고 아웃소싱할수록 성과는 높아진다는 걸 알 수 있다. 예컨대 일본 경단련(經團聯)의 1% 클럽을 보면, 기업 간의 공유뿐만 아니라, 사회와의 공유, 환경과의 공유도 활발해지고 있음을 알 수 있다.
5. 유연(柔軟)의 시대 : 부드러운 것이 강하다. 변화하는 환경에 따라 조직의 전략기능 구조를 유연하게 수정해 나갈 수 있는 환경 민감성이 기업 생존의 조건이 되고 있다. 직급 계층이 단순하고, 의사소통이 자유로운 조직일수록 고 성과가 창출된다.
6. 응축의 시대 : 작은 것이 아름답다. 21C에는 내·외부 에너지를 응축시키고 일거에 집중적으로 발산시켜서, 환경이 주는 기회를 선점하는 회사가 승리하는 기업이 된다. 규모나 보유 자원이 중요한 것이 아니라, 에너지를 응축시키고 활용할 수 있는 경영 시스템을 갖추는 것이 핵심 관건이다.
에너지가 응축되는 궁극적 단위는 조직 구성원이다. 결국, 이들 구성원에게 의미를 부여하고, 이들이 몸과 마음을 바쳐 일에 미치게 하는 것이 핵심이다.
7. 모험의 시대 : 남이 가지 않는 곳에 길이 있다. 시장 선점에 따른 효과를 후발자가 결코 누릴 수 없는 시대가 도래했다. 선발 기업은 강자 간의 연합·고객기반 심화·업계 표준 제정·공동 network 사용 등을 통해 진입 장벽을 구축한다. 후발 기업은 엄청난 투자와 획기적인 기술·차별적인 이미지가 수반되어야만 기존 업체를 제압하거나 추월할 수 있다. 따라서 새로움을 계속 추구할 수 있는 조직문화의 역동성이 중시되고 있음을 알 수 있다.

대의 생산 원가는 2.5달러, 휘발유 갤런 당 주행거리는 200만 마일에 달하게 되었을 것이다. 그만큼 정보 기술의 변화 속도는 어머어마한 것이다.

빠른 변화 수준을 감당할 수 없어 변화에 압도되어 버리는 현상을 미래 충격(Future Shock)이라고 한다. 앨빈 토플러(A. Toffler)는 《미래의 충격》이라는 1970년의 그의 저서를 통해, '미래에 예상되는 기술적·사회적 변화의 속도가 점차 가속화됨으로써, 개인이나 집단의 적응이 한층 더 어려워질 것으로 예측'했다.

3. 변화는 상수(常數)

(1) 적자생존은 자연선택의 법칙이다. 찰스 다윈은 그의 세기적 저작인 《진화론》에서 "살아남는 것은 가장 강한 종(種)도 아니요, 가장 똑똑한 종(種)도 아니다. 그것은 변화에 가장 잘 적응하는 종이다."라고 설파하였다.

적자생존(適者生存)이라는 자연선택의 법칙에서 적자(適者)는 변화할 수 있는 능력의 표현일 뿐이다. 자연은 변하지 않는 개체에 대해 무자비한 것이며, 변화에 적응하지 못하면 죽음만이 있을 뿐이다.

(2) 변화는 구호가 아니라 실천이다. 안타깝게도 많은 조직과 사람들이 변화하지 않으면 살아남지 못할 것을 알면서도, 스스로 변화하지 못하고 있는 것은 실천하지 못하기 때문이다.

자신을 변화에 적응시켜 안전지대를 넓혀 나가야 하며, 변화를 즐겨야 한다. 미래를 바꾸려고 노력하지 않으면, 과거의 노예로 살게 될 뿐임을 명심해야 한다.

(3) 변화는 위기이자 바로 기회이기도 하다. 변화는 이제 더는 변

3 C

격변하는 시대의 새로운 상황은 변화(Change), 경쟁(Competition), 복잡성(Complexity)의 3C로 요약된다.

수(變數)가 아니요 상수(常數)이고, 위기이자 기회다. 낡은 습관과 방식은 과감하게 떨쳐 버리고, 새로운 방식을 채택하여 지속해서 변화에 적응해야 아름다운 미래를 맞이할 수 있다.

4. 기업의 수명

(1) 우리나라의 경우에 1980년대 중소기업의 78%가 창업 후 5년 이내에 도산했다. 2011년 대한 상공회의소의 발표 자료에 의하면, 300만 개 중소기업의 평균수명은 12.3년이며, 대기업도 29.1년에 불과하여 30년 뒤에는 존립 여부를 전혀 장담할 수 없는 지경이다.

(2) 미국의 경우에도, 신규탄생 기업의 57%가 5년을 넘기지 못하며, 기술 의존형 대기업 2,000개 중에서 87%가 10년 이내 도산하여, 대기업의 평균수명이 기껏해야 10년 정도에 불과하다고 한다.

자동차 제조 회사의 경우, 1910년대에는 200여 개이던 것이 1930년대에는 20여 개사로 줄어들고, 그나마 1960년대에는 겨우 4개사만 존속했고, 2000년대에는 2~3개 회사만 명맥을 유지하고 있다. 1950년대 초 'S&P 500대 기업'에 속했던 회사 중에서, 1990년대 말에는 불과 16%만 리스트에 남았다. 또한 1930년대에는 65년 정도 S&P 지수에 머물렀으나, 2000년 이후에는 평균 10년 정도밖에 머물지 못하는 것으로 나타났다.

(3) 일본의 경우도 예외가 아니다. 1980년대 초 '닛케이(日經) 비즈니스' 조사·발표에 의하면 일본 최상위 100대 기업 중, 100년간 계속 100위 이내에 든 기업은 기껏 한두 개 회사뿐이었고, 전체 80%의 기업이 100위 이내 순위에서 탈락하거나 30년 이내에 도산했다고 한다. 그래서 이들 100대 기업의 평균수명은 기껏 30년이라고 했다.

일본에서는 연간 10만 개 회사가 탄생하고, 그중 8만 개 회사가 소멸하여, 기업의 평균수명이 15년도 채 안 된다고 한다.

(4) 열대(熱帶)에서 한대(寒帶)로, 어제와 전혀 다른 오늘로 급변하는 경영환경 속에서는 이와 같은 기업 수명의 단기화에 따른 새로운 대책이 필요하다. 세계적인 초일류기업이라던 핀란드의 노키아나 미국의 모토로라, 웨스팅하우스조차도 이름 없는 회사로 전락하거나 아예 지상에서 사라진 것 같이, 기업의 수명이 지극히 단기화되는 현실에서 살아남기 위해서는, 시대 변화 조류에 맞는 창조적 자기혁신만이 대책일 뿐이다.

새로운 인적 역량을 확보·강화하고, 시스템을 혁신하여 조직의 역량과 창의성을 강화할 수 있는 기업만이 살아남을 수 있는 것이다.

5. 시대가 요구하는 리더의 모습
(1) 기업 경쟁의 시대적 특색

우선 기업 경쟁의 시대적 특색을 보면, 대략 10년을 주기로 요약하여 다음과 같이 나누어 볼 수 있다.

연대	중시	경영 차원	특색
1960년대 : Cost 중시	/ 1차원 경영, 저렴한 가격	/ 획일적
1970년대 : 품질 중시	/ 2차원 경영, 좋은 상품	/ 규모의 경제
1980년대 : 서비스 중시	/ 3차원 경영, 시장 지향	/ 상품 차별화
1990년대 : 타이밍 중시	/ 4차원 경영, 고객 만족	/ Time Base
2000년대 : 지식 중시	/ 5차원 경영, 전문화	/ 차별화
2010년대 : 시스템 중시	/ 6차원 경영, 정보화	/ Soft 화
2020년대 : 디자인 중시	/ 7차원 경영, 즉시화	/ 감성화

일반적으로 바람직한 리더십은 효과적 리더십에 더하여 합리적이고 정교한 관리기술을 접목한 것으로 이해할 수 있다.

효과적 리더십(Effective Managerial Leadership)이 발휘되려면 개인적으로 겸손한 품성을 갖추어야 한다. 또한 직업적인 의지가 강해야만 다른 사람을 잘 통솔할 수 있다. 여기에 합리적인 정교한 관리기술이 접목됨으로써 경영의 기초와 기본이 튼튼하고 충실하게 확충되어 비로소 수준 높은 스마트한 시스템적 경영이 가능해진다.

그리고 리더는 주인 의식과 일에 대한 뜨거운 열정을 고취하여 고효율의 자율경영이 이루어지도록 하여, 지속적으로 고성과가 창출되도록 해야 지속 가능 경영이 실현될 수 있는 법이다.

(2) 격변기에 요구되는 리더의 마인드(mind)
1) 경제 우선의 마인드

그렇다면 격변하는 시대 환경과 시대 조류(경제 우선의 조류, 세계화의 조류, 정보화의 조류)에 발맞추어, 리더는 ①경제 우선, ②세계화, ③정보화의 마인드로 무장해야 한다.

소련과 동구 공산권의 몰락에 따른 동서 냉전체제의 붕괴로, 탈이념의 새로운 세계 질서가 형성됨에 따라, 미·소 중심의 군사력 경쟁은 그 의미가 퇴색되었다. 사회적 관심의 초점이 인민의 풍요로움과 삶의 보람 및 깨끗한 환경 등 개인의 쾌적하고 행복한 삶의 추구로 옮기게 된 것이다. 따라서 민생 문제가 최우선 과제로 부각되어, 각국은 경제 실리 위주의 경제 제일주의를 표방하게 된 것이다.

2) 세계화의 마인드

①신소재·신기술(5G 등) 개발로 자기부상열차와 초음속 여객기 및 무인 자동차가 출현하는 등 교통·통신수단의 획기적 발달로 세상은 좁아지고 전파속도가 빨라졌다. 그리하여 모든 것이 삽시간에 전 세계로 확산하는 세계화의 조류가 심화하고 있다. 각종 유행

(Vogue), 패션, 팝송, 히트 상품, 뮤지컬을 비롯하여 심지어는 벤치마킹·BPR(Business Process Reengineering) 다운사이징, 6시그마 등 경영 혁신 기법에 이르기까지, 모든 것이 시차 없이 세계적으로 보편화·일반화되게 되었다.

②그리하여 전 세계가 1일 문화권·유비쿼터스가 실현되고 있다. 이러한 경제활동의 광역화 현상으로 지구촌을 대상으로 경제활동 영역이 확대되고 있으며, 자본과 기술 및 정보를 가진 세계적인 기업들이 경영 시야와 기업 입지의 세계화를 통해 세계 경제가 빠른 속도로 통합되는 세계화 현상이 가속화되고 있다.

3) 정보화의 마인드

①정보 처리 및 통신 기술의 비약적 진보로 정보의 이용가치가 높아지고 사회에 유통되는 정보가 거대한 분량에 이르게 된다. 그리하여 사회 구조가 일련의 변혁을 일으켜, 경제활동의 중심이 재화의 생산·판매에서 서비스, 정보, 지식의 생산·활용으로 이행되는 정보화 사회가 전개·심화되고 있다. 정보 능력이 공업화 사회에서의 철이나 석탄 및 석유 등 에너지 이상의 중요한 역할을 수행하는 시대가 된 것이다.

②고도 정보화 사회에서는 정보 제공자와 정보 이용자 사이의 대화형 (VOD) 서비스가 일반화되고, 멀티미디어 서비스가 보편화되어, 시간과 공간에 대한 개념이 새롭게 형성된다. 이러한 고도 정보화는 결국 개인의 생활을 편리하게 하고, 기업의 경쟁력, 나아가서는 국가의 경쟁력을 높이는 핵심적인 요소가 되는 것이다.

(3) 기업 경영·관리자의 실천 덕목

격변하는 시대의 경영자와 관리자라면 필수적으로 실천해야 하는 덕목이 있다. ①강한 비전을 제시하고 ②변화와 혁신을 주도하고 ③인재 중시·인간 존중을 실현하는 것이 그것이다. 무엇보다 먼저 이 세 가지를 실천하지 않으면 기업과 본인 자신이 살아남을 수 없다.

첫째, 리더라면 당연히 조직원들에게 강한 비전을 제시해야 한다. 직관력·논리적 분석력이 뒷받침된 가슴 벅찬 강한 비전과 목표를 설득력 있게 설정·제시함으로써, 조직 구성원 전원이 자발적·헌신적으로 비전과 목표 달성에 참여하도록 해야 한다. 그리하여 낙관적 시각과 긍정적 사고로 '할 수 있다'라는 자신감과 믿음을 가지고 실행에 옮겨 강하게 밀어붙일 수 있는 전략성을 지니도록 해야 한다. 훌륭한 비전일수록 긴장감과 조직행위를 유발하는 에너지와 이의 우선순위를 결정하는 기준과 틀을 제시해 주게 된다.

리더 스스로가 강한 비전, 즉 꿈과 희망을 담대하고 확고하게 갖는 것이 매우 중요하다. 절실한 비전·강렬한 신념은 마법의 힘이 있어, 무슨 일이라도 이루어지게 한다. 농부가 이른 봄부터 땀 흘려 농

큰 그늘은 작은 그늘을 덮는다.

세상에서 행복을 얼마나 누리는가를 측정해 보려면, 기쁨보다 괴로움이 얼마나 많은가를 따져봐야 한다. 괴로움의 내용이 작은 것일수록 누리는 행복은 크기 때문이다. 아주 사소한 일 때문에 괴로워하는 것은 지금 행복을 누리고 있다는 뜻이다. 큰 불행이 닥치면 작은 근심 따위는 거들떠볼 경황도 없다. 큰 그늘은 작은 그늘을 덮어 버린다.

청춘

— Samuel Ullman

청춘이란 인생의 어느 기간을 말하는 것이 아니라 마음의 상태를 말한다. 그것은 장밋빛 뺨·앵두 같은 입술·하늘거리는 자태가 아니라, 강인한 의지·풍부한 상상력·불타는 열정을 말한다.

청춘이란 인생의 깊은 샘물에서 오는 신선한 정신, 유약함을 물리치는 용기, 안이를 뿌리치는 모험심을 의미한다.

때로는 20세의 청년보다 60세가 된 사람에게 청춘이 있다. 나이를 먹는다고 해서 우리가 늙는 것은 아니다. 이상을 잃어버릴 때 비로소 늙는 것이다. 세월은 우리의 주름살을 늘게 하지만, 열정을 가진 마음을 시들게 하지는 못한다. 고뇌·공포·실망 때문에 기력이 땅으로 들어갈 때, 비로소 마음이 시들어 버리는 것이다.

60세이든 16세이든 모든 사람의 가슴 속에는 경이로움에 끌리는 마음, 젖먹이와 같은 미지에 대한 끝없는 탐구심, 삶에서 환희를 얻고자 하는 열망이 있는 법이다. 그대와 나의 가슴 속에는 남에게 잘 보이지 않는 그 무엇이 간직되어 있다.

아름다움·희망·희열·용기·영원의 세계에서 오는 힘. 이 모든 것을 갖고 있는 한, 언제까지나 그대는 젊음을 유지할 것이다.

영감이 끊어져 정신이 냉소하는 눈에 파묻히고 비탄이란 얼음에 갇힌 사람은 비록 나이가 26세라 할지라도 이미 늙은 이와 다름없다.

그러나 머리를 더 높여 희망이란 파도를 탈 수 있는 한, 그대는 80세일지라도 영원한 청춘의 소유자일 것이다.

사짓는 노고가 있으면 가을에 풍성하게 수확할 수 있듯이, 젊었을 때 꿈과 희망을 품고 어려움을 견뎌내면, 나이 들어 반드시 즐거움이 있게 마련이다.

고난과 시련, 즐거움과 환희가 조화를 이루는 인생은 7가지 색을 수놓은 무지개에 비유되듯, 인생의 굴곡을 이겨내고 열심히 노력하면, 마치 무지개가 뜨듯 꿈과 희망은 반드시 실현된다. 별을 보려면 어둠이 꼭 필요하다. 기회는 준비하는 자의 것이다.

꿈은 꿈을 꾸는 자의 것이며, 내가 꿈을 이루면 나는 다시 누군가의 꿈이 된다. 새우잠을 자더라도, 고래 꿈을 꾸어야 한다. 후회가 꿈을 대신하는 순간부터 사람은 늙기 시작한다. 크게 성공한 사람은 '꿈과 희망' 즉 비전이 강렬하고 담대(audacious)했던 사람들이다.

마틴 루터 킹 목사는 "I have a dream!"이라고 외치며, 흑백이 나란히 앉아 서로 존중하며, 하나의 위대한 사회를 창조해 나가는 담대(audacious)한 꿈을 꾸며 마침내 불가능해 보였던 그 꿈을 실현해 냈다.

꿈을 꾸지 않는 한, 꿈은 실현되지 않는다. 무언가 되기 위해서는, 반드시 무언가를 해야만 한다. 삶은 상상의 소산이 아니라, 행동의 소산이기 때문이다. 노아의 방주에 나오는 무지개도 다시 시작하는 세상에 대한 신(神)의 약속이었다.

제갈량의 《계자서(誡子書)》에는 '담박영정(淡泊寧靜)*'이라는 말이 나온다. '마음이 담박하지 않으면 뜻을 밝힐 수 없고, 마음이 안정되어 있지 않으면 원대한 이상을 이룰 수 없다.'는 뜻이다. 아무리 시련을 겪더라도 고난을 벗 삼고 진실을 등대 삼아 나아간다면 결국 절망도 스스로를 단련시킨다는 것을 강조한 말이다.

스티브 잡스는 용기와 자존감을 갖고 자신 있게 말했다.

* 담박 영정(淡泊寧靜) [제갈량(諸葛亮)의 계자서 (誡子書)]

'마음이 담박하지 않으면 뜻을 밝힐 수 없고, 마음이 안정되어 있지 않으면 원대한 이상을 이룰 수 없다.' '아무리 시련을 겪더라도, 고난을 벗 삼고 진실을 등대 삼아 나아간다면, 결국 절망도 나를 단련시킨다.'라는 것을 강조한 말이다.

"팀이 어떤 모습을 보일 수 있는지, 더욱 공격적인 비전을 제시함으로써 팀을 밀어붙이고, 그들을 더 나아지게 만드는 것이 내 몫이다. 사회를 바꾸어 놓을 정도로 훌륭한 제품을 만드는 과정은 제품 개발로 시작되지 않고, 비전에서 시작된다. 우리는 단순히 획기적인 컴퓨터를 개발하고 있는 것이 아니라, 미래 세계를 위한 초석을 다지고 있다."

절실한 꿈과 희망, 뚜렷한 소신과 의지를 갖고 고난과 시련을 이겨내고 열심히 노력하면 꿈은 반드시 성취되기 마련이다. 옛말에도 '인무원려 필유근우(人無遠慮 必有近憂)'라고 하여 멀고 깊은 생각이 없으면, 반드시 가까이 근심이 있게 된다고 했다.

하버드대학에 입학한 한국인 학생 중 40% 이상이 학업을 중도 포기하거나 낙제한다는 하버드대학 교육위원회에서 조사 보고한 것도 많은 것을 시사한다. 학업 중도 포기하는 학생들에게는 인생의 큰 그림이나 밑그림이 애당초 없었기 때문이다. 한국계 학생의 대다수는 눈앞에 주어진 목표를 향한 단거리 경주에만 익숙해지도록 훈련되어 있어서, 명문 하버드대학 입학이라는 분명하고 확실한 목표가 있을 때는 열심히 공부하여 대학에 합격한다. 그러나 스스로 계획을 세우고 꾸준히 전진하는 장거리 경주에는 전혀 준비되어 있지 않은 탓에, 대학 입학 순간부터 삶의 의미·목적·방향성을 상실한다. 힘들고 어려운 공부를 지속해야 할 동기를 찾지 못해, 결국 학업 중도 포기라는 납득하기 힘든 결정을 내린다는 것이다.

어렵게 들어간 직장에서 얼마 견디지 못하고 그만두는 신입사원의 예나, 몇 달 살지도 않고 배우자와 잘 맞지 않는다고 이혼하는 신혼부부를 보면, 인생을 조금 더 길게, 조금 더 멀리, 조금 더 넓게 바라보면 해결할 수 있는 문제를 순간에 집착해, 딛고 넘어서야 하는 작은 불편과 불이익을 이겨내지 못하고 그르치는 경우가 대부분임을 알 수 있다.

인생의 큰 그림(강한 비전 / 꿈과 희망 / Grand Design)을 가진 사람은 어떤 상황에서도 흔들리지 않고, 인내하고 고난과 시련을 이겨내며, 자신의 꿈을 이뤄낸다. 신(神)은 언제나 가장 좋은 선물을 고난과 시련과 고통의 보자기에 싸서 보낸다고 한다.

"행동하겠다! 인내하겠다! 그러면 좌절은 이 두 가지 방법을 통해 타개할 수 있다."라고 괴테는 말했다.

둘째, 변화와 혁신을 주도해야 한다. 기업이나 문명이 쇠퇴하는 가장 큰 원인은 변화에 도전하는 혁신주도자가 없기 때문이라는 점을 깊이 인식해야 한다. 그리하여 급격하게 돌변하는 경영환경 변화에 수동적으로 적응하기보다는 창조적·혁신적(Transformational) 발상으로 스스로 진취적 기상과 창조적 파괴로 기존의 방식을 과감하게 타파하는 규칙개혁자(Rule—Breaker) 역할을 자임해야 한다.

① 변화와 혁신의 어려움

급격하게 변화하는 환경 속에서는 여태까지 긍정적으로 기능하던 것이 어느 날부턴가 갑자기 부정적으로 기능한다. 그래서 아무것도 없는 상태에서 새롭게 시작하는 것보다 변화와 혁신을 추진하는 것이 훨씬 더 어려워진다.

개축이 신축보다 어렵듯 특히 자신의 능력에 자신이 있는 리더들의 자기혁신만큼 어려운 것은 없다. 그러나 이런 자기혁신을 게을리하면서, 시대정신에 맞는 앞서가는 시스템을 구축해 나간다는 것은, 말만 그럴듯할 뿐 현실적으로는 불가능에 가깝다. 그래서 개혁이 어

진정한 리더는
전통적 리더와는 다르다

① 사업과 무관한 배경을 가지고 있을 가능성이 크다.

② 업무적 연관성이 아주 낮을 수 있다.

③ 더 적게 위임하고, 더 많이 직접 해 본다.

④ 사실들을 수집하지만, 과잉 분석하지 않는다.

⑤ 대부분 여러 분야가 통합된 그룹에서 일 해왔다.

⑥ 안전지대 밖에서도 과감하게 의사결정을 내린다.

⑦ 위계질서를 지키며, 위계질서를 중심으로 일한다.

⑧ 사실과 분석 이외에 감성과 감정에도 초점을 맞춘다.

려운 것이다. 흔히들 혁신에 관해 토론하고, 회의하고, 교육하고, 고민하는 것을 혁신하고 있는 것으로 착각하는 경향이 많다.

혁신은 처음부터 조직의 리더가 주체성을 갖고 자신부터 혁신을 솔선수범하면서 자기 존엄성을 꾸준히 지켜 일이관지(一以貫之)할 때 가능한 것이다.

정책의 변화에 대한 조직 구성원의 반응을 보면 구성원의 1/3은 변화에 저항하고, 구성원의 1/3은 변화에 비판적이며, 구성원의 1/3은 변화를 기꺼이 수용한다.

그렇기 때문에 성공적인 변화 관리를 꾀하는 리더라면 변화를 기꺼이 받아들이는 사람들을 강화하고, 변화가 부적합하다고 비판하는 사람들을 교육하고, 변화에 저항하는 사람들을 가차 없이 바꿔야 한다.

② 변화와 혁신의 실천 과제

이제 시대의 흐름에 따라 기업을 경영하는 경영자나 관리자가 바뀌어야 한다는 점은 충분히 알게 되었다. 그렇다면 어떻게 해야 바뀐 환경에 능동적으로 대처하는 사람이 될 수 있을까.

①우수 인재를 전략적으로 확보하고 체계적으로 양성·활용해야 하며, ②탁월한 시스템을 구축하고 지속해서 레벨업(level-up)해나가고, ③자율과 책임의 진취적이고 활기찬 기업문화를 정립하여 실행해야 한다.

①개혁은 원칙을 버리는 것이 아니라, 과거의 질곡에서 벗어나는 것이다. ②성장과 변화는 함부로 하면 생각하기보다 대단히 위험한 것이다. 성장은 변화를 의미하며 변화는 알려진 곳에서 미지의 곳으

로 걸음을 옮기는 위험을 수반한다. 또한 변화는 익숙한 것과 결별하고 생소한 것을 시도하는 모험을 동반하는 것임을 명심해야 한다.

③최대 정지 마찰력이란 정지해 있던 물체가 막 움직이기 시작하는 순간의 마찰력을 말한다. 짐이 가득 실린 수레를 정지된 상태에서 움직이게 하는 데에는 큰 힘이 필요하다. 일단 움직이고 난 후에 쉽게 끌 수 있는 것은 최대 정지 마찰력이 운동 마찰력보다 항상 크기 때문이다. 마찬가지로 변화와 개혁이나 성장과 발전 등을 도모할 때에는 시작 단계에서 특히 유의해야 한다.

③ 변신으로 살아남은 기업들

3M은 광산업에서 출발해 끊임없는 변신·성장으로 정보산업에서 두각을 드러냈고, 노키아는 고무장화 제조업에서 출발해 끊임없는 변화와 혁신으로 정보 통신 분야에서 두각을 나타냈다.

2007년과 2008년 세계 휴대폰 시장 점유율 1위는 노키아였다. 2008년에는 점유율이 거의 40%에 달할 정도로 부동의 1위였다. 현재 글로벌 1위인 삼성전자도 아직 세계시장 점유율 30%를 넘어본 적이 없다. 그런데 지금 노키아는 어떻게 되었는가? 스마트폰이 출시된 지 불과 8년 만에 노키아는 시장에서 완전히 사라졌다. 세계 1등도 생존을 장담하지 못하는 시대다. 전문가들은 노키아가 자만, 오만에 사로잡혀 스마트폰 시장으로 빠르게 이동하는 환경 변화를 제대로 수용하지 못하여 자멸한 것으로 판단하고 있다. 변화가 극심한 시대일수록 이 같은 기업 수명은 더욱 단축될 것으로 예견된다. 개인의 생존도 기업의 생존도 모두 쉽지 않다.

기업 수명이 점점 짧아지는 시대에 장수하는 기업들은 특징이 있다. 변화를 두려워하지 않고 과거에 얽매이지 않으며 계속해서 말을 갈아타는 것이다.

경영 혁신의 의의

1. 경영 혁신의 필요성
①중장기 성장·발전을 위한 경영 체질 강화.
②비전 달성을 위한 경영 전략 실행.
③기존 방법으로 해결되지 않는 경영 현안 타개.
2. 경영 혁신의 방법론
①전략·조직구조·제도·시스템의 변화 (Hard적 변화)
②의식과 행동의 변화 (Soft 적 변화)
3. 경영 혁신의 기대 효과
①지속적 경쟁우위 확보.
②조직의 효과성 (Effectiveness) 증진.

변화와 혁신의 대상 (3P)

1. Product Leadership을 혁신 : 사업 구조 조정·사업 재구축·사업 다각화 등.
2. Process Excellence 를 혁신 : 고객 지향 Value Chain의 최적화·스피드화.
3. People & Culture를 혁신 : 사람·시스템·기업문화 등의 변화 때문에 기본 역량을 혁신.

변화 관리의 8단계

① 위기감 조성
② 주도 세력 구축
③ 비전과 전략 개발
④ 비전 공유
⑤ 조직 활성화
⑥ 단기적 성과 개선
⑦ 변화와 혁신 지속
⑧ 새로운 기업문화 정착

1802년에 창업한 미국의 듀퐁은 무려 219년이 넘은 장수기업이다. 1990년대에 듀퐁은 정유, 화학섬유 기업으로 유명했다. 1992년 기준으로는 이 영역이 매출의 60% 이상이었다. 하지만 지금 듀퐁은 이들 사업을 더 이상 하지 않는다. 지금 듀퐁은 종자와 농업 분야에서 유명한 회사다. 고기능 소재, 농업·영양 사업이 전체 매출액의 70%에 이른다. 듀퐁은 창업 이래 여러 차례 말을 갈아탄 것이다.

독일의 지멘스는 1847년에 창업했다. 시작은 철강 회사였다. 하지만 그 후 원자력, 반도체, 휴대 전화 등으로 크게 성장했다. 1990년대에는 이들 사업이 매출에서 압도적 비중을 차지했는데, 2000년대에 들어서 주력 업종이 또다시 모두 바뀌었다. 산업 솔루션, 에너지, 헬스케어, 도시 인프라를 4대 핵심 사업으로 삼기 시작했는데, 2011년 전체 매출에서 이들 사업 비중이 99퍼센트를 차지했다.

변신을 위한 통찰력은 고객과 사회가 추구하는 가치를 남들보다 한발 앞서 빨리 파악하고 대처하는 것이다. 기업의 창업은 창업주가 하지만, 기업의 존속과 발전은 후대(後代)의 경영자와 시스템이 결정한다.

진정한 변화 리더의 필수 과목

1. 변화 정책에 대한 조직 구성원의 반응을 보면,
① 구성원의 1/3은 변화에 저항하고,
② 구성원의 1/3은 변화에 비판적이며,
③ 구성원의 1/3은 변화를 기꺼이 수용한다.
2. 성공적인 변화 관리를 위한 리더의 필수 과목은
① 변화를 기꺼이 받아들이는 사람들을 강화하고,
② 변화가 부적합하다고 비판하는 사람들을 교육하고,
③ 변화에 저항하는 사람들을 가차 없이 바꿔야 한다.

셋째, 리더라면 당연히 인재 중시, 인간 존중을 실현해야 한다.

①기업에서 무엇보다도 중요한 것은 앞서가는 기술이라는 것은 두말할 필요도 없지만, 궁극적으로는 그 기업을 구성하고 있는 사람이다. 기업은 어디까지나 인간을 위한, 인간에 의한, 인간의 조직이다. 모든 것의 중심은 항상 인간인 것이다.

②성공적인 기업의 미래를 펼치는 데 가장 중요한 요소는 살(買) 수도, 팔(賣) 수도 없는 조직 구성원의 혁신적인 창의와 자유로운 헌신에서 우러나오는 '일에 대한 열정'이다.

그러므로 경영·관리자는 강력한 리더십을 발휘하여 자율경영을 통해 조직 내에 보유하고 있는 인적 자원의 응집력을 최대화할 수 있어야 한다.

　① 인간존중의 중요성
　인간은 이 우주를 인식하고, 우주에 작용하는 자연의 섭리와 순리를 해명하면서, 삼라만상의 본질을 명확히 하여, 이를 잘 활용해 나갈 천명이 주어져 있다. 그러므로 인간은 만물의 영장으로서 만물을 지배하고 활용할 수 있지만 영장의 도리를 밟아 수행해야 할 중대한 책임과 사명도 동시에 짊어지고 있다.

　따라서 인간은 누구라도 만(萬)에 하나 어리석고 하찮은 존재라는 생각이나 견해를 깨끗이 떨쳐 버리고, 너·나 없이 모두가 만물의 영장으로서의 우수한 본질과 위대한 천명이 주어진 고귀한 존재라는 것을 확실하게 인식하고 자각하는 것이 대단히 중요하다.

　그러나 아무리 위대한 인간이라도 개인의 지혜에는 한계가 있기 마련이다. 따라서 지혜가 모여 조화를 이루어야만 시너지 효과를 거두어 최대의 힘을 발휘하고 인류의 발전과 번영을 초래할 수 있게

기업 생존(生存)을 위한 알파(α), 생존 부등식(生存 不等式) [V 〉P 〉C]

① 제품의 가치, V 〉제품의 가격, P
② 제품의 가격, P 〉제품의 코스트, C
③ 기업의 생존 부등식(不等式)은 소비자와 공급자, 모두의 생존을 위한 필요조건을 의미한다.

기업 생존을 위한 오메가(Ω)와, 생존 조건(生存 條件)은 환경 적합성에 더해(plus) 경쟁력 우위를 확보해야 한다.

환경과 경쟁의 구조는 항상 빠른 속도로 격변하고 있으므로, 기업의 최고경영자는 무엇보다도 미래에 대한 통찰력을 지녀야 한다!

신 환경(新環境)에는 신경영이 필요하고, 신 경쟁구조에는 신 경쟁가격이 필요하다. 그리하여, 미래에 대한 통찰력을 가지고 끊임없이 변신·성장하는 기업만이 살아남을 수 있다.

된다. 우리 중 누구도 우리 '모두'만큼 지혜로울 수는 없다. (None of us is as smart as all of us.) 그러므로 인간은 끊임없이 자신의 지혜를 높이면서 중지를 모아야 한다.

② 경영 현장에서 거론되는 인간존중 실행 방안

①선진 자본주의 여러 나라의 경험에 비추어 볼 때 기업이 성장·발전하기 위해서는, 기업을 구성하고 있는 구성원 개개인이 성장·발전해야 한다. 그러므로 진전되는 글로벌 경쟁환경에서 규모적 대응이 가능한 기업은 결국은 인재 경영이므로, 인간존중이 선행 실현돼야 한다.

②인간존중을 실현하는 좀 더 구체적인 길은, 첫째는, 종업원의 자존권(自存權)을 보장하는 것이요, 둘째는, 인재(人材)의 상품 가치를 높이는 것이며, 셋째는, 개인·기업·사회·환경 등 상호 간의 균형발전을 도모하는 그것이라고 할 수 있다.

③구성원의 자발적 노력을 끌어내려는 방법으로는, 첫째, 긴밀한 대화와 시장 가치[시장성 있는 직능, 즉 Skill의 양성] 획득을 지원하는 일이

인(忍)이란 구체적으로 무슨 뜻인가?

인(忍)과 자(慈)는 인술(仁術)의 가장 중요한 구성 요소이다. 여기서 '인(忍)'은 결코 단순한 일반적 의미의 인내가 아니라, 열세에 빠진 사람이 장래의 도약과 발전을 위해 선택하는 하나의 결연한 책략인 것이다.
따라서 이는 평범한 책략이 아니라, 세상 변화의 모든 법칙을 통찰한 후에 마음 깊은 곳에서 우러난 결연한 의지다. 이러한 '인(忍)'은 역경·고난·굴욕에 대한 인내뿐만 아니라, '즐거움에 대한 절제', '부유함에 대한 절제', '권력에 대한 절제', '안일함에 대한 절제', '쾌락에 대한 절제' 등이 포함된다.
총체적으로 '인(忍)'은 일종의 수양(修養)을 토대로 하여, 길(吉)한 것을 지향하고 흉(凶)한 일을 피하기 위한 지모(智謀)이며, 해로운 것과 장애가 되는 것을 제거하는 처세의 지혜이며, 동시에 세상과 시국을 다스리기 위한 지혜이기도 한 것이다.
현명하고 능력 있는 자를 스승으로 모시는 임금은 제왕(帝王) 감이고, 현명하고 능력 있는 자를 친구로 삼는 임금은 패왕(霸王) 감이며, 보배로 노래와 춤을 사고, 지게미로 현명하고 능력 있는 인재를 대하는 것은 나라를 멸망시킬 임금감인 것이다.
실제로 중국의 역대 군주 중에서 현명한 신하를 멀리하고 간신배를 가까이한 자가 태반이며, 심지어 충신을 죽이고 간신을 총애하는 사례도 적지 않았다. 우매한 임금과 폭군이 이토록 많이 나타난 왕조가 어찌 단명하지 않을 수 있었겠는가.

요, 둘째, MBO[목표관리에 의한 경영]에 의한 자율과 책임을 강화하는 일이다. 셋째, 올바른 인사 평가와 직무 간 Skill Level의 통일화에 의해, 공정성과 납득성(納得性)을 높이는 일이며, 넷째, 능력개발 기회를 충분히 제공하는 일이며, 다섯째, 퇴직자에 대한 최소한의 예우를 배려하는 일이라고 할 수 있다.

④구성원의 자기주장을 부각(浮刻)하는 인사 전략으로는, 자존권의 기반이 되는 임금 관리를 개혁해야 한다. 개인의 상품 가치를 증대시키는 기술·기능 측면의 현장 교육 강화를 통해 전문가를 양성하도록 해야 한다. 또한 인재양성을 위해 기업·사회·환경 등의 우리 모두를 생각하는 도덕성·인간미 교육도 실시해야 한다.

⑤경영자는 특히 다음과 같은 사항에 유의해야 한다.

기업을 경영하는 데 있어서 경영자의 직무는 근로자를 조정하는 것이 아니라, 높은 성과를 이룩하기 위한 환경을 조성하고 동기를 부여하는 것이다. 따라서 종업원이 회사 조직을 통해 본인의 욕구를 충족함과 더불어 생활의 안정과 삶의 보람을 추구할 수 있도록 해야 한다.

경영자는 또한 기업 조직이 인간을 지배하고 좌절감·긴장·갈등·스트레스와 같은 심리적 압박을 주는 부정적인 시각을 낳을 수 있음을 인식해야 한다. 그러므로 타인으로부터의 존경과 인정을 받고 싶어 하는 존경의 욕구(Needs of Esteem)를 기업 내에서 실현할 수 있도록 하는 것 등이 중요하다.

이러한 사항들을 실현하기 위한 구체적인 방향을 예시하면, 개인차를 인정하고 자존심, 능력, 지식, 자기 존중, 독립심 등의 욕구를 충족할 수 있도록 도와야 한다. 직원들에게 자율성을 부여하는 동시에 공헌에 대해서는 충분한 보상이 이뤄져야 한다. 또한 직무의 설계도 적절하게 이루어지도록 신경을 써야 한다.

③ 마쓰시타(松下幸之助)의 용인(用人) 사례

마쓰시타가 경영자로서 어떤 인식을 가지고 있었는지는 다음과 같은 말에서도 엿볼 수 있다.

"경영자가 부하 직원의 말에 귀를 기울이면, 직원들은 일하고자 하는 의욕이 생긴다. 그리고 직원들은 스스로 공부하고 새로운 정보를 가져온다. 직원들에게 자주 질문도 하고, 관심을 보여라. 마음을 열고 인간적인 관계를 맺는 경영자가 존경을 받는다."

그는 가끔 밤 1시경 부하의 집으로 전화를 건다고 한다.

"아! XX군(君)인가? 날세. 밤늦게 전화 걸어서 미안하네. 하지만 자네의 목소리를 듣고 싶었네. 자네 목소리를 들으면 기운이 나는 걸 어떡하나?" 상사가 이런 태도를 보이는데 그에게 등을 돌릴 수 있는 사람이 있겠는가.

마쓰시타는 어려서부터 허약하여 항상 건강에 유의했으며, 겨울철에도 꾸준히 냉수마찰을 해서 95세까지 장수했다. 가난으로 초등학교 4학년 때 중퇴했고, 학력이 모자란다는 생각에 늘 배움에 겸손하고, 다른 사람으로부터 배우는 데 힘썼다. 11살에 조실부모하고 가난에 찌들었기 때문에 세상의 쓴맛을 일찍 맛보고, 철이 일찍 들었다. 그러나 부지런히 일한 덕에 사업가로 대성하여, 마쓰시타 전기(松下電器)의 창업주 회장이 되었다.

④ IDE(Individual Dignity Entitlement)

모토로라에서는 구성원 간에 인격적으로 대하고 존중해야 남들보다 뛰어날 수 있다는 전제하에 IDE라는 제도를 시행했다.

IDE란 '개인 존엄성의 존중'을 의미하며, 이는 바로 구성원 개개인의 업무에 대한 존중과 존엄성을 높이는 동시에, 개개인의 이익과 조직의 장기적인 발전을 일체화시키기 위한 것이었다.

LG 전자는 2004년부터 '종업원 가치제안(EVP)' 구축에 나섰다. 종전의 '사랑과 인화(人和)'라는 이미지 대신, '성장의 기회', '도전 정신', '성과에 대한 보상'이라는 새로운 가치를 직원과 구직자에게 홍보했다.

두산 그룹도 '변화가 살아 있는 기업'과 '일할 가치가 있는 기업'이라는 EVP(종업원 가치제안)를 구축하고 사내외에 홍보했다. 그룹 인사 기획 팀장은 "긍정적인 고용 브랜드가 형성돼, 신입사원의 조기 퇴사가 줄고, 우수 인재들의 지원도 늘었다"라고 했다.

⑤ '인간존중'의 실현 방안에 유의할 점

인간존중 경영은 대단히 중요한 개념이며 앞으로도 영원히 존중되어야 한다. 그런데 인간존중 경영을 표방하며 제대로 잘 수행해 온 것으로 유명한 선진 대기업들이 왜 줄줄이 쉽게 도태되거나 쇠락해 버리는 것일까?

'인간존중'이라는 어휘의 개념상에 착오가 있었던 것은 아닐지 의심해 볼 필요가 있다. 또는 경영의 우선순위를 결정하는 데 실행 순위상에 착오가 있었던 것은 아닐까? '인간존중'을 외부로 표방하면서 경영 핵심과 본질에서 순위를 뒤로 돌리는 본말전도의 착오를 범한 것일지도 모른다.

⑥ 필자는 경영 현장에서 인간존중을 실효성 있게 시스템적 사고로 실현할 수 있는 정교하고 구체적인 방안으로 신 5상(新五常)*을 제안하고자 한다. 기업을 둘러싼 인간군(群)을 빠짐없이 살펴보면, 크게 나누어 ①근로자, ②주주, ③경영자, ④고객, ⑤사회 전체의 주민(住民)으로 볼 수 있다. 이들 모두를 균형적으로 존중해야만 진정한 인

인·의·예·지

오상(五常)의 출처라고 볼 수 있는 중용(中庸) 제31장 지성(至聖) 편에 나오는 인(仁)·의(義)·예(禮)·지(智)의 개념을 살펴보면,

인(仁) : 관유 온유(寬裕 溫柔)로, 족이유용야(足以 有容也)요. 관대하고 너그럽고 따스하고 부드럽게 포용함으로써 얻게 되는 덕(德)

의(義) : 발강강의(發强剛毅)로, 족이 유집야(足以 有執也)요. 강하고 굳세게 자기 주체를 확립함으로써 얻게 되는 덕(德)

예(禮) : 제장 중정(齊莊 中正)으로, 족이 유경야(足以 有敬也)요. 단정하고 바른 몸가짐으로 항상 경건한 자세를 가짐으로써 얻게 되는 덕(德)

지(智) : 문리 밀찰(文理 密察)로, 족이 유별야(足以 有別也)라. 조리 있고 세밀하게 만물의 이치를 따져 옳고 그름을 판별함으로써 얻게 되는 덕(德).

간존중 경영을 한다고 말할 수 있을 것이다.

①근로자 존중 경영이란 공정한 평가·보상·GWP 등을 통해 종업원의 가치를 극대화하여 인애(仁愛)를 실현하는 것이다.

②주주 존중 경영이란, 재무 가치, 브랜드 가치를 끌어올려 주주의 가치를 극대화하는 것이다. 이것은 의리를 실현하는 것이 된다.

③경영자 존중 경영이란, 소유와 경영 분리 및 전문경영인을 예우하여 경영권을 극대화하는 것이며 예의를 실현하는 것이다.

④고객 존중 경영이란 고객 만족, 공정거래 등을 통해 고객 가치를 극대화하는 것이며 이것은 지혜를 실현하는 것이 된다.

⑤한편 사회 전체의 주민 존중 경영이란, 환경 친화, 사회봉사 등을 통해 공익 가치를 극대화하여 신뢰를 실현하는 것이다.

오상(五常)이란 우리나라에서 전통적으로 전해 내려오는, 인간으로서 가족 간에 마땅히 지켜야 할 5가지 도리를 이르는 것이다. ①아버지는 의리로, ②어머니는 자애로, ③형은 우애로, ④아우는 공경으로, ⑤자식은 효도로써 대해야 하는 도리를 오상(五常)이라고 한다.

현대적 의미의 *신오상(新五常)이란,

자본주의 자유시장 경제원리의 핵심주체인 기업 단위를 둘러싼 모든 인간이 구성원 상호 간에 너나없이 보편적으로 당연히 지켜야 할 5가지 도리를 말한다.

①종업원에게는 인애로써,

②주주에게는 의리로써,

③경영자에게는 예의로써,

④고객에게는 지혜로써,

⑤사회 전체의 주민에게는 신뢰로써 진정으로 존중해야 할 도리,

즉, 각자가 ①종업원 가치, ②주주 가치, ③경영권 가치, ④고객 가치, ⑤공익 가치를 균형적으로 조화롭게 실현하는 일일 것이다.

One man with courage is a majority. -Andrew Jackson-
용기 있는 한 사람이 바로 다중이다.

If you judge people, you have no time to love them. -Mother Teresa-
다른 사람을 심판한다면, 그들을 사랑할 시간이 없다.

When you judge others, you are revealing your own fears and prejudices. -Dad
남을 심판할 때, 자신의 두려움과 편견을 폭로하고 있는 것이다.

A group of two hundred executives were asked what makes a person successful. Eighty percent listed enthusiasm as the most important quality. - Unknown
200명의 임원 그룹이 무엇이 사람을 성공적으로 만드는가에 대한 질문을 받았다. 80%가 열정이 가장 중요한 품질이라고 꼽았다.

Excellence is never an accident. -Dad
우월한 것은 결코 우연한 것이 아니다.

It's a funny thing about life ; if you refuse to accept anything but the best, you very often get it. -Somerset Maugham-
삶에 있어 재미있는 것은, 최상의 것이 아니라고 안 받아들이면, 자주 그걸 손에 넣을 수 있다는 것이다.

Well done is better than well said. -Ben Franklin-
제대로 실천한 것은 말 잘한 것보다 훨씬 낫다.

It's not how far you fall, but how high you bounce. -Dad
문제는 '얼마나 멀리 떨어지느냐' 가 아닌, '얼마나 높이 다시 튀어 오르느냐' 이다.

Some goals are so worthy, it's glorious even to fail. -Unknown
목표가 상당히 가치 있으면, 심지어는 실패하더라도 영광스러운 것.

If your life is free of failures, you're not taking enough risks. -Dad
실패가 없는 삶은 위험부담이 전혀 없음을 뜻한다.

Don't judge those who try and fail. Judge only those who fail to try. -Dad
시도해 보고 실패한 사람을 심판하지 말고, 시도하는 걸 실패한 사람만 심판하라.

Do not use a hatchet to remove a fly from your friend's forehead. -Chinese Proverb-
친구 이마에 있는 파리를 제거하기 위해 파리채를 사용하지는 말아라.

A friend is a gift you give yourself. -Robert Louis Stevenson-
친구란 자신에 주는 선물이다.

Happiness is not an absence of problems; but the ability to deal with them.
행복이란 문제가 없는 것이 아니라, 문제를 풀어가는 능력이다. -Dad

Prefer a loss to a dishonest gain ; the one brings pain at the moment, the other for all time. -Chilton
부정직한 이익보다는 손실을 택해라. 손실은 순간적으로 고통을 주지만 부정직한 이익은 오래도록 고통을 준다.

Dishonesty is like a boomerang. About the time you think all is well, it hits you in the back of the head. . -Dad
부정직은 부메랑과 같다. 모든 게 잘된다고 생각하고 있을 때 너의 뒤통수를 갈긴다

No legacy is so rich as honesty. -William Shakespeare
어떤 유산도 정직만큼 풍요롭지 못하다.

When you tell the truth, you never have to worry about your lousy memory.
네가 진실을 말할 때, 너의 불쾌한 기억을 절대 걱정할 필요가 없다. -Dad

Honesty is the first chapter in the book of wisdom. -Thomas Jefferson
정직은 지혜를 담은 책의 제1장이다.

Man's mind once stretched by a new idea, never regains its original dimension. -Oliver Wendell Holmes
참신한 아이디어로 한번 신장된 마음은 본래의 규격(모습)으로 되돌아오지 않는다.

By all means marry ; if you get a good wife, you'll become happy; if you get a bad one, you'll become a philosopher. -Socrates
반드시 결혼하도록 해라. 착한 부인을 만나면 행복해질 것이요, 못된 부인을 만나면 철학자가 될 테니까.

If you're looking for a big opportunity, seek out a big problem. -Dad
큰 기회를 찾고 있다면, 큰 문제를 찾아라.

A wise man will make more opportunities than he finds. -Francis Bacon
현명한 사람은 자기가 발견한 기회보다 더 많은 기회를 만들어 낼 것이다.

In the middle of difficulty lies opportunity. - Albert Einstein
어려움의 한 가운데 기회가 있다

Never, never, never , never give up. -Winston Churchill
절대! 절대! 절대,! 절대 포기하지 마라

The display of status symbols is usually a result of low self-esteem. The self-confident person can afford to project a modest image. -Dad
신분의 상징을 과시하는 것은 일반적으로 자긍심이 적은 결과다. 자신감이 넘치는 사람은 겸손한 이미지를 투사할 수 있는 여유가 있다.

No one can make you feel inferior without your consent.   E. Roosevelt
아무도 당신의 동의 없이는 당신이 열등감을 느끼도록 할 수는 없다.

Not in time, place, or circumstance, but in the man lies success.
성공은 때와 장소와 상황에 달린 것이 아니라, 사람에 달렸다. -Charles Rouce

There are two times in a man's life when he should not speculate :
when he can't afford it, and when he can. -Mark Twain
남자의 일생에는 투기하지 말아야 할 때가 두 번 있다.
투기할 수 있는 여유가 없을 때와 투기할 수 있는 여유가 있을 때 두 번이다.

시스템적 사고

① 우리 기업의 현상과 과제

1. 우리 기업의 현상과 과제

①1970년대의 의욕적인 정부 주도 경제개발 계획의 수립 및 집행에 발맞추어 산업계에서도 그간 밤낮을 가리지 않는 열성적인 경영혁신과 경쟁력 강화로, 전례 없는 높은 성과를 창출해 왔다.

②이제는 '이만하면 됐다'라는 안일한 생각에 젖지 않고, 격변하는 시대조류에 대응하는 끊임없는 경영혁신과 경쟁력 강화로 고성과를 창출해 나가야 한다. 그뿐만 아니라 한발 앞선 변신·성장으로 경영을 한 차원 높게 지속적으로 진화·발전시켜 나가야 한다. 그래서 국민경제 차원은 두말할 필요도 없지만, 개별기업 차원에서도 ①기업이 망하지 않고 지속 가능 경영(Sustainability)을 실현하는 일과 ②조직 구성원의 최고 복지를 실현하는 일이 풀어야 할 과제다.

③결론부터 먼저 말하면, '시스템적 사고(STM)에 의한 고효율의 자율경영'(이하 시스템적 경영이라 함)을 실현하는 길이 유일무이한 해법이다. 이를 통해 경영의 자율성을 높임과 동시에 강한 주인 의식과 일에 대한 뜨거운 열정을 고취함으로써, 구성원의 성취동기를 진작시키고 가슴 설레는 야심 찬 비전을 제시해야 한다.

그리하여 전원 참여·고효율·자율경영을 실현해야 한다. 일상적인 일은 시스템과 실무진에 맡기고, 경영층은 미래지향적인 전략 경영과 예외 관리에 경영력을 집중하도록 해야 한다. 그리하여 지속해서 고성과를 창출하도록 해야 한다.

2. 최고 복지의 개념과 조건

①회사가 수익성·성장성·신뢰성이 떨어져 쓰러지게 되면 종업원이 직장을 잃게 되어, 복지건 무엇이건 간에 아무 소용이 없게 된다.

회사에서 말하는 최고의 복지는 구성원 모두가 급여를 받아 생계를 제대로 유지할 수 있고, 재미있고 활기차게 일할 수 있고, 회사와 더불어 구성원 개개인도 함께 성장·발전할 수 있다는 가슴 벅찬 비전이 조직과 구성원 모두에게 있도록 하는 것이다.

②따라서 최고 수준의 복지를 이루기 위해서는 구성원 전원이 참여하는 시스템적 경영을 실현하여 강한 주인 의식과 일에 대한 뜨거운 열정으로 고효율의 자율 경영을 실현하는 길 이외에는 별달리 방법이 없다. 그리하여 지속해서 고성과가 창출되도록 함으로써 회사가 초일류기업으로 성장·발전하는 것, 그것이 소위 회사에서 말하는 최고 복지 실현의 필요조건이며 충분조건, 즉 필요충분조건인 것이다.

3. EVP의 개념·의의·유형

(1) EVP의 개념

기업에서 인재를 확보·양성·유지·활용하려는 노력을 위한 체계적인 개념이 종업원 가치 제안(EVP / Employee Value Proposition)이라고 할 수 있다. 종업원 가치란 종업원이 느끼는 직무 만족감부터 보상·직무 환경·브랜드 가치 등 모든 것을 포함하는 개념이다. EVP는 종업원의 직무와 관련된 모든 기대를 조직이 그들에게 어떻게 충족시켜 줄 수 있는가를 설명하는 개념이라 할 수 있다.

(2) EVP의 의의

1) 종업원의 만족이 고객 만족을 위한 선결 과제다. 경영환경 변화에 대한 기업의 반응은 더 나은 고객서비스를 통해 고객 만족을 극대화하려는 것이다. 이를 위해 기업 가치 증대의 핵심인 조직에 헌신하는 종업원의 만족이 먼저 이루어져야 한다는 인식하에, 회사에 필요한 우수 인재에게 파트너십을 제안하는 등 새로운 인사 정책과 전략 및 대응 조치가 불가피하다.

2) EVP는 인재와 파트너십을 구축하려는 조치의 일환이다. EVP는 노동 시장에서 회사가 현재 및 미래의 종업원을 대상으로 제공하는 가치의 차별점을 의미한다. 회사가 인재를 유인하고 유지하기 위해 제공하는 모든 가치의 집합으로 정의할 수 있다.

기업은 치열하게 전개되는 인재 전쟁에서 확실하게 우위를 확보하기 위해, 인재가 경험하고 싶어 하고 받고 싶어 하는, 시장에서 차별화될 수 있는 분명한 종업원 가치를 제공해야 한다.

(3) EVP의 유형

종업원에게 제공할 수 있는 가치요인은 크게 ①금전적 보상가치, ②비금전적 보상가치, ③포괄적 보상가치의 3가지 유형으로 나누어 볼 수 있다.

EVP의 개념도

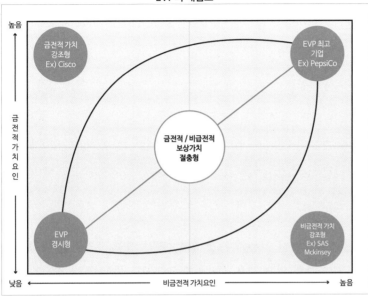

금전적 가치요인 높음 ← → 낮음

금전적 가치 강조형
Ex) Cisco

EVP 최고
기업
Ex) PepsiCo

금전적 / 비급전적
보상가치
절충형

EVP
경시형

비금전적 가치
강조형
Ex) SAS
Mckinsey

비금전적 가치요인 낮음 ← → 높음

생활의지혜, 성공은 당신이 아는 사람을 통해 찾아온다

· 교만은 많은 지식을 무용지물로 만들고, 겸손은 적은 지식으로도 풍요롭게 한다.
· 많은 지식보다는 겸손이 낫고, 겸손한 침묵보다는 행동이 낫다.
· 쉬운 것을 어렵게 말하는 것은 교만의 사치요, 어려운 것을 쉽게 말하는 것은 겸손의 저축이다.
· 오만한 마음에는 더 이상 채울 것이 없으나, 은 늘 비어 있어서 채울 준비가 되어 있다.
· 오만의 그릇은 쏟아 보면 나올 것이 없으나, 은 빈 그릇에서도 지략이 넘쳐 쏟아 진다.
· 성공은 당신이 아는 지식 덕분이 아니라, 당신이 아는 사람들과 그들에게 비춰지는 당신의 이미지를 통해 찾아온다.
· 실력배양 없이 네트워킹에만 힘을 쏟는 것도 문제지만, 능력은 갖추고 있으면서, 네트워킹을 소홀히 하는 것, 이 또한 바람직한 일은 아니다.
· 스스로 능력을 키워가는 동시에 상대를 도와서 나를 이롭게 하는 것, 그것이 바로 네트워킹의 지혜이며, 상생의 원리다.

② 성공한 조직의 성공 비결

1. IBM

IBM은 ①완전 고용, ②노조 없는 기업 경영, ③철저한 경영계획, ④최고 수준의 인재 채용, ⑤탁월한 교육제도 등을 통해 개인을 존중하는(Respect for the individual) 회사로 정평이 나 있다. 또한 ①업무 목표(Stretched Goal)를 높게 설정하고, ②경쟁력 있는 급여를 지급함으로써 능력주의 인사 (Merit Pay, Merit Promotion) 정책을 시행하고 있다. ①사람을 알아주는 활동(Recognition), ②문호를 개방하는 정책(Open Door Polic)을 통해 종업원의 보호와 복지(Umbrella / Protection)에 최선을 다한다.

①종업원을 대상으로 각종 의견조사를 실시하기도 하고, ②Skip Level Interview(직속 상사를 한 단계 뛰어넘는 면담), 의견 발표(Speak up) 프로그램을 통해 커뮤니케이션을 활성화하는 일에도 힘을 쏟는다.

①또한 3대 관리 방침을 정해서 실천하며, ②최선의 서비스를 추구하는 것을 목표로 삼고, ③고객 계획 회의를 개최하고, ④산업별 마케팅 전담반을 꾸리거나, ⑤업계대표와의 협의회를 개최하며, ⑥최고 경영책임자 연구회 등을 운영하며 마케팅 지향적 경영을 하고 있다.

2. 스미토모(住友)

일본의 스미토모(住友)는 ①신용과 확실을 중시하여 공고융성(鞏固隆盛)을 기하며, ②시세 변천에 따라 이해득실을 헤아리고 부리(附利)를 좇지 않는 것으로 유명하다. 그래서 견실을 근간으로 하는 스미토모(住友) 정신이 탄생하게 되었다. 스미토모는 우수 경영인의 양성과 책임경영을 위한 인재 육성에 드는 시간과 돈을 아까워하지 않는다.

게다가 오늘의 승자가 반드시 내일의 승자일 수는 없다는 사고방식과 이제 됐다고 생각하는 순간 기업의 쇠망은 시작된다는 긴장감을 늘 유지하면서 끊임없는 기업변신을 추구하며, 그룹 관계사 사장단으로 구성된 백수회(白水會)를 중심으로 한 강한 결속(結束) 경영을 유지해 오고 있다.

①휴먼 파워, ②선수(先手) 필승의 도전 정신, ③치밀성과 견실성, ④고도의 수익성이 스미토모(住友)의 공통적 강점으로 꼽힌다.

3. 3M

3M에는 25% 룰이 있다. 매출의 25%는 최근 5년 이내 개발된 신제품으로 한다는 원칙이다. 직원들에게 시도할 기회를 부여하면서도 목표 달성을 위한 방법론은 각자의 재량에 맡김으로써 창조적인 조직 풍토를 만들어 왔다.

새로운 사업 창출을 지원하는 제네시스 프로그램을 운영하고, 혁신 저해요인 제거 및 혁신 방법을 권고하는 기술 혁신 태스크포스를 운영하는 등, 창조 혁신을 지원하는 프로그램을 많이 운영하고 있다. 뿐만 아니라 사업부제의 편제 기준을 매출액 이익률 25%, 자기자본 이익률 25%, 매출액 성장률 15%를 기준으로 하는 사업부제를 채택하고, 중앙 연구소·부문 연구소·사업부 연구소 등의 연구 조직을 운영하여 혁신지원 조직체계 및 정보교환을 게을리하지 않고 있다. 게다가 월별 기술포럼·연도별 기술 전시회 등을 열어 정보교환에도 힘쓰고 있다.

도전적·객관적·협력적 작업환경 조성으로 개인의 존엄과 가치 및 권리를 존중하고, 상호 존중의 환경 속에서 진취적 정신을 북돋우어 모험을 강행하고 기술 혁신을 이뤄내는 분위기를 북돋워 인적 자원을 소중히 하는 사풍을 유지하고 있는 것이다.

4. 기타 미국과 일본의 성공기업 벤치마킹

그밖에도 GE, HP, Schlumberger, AMOCO, TI, Coming Glass, DuPont 등 미국의 일류기업들을 비롯해,

노무라(野村) 증권, TEI(Toyo Engineering), 지요다(千代田) 엔지니어링, 가지마(鹿島) 건설, 다이세이(大成) 건설, 왕자제지, Toshiba, 미쓰비시(三菱) 중공업, 고마쓰(小松) 제작소, NEC, Kyocera, TORAY, Asahi Glass, 미쓰이(三井) 석유, 아지노모토, 세이코, C. ITOH, 마루베니(丸紅), 일본생명, 도쿄(東京) 해상, 미쓰코시(三越) 백화점, 세이부(西武) 백화점, Okura 호텔, Recruit 등 일본의 일류기업들도 나름대로 특색 있는 경영 기법으로 사세를 확장시키고 있다.

5. 유럽 장수 명품기업의 상도(商道)

유럽에는 100년이 넘는 장수 명품기업들이 즐비하다. 네덜란드에는 500개, 스위스에는 550개, 독일에는 887개나 있다.

그뿐만 아니라 일본에도 100년 이상의 역사를 가진 가게가 27,000개가 넘는다고 한다. 이런 가게들이 세계 1위 기업을 500개 이상 탄생시킨 일본의 저력이 되고 있다.

이처럼 100년 이상의 역사를 지닌 장수·명품기업은 하루아침에 만들어진 것이 아니다. 이들은 오랜 전통과 끊임없는 변화와 혁신 및 자기반성과 일에 대한 뜨거운 열정으로 장수·명품기업으로 발전하고 존속할 수 있었다. 그리고 중국의 상인과 기업가들조차도 지금까지는 돈을 버는 일에만 주력해 왔지만, 이제는 돈보다 더 근본적이고 중요한 상도(商道)와 기업가 정신에 눈을 뜨기 시작했다.

바야흐로 21세기는 명품기업만이 살아남는 시대라고 할 수 있다. 따라서 이제는 사람도 기업도 명품이 되어야 한다.

천 년을 이어 온 유럽 내 최고의 혁신 국가인 스위스 기업들의 상도(商道)는 강인한 민족성과 도전 정신, 변화와 혁신, 틈새시장 공략, 독보적 제품개발에서 답을 찾는다. 그들은 'Innovate or die!'라고 외치면서, '평범한 물건이 비범해지는 것은 상상력 때문이다.', '순간의 이익을 위해 미래를 팔지는 않는다.'라면서, 오랜 전통으로 계승시켜야 할 핵심 가치는 반드시 계승·발전시키고, 그 외 모든 것은 끊임없이 새롭게 변화와 혁신을 거듭해 오고 있다.

6. 해외 초일류기업 벤치마킹의 교훈

①초일류기업은 조직 내 모든 계층의 구성원이 회사에 혹사당한다고 할 정도로 열심히 일한다. ②그런데도, 구성원 모두가 하나같이 혹사당한다고 생각하지 않고, 오히려 초일류기업에 다니고 있고, 높은 성과를 창출하는 회사 구성원의 일원이라는 사실에 긍지와 자부심을 느끼며, 또한 가족들도 이를 자랑스럽게 생각하고 있다.

이들 해외 초일류기업의 성공 비결은
①확실한 경영이념의 강력한 실천과 계승으로 결속되어 있다.
②게다가 최고경영자의 탁월한 리더십과 책임경영 풍토가 조성되어 있다.

③인간존중의 사풍, 긍지와 자부심을 느끼고 신바람 나게 일할 수 있는 활기찬 사풍이 조성되어 있다.

④더구나 우수인력 확보 및 핵심인력 양성을 위한 정교한 시스템이 구비되어 있다.

⑤지속적으로 한발 앞선 기업변신을 이뤄내고 있다.

⑥마케팅 지향적인 경영을 실행하면서,

⑦일선 관리자(First Line Manager)에 대한 권한과 책임이 잘 위양 되어 있는 것이다.

7. 일이 즐거워지는 기술

직장에서 인정받는 사람들이나 일을 즐기는 사람들은 운이 좋아서 하는 일마다 성과를 거두는 것이 절대 아니다. 그들은 일에 대한 부담감을 관리하며, 그 일이 성공할 수밖에 없도록 만든다.

철저하게 성과목표 중심으로 일을 전개하면, 상사가 자신에게 기대하는 결과물이 무엇인지 분명해지므로 자신이 어떻게 해야 하는

일을 즐기고 좋아하는 법

'노동은 쓴 뿌리와 달콤한 과실을 지니고 있다.'라는 격언처럼 일의 기쁨은 고통 속에서 배어 나오고, 일의 즐거움은 고통을 뛰어넘는 곳에 숨어 있다. 그래서 일을 해서 얻는 기쁨은 더욱 각별하고, 성실하게 일에 몰두하고 고통스럽게 힘든 일을 이겨내고, 무언가를 이루었을 때의 성취감에 비할 즐거움이란 이 세상에 없는 것이다.

일에 열중하여 얻을 수 있는 결실은 성취감만이 아니다. 일은 인간으로서의 기초와 기본을 만들고, 인격을 연마하는 수행의 역할도 한다. 끊임없이 일에 정진하지 않고 달인이나 명인의 경지에 도달한 사람은 없다. 자신의 일을 진정으로 좋아하고 누구에게도 지지 않을 만큼 노력하며, 정성 들여 일에 전념하는 것만으로도 삶의 의미와 가치를 알 수 있고, 동시에 수양하고 인격을 연마하여 인생의 진리를 체득할 수 있다.

아무리 해도 자신의 일을 즐기거나 좋아할 수 없는 사람은 우선 열심히 한결같은 마음으로 좌고우면하지 말고 일에 파고들어야 한다. 그렇게 함으로써 고통 속에서 기쁨을 발견할 수 있다.

좋아하는 것과 몰두하는 것은 동전의 양면과 같아서, 좋아하기 때문에 몰두할 수 있고, 몰두하는 가운데 좋아하게 된다. 그러므로 처음에는 다소 무리가 되더라도 '나는 훌륭한 일을 하고 있다, 축복받는 일을 하고 있다.'라고 되뇌면서 자기최면을 걸어야 한다. 그렇게 하면 일에 대한 시각도 저절로 조금씩 변해가게 되는 법이다.

어떤 일이라도 열심히 몰두하면 성과가 나기 마련이다. 성과가 나면 즐거움과 재미를 느낄 수 있고, 의욕도 커지고 성과가 더욱 나게 마련이다. 이런 선(善)순환 가운데 자신도 모르게 일을 좋아하게 되는 것이다.

지 보이고, 일에 대한 부담감도 떨칠 수 있게 된다.

또 자신이 의도한 대로 원하는 성과를 얻어냈을 때, 일이 즐거워지는 법이다. 일하는 과정을 즐거움으로 채우고 싶다면, 업무 활동과 성과 간의 인과관계를 확보할 수 있도록 일하는 프로세스를 혁신할 필요가 있다. 일을 즐기고 성과를 창출하며, 자신의 역량을 쌓는 방법은 딱 한 가지뿐이다. 바로 일의 주인이 되는 것이다.

(1) 일하기 전에 우선 '성과목표'를 명확히 해야 한다. 하고 싶고 손쉬운 일이 아니라, 소속된 조직의 성과를 창출하기 위해 내가 반드시 선행적으로 해야 하는 일을 정하고, 그 일을 통해 달성하고자 하는 성과목표를 객관적인 형태로 표현하도록 한다. 가능하면 성과목표를 이루는 세부 구성 요소를 구체화하는 '성과목표 조감도'를 작성해 보도록 한다.

(2) 또한 성과목표 달성에 결정적으로 영향을 미치는 타깃과 공략 방법을 결정한다. 성과목표 조감도의 구성 요소 중 통상적 노력으로 달성할 수 있는 '고정 요소'와 통상적 노력으로 달성하기 어려워 방법도 바꾸고 투입해야 할 자원과 역량도 많을 것으로 예상하는 '변동 요소'를 분류해 이에 맞는 맞춤형 액션 플랜을 수립한다.

(3) 3단계 커뮤니케이션으로 실행에 대한 불안감을 없애도록 한다.

일을 요청한 사람이 자신을 찾을 때까지 기다리지 말고, 선제적으로 대안을 제시하며 소통해야 한다. 일을 시작하기 전에 기대하는 결과물의 구체적 내용이나 액션 플랜, 그리고 소요 일정을 수립해 코칭 받고 소통하는 '스타팅 단계', 일을 시작하고 나서 공정률

50% 시점에서 진행 상황을 정리해 보고하는 '중간 진행 단계', 90% 이상 완성된 일을 가지고 리더와 마지막으로 커뮤니케이션하는 '확인 단계'를 통해서, 실무자가 실행에 대해 확신해야 일에 대한 자신감이 붙는 것이다.

시장에서 팔릴 만한 물건을 만들어야 회사가 생존할 수 있듯이, 직장인도 회사가 대가를 지급하고 구매하기를 원하는, 상품성 있는 결과물을 만들어야 한다. 그 과정에서 일을 즐기고 성과를 창출하며, 자신의 역량을 쌓는 방법은 한 가지뿐이다. 바로 일의 주인이 되는 것. 당당하게 일의 주인이 되려면, '성과목표와 전략'을 움켜쥐고 부단히 소통을 통해 주체적·주도적으로 행동해야 한다.

8. 삼성과 현대의 경영 스타일 비교

(1) 관리 스타일 비교

삼성은 주력이 제조업이다. 프로세스, SOP(Standard Of Procedure), 관행을 중시한다. 즉 과정을 중시하는 것이며 조직과 시스템에 의한 관리를 지향한다. ①인재 제일*, ②공정 인사*, ③사람과 시스템*을 중시한다는 의미다.

현대는 주력이 건설업이다. 창의, 모험, 문제 해결을 중시한다. 즉 결과를 중시한다는 것이며 사람에 의한 관리를 지향한다. ①창의적 발상, ②과정보다 결과(업적)를 중시하며, ③현장 책임자 중심으로 일을 진행한다.

(2) 조직문화 스타일 비교

삼성은 분재형이다. 정교하고 치밀하며 깔끔한 데다 신중하고 격식(格式)을 중요시한다. 말하자면 햄릿형이다. 경청, 벤치마킹(先進指

標), 차이 분석, 무한 탐구, 반성을 키워드로 들 수 있다.

현대는 삼림형이다. 실질적이며 검소하고 웅장·호쾌하며 속전속결을 중시한다. 말하자면 돈키호테형이다. 최고·최강, 도전, 창의, 돌파, 성취를 키워드로 들 수 있다.

(3) 리더의 경영 스타일 비교

삼성의 리더는 사역(使役)형이다. 직원들에게 일을 믿고 맡긴다. 문답식으로 문제를 조율하며 리더는 조언을 하는 선에서 그친다. 전략가의 모습을 보이며 교과서적*이다.

현대의 리더는 진두지휘형이다. 해법(解法)을 제시(提示, Solution Provider)하는 기업 영웅의 모습을 보인다. 태생적*이다.

1) 삼성 리더의 스타일

리더의 경영 행동 특성은 ①예민[先見性]하고 ②호기심[探究心]이 많고 ③집념(執念)이 강하다. 섬세하고 완벽주의, 제일주의를 추구한다. 철저하게 *시스템적(的) 사고를 즐겨 한다.

삼성 리더의 경영 스타일은 일을 직접 처리하기보다는, 책임자에게 시키는 사역형(使役形)이다. 사업책임자에게는 ①'요새 뭐 하노?', ②'문제가 뭐꼬?', ③'우얄래?[어떻게 하려는가?]'와 같은 세 가지 대표적인 질문을 던진다. 대체로 직원들에게 믿고 맡기는 스타일이며, 지시(指示)·명령(命令)이 아닌 조언(助言/Advice) 형식으로 가끔 진행 상황을 점검하고 문답식으로 조율한다.

①선진(先進) 지표[벤치마킹]를 중시하고, ②냉철한 전략가의 모습을 보이며, ③교과서적(的)*이다.

사물을 보는 눈을 단순화[Simplify / 쉽게 인식]하며, 본질과 핵심을 중시한다. 원리적으로 접근하며, 과정[再現性/合理性]을 중시한다.

*교과서적의 의미

① 교과서처럼 논리적이고 합리적이며 현대적이다.

② 보고 배울 점이 많아, 모범적이어서 그대로 본받으면 좋다는 의미다.

*태생(胎生)적의 의미

인간이 무엇을 터득하는 데는 세 가지 종류가 있다고 한다.

① 생이 지지자(生而 知之者)는 태어나면서부터 아는 사람이고, 이런 사람을 태생적이라 한다.

② 학이 지지자(學而 知之者)는 배움을 통해서 아는 사람이고,

③ 곤이 학지자(困而 學之者)는 고생스럽게 노력해서 아는 사람이다.

④ 그러나 곤이 불학자(困而 不學者)는 고생스럽게 노력해서 배우지 않는 사람이다.

(참조: p.23) [Energeia]

성격적 특성을 보면 냉철하고 이성적(Reasonable)이다. 깊이 생각하면서 섬세하고 정교하게 일을 도모한다. 모양과 격식(格式)을 선호(選好)하며 깔끔한 승부사의 기질(氣質)을 보인다.

따라서 조직의 분위기도 분재형(盆栽型)이며, 정교하고, 치밀하고, 깔끔하고, 엄정(嚴正)과 공정(公正)과 신중함을 중시하는 [햄릿형]이다.

즐겨 쓰는 어휘로는 경청(傾聽) [남의 말을 잘 들어라], 무한 탐구, 반성 등이다.

좋아하는 일상 가치로는 시간[아주 소중하게 관리], 예의[경우가 바르다]

인재 제일의 구체적인 의미

(1) 우수 인재를 보석과 같이 귀하고 소중하게 여긴다. 항상 우수 인재 확보에 혈안(血眼)이 되어 있다.
(2) 확보된 인재의 역량 강화를 위해, 엄청난 양의 관심과 정성을 교육·훈련 투자에 쏟아 붓는다.
(3) 성장·발전에 기여하는 우수 인재는 무섭게 발탁하고, 걸림돌이 되는 인력은 가차 없이 도태시킨다.

공정 인사의 현실적인 의미

(1) 능력주의·적재적소(適材適所)·신상필벌(信賞必罰)의 인사 원칙을 철저히 실행한다.
(2) '역량(力量) 위주의 인사관리 [비금전적 보상관리]'*와 '성과(成果) 위주의 보상관리 [금전적 보상관리]'*를 해가 갈수록 심화·발전시킨다.
　* '역량 위주의 인사관리'와 '성과(成果) 위주의 보상관리'라고 함은, 이동(移動)·승진·승격·전배·기타 등등 협의의 인사 이동(異動) 관리를 할 경우에는 역량 위주, 예컨대 역량 평가와 성과 평가의 반영 비율을 90:10, 80:20, 70:30, 60:40으로 함을 이르는 것이요, 연봉·상여금·격려금·성과급 기타 등등 금전적 보상을 결정할 경우에는 예컨대 역량 평가와 성과 평가의 반영 비율을 10:90, 20:80, 30:70, 40:60으로 함을 이르는 것을 말한다.
　이는 그 기업의 제반 상황, 예컨대 성장단계 / 성숙도·재무상황·평가능력·기타 등등을 모든 사항들을 반영하여 결정한다.
(3) 인사관리·보상관리를 뒷받침하는 철저한 평가·보상을 예외를 두지 않고 공정하고 엄정하게 실행한다.

'사람과 시스템' 중시의 의미

(1) '기업은 사람이다'라는 사람 중시의 인본주의 사상에 철두철미하고, 리더 중시*·책임자 중시*의 사고가 철저하다.
(2) 독선과 전횡을 배제하고 집단(그룹)의 통일성과 조화와 균형을 실현하기 위한 ①각사 차원의 자율*과 ②그룹 차원의 통합*의 시스템과, 정교한 운영 시스템이 뒷받침된다.
(3) 빈틈없는 빠른 점검·확인을 위한 ①IT 기반의 RTE(Real Time Enterprise) 시스템과 ②짧은 관리 사이클이 경영 관리의 기본이요 대강(大綱)이다.

를 들 수 있다.

2) 현대 리더의 스타일

① 현대의 리더는 열정적·도전적·모험적인 경영 행동 특성을 보인다. 창의적 발상을 중시하며, 관행과 격식을 초월하여 기상천외(奇想天外)한 신기묘산(神技妙算)의 지시·명령형으로 난관을 돌파(突破)한다.

현대의 사훈(社訓)·사시(社是)는 근면, 검소, 친애, 담담여수(淡淡 如水)다.

현대 리더의 경영 스타일은 실행하기 어렵다는 얘기에 대해 ①'뭐, 안 된다고?', ②'무슨 말이야?', ③'해 보기나 해 봤어?'와 같은 질문을 던진다. 해법 제시(Solution Provider)형이며 진두지휘형(陣頭指揮形) 기업 영웅의 모습을 보이며, *태생(胎生)적(的)이다.

현대 리더는 긍정적[하면 된다 / Can Do Spirit]으로 사물을 보며 현장을 중시한다, 문제 해결력과 결과(Performance)를 중시한다. (참조: p.23) [Kinesis적(현실태 중시)]

현대 리더의 성격적 특성은 대범·검소·소박·박력·근면·성실[無謀]·실질적이다.[탄력(彈力)적, 응변(應變)적]. 불요불굴(不撓不屈)의 기질을 보인다.

현대의 조직 분위기는 삼림형(森林型)이라 할 수 있다. 투박하고, 저돌(猪突)적인 돈키호테형이다.

현대의 리더가 즐겨 쓰는 어휘로는 신념, 강인한 신념과 정신력. 기적은 절대로 기적처럼 오는 것이 아니다. 물과 같이 담담한 마음을 가져라. 등이다!

좋아하는 일상 가치로는 도전·모험·성취를 들 수 있다 .

② 정주영 회장의 기적

정주영 회장은 1970년 12월 5일, 오나시스의 처남인 리바노스 선주로부터 대형 유조선 2척을 수주함에 따라, 영국 버클레이즈 은행으로부터의 차관 도입을 성사시켰다. 그리고 1972년 3월 23일, 울산 황무지 해변에 현대 조선소를 기공(起工)한다. 1874년 6월, 기공한 지 2년 3개월 만에, 세계 조선 업계 사상 초유(初有)이자 전무후무한 최단기간의 대기록으로, 1단계 조선소 준공과 동시에 265,000톤급의 대형 유조선 2척을 건조해냈다. 1975년 4월에는 최대선(船) 건조능력 100만t의 세계 최대 조선소를 건립했다.

이 기간 동안 2,000명이 넘는 사람들이 밤낮없이 거의 365일 돌

정주영의 세 여인

정주영 회장에게는 살아생전 꿈에서도 잊지 못할 세 명의 여인이 있었다. 그 세 사람은 정주영이 죽을 때까지 가슴에 묻고 진정으로 사랑한 여인이라 한다. 그들은 지금은 작고한 본부인 ① 변중석 여사와 서울에서 단골로 드나들던 ②요정 마담 그리고 또 한 사람은 정주영의 첫사랑 고향 통천에 ③ 이장집 딸이었다. 국내 최대 재벌이라 불렸던 정주영 회장 인생을 통틀어 이 세 여인만이 그의 마음에 깊이 자리 잡았고 한평생 사랑했던 여인이라 한다.

이익치 전 현대증권 회장은 본부인 변중석 여사를 '살아 있는 천사'라고 묘사했다. 변중석 여사는 종갓집의 큰며느리 역할을 톡톡히 해냈으며 대식구를 잘 거느렸다. 매일 자정이 되어서 귀가하는 정주영 회장의 목욕물을 준비하고 다시 새벽 3시에 일어나 아침밥을 준비했다. 남편 얼굴은 저녁에나 잠깐 볼뿐 그는 매일 일복(속칭 '몸빼')을 입은 허름한 옷차림과 화장기 하나 없는 맨 얼굴로 날마다 본사 직원 3백여 명의 점심을 준비하기도 했다.
더욱이 자식 양육까지 도맡았으며 항상 미소를 잃지 않고 어떤 경우에도 화를 내거나 싫은 기색을 내보이지 않았다고 한다.
변 여사는 정주영 회장을 여보나 당신 대신 항상 '회장님'이라고 불렀다고 한다.

정주영 회장의 어머니인 시어머니에 대해 물어보면, "자신보다 열 배는 더 부지런한 분이시다."라며 칭찬을 아끼지 않는 사람이었다. 심지어 정주영 회장이 핏덩이를 자식이라고 그것도 두 번씩이나 데리고 와 "잘 키우라"고 했을 때도 아무 싫은 내색 없이 자기 자식으로 받아들였다고 한다. 그녀는 정 회장 곁에서 한평생 함께하며 그의 안위를 보살핀 진정한 조강지처였다. 정주영 회장도 자서전에서 생전에 재봉틀 한 대와 장독대 항아리를 유일한 재산으로 여겼던 아내는 부자라는 인식이 전혀 없었고, 젊은 시절 그렇게 고생을 많이 하며 지내면서도 불평불만 하나 내색하지 않고 집안을 꾸려준 아내가 그렇게 고마울 수 없다고 회고했다.

두 번째 여인은 정주영 회장이 태어나 처음으로 맞닥뜨린 절체절명의 위기상황에 나타났다.
낙동강 고령교 복구공사에 자신만만하게 도전했던 정 회장은 여름에 갑자기 몰아닥친 홍수와 부족한 장비 그리고 극심한 인플레이션으로 막대한 손해를 입었다고 한다.
이로 인해 공사 진척도 보이지 않고 재정도 바닥이 난 상태였다. 인부들은 밀린 노임을 지급하라며 파업을 하여 공사는 중단되었고 전 재산을 모두 쏟아 부었지만 역부족이었고 사채 조달도 힘든 지경에 이르렀다.

그래서 정 회장은 사채놀이를 크게 하고 있던 요정 마담을 만나 자금을 부탁했다. 그녀는 더이상 돈을 융통하기 어려웠던 정 회장에게 필요할 때마다 자금을 지원해 주었다. 정 회장이 접대를 위해 자주 찾은 그 요정은 당시 서울에서 제일가는 요정으로 손꼽히던 곳이었는데, 마담은 천하일색에 여전(현재의 여자대학)까지 나온 미모와 지성을 겸비한 여인이었다. 평소 단골손님이었던 정 회장의 소박하고 검소한 모습과 친절하고 따뜻한 마음 씀씀이로 요정 내에서 높은 인기를 누렸는데, 말이 청산유수라는 마담도 정 회장 앞에서는 얼굴이 빨개지고 말도 못할 정도로 수줍어했다 한다.

그녀가 돈을 보내 줄 때마다 오인보 당시 경리 책임자가 서울에 가서 받아오곤 했는데, 어느 날 요정 마담이 정 회장에게 "한 번은 꼭 보고 싶다. 이번에는 직접 와 달라. 서울에 꼭 다녀가라. 준비를 좀 많이 했으니 도움이 될 것이다."라고 했다 한다. 그렇지만 "사업이 망해가고 있어 볼 면목이 없다."며 오인보를 보냈는데 평소보다 세 배가 넘는 큰돈과 편지를 받았다. 정 회장은 그 편지를 읽고 깜짝 놀랐다. 그 편지는 다름 아닌 유서였다. "꼭 성공하고 앞으로 더 큰일 많이 하시기를 바란다."는 말과 "당신을 진심으로 사랑했다."는 내용이었다. 편지를 받은 정 회장은 한걸음에 달려갔지만 그녀는 벌써 자살한 뒤였다. 좋아했던 정 회장을 위해 요정 마담은 계속해서 큰 빚을 내 자금을 댔던 것이다. 그 여인은 죽음으로써 그 빚을 모두 안고 떠났다. 정 회장은 마담의 장례식을 치르고 장지를 내려오면서 오인보와 함께 목놓아 울었다고 한다.

정 회장은 그녀에게서 받은 마지막 돈으로 밀린 노임을 해결하고 다시 일을 시작했다. 사업 실패를 코앞에 두고 자살까지 생각했던 정 회장은 마담이 그를 대신해 죽었다고 생각했다. 그녀의 죽음은 생사의 기로에 섰던 정 회장에게 심기일전하는 계기가 되었으며 아무리 어려운 일을 만나도 그녀를 생각하면 해결할 수 있었다 한다. 그러면서 그녀가 유언으로 남긴 교훈을 뼛속 깊이 새기며 매사 하면 된다는 신념으로 살아왔다고 한다. 그 여인이 없었으면 오늘의 현대도 없었다 할 정도로 큰 힘을 보태준 여인으로 정주영의 가슴에는 늘 그 여인의 고마움이 대못처럼 박혀 있었다. 정주영은 가끔 힘들고 지칠 때면 그녀의 묘를 찾아 위안을 받았으며 언제나 돌아올 때는 눈물 범벅이 되었다 한다. 못다 이룬 고매한 사랑의 아픈 눈물이었을까? 자신을 살리고 대신 죽어준 한맺힌 통한의 눈물이었을까?

그리고 마지막 여인은 정 회장의 첫사랑이었는데, 마치 오헨리의 소설《마지막 잎새》의 나뭇잎 같이 정 회장의 마지막 삶을 지탱하는 힘이었다. 통천 이장집 딸이었던 정 회장의 첫사랑은 통천에서도 제일가는 부잣집 딸이었다. 경성(지금의 서울)에서 발행하는 동아일보를 유일하게 구독하는 집이었는데, 정 회장은 매일 새벽 4시에 일어나 하루 종일 농사일을 하여 녹초가 된 몸인데도 이장집에 가서 동아일보와 이쁜 소녀를 만난다는 생각만 하면 20여 리 떨어진 집이지만 100m 달리기 선수처럼 쏜살같이 달려갈 수 있었다고 한다.

그는 당시 동아일보에 연재되고 있던 이광수의 "흙"이란 소설을 읽으며 주인공 '허숭'처럼 경성에 가서 변호사가 되겠다고 결심했는데 이는 두 살 많은 이장집 딸에게 농군의 모습이 아닌 변호사의 모습을 보여주고 싶었기 때문이다. 신문을 받을 때마다 꿈에서나 볼수 있는 천사같이 예쁜 그녀의 모습에 소년 정주영은 눈이 부시고 가슴이 울렁거려 얼굴한번 제대로 쳐다보지 못했다. 얼굴이 빨개지고 화끈거려 땅바닥만 바라 보았고 신문을 주는 손만 봐도 천사의 손길인 냥 황홀했다 한다. '흙'과 이장집 딸 때문에 하루가 어떻게 가는지도 몰랐던 그때 그의 나이는 열일곱 살이었다.

꿈을 이루겠다고 네 번의 가출 끝에 고향 통천을 떠난 정 회장은 온갖 고생 끝에 광복 이후 현대건설 간판을 걸고 건설업과 자동차 수리업을 해서 꽤 큰돈을 벌었다. 어느 날인가 정 회장은 항상 마음에 품고 있던 첫사랑이 보고 싶어 고향을 찾아가기로 했다. 하얀 신사복에 앞이 뾰족한 백구두도 사서신고 모자도 사서 쓰고 좋은 시계도 사서 찼다. 당시 아주 멋쟁이 같은 모습으로 친구 김영주와 함께 들뜬 마음으로 고향 통천에 가서 그녀를 만났다. 하지만 운명의 장난인지 그녀는 벌써 결혼을 하여 아이를 둘이나 두고 있었다고 한다.
처음에는 하늘이 무너지는 청천벽력 같은 실망을 느꼈지만 그녀가 신랑을 소개해 주면서 밥을 차려주었는데, 정 회장은 여전히 그녀가 너무도 예뻐 얼굴도 쳐다보지 못했다. 가슴이 울렁거려 밥도 제대로 먹지 못하고 사랑방에서 하룻밤을 지냈지만 그녀 생각에 잠을 이루지 못했다. 아침 식사 대접을 한 번 더 받고 준비한 선물을 준 뒤 헤어졌지만 이것이 마지막이 될 줄이야. 그 후 오랜 세월 이장집 딸 첫사랑은 정 회장의 가슴속을 떠나지 않았다.

그렇게 67년이 흘렀고 17세 소년이었던 정주영은 84세의 한국 최대 재벌이 되었다. 어느 날 정 회장은 꿈에서도 잊지 못한 그 첫사랑이 너무도 보고 싶었다. 그래서 통일소를 이끌고 직접 가서 만나기로 결심했다. 그러나 이때는 북한의

관 작업을 해냈다. 임직원 대부분이 새벽에 일어나, 고인 웅덩이 물에 대충 얼굴을 씻고, 일터로 나가서 밤늦게까지 일하고, 구두끈도 못 푼 채 잤다. 모두가 기적이라고 말했지만, 정작 정주영 회장 자신은 기적이 아니라, 신념과 강인한 정신력 및 사명감의 소산이라고 얘기했다. 이처럼 기적은 절대로 '기적처럼' 오는 것이 아니다. 마치 봄에 파종한 보리보다, 혹독한 겨울을 이겨낸 가을에 파종한 보리가 수확도 많고 맛도 좋은 것처럼[춘화현상(Vernalization)이라고 함], 풍찬

협조가 너무 늦어 만나질 못했다. 그리고 2년 후 다시 북한을 가게 되었다.
그는 이익치 회장에게 자신이 북한에 가려는 이유는 두 가지라고 설명했다. 첫째는 국가와 민족의 통일이고, 두 번째는 첫사랑 때문이라 했다. 그는 이익치 회장 보고 김정일 위원장에게 그 여인을 꼭 찾아달라는 부탁을 직접 하라고 지시했다. 그러면서 김정일에게 부탁하여 첫사랑을 데려와 매일 아침 손잡고 산책을 하겠다는 소망을 내비쳤다. 또 서울 가회동에 첫사랑과 함께 살 집을 마련하라고 이익치 회장에게 지시했다. 이 회장은 정 회장의 지시에 따라 가회동에 매물로 나온 전 화신산업 박흥식 사장의 집을 70억 원에 매입했다. 매입한 집을 새로 단장하며 2층에 침실을 꾸미고 그날부터 정회장은 꿈에 부풀어 가회동에서 기거했다. 늦었지만 첫사랑 이뿐이를 데려와 함께 살 꿈에 잠을 이룰 수가 없었다. 그녀의 집 사랑방에서 밤을 지새던 그때의 생각이 되살아 난 것이다. 정회장에게 첫사랑에 대한 꿈은 곧 삶에 대한 희망이었다. 2000년 초 자식들의 재산 싸움을 보면서 정회장은 큰 충격을 받았다. 정씨 일가의 경영 일선 퇴진과 전문 경영인 체제 도입을 선언했지만 자식들은 이를 거부했다. 정회장은 더욱 큰 실의에 빠졌고 이것은 건강 문제로 이어졌다. 그러나 마지막 희망이 남아 있었기에 2000년 6·15 남북 공동선언을 성공시키며 김정일 위원장의 초청을 받아 6월28일 판문점을 지나 평양에 갈 수 있었다.

그렇지만 그곳에서 정 회장은 그가 그토록 보고 싶어 했던 첫사랑 여인이 안타깝게도 2년 전에 사망했다는 사실을 전해 듣고 큰 충격에 빠졌다. 그토록 오매불망(寤寐不忘) 꿈에 그리던 여인이었는데 허무하게 죽었다니…. 어찌하여 이토록 얄궂은 운명이란 말인가!! 내가 얼마나 사랑했는데!! …내가 얼마나 보고싶게 했는데!! …내가 이렇게 데리러 왔는데 !!…
당시 김정일 위원장의 지시로 북한의 관계 당국이 총동원되어 통천 이장집 딸을 수 개월간 찾았는데 그녀는 전쟁 때문에 폐허가 된 통천을 떠나 청진에서 살다가 죽었다는 사실과 그 가족을 평양에 데려다 놓았으니 원하면 만나게 해주겠다는 말을 전해 들었다. 충격에 빠진 정 회장은 북한의 아태평화위 송호경 부위원장에게 한 시간이 넘도록 그녀에 대해 꼬치꼬치 캐물었으며 그동안 어떻게 지냈느냐? 무슨병으로 죽었느냐? 살기는 잘 살았느냐? 그러면서 정회장은 "2년 전에만 만났다면 자신이 만든 아산병원에 데려가 고칠 수도 있었을 텐데 내가 너무 늦게 왔다"며 자책 아닌 자책을 많이 했다 한다.
그리고 그 가족들을 만나 어머님은 그토록 훌륭하신 분이라는 말과 함께 내가 이 세상에서 가장 사랑했던 분이니 기일 때마다 제사 거르지 말고 잘 모시라고 당부하고 이뿐이에게 주려고 준비했던 많은 선물들을 그들에게 전하고 김정일 위원장에게는 저간의 사정을 이야기하고 그 후손들을 잘 부탁하고 왔다 한다. 그 후 정회장은 다시 북한을 찾지 않았다.
마지막 잎새가 떨어진 것을 본 정주영 회장은 몇 달 후인 2001년 3월 21일 그도 눈을 감았다. 아마도 그의 첫사랑은 평생을 그와 함께했고 결국 그녀를 찾아 그녀 곁으로 가는지도 모른다.

정주영의 참다운 인간성과 사람을 끌어드리는 매력적인 흡인력의 한 단면을 보는 듯하여 시사하는 바가 많은 것 같다.

노숙(風餐露宿)의 고난과 시련을 참고 이겨내어 이룩한 기적 같은 프로젝트들, 예컨대 한꺼번에 동시 추진한 울산조선소 건설과 대형 유조선의 건조와 사우디아라비아의 주베일항만 공사와 서산만 간척 공사를 비롯한 많은 프로젝트는 진정 의미 있고 역사에 빛날 기적 같은 산물들이다. '시련이란 뛰어넘으라고 있는 것이지 걸려 엎어지라고 있는 것이 아니다.'

9. DuPont 사례가 주는 교훈

듀폰은 1802년 미국 델라웨어주 윌밍턴에서 화약 전문 제조회사로 출범한다. 1850년대 이후 캘리포니아 금광 발견과 이에 따른 골드러시와 함께, 서부 개척이 본격화되면서 새로운 화약의 개발로 괄목할 만한 성장을 거듭한다.

1914년 제1차 세계대전의 발발로 화약 주문이 폭주함에 따라 막대한 규모의 투자로 생산 설비를 확충한다. 그러나 1918년 전쟁 종료로 과잉 투자의 어려움이 닥친다. 이를 극복하기 위한 전략으로 사업 다각화를 추진한다.

다각화 전략에 따라, 1920년대 자동차 산업의 발전 추세에 발맞추어, 페인트를 비롯하여 셀로판지·합성고무·나일론 등 화약 이외의 분야로 사업의 다각화를 과감하게 추진한다. 그런데, 이들 새로 진입한 품목들은 쉽게 이익을 내지 못한다.

페인트 사업의 경우, 듀폰이 적자를 내는 동안에도 경쟁사들은 이익을 실현하는 중이었다. 신규 다각화 사업의 경우, 앞서가는 경쟁사들이 계속 이익을 실현한 반면, 듀폰은 상당한 노력에도 불구하고 계속 적자를 나타낸다. 듀폰은 생산 조건의 불안정한 생태라든가 제품의 품질 불안정이나 판매 부진 등에 있는 것이 아니라, 조직 구조와 관리 시스템에 문제가 있음을 알게 된다. 종전의 화약 단일

深則厲淺則揭(심즉려 천즉게)

냇물이 깊으면 옷을 벗어들고 건너고,
물이 얕으면 바짓가랑이를 걷어붙이고 건넌다.

시대와 세상 돌아가는 추세에 맞추어 융통성 있게 처세하라는 뜻이다.

공자께서도 제후들이 자기를 알아주지 않으면 그것으로 그만인 것이라 했다.

사업을 위한 조직구조와 시스템으로는 다각화된 사업의 계획·운영·통제·평가 등 제반 관리상에 문제점이 있음을 발견하게 된 것이다.

듀퐁은 개선 대책으로 제품별 사업부제를 채택하고, 제품 특성에 맞게 모든 직능을 사업부 독자적으로 수행하게 한다. 동시에 업적 평가 방법도 투자 수익률 법(ROI)을 개발·도입·시행함으로써, 어려운 경영위기를 극복하게 된다.

그 후 듀퐁은 도박 같은 과감한 경영혁신을 단행한다.

2004년, 향후 식량 관련 사업이 성장할 것이라는 중장기 전략적 판단 아래, 전체 매출의 1/4에 해당하는 핵심 사업인 합성섬유 사업(Nylon)을 매각하고, 옥수수와 콩을 선택하는 듀퐁사로서는 200년 역사상 가장 큰 도박을 감행한다. 드디어 2014년, 농업부문 매출이 전체 매출(360억 달러)의 30% 이상을 점유할 정도로 성장한다.

듀퐁은 골드러시·서부 개척·1, 2차 세계대전·세계 대공황·자동차 산업의 발전·식량 산업의 태동 등, 급격하게 변화되는 경영환경에 유연하고 탄력적·능동적으로 적극적으로 대응하기 위해, 결국은 과감한 혁신과 기업변신을 단행한 것이다. 새로운 인적 역량을 계속 확보·강화하고, 끊임없는 과학적 탐구 정신으로 관리 시스템을 혁신하며, 창의적 발상과 진취적 기상으로 시대 흐름에 맞는 사업 구조로 과감하게 변신했다.

그리하여, 경영위기를 극복함과 동시에, 조직의 핵심역량과 창의성을 강화함으로써, 단순 연명 수준이 아닌 세계적인 초일류기업으로 계속 변신과 성장을 거듭하여, 현재까지 220년 가까이 초일류기업으로 건재하고 있다.

10. 국가경영 비교

미국과 중남미는 두 곳 모두 비슷한 시기에 이민으로 성립된, 다(多)인종·다(多)민족 국가다. 그런데도 어찌하여, 미국은 세계에서 가장 자유롭고 부강한 초강대국(Super Power)으로 성장·발전할 수 있었으며, 중남미 제국은 정치·경제·사회 모든 면에서 미국처럼 성장·발전하지 못하고 불안정하고 불균형적인 발전 모습을 보이게 된 것인가?

(1) 미국의 국가적 성공 요인

①미국은 애당초부터 이상과 열정을 지닌, 죽음을 무릅쓴 개척자들에 의해 성립된 국가였었다. ②지도자들의 '위대한 미국 건설'이라는 꿈과 이상 및 헌신으로 사회가 이끌어졌다. 그뿐 아니라 ③주류(主流) 세력의 소명의식과 근면·자조·절약의 도덕적 가치가 넘쳤고[澎湃] ④민주주의와 인권에 대한 국민적 동질성을 낳는 시스템이 뒷받침되고 있었다.

그런 반면 ①중남미 국가는 본국 중심의 안정된 식민지 지배에 주력했다. ②공통된 강력한 가치와 신념이 없었으며, ③사회 발전에 대한 리더들의 통합적 노력이 미약했다.

미국은 1620년 순례의 조상들(The Pilgrim Farthers)에 의해 모험과 개척의 역사가 시작되었다. 종교적 열정과 개척정신을 동경하는 초기 이민자들이 자기 의지와 자기 책임하에 자유를 찾아 목숨 걸고 대서양을 건너왔던 것이다. 그들은 미지의 땅·낯선 기후·굶주림과 외로움·원주민과의 대결 등 죽음의 위험을 무릅쓰고 서부를 개척해 나갔다.

미국인은 뉴 프런티어 진출을 개방·자유·기회의 의미가 함축된 것으로 인식했다. 서부로의 팽창 과정을 단순히 지역 확장의 의미를 넘어, 국가적·문화적 정체성을 수립해 나가는 모험과 개척의 과정으로 인식했던 것이다.

그뿐 아니라 토머스 제퍼슨·제임스 매디슨·존 애덤스 등 미국 건국의 아버지들은 유럽에서 볼 수 있는 군주 중심 모델을 지양(止揚)하고, '인간의 자연권이 보장되는 위대한 미국 건설'에 헌신·봉사했다. 독립 선언서에 '인간의 생명, 자유, 행복을 추구할 권리'를 천명하기도 했다. 이런 것들이 모든 법과 제도와 시스템을 구축하는 데 방향타 역할을 하도록 했던 것이다.

미국에서는 WASP(White Anglo-Saxon Protestant)가 중심이 되어 다양한 인종 집단을 같은 가치관으로 묶어, 새로운 미국 국민으로 만들려는 선민의식과 소명의식이 개척정신의 바탕이 되었다. WASP는 개인주의에 대한 신념을 토대로, 법치·사유재산·인권·언론 자유 등을 구현할 제도와 시스템을 확립했다.

미국은 또한 프로테스탄트 윤리를 통해 근면·자조·절약의 도덕적 가치를 전파하여 근면하고 창조적인 미국 사회를 건설했다. 독립혁명 이래 미국민들은 '민주주의에 대한 이상'과 '인권에 대한 공통의 헌신'이라는 강력한 국민적 신조로, 새로운 이민자를 포함한 각종의 인종과 문화를 시스템의 용광로(Melting Pot)에 용해해서 공통의

획금자 불견인(獲金者 不見人)

재물을 움켜쥐는 자는, 사람을 보지 못한다.
북미 사람들은 자유롭게 하나님(GOD)을 믿기 위해 영국에서 신앙의 자유를 찾아왔고, 중남미 사람들은 스페인에서 금전적 횡재를 추구하기 위해 금(GOLD)을 찾아왔다. 하나님(GOD)을 찾아온 북미 사람들은 하나님(GOD)도 찾고 금(GOLD)도 찾았는데, 금(GOLD)을 찾아온 중남미 사람들은 금(GOLD)도·하나님(GOD)도 다 제대로 찾지 못했다.
GOLD에서 L자 하나만 빼면 GOD이 되듯, 인생사가 이상·신념·생각의 차이인 것이다.
솔로몬도 재물을 먼저 구하지 않고, 지혜를 먼저 구했다고 한다.
중국 전한의 회남왕 류안(劉安)의 《회남자》에 나오는 말이다

미국 문화를 만들어나갔다.

미국화와 참된 미국의 정체성을 만들기 위해 언어·종교·에티켓과 같은 중요한 부분에서 이러한 주류 문화의 가치를 소중하게 지켜나가, 강력한 국가 이념과 전통을 수립하고, 확고한 이민정책을 성장 에너지로 활용해, 세계 최강의 대국(Super Power)으로 성장·발전했다.

(2) 중남미 국가의 실상

중남미 정복자들은 금·은·보물 채집에 더 많은 관심을 두는 등, 당장의 경제적 이익을 취해 본국으로 돌아가거나, 봉건적 구조하에서 식민지를 지배한다는 의식이 팽배했었다.

중남미에 진출한 스페인과 포르투갈은 식민지를 본국 이익을 위해 존재하는 것으로 간주하여 식민지에서 생산된 부(Wealth)는 본국으로 반출하고, 반면에 본국의 공산품은 식민지가 수입하도록 강요했다. 식민지 자체의 산업발전을 도모하기보다는 본국 중심의 식민지 경영에 주력했던 것이다.

진출 식민지의 장래를 위한 장기적 안목의 국가 건설에 대한 이상과 설계가 없었던 중남미는 스페인의 권위주의적이고 봉건적인 정치구조를 그대로 이식하여, 자생적인 새로운 가치체계나 신념이 없었으며, 소수의 지배 엘리트들도 대중들의 강력한 지지를 받지 못했다.

식민지 시대부터 혼혈이 장려되었지만, 어디까지나 원주민을 쉽게 무마하고 평정하기 위한 것일 뿐이었다. 오히려 피부색과 인종에 따른 소수 백인 지배 엘리트와 다수의 유색 인종 간의 신분상의 차이를 두는 등 계급 구조를 강화하여, 지도 계층이 국가 정체성을 확립하려거나 국민적 통합을 이루려 하기보다는 사회적 불평등 구조의

Believe in Yourself & Live for Today!

If you see the Moon, You see the Beauty of God!

If you see the Sun, You see the power of God!

And If you see the Mirror, You see the Best Creation of GOD!

So, Believe in Yourself. We all are Tourists and God is our Travel Agent. Who has already fixed all our Routes, Reservations & Destinations.

So Trust him & Enjoy the "Trip" called LIFE !

Life will never come Again! Live for Today!

Share with all the People who are Important to You!

심화를 통해 지배를 쉽게 하는 데 주력할 뿐이었다.

11. 성공한 조직의 성공 비결의 시사점 및 교훈

앞에서 우리는 해외 초일류기업을 벤치마킹해 보았고, 특히 최장수 초일류기업인 DuPont의 사례도 살펴보았다. 또한 우리나라의 초일류기업인 삼성과 현대의 경영 스타일도 비교해 보았고, 북미와 남미의 국가경영 스타일까지도 비교해 보았다.

이들 비교 분석 검토를 통해 성공한 조직의 말로 표현하기 힘들 정도의 지극히 소중한 많은 시사점과 교훈을 얻을 수 있었다

이를 다음의 다섯 가지로 간단하게 요약하면,

첫째, 확고한 이상과 뜨거운 열정과 헌신을 마다하지 않는 탁월한 리더의 존재다.

둘째, 도전 정신과 책임 의식으로 똘똘 뭉친 조직 구성원의 모습이다.

셋째, 순혈주의의 핵심 우수인력 양성에서 더 나아가 유능한 외부 인재의 수혈로 내부역량을 강화하는 혼혈주의 인사의 중요성이다.

넷째, 화합의 시너지를 창출하는 체계적인 시스템의 절대적인 필요성이다.

다섯째, 국가든 회사든, 큰 조직이든 작은 조직이든, 결국은 격변하는 환경을 올바로 이해하고 적절히 대응할 수 있는 '창의적인 사람과 시스템'이 뒷받침되고 있다는 점의 재확인이다.

③ 우리 기업이 나아갈 길

1. 쉽고 간결한 경영방법론을 모색해야!

우리나라 기업은 쉽고 간결한 경영방법론을 모색할 필요가 있다. 앞에서 정리해 본 '초일류기업의 성공 비결 일곱 가지는 보완할 여지가 많다. 조금 복잡하고, 체계적인 면이 미흡한 데다, 전략적·전술적 측면에 치우친 느낌이며 경영의 기초와 기본이 간과된 느낌이다.

때문에 보편적이고 간결한 방법론으로 보완·발전시켜야 한다.

첫째는 최고경영자(CEO)의 탁월한 리더십이 제일 중요하다. 최고

카리스마 리더십

사람들은 자기와 비슷하면서도 자신이 갖지 못한 훌륭한 자질을 지닌 리더이거나, 어딘지 모르게 신비롭게 끌리는 리더를 좋아하는 경향이 있다. 리더에게서 방향성·본보기·안정감·감정적 동일화 등을 엿보고 싶어하는 걸 보면 그런 느낌이 든다.

리더십은 극히 기술적인 부분으로서, 개인적인 노력으로 습득될 수 있다. 그렇지만 리더로서 탁월한 성과를 내기 위해서는 통찰력을 갖고, 구성원 모두에게 동기를 부여할 수 있는 특출한 자질이 절대적으로 필요하다.

동기를 부여하는 리더는 대체로 탁월한 성과에 대한 열정이 있고, 주위에 있는 다른 사람에게도 이러한 열정을 최대한 끌어낼 수 있는 능력이 있다. 동기 부여는 상호 교류적인 활동의 일환이다.

리더는 당근과 채찍을 통해 구성원의 성과를 향상하기 위해 노력한다. 카리스마를 지닌 리더는 여기에 덧붙여, 말로 표현하기 힘든 자석과 같은 힘이나 매력은 물론 자신만의 고유한 존재감을 발산한다. 그들은 특별한 방식으로 사람들의 주의를 집중시키며, 세상을 바라보는 시각이 독특해, 어디를 가든 열정이 넘치고 즐겁고, 함께 있는 사람들에게 영감을 불어 넣어 주는 분위기를 창출한다. 특별한 것이 있는 그들에 대해 사람들은 호기심을 갖고 무엇인가를 더 알고자 한다.

리더에게 이런 자질이 있으면, 그를 따르는 조직 구성원들은 가치관은 물론, 신념까지도 영향을 받아서 자기도 모르게 자기 안의 변화를 겪게 된다.

경영자의 리더십은 결국 그들이 가진 카리스마*와 미래를 바라보는 방향성과 비전으로 요약할 수 있을 것이다.

그러나 카리스마(Charisma[신의 은총(恩寵)])는 최고경영자(CEO/Owner) 본인 개개인의 태생적인 면을 비롯한 개별적 특이성이 강해, 시스템적 접근방식으로 보편화할 수 있는 영역을 넘어가기에 여기서 논외로 한다면, ①경영 리더[최고경영자(CEO/Owner)]의 방향성 즉 비전과 전략이 무엇보다도 중요한 과제다.

그다음은 ②구성원의 주인 의식과 일에 대한 열정이다.

그러면 경영 방법은 아주 명약관화하게 정리된다. '우수한 사람과 시스템'으로 경영의 기초를 튼튼히 하고, '효율적인 운영 메커니즘'으로 경영의 기본을 확실히 다진다는 것이다.

現代 Leadership 論

1. 다양하고 서로 상충(相衝)되는 이해(利害) 주장을 포용하는 정치적 기술

2. 개개(個個)를 보면서 전체를 미루어 보고, 전체 속에서 개개를 다루는 능력

3. 눈앞의 위기나 지평(地平)을 넘어 앞을 멀리 내다보는 능력. Vision 설정력

4. 위대한 지도자는 그 영향력이 그가 소속한 구획(선거구, 정당, 국가)을 초월

5. '현상(現狀) 유지의 틀' 속이 아닌, '현상의 부단(不斷)한 쇄신(刷新)의 틀' 속에서 생각하는 능력들이 現代 Leadership 論의 중심을 이룬다.

2. 기업 경영을 시스템적 사고로 재인식해야!

경영은 무엇보다 먼저, 리더의 카리스마와 탁월한 리더십에 의해 조직 구성원의 마음을 설레게 하는 가슴 벅찬 비전과 목표 및 전략을 제시하고, 이를 효과적·효율적으로 달성할 수 있도록 전략적 성과관리를 수행함으로써, 조직 구성원 모두가 강한 주인 의식과 일에 대한 열정을 갖고 전력투구하도록 운영 메커니즘을 성과주의로 효율화하는 것이 가장 기본적인 사항이므로, 이를 일컬어 경영의 기본이라고 한다.

그리고 이를 원천적으로 뒷받침하기 위해서는, 첫째는 사람의 문제 즉 우수한 인재·활기찬 조직·진취적인 조직 문화가 확실하게 뿌리내리도록 하고, 둘째는 시스템의 문제 즉 기본 관리와 업무 관리가 제대로 작동되도록 지원하는 정교한 시스템이 갖춰지게 함과 동시에, 셋째는 이들 시스템이 실시간(Real Time)으로 돌아가도록 하는 것, 이러한 사람과 시스템이 기업 경영의 근본 바탕이므로, 이를 일

컬어 경영의 기초라고 한다.

'시스템적 경영'은, 경영의 기본을 성과주의로 확실하게 효율화하고 경영의 기초를 '사람과 시스템'으로 한층 더 튼튼히 해서, 일상적인 운영 업무는 실무진과 정교한 시스템에 의해 원활하게 자동적으로 돌아가게 하고, 경영층에서는 예외 관리와 전략 경영에 집중함으로써, 고성과가 지속해서 창출되게 하는 경영이라 할 수 있다.

그리하여 역량이 탁월하여 일을 잘하고 높은 성과를 창출하는 우수한 사람에 대해서는 잘한 만큼 처우를 차별적으로 잘해 주고, 이와 반대로 일을 잘 못 하고 성과를 제대로 창출하지 못한 사람에 대해서는 잘 못 한 만큼 그에 합당한 알맞은 처우를 해줌과 동시에, 본인이 대오각성(大悟覺性)하고 전력투구하여 재기할 수 있도록, 혹독한 교육과 성과 창출을 위한 지도 및 적재적소 전배치 등을 통해 패자부활의 기회를 부여함으로써, 조직 구성원 전원이 자기 존엄성을 지키면서, 강한 주인 의식과 일에 대한 뜨거운 열정으로 미친 듯이 일에 매진하도록 하는 인간 중심의 인본주의 경영으로 초일류기업으로 성장·발전하도록 하려는 경영방법론을 시스템적 경영이라고 일컫는다.

3. 시스템적 사고로 경영 방법을 쇄신해야!

지금까지 우리는 모든 국민이 경쟁력 강화를 위해 열심히 노력한 결과 상당한 성장과 발전을 이룩해 왔지만, 현재의 사람과 시스템으로는 더 이상 초일류기업으로 성장·발전하기 위한 개혁과 선진화는 현실적으로 매우 어렵다. 따라서 경영 방법을 혁신적으로 쇄신해야 한다. 첫째는 경영의 자율성을 높여야 하고, 둘째는, 경영의 기초와 기본을 재확인하여 새롭게 다져야 하며, 셋째는, 끊임없는 혁신으로 경영 수준을 고도화해야 한다.

(1) 첫째는, 경영의 자율성을 높여야[제고(提高)] 한다.

과거에는 리더의 강력한 리더십이 구성원의 역량을 극대화하고, 단기간에 효율과 스피드를 대폭 끌어올릴 수 있어 소기의 목적을 효과적·효율적으로 달성하는 일이 가능했다.

그러나 '강력한 리더십'은 구성원의 자율성을 반감·억제할 수 있는 위험성이나 문제점이 있어, 사회나 조직이 성숙 단계에 진입할수록 구성원이 자발적으로 참여해 스스로 즐거움을 느끼도록 하는 '부드러운 리더십'이 요구된다.

1) 부드러운 리더십과 임파워먼트

부드러운 리더십이란 인간존중을 바탕으로 주인 의식을 심어주는 리더십, 조직 구성원이 신념과 열정을 갖고 잠재력을 발휘하여 변화와 개혁에 동참할 수 있도록 지원해 주고 이끌어주는 리더십을 가리킨다. 오늘날 요구되는 리더는 과거의 전통적 관리자 상인 통제자·의사결정자·집행자·아이디어 창안자라기보다는 오히려 지원자·코치·활력 있는 분위기 촉진자의 역할을 수행하는 부드러운 리더를 말한다.

직무 수행능력이 높은 사람일수록 리더로부터 일일이 지시받는 걸 싫어한다. 이들에게는 로버트 하우스(Robert J. Hous)의 4가지 리더십 유형, 즉 ①지시적·②지원적·③참여적·④성취 지향적 리더십 중에서 지시적 리더십보다는 부드러운 지원적 리더십이 더 적합하다. 그뿐만 아니라 구성원에게 구조화된 업무가 주어졌을 때도 지시적 리더십보다는 지원적 리더십이 더 효과적이다.

또 한편 업무수행 능력이 높고 적극적인 성격과 명예에 대한 욕구가 강한 구성원에게는 성취 지향적 리더십이 효과적이라 한다. 그래서 부하가 소극적 성격의 사람이거나 안정을 바라는 사람일 경우에는 지시적 리더십이 쉽게 받아들여진다. 적극적 성격의 사람에게는 업무 활동에 대해 구성원과 상의하고 의사결정에 구성원을 참여시키고자 하는 참여적 리더십이 잘 받아들여진다.

또 공식화되고 안정된 조직 환경 아래서는 지원적 리더십이 효과적이나, 불안정한 조직 환경에 있는 구성원에게는 참여적 리더십이 더 효과적이다. 그런 면에서 보면, 도전적인 목표를 설정하고, 성과를 강조하며, 구성원이 목표를 충분히 달성할 수 있다고 믿는 부드러운 리더십으로는 지원적·성취 지향적 리더십이 제격이라고 할 수 있다.

요즘처럼 급변하는 경영환경 속에서 요구되는 리더십은 조직 구성원들이 리더에 대해 신뢰하게 하는 카리스마는 물론, 조직변화의

장면(張勉, 1899년 8월 ~ 1966년 6월)

일제 강점기에는 교육자·종교가·출판인·문인이었으며, 대한민국에서는 종교가·외교관·교육자·정치인이었다. 1957년 10월 피격되었음에도, 저격범 7인의 관용을 탄원하여, 사형에서 무기징역으로 감형되게 하였다. 후일 1960년 12월 직접 마포 형무소를 방문하여, 저격범을 옥중 면회하여, 직접 털옷과 영치금을 지급하며, "추운데 고생 많다. 모범수로 형기를 빨리 마치고 사회에 나와 만나기를 바란다."라고 위로해 주었다. 그의 위로에 감화된 암살자들은 출소 후 목사와 독실한 신앙인으로 거듭났다.

1960년 8월 총리에 취임하며, "당면한 민족적 과제인 경제적 건설을 수행해야 할 중대한 책임을 통절하게 느낀다."라고 피력하였다. 풍자의 자유, 정치 결사의 자유 절대 허용, 당내 갈등·보수 세력과의 갈등, 부정축재법과 정치자금 문제, 4·19 관련자 명예 회복, 일본 천황 탄신 기념일 축전, 혼란과 무질서 속에서 5·16 군사 정변을 맞아, 국무총리를 사퇴했다.

그는 윤보선과 민주당 구파, 신민당의 비협조와 구파 계열이 군사 정변을 묵인 내지는 동조했다고 비판했다.

"이게 천주님의 뜻인지도 모르지. 이게 천주님의 뜻이라면 나는 따를 수밖에. 하지만 정녕 맹세하거니와 나는 쿠데타를 당해야 할 만큼 잘못을 저지른 일이 없네. 내가 뭘 잘 못 했단 말인가? 내게 잘못이 있었다면 민주주의를 민주주의대로 하려고 한 잘못밖에 더 있겠나?"라고 의중을 밝혔다.

1937년 혜화유치원 원장 / 1939년 계성소학교 교장 / 1948년 5월 30일 제헌 국회의원 / 1949년 초대 주미 대사 / 1950년 제2대 국무총리 / 1956년 5월 부통령 / 1960년 8월 18일 제7대 국무총리 역임 / 1966년 간장염 사망.

인간은 본질적으로 사악한 존재라고 규정. 교육·신앙 구국론 / 민주주의 국가라면 표현의 자유와 사상의 자유 절대 보장 / 전체주의적 사상에 대해서는 극단적 반감과 거부감을 보임 / 여성 편력은 깨끗함 / 국무총리 재임 중 호화로운 식단을 기피, 직접 도시락 싸 들고 출퇴근하였다.

일반적 인물평 : 총명하고 지성적, 겸손하고 청렴하고 고결한 인격의 소유자.

갖가지 위험 무릅 쓰고 쿠데타군 독려 지휘한 박정희와 장면은 좋은 대조. 박정희는 장면에게 유리하고, 그에게는 불리했던 조건들을 두려워 않고 적극적으로 대응하여, 역사의 흐름을 바꾸어 18년 강권 통치의 신화를 창조하였다.

필요성을 감지하고 그러한 변화를 끌어낼 수 있는 담대한 비전을 제시할 수 있는 능력이 요구되는 리더십으로, 전통적인 리더십인 거래적 리더십보다는 변혁적 리더십이 조직에서 변화를 주도해 나가는 데 더 적합한 리더십 유형으로 주장되고 있다.

거래적 리더십은 단기 성과를 강조하고, 보상으로 부하의 동기를 유발하려는 리더십 유형으로서, 합리적인 사고와 이성에 호소하여 현재 상태에서 협상과 교환을 통해 구성원의 동기를 진작시키려는 데 방점이 있다.

변혁적 리더십은 비전과 공동체적 사명감을 강조하고, 구성원의 변화를 통해 동기를 유발하려는 리더십 유형으로서, 감정과 정서에 호소하여 구성원의 사기를 고양하고 중장기적 목표를 달성하려는 데 방점이 있다.

임파워먼트란 치열한 경쟁과 급변하는 사회 속에서 주목받고 있어, 구성원의 업무수행 능력을 제고시키고, 관리자들이 지닌 권한을 실무자에게 이양하여 그들의 책임 범위를 확대함으로써 구성원이 보유하고 있는 잠재능력 및 창의력을 최대한 발휘하도록 하는 방법이다.

경쟁환경이 급변하는 현 상황에서는 변화를 신속하게 인지하고, 여기에 적절히 대응하는 구성원의 능력과 자율경영의 중요성이 강조되고 있다. 이에 임파워먼트가 실제 필요하며, 기업 성공의 가장 중요한 핵심역량으로 주목받고 있다.

임파워먼트는 그 내용·목적·과정 중 어디에 초점을 두고 설명하느냐에 따라 상당히 다양하게 해석될 수 있다.

그 내용은 기업 내 구성원의 역량을 최대한 키우고, 활용하고, 활성화하고, 동력화하고, 확산한다는 것이다. 그 목적은 수동적·상황 적응적 관리보다는 능동적·상황 창조적 경영, 즉 자율경영과 창조경영을 추구하여 조직 성과를 지속해서 증진하는 데 있다.

2) 강력한 리더십과 부드러운 리더십

사회가 성숙하여, 구성원의 취향이 하드웨어보다는 소프트웨어 중심으로, 중후장대에서 미감유창으로, 집단 중심에서 개인 중심으로 바뀌면서, 통제성이 강한 강력한 리더십보다는 구성원이 자발적으로 참여하여, 스스로 즐거움을 창출하고 느끼게 하는 부드러운 리더십·수평적 리더십·관계지향형 리더십이 더 주목을 받게 된다. 이에 따라 조직 운영과 일하는 방식도 리더 중심에서 구성원 중심으로, 탑다운(top-down) 방식에서 바텀업(bottom-up) 방식으로 바뀌어, 구성원 모두를 포용하고 참여시킬 수 있도록 해야 한다.

그러나 부드러운 리더십은 구성원의 호응도가 높은 장점이 있지만, 자칫하면 개인 위주의 자유 방임이나 자유롭고 부드러운 오불관언(吾不關焉)의 자세가 되기 쉬워, 무질서와 비효율의 사회적 비용을 유발하게 될 위험성이 있다.

그러므로 강력한 리더십이 담당하던 역할을 시대정신에 맞추어 업그레이드된 '사람과 시스템'으로 대체하여, 부드러운 리더십이 제대로 작동될 수 있는 터전을 미리 마련할 뿐만 아니라 조직 운영 메커니즘에 성과주의를 확실히 도입·강화해야 한다. 부드러운 리더십이 갖기 쉬운 단점이나 약점이 원천적으로 보완되도록 쐐기를 박고 구성원 모두가 주인 의식과 일에 대한 열정과 몰입도를 자발적으로 높여 나가도록 해야 한다. 이러한 쐐기가 바로 시스템적 경영에서 말하는 경영의 기초인 '사람과 시스템'이요, 경영의 기본인 '성과주의 운영 메커니즘'인 것이다.

월가의 전설적 투자자인 워런 버핏과 전 GE의 CEO 잭 웰치 회장은 부드러운 리더십과 강력한 리더십의 아주 좋은 비교 사례라 할 수 있다.

75개 자회사를 거느린 최고경영자, 워런 버핏은 27살(1957년) 때, 100달러로 주식투자를 시작하여, 45년 만에 순전히 주식투자만으로 350억 달러로 불려 세계적인 갑부가 된다. 사후 재산은 모두 사회에 환원하겠다는 구두쇠이면서도, 두꺼운 안경에 촌스러운 시골 영감의 외모를 가진 버핏은 마이크로소프트의 빌 게이츠에 이어 세계 2위의 부호가 된 인물이다.

① 워런 버핏

워런 버핏은 구성원에게 시시콜콜 간섭하는 일도 없이 자율성을 보장해 주는 것으로 유명하다. 1995년 RC윌리 가구회사를 인수할 때의 일화는 워런 버핏의 부드러운 리더십을 잘 드러내고 있다.

워런 버핏은 RC윌리 가구회사를 매입하면서 기존의 경영권을 그대로 유지하려 했는데 한 가지 문제가 있었다. 그 회사의 CEO인 빌 차일드와 직원들이 모르몬교 신도였던 것. 그 때문에 고객이 가장 많이 방문하는 일요일에 문을 닫아야 한다는 것은 매출에 아주 치명적이었다. 하지만 워런 버핏은 빌 차일드에게 기존의 방침대로 경영하도록 허용한다. 그러자 빌 차일드 역시 평균 수익을 넘기며, 워런 버핏에게 그에 대해 보답을 한다.

워런 버핏은 직원을 잘 해고하지도 않고, 회의를 잘 열지도 않는 리더로도 유명하다. 자회사 CEO 중에는 본사에 가본 적이 없는 사람도 상당수나 되며, CEO들끼리도 서로 잘 모르고 지낸다고 한다. 그들이 유일하게 신경 쓰는 것은 오직 주요 핵심 경영성과뿐이다. 그런데 그러한 워런 버핏의 리더십이 해마다 기업이 성장·발전하고 기업 가치가 상승하는 효과를 가져오고 있다. 그 원인은 자회사 CEO 들이 애당초 업계의 최우수 인재들로 구성되어 있을 뿐만 아니라, 스스로 경영목표를 자율적으로 설정하고 집행하되, 목표와 성과에 대해 엄정하게 평가받고 합리적·차별적인 보상을 받기 때문에, 감시 나 간섭할 필요가 전혀 없는 것이다.

그 자신이 회장 겸 CEO, 그리고 36%의 주식을 소유한 투자회사 버크셔 해서웨이사 연차 보고서(Annual Report)에서 한 다음 얘기는 의미심장하다.

"비즈니스에서 수익을 최대화하는데 필요한 것은 좋은 경영과 집중이다. 따라서 우리는 초점이 매우 분명한 보상제도가 필요하다. 만약 어떤 보험회 사가 성과급을 회사 전체의 경영 실적에 따라 지급하고 있다면 이는 매우 어 리석은 것이다. 한쪽 부서의 좋은 실적이 다른 부서의 나쁜 실적으로 완전히 상쇄되어 버리는 일이 얼마든지 벌어질 수 있기 때문이다. 우리 버크셔 해서 웨이에서 3할 5푼을 치는 타자는 다른 직원들이 평균 2할대 타격을 하더라 도 당연히 자신의 훌륭한 성적에 비례해서 보상받는다. 잘해서 많이 받자. 그리고 잘해서 많이 받은 사람 시기하지 말자. 잘한 사람 많이 주지 않고, 잘 하지 못한 사람 많이 주는 회사는 분명히 잘못된 회사다."

② 잭 웰치

GE를 세계 최고의 기업으로 성장시킨 잭 웰치는 강한 리더십으 로 유명한 분이다. 그에게 있어서 능력이 없거나 성과가 부실한 구성 원은 더는 조직에 남아 있을 필요가 없는, 그 이상도 그 이하도 아닌 존재일 뿐이다. 그뿐만 아니라 '세션—C'라는 핵심우수인재 관리 및 교육시스템을 통해 핵심 인재의 개별 특성화 관리로 최고의 인재를 양성·활용하여, 해당 업계 최고 수준이 아니거나 그럴 가능성이 적 은 사업은 과감하게 처분·정리토록 했다.

그런 혹독한 경영 스타일에도 불구하고 많은 사람이 잭 웰치를

20세기 최고의 경영자로 존경하는 것은, 그가 인재의 양성과 효율적인 시스템으로 기업의 성장·발전과 번영 및 효율성 재고라는 명분으로 정당화되고 있기 때문이다.

강력한 리더십이든 부드러운 리더십이든 그 나름의 장단점이 있을 수 있다. 강력한 리더십의 경우 구성원의 주인 의식과 일에 대한 열정을 자발적으로 끌어내기 위한 보완이 필요하듯, 부드러운 리더십의 경우 역시 경영성과가 떨어지고 위기의식이 희박한 안일한 근무 분위기가 조성되지 않도록, 튼튼하고 확실한 '사람과 시스템' 및 '성과주의 운영 메커니즘'을 먼저 갖추어야 한다.

그뿐만 아니라 리더 중심에서 구성원 중심으로 조직의 무게 중심이 이동되어야 한다. 일하는 방식도 탑다운(Top Down) 방식에서 바텀업(Bottom Up) 방식으로 바뀌어야 한다.

그렇게 하려면, 먼저 경영의 기본 요소인 운영 메커니즘을 성과주의로 효율화하여 조직 구성원 모두가 강한 주인 의식과 일에 대한 열정을 갖고 전력투구하도록 해야 하며, 경영의 기초인 사람과 시스템을 근본적으로 튼튼히 하여 고성과가 지속해서 창출되게 해야 한다.

(2) 둘째는, 경영의 기초와 기본을 재확인하여 새롭게 다져야 한다.

1) 경영의 기초인 '사람과 시스템'을 근본적으로 충실화해야 한다. 여기서 '사람'이라 함은 인재를 확보·양성·유지·활용·평가·보상하는 인사 관리와, 조직구조를 활기차게 운영하게 하는 조직 관리와, 진취적·도전적인 기업문화를 구현하고 진화·발전시키는 기업문화 관리를 포함하는 사람과 집적으로 관련된 총체적인 개념을 말한다.

여기서 '시스템'이라 함은, 경영관리 과정을 제어하기 위한 공통의 기준과 절차를 말하며 기본 관리 시스템, 업무 관리 시스템, RTE 시

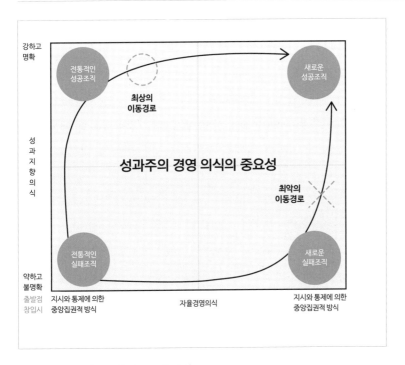

강하고
명확

전통적인
성공조직

최상의
이동경로

새로운
성공조직

성
과
지
향
의
식

성과주의 경영 의식의 중요성

최악의
이동경로

약하고
불명확

전통적인
실패조직

새로운
실패조직

출발점
창업시

지시와 통제에 의한
중앙집권적 방식

자율경영의식

지시와 통제에 의한
중앙집권적 방식

스템을 포괄하여 말하는 것이다.

2) 경영의 기본인 운영 메커니즘을 효율적으로 만들어야 한다.

운영 메커니즘이 효율적이지 못하면 구성원의 성취동기가 약하고, 경영의 효율과 속도가 떨어져 경영목표 달성이 어려워지게 된다. 그러므로 운영 메커니즘을 성과주의로 확실하게 효율화해야 한다.

학생이 공부를 열심히 하면 성적은 반드시 오르기 마련이다. 잠을 적게 자면서까지 열심히 공부하는데도 성적이 오르지 않는다면 겉으로는 공부하는 체하면서 딴짓하고 있거나, 기초가 부실하기 때문이다.

① 성과주의 의식의 중요성과 사례

성과주의를 제대로 시행하면 성과는 반드시 오르기 마련이다. 성과주의를 시행하는데도, 성과가 오르지 않는 원인은 무늬만 성과주의로 하고 있거나, 기초가 부실하기 때문이다.

② 일에 대한 열정 / 미켈란젤로

〈천지 창조〉는 서양 문화유산 중에서 가장 경이로운 걸작품이다. 높이 25m에 가까운 바티칸 시스티나 성당의 궁륭 천장(穹窿 天障)

열정 경영

열정이란 조직 구성원의 가슴에서 솟아 나오는 에너지로서, 몰입을 불러일으켜 성과를 창출하게 하는 원동력이다. 따라서 성공한 조직의 가장 강력한 경쟁우위 요소는 바로 열정이라고 할 수 있다.

열정은 개발되고 관리될 수 있다. 단기적으로는 조직과 구성원의 열정 창출에 주력하고, 중장기적으로는 열정의 유지·확산을 위한 시스템을 구축하고, 종국에는 모든 부문을 열정 추구형 조직으로 만들어야 한다.

성공하는 조직이 되기 위해서는, 강요하지 않더라도 자발적으로 일에 몰입하고 매진할 수 있는 열정 에너지가 충만한 구성원이 필요하다. 게다가 구성원의 샘솟는 열정 에너지가 이들의 기본적인 태도와 행동에 스며들도록 하는 것이 중요하다. 이들 구성원 개개인의 열정이 집단의 열정으로 승화될 때 집단 성과가 최고조에 이르게 된다. 이것이 가능할 때 비로소 조직은 지속적으로 탁월한 성과 창출과 성장·발전이 기대되는 것이다.

그러므로 구성원의 열정 지수를 높이도록 하기 위해서는 보다 근본적인 열정의 원천을 찾아서, 이를 인적자원 관리와 조직운영 방식에 적극적·효과적으로 활용할 수 있어야 한다. 이의 가장 효과적인 방법이 바로 성과주의 경영이다.

여기서 성과주의 경영이란 단순히 결과중시 경영(Consequence management)을 의미하는 것이 아니라, 구성원의 무한 열정과 성과주의 운영 메커니즘의 균형적·유기적 결합 때문에 구성원의 주인 의식이 발현되도록 함으로써, 구성원이 자발적으로 경영활동에 열정적·헌신적으로 참여하게 되어, 조직의 성과가 극대화되도록 하는 경영을 이르는 말이다.

그런 의미에서 열정 경영이란, 구성원에 대한 효과적인 동기부여(Extrinsic & Intrinsic Motivation)를 통해 이들의 감정적 헌신(Emotional Commitment)을 유발하고, 일과 조직에 대한 열정 지수를 높여서, 조직이 구성원에게 기대하는 가외(加外)의 에너지(Extra Effort)·창의력(Creativity)·주인 의식(Ownership)·규율 있는 행동(Discipline)을 도모함으로써, 조직의 고성과 창출과 개인의 지속적인 성장·발전을 균형적으로 이루어 나가게 하는 인간중심의 가치 경영을 이르는 것이다.

위대한 경영자로 칭송받는 대다수 리더는 열정 에너지가 넘치는 공통점이 있다. 열정이 없는 리더의 모습은 구성원의 열정을 앗아가는 원인이 된다. 부하직원의 등 뒤에서 그저 사태를 관망하며 지시와 통제만을 일삼는 리더가 조직 구성원의 열정을 끌어낼 수는 없는 것이다.

요컨대 열정 에너지가 넘치는 리더가 관건이다. 리더 스스로가 먼저 소매를 걷어붙이고 직접 문제를 해결하려는 열정을 구성원에게 보여줄 수 있어야 조직 구성원의 열정도 뜨겁게 달굴 수 있는 법이다.

또한, 열정이 어떤 것인지 리더가 알아야 조직 운영과 인적자원 관리 전반에 열정을 키울 수 있는 요소를 반영할 수 있으며, 효과를 극대화해 나가기 위해서는 분명하게 방향을 제시해야 하고 명확한 목적과 목표가 있어야 함은 두말할 나위가 없다. 따라서 구성원이 조직을 위해 열정을 갖고 감정적 헌신을 다 하도록 하기 위해서는, 조직의 성과와 구성원의 욕구 사이에 균형이 지속적으로 유지되어야 한다.

니체는《자라투스트라는 이렇게 말했다》에서, 제대로 생각하는 사람이 되고 싶다면 최소한 3가지 조건이 필요하다고 했다. 사람과 교제를 할 것, 책을 읽을 것, 열정을 가질 것.

지금 이 인생을 다시 한번 똑같이 살아도 좋다는 마음으로 살아라. 죽는 것은 이미 정해진 일, 언젠가는 끝날 것이기에 온 힘을 다해 맞서야 한다.

에 1508 ~ 1512년의 4년간, 구약 성서 창세기에 나오는 150개 이상의 개별 그림과 등장인물 350명의 〈천지 창조〉 프레스코화를 혼자서 초인적인 힘과 인내심으로 기적적으로 완성했다.

완성 시 몸에 심각한 무리와 불균형이 나타났다. 갑상선종 비대 / 목덜미와 가슴 통증의 악화 / 신장과 골반의 뒤틀림 / 척추가 휘어지고 고개가 치켜져 보행이 곤란한 점 등. 인류 최대의 걸작을 남기려는 강한 목표의식과 예술가로서의 자부심과 불굴의 투지 및 일에 대한 뜨거운 열정과 집념과 성취감이 없었더라면 불가능했다.

인류 문명사에 위대한 업적을 남긴 위인들의 공통점은 대체적으로 두 가지다.

열악한 환경을 극복하고 운명을 스스로 개척하려는 ①강한 의지력과 집념, 그리고 ②일에 대한 열정이었다.

③ 일에 대한 열정 / 빈센트 반 고흐

고흐의 IMAGE ①정신병에 시달리다가 자신의 귀를 자른 엽기적인 화가. ②생전에는 단 한 점 그림만 팔렸지만, 사후에는 천문학적 가격에 거래되는 화가. ③태양과 같은 뜨거운 열정으로 예술혼을 불태우다 37세에 권총 자살한 천재 화가.

고흐의 창작 열정 ①고흐가 화가로서 활동한 기간은 불과 8년 반. 900여 점의 그림과 1,700여 점의 스케치를 남겼다. 절정의 시기에는 15개월 동안 무려 200여 점의 그림을 그렸다. ②고흐가 18년간 쓴 편지가 물경(勿驚) 800여 통에 이른다.

단순한 형식과 열정적 붓놀림 때문에, 고독한 생활 속에 오해를 받는 예술가였다. 정신적으로 균형을 잃고 광인(狂人)으로 알려진 예술적 순교자이다.

성인(聖人)과 같은 존경을 받는 예술가 이미지를 다시 한번 생각하게 하는 작품. 모든 사람의 호응을 얻을 작품을 만들고 싶던 화가의 열망이 성취된 작품이다.

고흐는 과감한 색상과 힘이 넘치는 붓 놀림을 통해 자신만의 독창적인 스타일을 창조했다.

그에게 있어, 해바라기는 범접할 수 없는 [1]태양의 위력을 상징하는 [2]삶의 덧없음을 나타내는 것이었다.

3) 성과 지향의식 배양을 위한 선진 사례

① NETFLIX

넷플릭스는 1997년 리드 헤이스팅스가 마크 랜돌프와 함께 설립한 미국의 유료 동영상 스트리밍 서비스 업체로 미국 캘리포니아에 본사가 있다. 넷플릭스(Netflix)란 '인터넷(NET)'과 영화를 뜻하는 '플릭스(Flicks)'의 합성어로, '인터넷을 통해 영화를 유통한다.'라는 의미다.

세계 최대 인터넷 기반 TV 서비스 사업자로 2015년 기준 세계 50여 개 국가에 진출했으며 가입자는 6,500만여 명에 이른다. 2016년부터 한국을 포함한 130개 국가에 진출을 선언하고, 한국에서는 2016년 1월부터 서비스를 시행하고 있다.

처음 넷플릭스는 비디오와 DVD 대여 서비스로 사업을 시작한다. 매월 사용료를 받고 우편 택배로 비디오나 DVD를 무제한 대여 해주는 방식이다. 연체료가 없는 대신 DVD 반납이 확인되어야 다음 DVD를 대여할 수 있게 해서 장기 연체를 막는다. 2007년부터는 인터넷 동영상 스트리밍 분야로 사업을 확장한다. 넷플릭스는 동영상 스트리밍 서비스에도 정액제 방식을 적용하고, 가격은 정액제로 한 달에 7.99달러 이상을 내면 TV 프로그램이나 영화 등 넷플릭스가 보유한 콘텐츠를 무제한 감상할 수 있다.

미국의 일반 케이블 유료 방송 서비스 비용과 비교하면 3~4배 정도 저렴한 금액으로 별도의 광고가 없는 것이 특징이다. 단 정액제 가격에 따라 지원되는 플랫폼 개수나 화질 수준에는 차등이 있다.

넷플릭스 특징의 하나는 빅 데이터를 이용한 추천 알고리즘에 있다. 넷플릭스는 사용자가 매긴 영화 평점을 기반으로 영상패턴을 분석해 사용자의 취향에 맞는 영상을 추천한다. 넷플릭스는 추천 알고리즘을 발전시키기 위해 2006년부터 3년 동안 '넷플릭스 프라이즈(Netflix Prize)' 대회를 개최하여 자사 추천 알고리즘을 향상한 팀에게 상금을 수여하기도 한다.

'자유와 책임'의 문화에 기반한 성과주의로, "우리는 가족이 아니라 팀이다."라고 주창한다. '우리는 프로 스포츠팀이지, 아이들을 위한 레크레이션 팀이 아니다. 프로 스포츠팀과 다른 구석이 있다면, 스포츠팀에서는 팀 멤버들끼리 같은 포지션을 두고 경쟁을 하게 되지만, 회사는 이와 달리 항상 서로를 도우면서 성취해 나갈 수 있다'라는 점이다.

"최고의 인재가 모여서 최고의 성과를 낸다.", "훌륭한 직장이란 커피머신·맛있는 점심 메뉴·화려한 파티·고급 사무실이 제공되는 곳이 아니라, 멋진 동료들이 가득한 환경에서 일할 수 있도록 하는 것이 중요하다. 재능 있는 사람이 많을수록 더 많은 것을 할 수 있고 최고가 되도록 서로를 도울 수 있다. 이를 위해 성과가 높은 자에게 업계 최고 수준의 임금을 제공하고, 평범한 성과를 내는 사람들은 퇴직금을 주고서라도 내보낸다. 우리는 가족이 아니라 프로 스포츠팀이기 때문이다.

똑똑하게 고용하고 승진시키고 해고하면서, 팀을 정상급 선수들만으로 채우는 것, 그것이 바로 성과주의 지향의식을 바탕으로 미국 맞춤형 비디오 스트리밍 서비스의 선두 기업으로 거듭난 넷플릭스의 성공 요인 중 하나다.

스포츠팀은 평생직장을 전제하지 않지만 상호 신뢰와 투자·상호이익의 원칙이 적용된다. 경기에 승리하려면 각 구성원이 개인의 영예보다 팀의 성공을 우선시할 만큼 서로 신뢰해야 한다. 팀의 승리는 역설적으로 구성원 개인이 성공할 수 있는 최고의 방법이기도 하다.

한국 기업에서의 성과주의는, 다소 지나친 단기 성과 중심의 분위기와 지나치게 엄격한 상대평가로 회사를 위한 실질적 성과와 장기적이고 지속 가능한 성장을 간과한 채, 팀원 간 그리고 팀 간의 협업을 가로막는 사례가 많다. 성과주의를 지속 가능하면서 성공적으로 조직에 구현해 낸 넷플릭스 사례를 타산지석으로 삼아야 한다!

프로 구단이 우승하기 위해 끊임없이 유능한 선수들을 영입하는 것처럼, 회사도 좋은 성과를 내려면 '가족처럼' 지낼 사람이 아니라 유능한 인재를 모아 키우고 관리해야 한다.

성과주의에 기반한 고용과 성장·해고를 현명하게 수행함으로써, 최대한 많은 직위에 스타 플레이어를 앉히는 것이다. 그들의 긍정적인 영향력을 나머지 조직원들을 위해 널리 체화(體化)시킬 수 있는 평가·보상관리 시스템이 중요하다.

② 딜로이트(Deloitte)의 기존 성과평가 시스템의 문제점

65,000여 명의 직원은 'consensus meeting'을 통해 평가받게 되며, 이에 걸리는 시간이 만만치 않았다. 또한 360도 평가 방식은 1년

에 한 번 이루어지는데, 정해진 목표가 급변하는 환경을 제대로 반영하지 못할 가능성이 크다는 사실이다.

고액 연봉을 받는 컨설턴트의 시급을 10만 원이라고 가정한다면, 평가 등급 결정을 위해 소요되는 200만 시간은 2,000억 원에 해당하는 기회비용을 과거의 성과를 측정하는 데 투입하는 것만큼 비효율적이다.

따라서 직원의 평가 등급에 대해 갑론을박하는 데 소비되던 시간을 직원의 미래 성과를 개선하고 커리어를 발전시키는 데 도움이 되는 방향으로 전환해야 한다. 과거보다 미래에 집중하자는 것이다.

빠른 속도, 다양한 상황에 대한 기민한 대처, 개인 맞춤형 one size fits one 접근방식, 지속적 학습 등, 신뢰할 수 있는 성과 자료를 확보하는 데 기반을 두고 있으며 딜로이트와 같이 개인의 능력을 중시하는 기업에 매우 적합한 방식으로서, 과거의 성과평가도 중요하지만, 미래의 성과에 불을 붙이는 방향으로 성과관리 체계에 개선이 필요하다.

기존의 성과관리 방식과 보상 결정을 분리하여, 퍼포먼스 스냅샷(performance snapshot)을 통해 개선된 평가지표를 제공한다. 평가자들 간의 의견 일치도가 높은 평가 질문을 찾아서 직원들의 성과를 파악한다. 예를 들면 이런 것이다.

①(피평가자의 성과를 염두에 두고) 내가 돈이 있다면 이 직원에게 가능한 한 최고의 연봉과 보너스를 주고 싶다. ('매우 동의한다' ~ '매우 동의하지 않는다'라는 5점 척도 평가)

②(피평가자의 성과를 염두에 두고) 나는 계속해서 이 직원과 한 팀이 되어 일하고 싶다. (5점 척도 평가)

③이 직원은 저성과의 위험에 처해 있다. (yes or no)

④이 직원은 지금 당장 바로 승진시켜도 될 만큼 준비가 되어 있다. (yes or no)

관리자는 일주일에 한 번씩 '체크인'(매주 만나 업무의 우선순위를 정리, 업무 개선 방향을 논의한다. 직원 코칭, 중요 정보를 공유, 차주 계획을 수립하는 등등…) 함으로써 지속적인 성과 창출이 가능하도록 한다.

성과관리 시스템의 전면 재설계로 연 200만 시간의 낭비를 제거함과 동시에 직원들에게 자율적으로 동기를 부여하여, 업무 몰입도를 높임과 아울러 200만 시간·2,000억 원을 절약한다.

4) 발전적인 비전과 전략을 수립·전개해야 한다

경영의 효율과 속도가 매우 중요하지만, 이보다 더 중요한 것은 방향성 즉 비전이다. 설령 효율과 속도가 높아지더라도 방향이 잘못되면 영원히 목적지에 도달할 수 없기 때문이다. 그러므로 전략적 성과관리로 비전 및 전략과 연계된 목표[KPI]의 설정·관리를 통해 구성원의 강한 주인 의식과 일에 대한 열정을 높여서 효율과 스피드를 증진시켜 지속해서 고성과가 창출되는 선순환이 이루어져야 한다.

(3) 셋째는, 끊임없는 혁신으로 경영 수준을 고도화해야 한다.

1) 결론적으로 말하면, '시스템적 사고에 의한 경영'을 실현해야 한다. 경영 수준을 고도화하기 위해서는 먼저, 시스템적 사고에 의한 경영을 시도하고 이를 확실하게 실현해야 한다. 그렇게 함으로써 구성원이 강한 주인 의식과 일에 대한 뜨거운 열정을 갖고, 미친 듯이 자발적으로 일에 몰두하게 함과 동시에, 조직과 조직 구성원의 수월성(Excellence)과 핵심역량을 강화해 나가게 되어, 경영환경 변화에 맞는 혁신을 이룰 수 있게 된다

참고 사례로, 솔개의 갱생 과정을 한번 보자.

솔개는 70년 정도 살 수 있는데, 이렇게 장수하려면 40년쯤 세월이 경과 했을 때 고통스러운 큰 결단을 한다고 한다.

그때쯤 되면 솔개는 발톱이 노화되어 사냥감을 효과적으로 잡아챌 수 없고, 부리도 길게 자라고 부러져 가슴에 닿을 정도가 된다. 깃털도 두껍게 자라서 날개가 무거워 하늘로 날아오르기가 힘들어진다. 그런 솔개는 죽을 때까지 그대로 세월을 보내든가, 아니면 약 반년에 걸친 매우 고통스럽고 어려운 갱생의 과정을 밟을 것인가의 두 가지 선택이 있을 뿐이다.

갱생의 길을 선택한 솔개는 정상 부근으로 날아가서, 둥지를 짓고 머물며 갱생을 위한 고통의 몸부림을 시작한다. 먼저 부리로 바위를 쪼아서, 부리가 깨지고 빠지게 만들고, 그 후 새로운 부리가 나올 때

자원기반 이론

비슷한 산업환경 속에서도 기업이 서로 다른 이익을 내고 있다는 것은 수익의 원천이 외부환경이 아닌 기업 내부 요인에 의해 결정된다는 것을 방증한다. 쉽게 말하면, 누가, 어떻게 하느냐에 달려 있다는 얘기다. 그러면, 과연 기업 내부의 어떤 요소가 핵심역량으로서 수익을 비롯한 경영성과를 끌어내느냐가 초점이 된다.

기업이 성공하려면, 가치를 창출할 수 있는 구조(Infrastructure)라야 하고, 그 구조는 희소성을 가지는 것과 동시에 다른 경쟁자가 쉽게 모방할 수 없어야 한다. 이에 따라 자원기반 이론에서는 조직문화·기업 브랜드·경영 관리 시스템과 같은 무형의 요소를 자주 거론하는데, 이들 무형 요소가 외형적 요소보다 모방이 어렵기 때문이다.

무중량 경제의 의미 및 특징

의미
① 무중량(無重量) 경제란 첨단기술의 발달에 따라 초경량 및 극소형 제품과, 정보·서비스 등 무형 상품의 부가가치 창출력이 획기적으로 증가한 경제다. ② 과거 자동차·철강·기계·가구·석유 등의 제품은 용량이 크고 무거울수록 가치도 높았지만, 최근의 전자·정보통신 등의 주력 제품은 용량이 작고 무게가 가벼울수록 가치가 높아진다. ③ 정보·금융·디자인·서비스 등 무중량 상품의 비중과 부가가치 창출력이 급격히 증가하고 있는 것도 최근의 특징이다.

특징
① 무중량(無重量) 경제 시대에는 생산활동과 생산공간 간의 밀착 관계가 해체된다. ② 천연자원이나 자본보다 인간의 창의성과 지적(知的) 능력이 경쟁력의 원천이기 때문이다. 또한 ③ 무중량 경제 시대에는 불안정성과 불평등의 정도가 증가한다. ④ 무중량 경제는 정부보다 시장에 더 큰 힘을 부여하므로, 정부의 새로운 역할과 정책이 필요해지는 특징들이 있다.

까지 기다렸다가, 새로 나온 부리로 발톱을 뽑아내고, 발톱이 새로
나오면 그 발톱으로 낡은 깃털을 하나하나 뽑아낸다. 반년 뒤면 솔
개는 새 깃털이 돋아나 완전히 새로운 모습으로 변신하게 되고, 다
시 힘차게 창공을 날아오를 수 있게 되어, 30년의 수명을 더 누리게
되는 것이다.

이 이야기는 변화와 개혁을 추진하기 위해서는 익숙한 습관과 전
통을 포기해야 한다는 우화이다.

2) 다음은, 그러한 끊임없는 혁신을 통해 시스템적 사고에 의한 경
영 수준의 고도화를 실현해 나가야 한다. 시스템 중시에서 사람 중
시로, 성과관리 중시에서 비전과 전략 중시로 시스템적 경영 수준의
고도화를 이루어야 한다.

그렇게 경영 수준을 업그레이드하여 시스템적 경영 구조의 고도
화를 추구함과 동시에, 지성·창의성·자율성에 기반을 둔 성공하는
조직으로 성장·발전하도록 해야 한다.

3) 종국에는, 집단 지성(Collective Intelligence)을 지속적으로 제고해
야 한다. 그렇게 하려면, 먼저 조직의 효율성과 효과성의 고도화를
끊임없이 추구해야 한다.

그리고는 우수한 구성원 개인도 중요하지만 보다도 조직 전체적
으로 훌륭한 집단 지성이 균형적으로 충만한 조직으로 발전하도록
해야 하는 것이다.

4) 미래는 스스로 만들어 가는 것

지금 이 시점에서는 종업원의 의지와 행동에 따라 회사의 장래가
달라진다는 조건부 미래의 시각이 절대적으로 필요하다. 미래를 가

장 확실하게 예측하는 방법은 미래를 스스로 만들어 가는 것이다.

막연한 낙관이나 지나친 불안에 빠지지 않는 것이 혼란기와 변혁기의 지혜다. 추상적인 슬로건이나 막연한 비전이 아닌 구체화한 확실한 전략을 갖고, 이를 조직 속에 구체화해 지속적으로 실행해 나가느냐에 따라 승패가 결정된다.

시대의 흐름이라는 부양력(浮揚力)에 편승해서 성장 궤도에 진입해야 하고, 시대의 흐름에 맞으면서 조직 주체와 핵심 요원들의 역량을 결집할 수 있는 큰 전략을 수립·실행해야 한다.

기업은 새로운 가치를 창출하고, 장기간의 투자와 피나는 노력으로만 일류기업으로 도약할 수 있다. 일류기업으로 도약할 수 있는 필요조건을 말하자면 핵심역량과 관리능력을 보유하고, 구성원의 헌신을 끌어내며, 사회적 책임을 수행하는 것이라고 말할 수 있다.

① 기업에서 요구되는 핵심역량과 관리능력

핵심역량이란 [1]상황을 제대로 분석하여, 효과적으로 대처하고, 과업을 성공적으로 수행하는 능력과 예측 못 할 사태에 대처할 수 있는 유연성을 말한다. [2]공유 목적을 달성하고 성과 극대화를 위해 조직과 인력을 효율적으로 동원할 수 있는 능력이기도 하다.

[3]사람들이 전달하고자 하는 바를 경청할 줄 알고 이해할 수 있는 능력 및 분명하고 정확하게 자신을 표현할 수 있는 능력이며, [4] 업무 및 사적 관련 모든 상황에서 자기 통제와 인내력 및 융통성뿐만 아니라 적절한 행동을 보여 줄 수 있는 능력. 말하자면, 위의 4가지 능력을 핵심역량이라고 할 수 있다.

관리능력이란 [1]명확한 전략지침을 개발하고, 조직에 주지·확산시킬 수 있는 능력을 말한다. [2]조직의 이상을 구현하고, 변화와 개혁을 주도하며, 시의(時宜)에 맞는 결정을 내리고, 그 결정에 책임질

줄 알며, 휘하 조직에 동기를 부여하고, 제대로 이끌 수 있는 능력
이다.

③전체 계획을 달성하는 데 필요한 목표와 능력에 관해 조직원들
과 협의하는 풍토를 만들고, 그들의 업적과 능력을 공정하게 평가하
고, 성과에 걸맞은 보상을 제공하도록 하는 능력이며, 아울러 ④지
침 및 책임에 부합하도록 계획을 수립하고 자원을 활용하며, 조직원
들의 자기계발을 권장하는 능력이다. 이 4가지 능력을 주요 관리능
력이라고 할 수 있다.

② 주요 키 포인트

기업 성장과 발전을 위해서는 성과 극대화도 필요하고 자율경영
도 필수적이지만, 그것을 받쳐줄 수 있는 철저한 성과주의 의식에
바탕을 둔 성과관리 시스템이 없이는 모두가 불가능한 일이다. 성과
주의 관리 시스템의 확립이 전제되어야 기업 구성원의 책임 의식과
주인 의식도 소홀하지 않을 수 있다.

'성과를 내는 사람은 '엉덩이'로 일하지 않고 '머리'로 일한다.' 평
가항목에 이끌려 다니지 말고, 남다른 역량으로 성과측정 지표와
평가항목의 모든 등급과 점수를 압도하겠다는 자세로 일에 열정과
지혜를 불태울 일이다.

일은 역할이고, 성과는 책임이다. 열심히 일하는데도 마음만큼
성과가 나오지 않는다면, 무작정 '더 열심히!'를 외치기 전에 일하
는 방식과 전략을 점검하고 제대로 된 '일 근육'을 키우는 것이 중
요하다.

어설픈 '줄'을 잡으려 애쓰지 말고, 스스로 조직에서 인정받는
'줄'이 되도록 해야 한다. 가능성 없는 '행운'에 기대어 하루하루 살
지 말고, 자신의 '역량'을 단련해 내일의 더 나은 성과를 기약해야

한다.

성과는 회사와 거래하는 상품이며, 나의 존재 가치는 성과로 증명된다. 혹독한 역량훈련으로 황금알을 낳는 거위를 잘 키우는 것이 핵심이다.

③ 조직 내에서 사람을 키우는 가장 확실한 방법
①시스템을 정교하게 구축하고, ②혹독하게 교육·훈련하고, ③조직적·체계적으로 혹사해서, ④엄정하게 평가·보상 관리하는 것이다. 그리하여 스스로 성장·발전하도록 기반을 구축하도록 지원하여, 자력으로 성장·발전하도록 해야 한다.

君子 成人之美 不成人之惡 (성인지미 불성인지악) 군자는 남의 아름다운 점은 이루도록 해주고, 남의 나쁜 점은 이루지 못하게 한다. 상대의 장점은 길러주고, 단점은 아예 싹을 잘라 버려야 한다는 의미다. 인생에서 가장 비참하고 구제 불능인 것은, 장래 희망이 없는 것이다.

촌철살인, 내 고향으로 날 보내 주! / Carry me back to old Virginny! –James Bland 작곡 –

노예 해방으로 북부 공업지역으로 이주해 삭막한 산업전선에서 고되게 일하는 늙은 흑인이, 비록 주인(상전)을 위해 힘들게 땀 흘려가며 그 넓은 들판에서 연중무휴로 많은 곡식과 목화를 기르고 거두다 보니 고되기는 했지만,오곡백화가 만발하고 종달새 높이 떠 지저귀는 운치 있는 환경에서 그런대로 풍요로움과 나눔이 있고 상전의 돌봄과 인정이 있어 행복했던 세상에서 둘도 없는, 진실로 그리워지는 남부의 내 고향 버지니아로 보내주기를 간절히 바라는 심정을 표현했다.

4 기업의 목적과 달성 조건

1. 기업의 목적

기업의 목적은 두말할 필요 없이 이윤 창출이 그 으뜸이다. 거기에 더해 성과를 극대화해야 하며 지속 가능한 경영을 실현해야 한다.

이윤 창출과 성과의 극대화에 대해서는 앞에서 누누이 이야기했다. 그러면 이제는 어떻게 하면 지속 가능한 경영을 실현할 수 있는

기업의 목적

지를 살펴보자.

(1) 제1조건 : 시스템적 경영

경제학 전공자는 경제 원론으로 시작해서 경제 원론으로 마친다는 말이 있다. 지속 가능 경영은 시스템적 경영으로 시작하여 시스템적 경영으로 마무리될 수 있을 것이다.

지속 가능 경영을 실현하기 위한 필요충분조건은 시스템적 경영과 고객 만족 경영, 창조경영의 총합이다.

지속 가능 경영을 실현하기 위한 첫걸음이 바로 시스템적 경영이다. 시스템적 경영은 지속 가능 경영을 실현하기 위한 알파요 오메가다. 다시 말하면 절대 전제조건이며, 과장해서 얘기하면 필요충분조건인 것이다.

기초와 기본이 부실한 건강 상실자나 중증환자가 운동이 몸에 좋다고 하여 과격한 운동을 하거나 무리를 한다면, 얻는 것보다 잃는 것이 더 많을 수 있다. 이와 마찬가지로, 시스템적 경영의 뒷받침 없이 무리하게 고객 만족 경영이나 창조경영을 추진하는 것은 사상누각과 같아서 소기의 목적을 제대로 거두기가 어렵다.

(2) 제2조건 : 고객 만족 경영

고객 만족 경영을 위한 출발점은 고객 지향 의식이다. 고객 만족 경영은 생산자 지향 주의로부터 고객 지향 주의로의 이행을 뜻한다.

"고객은 기업의 시작과 끝이요 모든 것"이라는 신념으로, 최고의 기술력과 경쟁력을 확보하여 완벽한 서비스를 제공함으로써 고객의 만족과 번영을 추구해야 한다. 고객 만족의 대전제는 고객 지향 의식과 "고객은 항상 옳다."는 생각과 심지어는 "고객의 착각조차도 옳다."는 생각의 합(合)이라고 말할 수 있다.

고객 지향의 의미는, 고객의 존재를 확실하게 인식하고, 목표 고객이 누구인지, 지금 어디에서 무엇을 하고 있는지, 요구하는 것이 무엇인지를 항상 생각하며, 고객의 욕구에 대한 본질적인 의미를 이해하면서, 고객의 처지에서 생각하고 행동하는 자세를 말한다.

(3) 제3조건 : 창조경영

창조성의 본질은 혁신적이고 독창적인 아이디어(Originality, Uniqueness, Scarcity)다.

창조적인 사람은 아이디어를 표현하면서 혁신적·모험적인 시도로 세상을 자극하고 싶어 한다. 그렇게 해서 자신의 아이디어를 일반 대중이 즐겁고 유익하게 활용해 주길 바란다. 그래서 아이디어라는 작은 씨앗의 싹을 틔우고 이를 구체화하고 그 결과 영화·연극·그림·조각·건축·책·기타 등등의 전위예술과 같은 혁신적·독창적인 각종 서비스를 창출하는 것이다.

이처럼 창조적인 사람은 태생적으로 호기심과 모험심이 강해서, 늘 새로운 것을 고안하고 미지의 영역을 탐험하길 좋아한다.

창조성은, 사람을 새로운 영역·새로운 지평·새로운 사고·새로운 아이디어로 이끌어주며, 신기하기도 하고 흥미진진하기도 한 것이다. 혁신적이고 독창적인 아이디어나 창조성을 북돋우지 않는 분위기나 시스템 속에서 어떻게 독창적인 행위나 예술이나 경영이 기대될 수 있겠는가? 창조경영 역시 경영의 기초와 기본을 튼튼하게 다지는 시스템적 사고를 바탕으로, 실패를 두려워 않는 진취적·활기찬 분위기 속에서만 꽃피울 수 있다.

결국 창조성의 본질은 Originality(독창성)·Uniqueness(유일성)·Scarcity(희소성)으로 표현될 수 있으므로 진취적이고 혁신적인 독창성으로 이해하며, 이를 대변할 수 있는 ①예술가와 ②두바이 신화와 ③GM의 경영 실제 사례를 통해 시사점을 살펴보기로 한다.

　1) 독창성을 대변할 수 있는 예술가
　① 박수근
　박수근은 1914년 강원도 양구에서 출생하여, 독학으로 미술을 공부했다. 1932년 제11회 조선미술전람회에 입선하여, 화단에 등단했으며 1962년 제11회 국전에서 심사위원을 역임하고 1965년 51세의 많지 않은 젊은 나이로 운명했다.

　박수근은 정규 교육을 받지 못하고, 서구 예술을 접할 기회도 많지 않았다. 그런 불리한 상황 속에서 그림을 그리고 실력을 쌓아간 것이 오히려 자신만의 시각과 표현을 가능하게 했다. 현재 그는 가장 한국적인 화가로 인정받고 있다.

　작품 성향은, 가난한 이웃을 소재로, 평면적이고 독특한 질감(質感)을 가진, 자신만의 특이한 작품 세계를 그렸다. 작품 속 인물은 소박한 서민의 일상적인 모습을 비롯하여, 일하는 여인·장터의 풍경·할아버지와 손자 등 따뜻한 정을 느끼게 하는 평범한 사람들이다.

　이들의 "소박함과 진실함"을 드러내는 방법으로 화강암의 거친 물감을 활용하였으며 공간감을 무시하고 극히 단순한 형태와 선묘(線描)를 이용한 평면화된 대상을 모노톤의 색채로 그려내어, 마치 바위에 각인된 듯한 이미지로 표현했다.

　박수근의 수법은 단순화시킨 주제 전개, 굵고 명확한 검은 선의 윤곽, 흰색·회갈색·황갈색 주조의 평면적 색채, 명암과 원근감이 거의 배제된 특징적인 표현들이다.

박수근의 작품은 경매 최고가가 45억 2천만 원이었으며, 대표작이라고 할 수 있는 〈소녀〉, 〈산〉, 〈강변〉, 〈빨래터〉 등 비롯하여 유화 350~400점 정도가 전해지고 있다.

② 이중섭

이중섭은 1916년 평남 평원군 부농 집안에서 출생했다. 오산 고보를 졸업하고, 일본 도쿄 문화 학원 미술과에 유학한 중섭은 1945년 귀국하여, 일본 여자 이남덕(山本方子)과 결혼하였으며, 원산 사범학교의 교원으로 재직했다.

그는 1950년 6·25 동란으로 월남하였으며, 종군화가로 활동하기도 했는데 1952년 생활고로 부인이 두 아들과 함께 도일(渡日)했다. 부산에서 부두 노동을 하다가 정부 환도(還都)로 상경하고 1955년 미도파 화랑에서 단 한 번 개인전을 개최했다. 일본에 보낸 처자식에 대한 그리움과 생활고가 겹쳐 정신 분열을 일으키기도 한 이중섭은 1956년 적십자병원에서 쓸쓸하고 외롭게 40년의 짧은 일생을 마감했다.

그의 작품은 야수파(Fascism)의 영향을 받았으며 향토적·개성적이었으며 서구의 근대화된 화풍 도입에 공헌했다. 담뱃갑 은박지에 송곳으로 긁어서 그린 선화(線畵)는 표현의 새로운 영역 탐구로 평가되고 있다.

작품으로는 〈두 아이와 물고기〉와 〈게〉, 〈황소〉, 〈달과 까마귀〉, 〈흰 소〉, 〈소〉 등이 있다. 유화 〈새와 애들〉이 15억 원에 낙찰되었으며, 〈어린이와 새와 물고기〉가 10억 원에 판매되었다.

이중섭은 어릴 때부터 고구려 고분 벽화를 보며 화가의 꿈을 키웠다. 가난에 절어 절망하던 순간까지도 그림을 놓지 않았다. 민족 동란의 참혹함 속에서도, 판잣집 골방에서 콩나물시루처럼 웅크린 상태에서도, 대폿집 목로판이나 부두에서도, 일하다 말고 그림을 그리곤 했다. 때로는 허무해서, 때로는 외로워서 그림을 그렸다. 피난 시절 세상을 떠돌면서도 유화 2백여 점과 은지화 3백여 점 등 총 5백여 점의 작품을 그렸다. 이중섭에게 그림은 생활이고 생존이요 생애의 전부였다.

③ 앤디 워홀

대중은 해독하기 어려운 순수 미술을 머리를 싸매고 골치 아프게 공부할 필요를 느끼지 않는다. 현대인이 순수 미술에 등을 돌린 것은 무식해서가 아니라, 오늘 당장 삶을 즐기려는 경향이 강하기 때문일 뿐이다.

다시 말하면, 영화·연극·만화·TV·신문·잡지 등 볼거리가 넘쳐나고, 화려한 광고는 다양한 상품들로 풍요로운 삶을 부추기고 있어서 굳이 순수 미술에 관심을 기울일 여력이 없는 것이다.

앤디 워홀은 미술을 싫어하는 대중을 탓할 것도 없고, 적대할 필요도 없다고 생각하여, 슈퍼마켓의 수프 통조림을 사진으로 찍은 다음, 실크 스크린 기법으로 캔버스에 전사(傳寫)했다. 이것은 창작품이 아니라 상품을 캔버스에 복제한 것에 불과한 것이며, 예술적 가치는 눈곱만큼도 없는데도 워홀은 예술품이라고 주장한 것이다.

더욱 충격적인 것은 그것도 본인이 직접 제작하지 않고 조수들에게 맡겼고, 그러한 자신의 치부를 숨기기는커녕 자랑스럽게 떠벌리고 다녔다. 순수 미술의 근본인 원본 가치를 짓밟고, 모조품을 다량 제작하여, 미술품이라고 우긴 것이다.

앤디 워홀은 미술의 전통을 파괴하고, 고귀한 미술을 천박한 대중 수준으로 끌어내린 것이다. 미술품을 상품으로 전락시킨 워홀의 도발에 미술계는 할 말을 잃었다. 회화(繪畫)의 경계를 넘어, 사진·조각 등 장르 간의 경계를 허물었던 것이다.

독창성·유일성·희소성·숙련된 기능은 미술의 특권이며 필수조건
이다. 이와 같은 혁신적 아이디어·창의성이 앤디 워홀의 독창성이
다.

④ 프랜시스 베이컨

프랜시스 베이컨(1909~1992)은 16세에 영국으로 건너가서 독학으
로 그림을 그린 아일랜드 출신의 화가다. 인간 내면의 '불안과 고통'
을 그로테스크하고 격렬한 필치로 그린 것이 특징이다. 그는 인간의
고독·사랑·폭력 등 인간성에 대한 작품을 그림으로 표현했다. 뒤틀
리고 일그러진 인물 시리즈를 통해 현대 사회의 고독한 인간 내면을

세계에서 가장 많이 팔린 그림

		(단위 : 만달러)
순위	이름	판매총액
1	앤디 워홀 (미국, 1928. 8. 6 ~ 1987. 2. 22)	4억 2000
2	파블로 피카소 (스페인, 1881. 10. 25 ~ 1973. 4. 8)	3억 2000
3	프랜시스 베이컨 (영국, 1909 ~ 1992)	2억 4500
4	마크 로스코 (라트비아, 1903. 9. 25 ~ 1970. 2. 25)	2억 700
5	클로드 모네 (프랑스, 1840. 11. 14 ~ 1926. 12. 5)	1억 6500
6	앙리 마티스 (프랑스, 1869. 12. 31 ~ 1954. 11. 3)	1억 1400
7	장 마이클 바스키 (미국, 1960. 12 ~ 1988. 8. 12)	1억 200

* 자료 = 아트 프라이스　　　　　　　　　　　　매일경제 2008. 4. 2

형상화하려 했다. 20세기 최고의 구상 화가로서 인간을 주제로 격렬한 이미지를 그림을 통해 현대인의 분노·공포·위기를 기괴하게 표현한 표현주의 화가이다.

2008년 1월 런던 소더비 경매에서 1967년 작품 〈조지 다이어 두상 연구〉가 3천만 달러에 매각되었다. 2008년 2월 런던 크리스티와 소더비 경매에서는 각각 5천 2백만 달러, 4천만 달러에 매각되었다. 이어 뉴욕의 크리스티에서 3천만 달러, 뉴욕의 소더비 경매에서 드디어 8천6백2십8만 달러에 매각되었다. 미술품 가격정보 회사인 아트프라이스 닷컴에 의하면, 1997년 가격 기준을 100으로 봤을 때 2008년에는 500까지 상승했다.

1963년 프랜시스 베이컨의 집에 조지 다이어라는 좀도둑이 든 걸 계기로, 이 좀도둑과 연인 관계가 되어, 다이어는 화가의 동성 애인이자 모델, 뮤즈가 된다. 베이컨은 이런 다이어의 초상화를 즐겨 그렸다. 자아도취적인 포즈의 알몸 초상화, 둘 사이의 애증을 암시하

세계 미술품 경매 톱10 그림

세계 미술품 경매 톱10			자료:서울옥션 취합, 경매 수수료 포함가	
순위	작품	작가	경매가	일자
1	루치안 프로이트에 대한 세 개의 습작	프랜시스 베이컨	1억4240만 달러(약 1528억원)	2013년 11월
2	절규	에드바르 뭉크	1억1992만 달러(약 1286억원)	2012년 5월
3	누드, 녹색 잎과 반신상	파블로 피카소	1억648만 달러(약 1140억원)	2010년 5월
4	걷는 사람	알베르토 자코메티	1억430만 달러(약 1116억원)	2010년 2월
5	파이프를 든 소년	파블로 피카소	1억416만 달러(약 1115억원)	2004년 5월
6	모자를 쓴 도라마르	파블로 피카소	9521만 달러(약 1019억원)	2006년 5월
7	아델레 블로흐-바우어의 초상 II	구스타프 클림트	8790만 달러(약 941억원)	2006년 11월
8	오렌지, 레드, 옐로	마크 로드코	8688만 달러(약 930억원)	2012년 5월
9	삼면화(트립틱)	프랜시스 베이컨	8628만 달러(약 923억원)	2008년 5월
10	가셰 박사의 초상	빈센트 반 고흐	8250만 달러(약 883억원)	1990년 5월

중앙일보 2013. 11. 14

듯 형편없이 얼굴이 뭉개진 초상화 등이다.

트립틱(Triptych / 三面畵)은 기독교 성화에서 삼위일체의 편재(遍在)를 강조하기 위해 사용된 형식이었던 것인데, 베이컨은 이걸 비틀어 삼면화 속에 인간을 고깃덩어리처럼 그로테스크하게 그렸다.

그림이 그려지기 전년 1968년 다이어는 자살을 시도한다. 1971년

세계에서 가장 비싼 그림

측정 연도에 관계없이 지금까지 가장 최근의 판매가격 기준으로 팔린 그림 20점을 선정한다. 현재 기네스북에 올라 있는 세계 최고가로 추정되는 그림은 레오나르드 다빈치(Leonardo di ser Piero da Vinci; 1452~1519)의 모나리자(The Mona Lisa; 1503~1506)로 되어 있다. 현재까지 추정가로는 40조원 정도로 보지만, 프랑스가 망하지 않는 이상은 팔려고 하지 않을 것이다.

순위	작가	작품명	가격
1	잭슨 폴록 (Jackson Pollock, 1912~1956)	No.5. (1948년)	$150.6 million (1,800억원)
2	윌렘 드 쿠닝 (Willem de Kooning, 1904~1997)	Woman Ⅲ (1953년)	$147.9 million (1,780억원)
3	구스타프 클림트 (Gustav Klimt, 1862~1918)	Portrait of Adele Bloch-Bauer (1907년)	$144.2 million (1,720억원)
4	빈센트 반 고흐 (Vincent van Gogh, 1853~1890)	가셰박사의 초상 (Portrait of DrGachet)	$138.4 million (1,660억원)
5	르누아르 (Pierre-Auguste Renoir, 1841~1919)	물랭 드 라 갈레트 (Bal du moulin de la Galette)	$131 million (1,570억원)
6	파블로 피카소 (Pablo Picasso, 1881~1973)	파이프를 든 소년 (Garcon la pipe, 1905년)	$119 million (1,430억원)
7	빈센트 반 고흐 (Vincent van Gogh, 1853~1890)	우체부 조셉 룰랭 (Portrait of Joseph Roulin)	$100.9++ million (1,210억원++추가 예상)
8	파블로 피카소 (Pablo Picasso, 1881~1973)	도라마르의 초상 (Dora Maar au Chat)	$101.9 million (1,220억원)
9	빈센트 반 고흐 (Vincent van Gogh, 1853~1890)	붓꽃 (Irises)	$101.2 million (1,210억원)

10월 파리 그랑팔레에서 베이컨의 회고전 개최 전날 밤, 같이 쓰던 호텔 방에서 자살했다. 이 그림은 다이어의 죽음을 암시한 전조가 되었다.

이 그림은 미술품 경매 사상 최고가 기록을 경신했던 그림이다. 2013년 11월 12일 뉴욕 록펠러 플라자에서 열린 크리스티 '전후(戰後)와 현대 미술'의 이브닝 세일(고가 작품 경매)에서 영국화가 프랜시스 베이컨(1909~1992)의 세 폭짜리 유화 '루치안 프로이트에 대한 세 개

순위	작가	작품명	가격
10	앤디 워홀 (Andy Warhol, 1928~1987)	여덟 명의 엘비스 (Eight Elvises)	$100.1 million (1,200억원)
11	빈센트 반 고흐 (Vincent van Gogh, 1853~1890)	수염이 없는 자화상 (Portrait de l'artiste sans barbe)	$94.5 million (1,130억원)
12	구스타프 클림트 (Gustav Klimt)	Portrait of Adele Bloch–Bauer II	$94.5 million (1,130억원)
13	피터 폴 루벤스 (Peter Paul Rubens)	Massacre of the Innocents	$92.3 million (1,100억원)
14	프랜시스 베이컨 (Francis Bacon)	Triptych	$86.3 million (1,030억원)
15	재스퍼 존스 (Jasper Johns)	False Start	$85.9 million (1,030억원)
16	빈센트 반 고흐 (Vincent van Gogh)	A Wheatfield with Cypresses	$85.7 million (1,020억원)
17	파블로 피카소 (Pablo Picasso)	Les Noces de Pierrette	$84.9 million (1,010억원)
18	파블로 피카소 (Pablo Picasso)	Yo, Picasso	$83.8 million (1,000억원)
19	앤디 워홀 (Andy Warhol)	Turquoise Marilyn	$83.4 million (1,000억원)
20	클로드 모네 (Claude Monet)	Le Bassin aux Nymphéas	$79.9 million (958억원)

의 습작'(1969)이 1억 4,240만 달러 (약 1,527억 원)에 낙찰된 것이다. 이전의 미술품 경매 최고가 기록은 2012년 5월 뉴욕 소더비 경매에서 1억 1,992만 2,500달러(당시 환율로 약 1,356억 원)에 팔린 에드바르 뭉크(1863~1944)의 〈절규 (1895)〉였다.

독일계 영국 화가 루치안 프로이트(1922~2011)는 정신분석학자 지그문트 프로이트의 손자다. 초상화와 누드를 즐겨 그린 극사실주의적 묘사로 유명하다. 베이컨은 친구이자 라이벌이었던 프로이트가 나무 의자에 앉아 있는 모습을 세 각도에서 그린 것이다.

한 폭당 가로 147.5cm·세로 198cm의 크기다. 그림의 애당초 추정가는 8,500만 달러(약 911억 원)였다. 뉴욕 타임스에서, '일곱 명의 수퍼리치(super rich)'가 경합해, 뉴욕의 미술품 딜러 윌리엄 아쿠아벨라가 신원이 알려지지 않은 고객을 대신해서 1억 4,240만 달러(약 1,527억 원)에 산 것으로 추정'된다고 보도했다. 출품작 69점 중 63점이 팔린 뉴욕 록펠러 플라자에서 열린 크리스티 경매는 총 낙찰액 6억 9,150만 달러(약 7,415 억 원)를 기록하며 '사상 최고가 경매'에 등극한 것이다.

폭력과 광기의 시대에 '산다는 것'에 대해 더욱 집착하고, 노름꾼에다 독학으로 그림을 배운 그는 아일랜드 더블린의 마구간을 개조한 스튜디오에서 1961년부터 죽을 때까지 단 한 번도 청소하지 않은 채 자폐증 환자처럼 그림에 몰두했다.

그에게 중요한 것은 살아 있는 인간에 대한 이미지, 현대인의 상실된 인간 의식, 자아에 관한 탐구였다. 성적 소수자이기도 했던 그의 잔혹하고 엽기적인 그림은 인간의 심연을 드러내는 철학적 깊이를 담고 있다는 평가를 얻었다.

프랑스 철학자 질 들뢰즈(1925~95)는 《감각의 논리》에서, "베이컨은 '짐승에 대한 연민'이라고 하지 않고, 차라리 '고통받는 인간은 고기다'라고 말했다. 고기는 인간과 동물의 공통 영역이고, 그들 사이를 구분할 수 없는 영역이다. 화가는 확실히 도살자다."라고 논평했다.

⑤ 백남준

백남준은 1932년 서울에서 출생했다. 1949년 홍콩 호이든(Hoyden) 스쿨을 졸업하고 1950년 일본 도쿄대 미학문학부에서 공부했다. 1956년 독일 뮌헨 루드비히 막시밀리안대학을 수료하고 그 뒤 유럽과 미국을 떠돌며 전위적·실험적인 미술 집단(Fluxus)의 일원으로 활동하면서 테이프 레코더와 피아노 음악 공연, 뮤직 일렉트로닉 TV 전 등 많은 공연과 전시회를 가졌다.

1963년 독일 부퍼달 파르나스 갤러리에서 그의 첫 개인전 〈음악 전람회·전자 TV〉를 개최했는데 TV를 기계적으로 조작한 작품들과 '관객과 상호작용하는 비디오 작품'을 제시하여 비디오 아트의 기념비적인 사건이 되었다. 이후 40여 년간 수많은 개념과 기계적 발명을 통해 '전자 이미지'가 미술의 영역으로 소개되고 수용되는 데 중요한 역할을 했다.

백남준은 경이로운 TV 작업과 비디오 영상 작업을 통해 비디오의 의미를 근본적으로 변화시키고, 예술적 관행을 재규정하는 설치 작품 시리즈를 창조했다. 1969년 미국에서 샬럿 데무어맨과의 공연으로, '비디오 아트'를 예술 장르로 편입시킨 선구자가 되었다. 1977년 위성 TV 쇼 〈굿모닝 미스터 오웰〉을 발표했다. 1993년 베네치아 비엔날레에서 황금사자상을, 1995년 후쿠오카 아시아 문화상을 수상했다. 1996년 호암예술상과 1999년 미국 마이애미 예술가상, 일본 교토 프라이즈를 수상했다. 2000년 금관 문화 훈장을 수상했다.

2) 두바이 신화

두바이는 서울의 6.4배 크기로, 2006년 말 인구 142만 명(자국민은 30만 명에 불과함)이고 국민 총생산(GDP)에서 석유 수입이 차지하는 비중이 6% 이하다. 1인당 국민소득이 3만 달러가 넘고, 연간 경제성장률이 7%를 넘는다.

두바이의 셰이크 무하마드 총리는 '미래를 바꾸려 하지 않는 사람은 과거의 노예'라고 규정하며 대변혁을 주도했다. 그는 '두바이에서 불가능한 것은 실패밖에 없다'라고 말했다. 2010년까지 두바이 경제의 석유 의존도를 0으로 만든다는 목표를 세우고, 석유 산업 대신 관광·무역·금융 등으로 산업 다각화를 도모했다.

두바이의 눈부신 발전은 대규모 외국인 투자에 힘입은 것이었다. 외국인이 투자하지 않고는 못 배길 환경을 조성하기 위해서는 나라를 뒤집어 놓아도 좋다는 생각이었다. 경제 자유구역에 입주한 모든 기업에 관세·법인세·소득세를 완전 면제하고, 부동산 소유·기업지분 소유·이익의 본국 송금에 규제가 없도록 했다.

이러한 변혁은 셰이크 모하메드 총리의 상상력과 창의력, 이를 실행에 옮기는 지도력이 관건이었다. 그의 주도로 두바이는 바다 위와 바닷속에 환상적인 호텔을 건립하고, 사막에 초대형 '실내 스키장*'을 건립했다. 세계 지도 모양의 인공 섬 '더 월드'를 건설하기도 하고, 세계 최초의 7성급 호텔 '버즈 알 아랍*'을 건립했다. 뿐만 아니라 세계 최고층 빌딩 '버즈 두바이*'도 건설했다. 디즈니랜드보다 8배나 큰 세계 최대의 테마파크 '두바이 랜드' 등도 만들어졌다.

---

* 실내 스키장

건설비는 10억 달러였고 세계 최대 쇼핑센터가 부대 건물이다.
규모는 높이 62m, 길이 400m, 면적 3,000m², 5개 코스, 50cm 두께의 눈 6,000t이다. 실내외 온도 차이는 60℃, 수용 인력은 1,500명이며 이용료는 U$2,720(₩28,000) / 2H ~ U$3,540(₩37,000) / 2H이다.

---

* 세계 최초의 7성급 호텔 '버즈 알 아랍'

건설 비용은 15억 달러이고 건설 기간은 1994년 ~1999년이었다. 높이는 321m에 60층이고, 숙박비는 로얄 스위트룸 기준 1박에 5백만 원이며 외부인 입장료는 70,000원이다.
벽과 기둥은 모두 금으로 장식했고 롤스로이스 8대와 헬리콥터 1대를 구비했다. 2층으로 된 스위트룸이 200개이고, 2개의 로열 스위트 룸이 있다.

3. 지속 가능 경영의 실패 사례

GM의 파산 원인은, 단순한 재무적인 실패가 아니고, 장기적인 전략의 부재와 실패 때문이었다.

환경 변화에 대한 무감각과 무대응, 부적응과 장기적인 전략 부재가 파산의 원인이었다. 계속된 고유가 추세는, 시장과 고객이 연료 효율이 높은 차량을 선호하도록 했고, 경쟁자(일본 기업)는 소형차 등 연비가 높은 차량 개발에 박차를 가하였지만, GM은 SUV 등 중대형 차량을 고집했다.

시장 점유율 하락을 가져온 결정적인 요소인 품질·연비·디자인·AS 측면의 개선에 총력을 기울이기보다는, 단순히 상품의 숫자와 구색 맞추기 폭의 증가를 통해 시장 점유율의 회복을 도모했다.

또한 강성 비대 노조에 의한 고임금과 흥청망청한 복리 후생이 파산의 주요 원인이었다. 도요타의 1.5배에 달하는 고임금과 퍼 주기식의 연금 제도가 치명적이었다. 의료보험의 경우를 보면, 퇴직자 부양가족을 위한 의료보험 부담금이 자동차 1대당 1,500달러에 달했다.

GM 현황		
설립연도	1908년	〈자료:GM〉
본사 소재지	미 디트로이트	
차량 판매	34개국(승용차), 140여개국(트럭)	
판매실적	824만대(2004년) → 835만대(2008년)	
순이익	28억달러(2004년) → -30억9000달러(2008년)	
직원 수	85만명(1978년) → 32만4000명(2004년) → 25만2000명(2008년)	

GM은 미국 경제전문잡지 〈포춘〉에 1955년~2009년 55년간 계속해서 '미국 내 500대 기업'에 선정·발표되었다. 1955년~1974년, 20년간 및 1986년~2000년, 15년간을 포함해 37년간 '미국 내 500대 기업' 중 1위에 선정되기도 했다.

생활의 지혜, 걱정이 적은 사람

1. 가슴에 꿈을 품고 있는 사람은 걱정이 적다. 지금은 비록 실패와 곤경으로 힘들어 해도 곧 일어나 꿈을 향해 힘차게 달려갈 테니까.
2. 마음에 사랑이 충만한 사람은 걱정하지 않는다. 지금은 비록 쓸쓸하고 외로워도 충만한 사랑으로 곧 많은 사람들로부터 사랑받게 될 테니까.
3. 마음이 진실한 사람은 걱정이 적다. 지금은 비록 손해를 보고 답답하더라도 그 마음의 진실로 곧 모든 사람들이 그를 신뢰하게 될 테니까.
4. 손길이 부지런한 사람은 걱정하지 않는다. 지금은 비록 힘들어 보여도 그 성실함으로 곧 기쁨과 감사의 기도를 하게 될 테니까.
5. 누구 앞에서나 겸손한 사람은 걱정이 적다. 지금은 비록 초라하고 부족한 것 같아도 겸손이 곧 그를 높여 귀한 사람이 되게 할 테니까.
6. 늘 얼굴이 밝고 웃음이 많은 사람은 걱정하지 않는다. 지금은 비록 가볍게 보여도 곧 그 웃음이 사람들에게 기쁨을 주어 그가 행복한 세상의 중심이 될 테니까.
7. 작은 것에 만족할 줄 아는 사람은 걱정이 적다. 지금은 비록 어리석게 보여도 그 마음의 작은 기쁨들로 곧 행복한 이야기를 만들어 낼 테니까.
8. 항상 양보할 줄 아는 사람은 걱정하지 않습니다. 지금은 비록 아쉽고 아깝게 보여도 양보 받은 사람들의 고마운 마음이 더 큰 양보와 존경을 불러 올 테니까.
9. 매사에 감사할 줄 아는 사람은 걱정이 적다. 지금은 비록 속도 없는 어리석은 사람처럼 보여도 그의 감사하는 모습이 많은 사람들의 각박한 마음을 녹여 줄 테니까.
10. 매사를 미리 준비하는 사람은 걱정하지 않습니다. 지금은 비록 남들처럼 즐기지 못하고 일만 하는 사람처럼 보이지만 나중에는 모든 일이 다 잘되어 느긋하게 즐길 수 있을 테니까.
11. 마음 속에 늘 믿음이 있는 사람은 걱정이 적다. 지금은 비록 오해 받거나 박해를 받더라도 머지 않아 진실은 밝혀지고 더 많은 사람들로부터 신뢰를 받게 될 테니까.
12. 고통이 영혼을 숭고하게 만드는 영약이라고 믿는 사람은 걱정하지 않습니다. 지금은 너무 괴롭고 힘들어 보여도 이겨낸 후 많은 사람들의 존경과 사랑을 받게 될 테니까.

5 시스템의 의미와 구조와 특성

1. 시스템의 의미

시스템이란, 공통의 목표를 추구하며, 하나의 실체로 활동하는 관련 부분들의 집합이라고 할 수 있다. 예를 들면 사람도 하나의 시스템이듯이, 이 세상의 모든 것이 다 시스템이다.

시스템을 크게 나누면 자연 시스템과 인공 시스템으로 나눌 수 있다. 인간의 의지나 의사에 상관없이 움직이는 자연 시스템(natural system)은 천체의 운행이나 자연계의 변화, 예컨대 지구의 자전에 의한 밤낮, 공전에 의한 계절의 변화 등 말하자면 자연 자체가 하나의 거대한 시스템인 것이다.

인공 시스템(artificial system)은 인간이 필요에 따라 개발하거나 형성한 것으로, 목적을 수반한 기능적 시스템을 말한다. 어찌 됐든 인간은 시스템을 벗어나서는 단 1분도 살아갈 수가 없다.

인간의 가치는, 예컨대 몸무게 70kg의 성인 남성을 기준으로 할 때 Level 1의 정태적 구조의 인간의 가치는 5만 원 정도이며, 지방을 짜내면 7개의 비누, 뼈에 있는 탄소를 추출하면 9,000자루의 연필, 6㎝ 정도의 못 1개를 만들 수 있는 철, 성냥 2,200개비를 만들 수 있는 인이 나온다.

Level 7의 인식 능력을 갖춘 시스템으로서의 인간의 가치는 가늠할 수 없는 정도다. 이렇듯 레벨 1의 인간과 레벨 7의 인간의 가치는 헤아릴 수 없는 차이가 있다.

이처럼, 시스템은 부분들이 아무렇게나 그저 모여서 만들어진 단순 집합체가 아니라 전체는 부분과, 부분은 부분끼리 서로 유기적인 관계를 갖는 조직적 구성인 것이다.

2. 시스템의 종류와 개념

시스템은 개념적 시스템과 물리적 시스템으로 구분해 볼 수도 있다.

개념적 시스템은 학문 체계·사고 체계·논리 체계·법률 체계 등과 같이 종속적 개념 및 생각의 정돈된 배열의 의미다. 물리적 시스템은 오디오 시스템·교통신호 시스템·행정 시스템 등과 같이 공통의 목적이나 기능을 위해 상호 작용하는 요소들의 집합 의미다.

시스템의 개념은 공통의 목표·목적·기능을 달성하기 위해 상호 작용하는 요소 또는 실체들로 구성된 집합의 개념이다. 그렇지만 단순 집합인 합[(合) / a+b+c]의 개념이 아니고, 복합적인 상호작용 과정의 승[(乘)/a×b×c]의 개념, 즉 시너지[a+b+c ⟨ a×b×c]의 개념이다.

시스템은 또한 외부 환경과의 교호(交互)작용 유무에 따라, 개방 시스템과 폐쇄 시스템으로 구분해 볼 수 있다.

개방 시스템(open system)은 예컨대, 입력·출력처럼 환경과의 교호 작용이 존재한다. 엔트로피(entropy)의 증가를 막기 위해 '부(負)의 엔트로피(negative entropy)'를 입력함으로써 질서 유지가 필요하다. 기업은 개방 시스템이므로, 지속해서 외부환경 압력에 대응하기 위해 노력해야 한다.

폐쇄 시스템(closed system)은 환경과의 교호작용이 없음에 따라 외부로부터의 입력이 없으므로 엔트로피가 줄어들지 않으며, 쇠퇴하거나 해체될 뿐이다.

시대 변화와 환경 변화에 대처하는 첫 번째 관건(關鍵/key)으로서의 시스템이다. 지구촌 자체가 하나의 시스템으로 통합되고 있고, 세계화·개방화·정보화의 물결은 사회 구조의 일대 변혁을 가져 왔으며, 개인에게는 다양한 욕구와 개성을 실현할 기회를 제공하고, 사회적으로는 새로운 문화 창출과 생활의 변화를 초래한다. 일례를 들면 홈쇼핑·홈뱅킹·재택학습·자가 의료진단(원격진료 서비스)·전자신문·홈 시큐리티 등이 일반화되고 있다.

컴퓨터와 통신 기술을 바탕으로 한 고도 정보화 사회에서는 정보 제공자와 정보 이용자 간의 대화형 서비스가 일반화되고, 멀티미디어 서비스가 보편화됨으로써, 시간과 공간에 대한 개념이 새롭게 인식되고 있다.

경제 사회는 자연스럽게 공급자 주도형에서 소비자 주도형으로 전환되고, 모든 부문과 시스템이 고객 만족 극대화 원칙에 전력투구하게 된 것이다. 다시 말하면 개인이든 기업이든 다양한 변화를 신속하게 수용하고 대처하는 것이 경쟁력을 기르는 핵심적인 요소가 되는 것이다.

복잡한 시스템을 이해하기 위해서는 먼저 시스템을 분해하여 살펴볼 필요가 있다. 분해되어 생성된 작은 시스템을 하위 시스템(sub-system)이라고 하고, 이 하위 시스템을 생성시킨 위의 시스템을 상위 시스템(supra-system)이라고 한다.

3. 시스템의 구조와 특성

(1) 시스템의 구조

	시스템의 구조	특징 및 예
레벨 1	정태적 구조 (Static Structure)	서로 관련성이 있는 연결, 가장 단순하다. ☞ 틀(Frame), 골조, 도서 목록
레벨 2	동태적 구조 (Dynamic System)	사전에 결정되어 있는 필수적인 단순 반복 작동만 한다. ☞ 기계 장치, 시계
레벨 3	통제장치 / 인공시스템 (Control Mechanism / Cybernetic System)	평형유지를 위한 자기조절시스템 일정 프로그램에 의해 움직인다. ☞ 온도 조절 장치, 자동 조절 센서 등
레벨 4	자기유지 구조 (Self-maintaining Structure)	비 생명체와 구분되는 레벨. 자기증식과 분화작용을 한다. ☞ 바이러스, 박테리아 이상 생명체
레벨 5	유전적 / 사회적 구조 (Genetic-Societal Level)	성장 활동 · 유전적 요인에 의한 군집 생식 ☞ 식물 군락
레벨 6	동물 (Animal System)	성장 활동 · 목적을 띤 행위, 자기 인식, 기민한 활동선
레벨 7	인간 (Human Level)	자기 인식과 언어 / 상징 활용 능력을 갖춘 시스템으로 여겨지는 개별적 인간
레벨 8	사회적 시스템 (Social System)	의미 있는 메시지, 가치 체계, 기록을 위한 기호 사용, 정교한 예술적 상징, 복잡한 인간의 정서 등 ☞ 시, 음악, 미술, 인간 조직 · 시스템 등
레벨 9	초월적 시스템 (Transcendental System)	인간의 능력으로 알 수 없는 영역 ☞ 종교

20세기 들어 시스템의 특성에 주목한 연구를 통해 시스템 이론이 체계화되고 충실해지면서 경영 이론에 접목되기에 이르렀다.

(2) 시스템의 특성

1) 목적성 : 이 세상의 모든 것은 시스템이며, 시스템은 저마다 활동하는 목적이 있다. 목적은 환경과 고객 등의 관계에서 정립되며, 홀로 있는 시스템 자체로서는 존재 이유가 없다. 그러므로 시스템은 뚜렷한 목적의식을 갖도록 하되, 시스템 구성 요소 상호 간의 인과

적인 결과에 대한 배려와 균형 감각이 필요하다.

　2) 양면성 : 시스템은 상보성(相補性)의 원리에 의해 전체성과 부분성, 보편성과 특수성, 종속성과 지배성과 같은 양면적 성질을 지니고 있다. 이러한 양면성으로 인해 시스템은 유연성을 띠게 되며, 지주회사와 계열사의 관계처럼 하나의 시스템인 동시에 하위시스템을 지배하고 상위 시스템에 종속되기도 한다.

　3) 불확정성 : 시스템은 실체이기보다는 단지 확률적인 가능태일 뿐이며, 객관적이고 독립적인 것이 아니고, 다른 시스템과 관련돼 제한적·한시적·부분적으로 서로 맞물린 형태로 연결되어 존재한다. 그러므로 시스템의 불확정성을 줄이고 실체를 다루기 위해서는 뚜렷한 관점을 갖고 전문성이 뒷받침되도록 해야 한다.

　4) 홀론(Holon)성 : 요소 환원주의적 입장에서 생물의 한 세포가 부분이면서 전체의 DNA를 포함하고 있듯이, 시스템은 전체의 한 부분이면서 때로는 전체의 성질을 그 안에 모두 담고 있으며, 부분적인 현상을 파악하는 것만으로도 전체를 통찰할 수 있다고 본다.

　그러므로 경영조직을 진단할 경우 주요 계층의 소수만을 대상으로 하더라도 전체 조직의 모습을 진단할 수 있는 이유는 시스템의 한 부분은 전체상을 반영하는 일종의 홀론성을 지니고 있기 때문이다.

6 시스템적 접근방식 / 시스템적 사고

1. 시스템적 사고의 등장

이와 같은 시스템의 특성에 기반해 사물을 단순하게 기계적으로만 보아 오던 과거의 사고방식에 대한 새로운 패러다임으로 시스템적 사고가 등장하게 되었다.

사물을 구성하는 요소별로 나누고 환원하여 분석하고 그 합이바로 전체라고 보는 요소 환원주의로 접근하기보다는 전체로서 이해하고 관찰하는 방향으로 사고가 바뀌게 되었다.

인과관계는 결정론적이라기보다는 불확정성과 초기 조건의 변화에 민감하게 의존한다는 생각으로, 객관적인 분석보다는 오히려 관찰자의 의식이 실체를 결정하는 주관적인 판단이 우세할 수 있다는쪽으로, 유물론적 사고보다는 정신과 물질의 분리 불가의 입장 쪽으로 사고의 바탕이 전환되는 것을 의미한다.

2. 시스템적 사고의 핵심

이러한 사고 전환의 바탕에 깔려 있는 생각 요소들을 요약·정리하면, ①전체 지향·②관계 지향·③목적 지향·④중점 지향·⑤미래 지향의 사고라고 할 수 있는바, 이를 시스템적 사고의 핵심 5요소라고 이른다.

시스템적 사고의 핵심이 되는 것은 '핵심 이슈의 원인(root cause)을 찾아내는 것'이다. 전체를 구성하는 각 부분의 최적화가 선행되어야 전체가 최적화되는 것이 우선이 아니라, 각 부분 간의 관계를 규명하고, 현재 핵심이 되는 부분의 개선을 시도해, 결국 시스템 전체에 긍정적인 영향을 미치는 것이 전체를 최적화시킬 수 있다는 뜻이다. 즉, 단기적으로 모든 이슈를 해결하려는 것은 무모한 시도이며, 이는 오히려 역효과를 가져올 수 있으므로, '시스템적 사고 역량'을 길러 사고방식의 차원과 깊이, 패러다임에 변화를 주는 것이 '롱런'할 수 있는, 사회가 필요로 하는 인재임을 깨닫게 한다.

3. 시스템적 사고의 정의

시스템적 사고란 문제(Problem)를 구체화하고 분해(Decomposition)·통합(Aggregation), 분석(Analysis)하는 과정을 거쳐서 문제를 풀기 위한 접근법이다.

문제 구체화 : 내·외부 환경으로부터의 다양한 욕구(Wants & Needs)를 실현하기 위해 먼저, 큰 그림(Grand Design)을 생각하고 대상과 범위를 구체화한다.

분해 및 결합 : 시스템적 사고의 핵심 부분, 시스템의 체계적이고 쉬운 해결 및 문제의 영향을 최소화할 수 있도록 복잡한 문제를 작은 문제들로 분해한다. 분해된 작은 문제들을 결합함으로써 동시 해결을 유도하고, 하나의 솔루션을 찾아 나가는 분석 기법이다.

분석 : 도출된 양질의 요소들을 기능적·구조적·동적으로 분석하여 솔루션을 찾아내고, 이를 기반으로 디자인 및 최적화된 시스템으로 구현한다.

해법을 찾아 최적화된 시스템 구현 : 특정 부품·산출물 또는 이벤트에 반응하는 것이 아니라, 문제를 전체 시스템의 일부로 인식하고, 분해 및 결합 과정을 통해 양질의 요소를 도출하고 분석(기능적·구조적)하여 솔루션을 찾음으로써, 최적화된 시스템을 구현해내는 접근 방법이라 할 수 있다.

이처럼 시스템적 사고를 한다는 것은 단순히 기법을 익히는 것을 넘어 사고방식의 변화를 뜻하는 것이다.

4. 시스템적 사고의 유의사항

시스템의 개념을 이용해 전체의 관점에서 상호 관련성을 추구하면서 주어진 문제의 해결을 시도하는 사고방식이지만, 먼저 문제를 이해한 다음 여러 대안을 찾아내고 그중에서 최적 대안을 선택하는 순자적 단계를 거쳐 문제 해결을 시도해야 한다.

어제의 해결책이 오늘의 문제 거리일 수 있다. 예컨대 잘 운영되던 회사가 갑자기 매출이 감소하는 경우를 보자. 지난 분기의 할인(Rebate program)이 회사의 매출을 급격히 증가시켰으나, 생산량의 한계로 물품 인도가 지연되면서 소비자들의 불만이 증가하고, 이로 인해 매출이 감소할 수도 있다. 어제의 해결책이 오늘의 문제 거리로 등장한 것이다.

상품의 매력도가 떨어져 매출이 급격히 감소할 때 마케팅을 강화하여 광고를 늘리고 가격을 할인하면서까지 밀어붙이면 일시적으로는 소비가 늘어나겠지만 수익성이 악화되고 서비스의 질이 저하되어 다시 매출 감소로 이어질 수도 있다. 이런 경우 마케팅을 강화하는 정책의 실효성은 의문시된다.

어떤 특단의 정책으로 증상을 개선하고 일시적인 초기 효과를 확인할 수는 있지만, 2·3년 혹은 5년 후 문제가 되돌아오거나 더욱 심각한 다른 문제가 발생할 수도 있다. 더 나쁜 사태가 오기 전에 일시적 개선이 나타나는 착시(錯視) 현상에 유의해야 한다.

쉬운 방법은 대개 문제를 원점으로 돌아오게 한다. 쉬운 해결책은 문제를 키울 뿐인 경우도 허다하다.

휴대용 계산기 사용이 늘어남으로써 산술 능력이 저하되는 현상, 다세대 가족 제도를 저버리고 노인들을 양로원으로 내모는 현상, 경영 관리자가 문제를 스스로 해결하는 대신, 컨설턴트에게 떠넘기는 현상 등에서 보는 것처럼 치료가 병을 더 악화시킬 수 있다.

모든 시스템은 적정 성장률·개선율을 가지고 있는 경우가 대부분이다. 경우에 따라서는 '더 빨리'가 장기적으로는 아예 멈춰 버리는 결과를 초래할 수도 있다. 이런 경우처럼 빠른 것이 느린 것만 못한 경우도 많다.

1997년 태국 바트화 위기가 한국의 IMF 사태로, 서구의 산업화가 아프리카의 사막화로, 구소련의 체르노빌 원전 사고가 동유럽의 환경 파괴로 이어진 사례 등을 보면 원인과 결과가 시공적(時空的)으로 일치하지 않는다는 것을 알 수 있다.

작은 변화가 큰 결과를 초래할 수 있다. 즉, 표면에 나타난 사건을 보는 대신, 기저(基底)에 깔린 구조를 이해하는 것이 첫걸음일 수 있다! 꿩 먹고 알 먹는다는 식의 경우는 쉽게 찾아볼 수 없다.

코끼리를 반으로 쪼갠다고 두 마리의 작은 코끼리가 되는 것은 아니다.

누구도 탓할 수 없다. 환경 탓으로 돌리지만, 시스템적 사고에서는 문제의 원인이 시스템의 일부라는 점을 인식해야 한다.

사물이나 주제 및 문제점 등을 빠뜨리지 않고 균형적으로 바라보고 파악·음미·이해하는 시스템적 사고를 직접 활용하는 방법을 알아보자.

(1) 구상 설계(Grand Design, 밑그림, 큰 그림) : '기업은 사람이다', '인사(人事)가 만사(萬事)다'처럼 추진하려거나 이루려고 하는 것에 관한 내용이나 규모를 비롯하여 실현 방법 따위를 어떻게 할 것인지 등에 대한 대체적·개략적·포괄적인 구상이나 설계를 담은 계획을 먼저 세우도록 한다.

(2) 개념 설계(Conceptual Design) : '순하고 똑똑한 사람', '바람직한 인물상(人物像)'처럼 어떤 사물이나 현상에 대한 일반적인 지식으로서, 사회 과학 분야에서 구체적인 사회적 사실들에서 귀납하여 일반화한 추상적인 생각이나 관념 속에서 공통된 요소를 뽑아내 종합하여 얻은 하나의 보편적 개념으로 받아들일 수 있다.

(3) 기본 설계(Basic Design) : '능력주의·적재적소·신상필벌'이라는 인사 원칙에서 보듯, 사물이나 현상·이론·시설 따위의 기초와 근본에 대한 사항을 개념 설계를 기반으로 구체화한 기본적인 추진 계획을 말한다.

(4) 상세 설계(Detailed Design) : 예컨대 종업원 채용 시에는 학교성

적·KJ 등 각종 적성 검사 결과, 사회활동 기록 등 세세한 사항들을
수집·측정·활용하여, 실질적으로 정교하게 전인격적으로 판단하여
결정하는 예를 들 수 있다.

(5) 실시 설계(Working Design) : 예컨대 인물 보는 상식, 면접 기준 등
등, 아주 상세하고 세밀한 부분까지 조직의 문화와도 결부하여 사전
에 결정·기술할 수 있다.

⑦ 시스템적 사고의 핵심 요소

1. 전체 지향의 사고

복잡한 문제를 해결하려면, 그 문제의 주요 요소별로 분석해서 봐야 한다는 '요소 환원주의' 개념에서 벗어나, 부분에 빠지지 않고 전체의 맥락 속에서 부분을 이해하려는 사고를 이른다.

'부분 최적화'보다는, '전체 최적화'를 지향한다.

① 장기 악성 재고로 인한 손실을 최소화하기 위해, 원가 이하로 투매하는, 밑지고 파는 사고의 예를 들 수 있다. (특히 우유·요구르트·떡 등 유행성·계절성·부패성 상품의 몽땅 떨이 세일의 경우 등등)

② 일시적 판매 부진에도 불구하고 공장을 전면 풀가동하려는 사고의 예. (규모의 경제 추구로 원가를 낮추고자 하는 생각 등등)

③ R&D 부서가 개발 관련 문제를 독단적으로 접근하지 않고, 구매·자재·생산·마케팅 부서 등과 협조·상의하는 사례가 대표적 예.

④ 한의학에서처럼 전체 속의 조화와 균형을 추구하려는 사고방식.

2. 관계 지향의 사고

특정 부분은 다른 부분·전체와의 관련성 하에서 판단해야 한다는 사고로서, 전체와 부분·부분과 부분 사이의 유기적인 관계를 분석·주목하는 예다.

① 청량음료·빙과제품의 매출은 날씨와 상관관계가 깊은 것으로 보는 견해와 같이, 환경 변화와 고객의 니즈를 주목하고 그 유기적 관계를 찾아 대응하는 방식의 예.

② 고객 불만 해결을 위해 영업팀·생산팀·개발팀 등 관련 부서와 TFT(Task Force Team)를 구성하여 ⇒ 종합적으로 해결 방안을 강구하는 예.

3. 목적 지향의 사고

모든 현상과 사물에 대해 보이는 그대로가 아니라 목적이 무엇인가를 생각하는 사고다. 즉 발생의 원인과 추구하는 목적이 무엇인가를 찾아내려는 사고방식을 말한다.

① 어려운 주차문제를 쉽게 해결하기 위해, 전철로 1시간 반 정도 걸리는 도쿄(東京) 근교에서 이른 아침 일찍 출근길에 나서는 본말전도(本末轉倒)의 우(愚)를 범하지 않는 사고.

② 도요타는 운전자의 만족도를 지향하면서, 소음·잔 고장·저 유지비·고 연비 등에 심혈을 기울였다. 그 결과 기술 수준은 80점짜리였지만 현대적 디자인과·운전 편의장치가 소비자들에게 환영을 받았다. 반면 마쓰다나 닛산은 세계 최고성능을 지향하면서 기술적으로 완벽을 추구한 결과 과다한 R&D 비용과 생산 원가의 부담을 떠안게 되었다. 그 결과 포드·르노와 인수합병에까지 이르렀다.

4. 중점 지향의 사고

복잡한 현상계에서는 가장 중점적인 사항만 고려하고, 나머지 사소한 것들은 무시해 버려야 더 정확할 수 있다는 사고방식. 중요성의 원칙을 중시하는 사고방식을 말한다.

① '모두를 보되, 모두를 택하지는 않는다.'

② 80 : 20의 법칙에 의해, 상위 20%의 우량고객으로부터 수익의 80%를 확보한다.

5. 미래 지향의 사고

눈앞만 보지 않고, 장기적인 미래의 안목으로 판단하고, 초기 조건에 대한 민감한 의존성을 고려하여, 멀리 보고 깊이 생각하는 원모심려(遠謀深慮)의 사고방식을 이른다.

농부는 가을에 추수할 것을 겨냥하여 미리 추위가 가시지 않은 이른 봄에 일찍 파종을 한다. 또한 새봄의 파종에 대비해 겨울철 동안의 배고픔을 참고, 종자를 먹지 않고 비축하기도 한다.

기업에서는 중장기 이익을 겨냥하여, 단기 이익을 포기하면서까지 원천기술 개발에 투자하는 기술개발 정책을 추진하기도 한다. 그뿐 아니라 당기 수익 실현을 위한 밀어내기식 판매 및 선 매출 행위 등을 엄격히 금지하기도 한다.

딸이나 손녀를 낳았을 때, 후일 결혼에 대비하여 혼수 가구용으로 뜰 마당에 오동나무를 심는 행위 등 앞날을 내다보고 하는 모든 행동이 미래지향적 사고의 예가 될 수 있다.

6. 시스템적 사고의 사례

(1) 시스템적 사고의 유머 사례

1) 대통령이 되는 4가지 조건

첫째는? : 대한민국 국적을 갖고 있는 한국 국민이어야 한다.

둘째는? : 나이가 40세 이상이어야 한다.

셋째는? : 피선거권이 있어야 한다.

넷째는? : 뭐니 뭐니 해도 대선(大選)에서 당선이 되어야 한다.

2) 신월현목(新月現木)

"여보! 이제 나도 정년퇴직도 했고, 당신 나이도 이제 그만하니, 쇼핑 같은 건 조금 줄이고, 붓글씨나 배우면서 고상한 취미 생활이나 즐기도록 합시다."라고 했더니 마누라가 순순히 받아들여, 그날부터 열심히 붓글씨 연습을 하는 것이었다. 어려운 제안을 의외로 순순히 받아들여 주는 마누라가 정말 사랑스럽고 고마웠다. 며칠이 지나 마누라가 4자성어(4字成語)를 제법 잘 썼길래 봤더니, 아무리 봐도 어려운 한자가 아닌데도 뜻을 알 수가 없어서 마누라한테 물었다.

"여보! 신월현목(新月現木)이 무슨 뜻이야?"라고.

그랬더니 마누라가 시답잖은 듯이 대답했다.

"신세계 백화점은 월요일 쉬고, 현대 백화점은 목요일 쉰다는 거지, 뭐긴 뭐야?"

3) 심장병

– 일본인은 지방 섭취가 아주 적어서인지, 심장병에 걸리는 사람이 미국인보다 적다.

– 멕시코인은 지방을 다량 섭취하는 데도, 심장병에 걸리는 사람이 미국인보다 적다.

– 프랑스인은 레드 와인을 많이 마셔서인지, 심장병에 걸리는 사람이 미국인보다 적다.

– 아프리카인은 레드 와인을 별로 마시지 않아서인지, 심장병에 걸리는 사람도 미국인보다 적다.

– 이탈리아인은 레드 와인을 엄청 많이 마시는 데도, 심장병에 걸

리는 사람이 미국인보다 적다.

- 독일인은 맥주도 많이 마시고, 소시지와 지방질을 다량 섭취하지만, 심장병에 걸리는 사람이 미국인보다 적다.

결론은 마음 내키는 대로 뭐든지 먹고 마셔라!

죽음을 부르는 건, 분명히 영어를 상용어로 사용하는 것이다.

4) 우리 정치의 모습

하루는 초등학교 1학년에 다니는 꼬마 신동 아들이 학교에 다녀와서 아빠에게 물었다.

꼬마 : 아빠! 사람들이 "정치", "정치"라는 말을 많이 하는데, 정치라는 게 뭐야?

아빠 : 글쎄, 이걸 어떻게 설명해야 네가 알아들을 수 있담? 그레, 아빠가 우리 집을 예로 들어서 설명해 보마.

- 아빠는 자본가야. 돈을 많이 벌어서 우리 가족 모두를 먹여 살려 주니까.

- 엄마는 정부(政府)야. 너와 네 동생을 잘 보살펴 주시고, 잘 키워 주시지 않니.

- 너는 말 잘 듣는 선량한 국민이야. 엄마 말씀 잘 듣고, 마음씨도 착하고, 공부도 잘하고, 동생도 잘 돌보니까.

- 그리고 네 어린 동생은 우리의 미래다.

꼬마 : 그럼, 가정부 누나는 뭐예요?

아빠 : 가정부 누나는 노동자야. 일을 하고 돈을 받아 가니까. 정치란, 우리 가족 모두가 제 할 일을 알아서 열심히 다 잘하고, 국민인 너도 건강하게 잘 자라고 공부도 열심히 잘하고, 우리 가족이 모두 건강하고 화목하게 잘 지내고 즐거운 분위기 속에서 밝은 미래가 약속되도록 하는 것이란다.

그런데 한낮이 지나고 오후 늦게 어린 동생이 낮잠을 자다가 기저 귀에 똥을 쌌다. 주위에 아무도 보이지 않자, 안방에 들러 낮잠을 자고 있는 엄마를 깨웠다.

꼬마 : 엄마! 엄마! 애기가 똥을 쌌어, 기저귀 갈아야 돼!

엄마 : 야 임마! 저리 가! 지금 엄마가 피곤해서 낮잠 좀 자고 있지 않니?

이에 시무룩해진 꼬마가 가정부 누나가 있는 뒷골방으로 가서 방문을 열어 보았더니, 아 글쎄, 아빠가 가정부 누나와 이상한 짓을 하고 있는 중이었다.

엉겁결에 깜짝 놀라 방문을 닫고 돌아서면서, 꼬마가 혼잣말로 중얼거리며 하는 말이 걸작(傑作).

"- 선량한 국민을 묵살하는 정부,

– 노동자를 위에서 억누르는 자본가,

– 어찌할 바를 몰라 허둥대는 국민,

– 똥 밭에 뒹구는 우리의 미래!

이것이 오늘 우리 집의 정치 모습이구나! "

(2) 시스템적 사고의 생활 사례

1) 1,000억 원짜리 성공 강의

1,000억 원 중, 첫 번째 0은 돈을, 두 번째 0은 권력을, 세 번째 0은 명예를 나타낸다. 이런 돈·권력·명예는 인생에서 아주 소중한 것이다.

맨 앞에 있는 1은 건강을 나타낸다. 만일 이 1을 지우면, 1,000억 원이 바로 0원이 된다. 인생에서 돈과 권력과 명예가 아주 소중하지만, 건강을 잃으면 모든 걸 잃고 바로 실패한 인생이 된다.

자랑스러운 부모에 대해

문제 제기 [1] :
부모가 자녀의 성공 때문에 칭송받는 것이 당연한가?

문제 제기 [2] :
그렇다면, 자녀의 실패에 대해서는 부모가 비난이나 욕설을 받아야 하는가?

문제 제기 [3] :
많은 위인들은 아주 어려운 여건 속에서 온갖 고난과 시련을 겪으면서 힘들게 성취한 경우가 대부분이다. 이들은 어떻게 위인이 되었는가? 본인들의 성공에 부모의 역할이 그렇게 크지 않았지 않은가?
대문호(文豪) 사르트르는 "아버지가 아들에게 해줄 수 있는 가장 현명하고 좋은 일은 일찍 세상을 떠나는 것"이라고 얘기했다. 이 말에 대해 어떻게 생각하는가?
역사적인 인물 중에는 마호메트·아담 스미스·빌 클린턴 등 유복자가 많은 것에 대해서는 어떻게 생각하는가?

문제 제기 [4] :
이런 위인들은 본인의 성취·성공으로 자녀들의 교육·양성 여건이 크게 개선되었음에도 불구하고, 왜 이런 위인들의 자녀 중에는 크게 성공한 사람이 드문가?

문제 제기 [5] :
전혀 상이한 환경에서 양육되었음에도, 비슷하게 성공한 일란성 쌍생아의 경우에는 이를 어떻게 이해하고 받아들여야 하는가?

2) 코카콜라 회장의 유서

학자요, 정치가요, 목사요, 주한 미국 대사(1993~1997)였던 제임스 레이니는 임기를 마치고 귀국하여, 에모리 대학의 교수가 되었다.

건강을 위해 매일 걸어서 출퇴근하던 어느 날, 쓸쓸하게 혼자 앉아 있는 한 노인을 만났다. 레이니 교수는 노인에게 다가가 다정하게 인사를 나누고 말 벗이 되어 주었다. 그 후 그는 시간이 날 때마다 노인을 찾아가, 잔디를 깎아 주거나 커피를 함께 마시며, 2년여 동안 교제를 나누었다.

그러던 어느 날 출근길에 노인을 만나지 못하자, 그는 노인의 집을 방문하였고, 노인이 바로 전날 돌아가셨다는 것을 알게 되었다.

곧바로 장례식장을 찾아 조문하면서, 노인이 코카콜라 회장을 지낸 분임을 알고 깜짝 놀랐다. 그때 한 사람이 다가와 "회장님께서 낭신에게 남긴 유서가 있습니다"라며 봉투를 건네주었다. 그는 그 유서의 내용을 보고 너무 놀랐다.

"나의 친구 레이니에게! 당신은 2년여 동안 내 집 앞을 지나면서, 나의 말 벗이 되어 주고, 우리 집 뜰의 잔디도 함께 깎아 주고, 커피도 나누어 마셨던 다정한 친구, 정말 고마웠어요. 나는 당신에게 25억 달러의 현금과 코카콜라 주식 5%를 유산으로 남깁니다."

뜻밖의 유산을 받은 레이니 교수는 3가지 점에 놀랐다. 첫째, 세계적인 부자가 그렇게 검소하게 살고 있었다는 것. 둘째, 자신이 코카콜라 회장이었음에도 자신의 신분을 밝히지 않았다는 것. 셋째, 아무 연고도 없는 본인에게 잠시 친절을 베풀었다는 이유로 그렇게 많은 돈을 준 사실.

레이니 교수는 받은 유산을 에모리 대학 발전 기금으로 내놓았다. 제임스 레이니가 노인에게 베푼 따뜻한 마음으로 엄청난 부가 굴러들어왔지만, 그는 그 부(富)에 도취해 정신을 잃지 않았다.

오히려 그 부(富)를 학생과 학교를 위한 발전 기금으로 내놓았으며, 그에게는 에모리 대학의 총장이라는 명예가 주어졌다.

3) 효도 실행 구체 방안
① 충효(忠孝) 사상의 개요

①충효 사상의 본질과 의미는 무엇일까. 예부터 사람다운 사람이 되는 기초적이고 기본적인 길은 첫째, 부모에게 효도하는 것이요 둘째는, 주위 사람들에게 성실하게 대하고 배려하는 것이었다.

사람이 부모에게 저지를 수 있는 가장 큰 죄는 불효(不孝)다. 사람다운 사람이란 사회 구성원을 형성하는 성원권(成員權) 확보에 필요한 일종의 자격이며, 그러기 위해서는 타인의 인정이 필요하다. (태아와 노예는 법적으로나 관습적으로 사람다운 사람으로 여겨지지 않는다.)

②《논어(論語)》〈학이편(學而編)〉의 '제자 입즉효 출즉제, 근이신 범애중 이친인 행유여력 즉이학문(弟子 入則孝 出則弟, 謹而信 汎愛衆 而親仁, 行有餘力則以學文)'이라는 글귀에서 볼 수 있듯이, 충효는 유학(儒學)의 기본 사상이요 원리이며, 인간다운 인간의 출발점이라고 할 수 있다.

효제(孝悌)는 인간관계의 근본인 애경심과 성실성을 바탕으로 한다. 사랑과 존경이 없는 친자(親子) 관계나 성실성이 모자란 대인 관계에는 어떠한 도덕성도 기대할 수 없다. 이는 시대를 초월하여 봉건사회나 민주사회를 막론하고 보편타당한 도덕적 기본 정신이다.

그런 의미에서 충·효는 인간 사회의 삶을 살아가는 데 근본이 되는 기초요 기본이다. 충효는 동전의 앞뒤 면처럼 당연히 한 덩어리 [體·用]이지만, 굳이 나누어서 생각하거나 그 둘이 충돌할 경우의 우

전통적 가정 교육의 기본 원리

[본을 보이거나, 시범을 보이는 것]
엄부자모(嚴父慈母) 중심의 전통적 가정교육 방식을 바라보는 사회 일반의 시각은 대체로, 민주주의와 자본주의 식 현대적 학교교육이 도입·실시되기 시작한 이래, 너무 가부장(家父長)적이고 시대 착오(錯誤)적이며 고루(固陋)하여, 요즘의 사회 현상과 시대 조류에 비추어 볼 때 세련되지 못하고, 그 효율성 면에서도 과감하게 대폭 수정되어야 한다는 견해가 지배적인 것 같다.

이러한 견해는 조금 심하게 비판하면, 서세동점(西勢東漸)의 시대 조류에 곡학아세(曲學阿世)하거나 자기 형편에 아전인수(我田引水)격(格)으로 견강부회(牽强附會)하는 것으로 생각된다.

전통방식의 가정 교육의 기본 원리인 嚴父慈母에 대해 그 원천적인 의미를 다시 한번 음미함과 동시에, 서구에서 참고할 예(例)로는 칸트(Immanuel Kant)가 받은 가정교육은 어떤 것이었는지 살펴보고 인식의 지평을 넓힐 필요가 있다.

嚴父慈母의 기본 뜻은 유학(儒學)의 근본 원리에 해당되는 삼강 오륜(三綱五倫)에서 찾아 볼 수 있다. 즉 三綱의 부위부강(夫爲 婦綱), 부위자강(父爲子綱)과 五倫의 두번째인 부자유친(父子有親)이 그 것. 지아비는 아내의 벼리(本/뼈대가 되는 줄거리)가 되고, 아버지는 아들의 벼리(本)가 되어야 하며, 아버지와 아들 자식간에는 무엇보다 친(親)함

이 있어서 예의범절은 바르게 지키되 스스럼없이 소통되어야 한다는 것이다. 위이불맹(威而不猛)·ᆞ엄이불맹(嚴而不猛), 아버지는 위엄이 있고 엄정(嚴正)하되, 두려워하지 않고 의사소통이 원활하게 되어, 포용되도록 해야 한다는 것이다. 이처럼 嚴父慈母는 우리의 근대화 과정에서 잘못 이해되고 오도(誤導)되어 왔던 것. 가정 교육의 기본 원리는 과거에도·현재에도·미래에도 엄정한 아버지와 자애로운 어머니에 의해 주도(主導)되어야 하는 것이다.

서구에서 참고할 사례『임마누엘 칸트』가 받은 가정 교육

칸트는 1724년 4월 22일 수공업자[馬具商]인 아버지와 경건주의 신앙이 독실한 어머니의 9자녀 중 4째로 출생했으며, 만년에 한 편지에서 부모에 관해 다음과 같이 술회한 바 있다.
"수공업자 출신인 양친은 재산은 아무것도 남겨주지 않았지만, 성실·예의범절·규범의 면에서 볼 때, 그 이상 좋을 수 없는 것이었다. 나는 양친을 회상할 때 감사하다는 마음이 가득하다."
칸트는 "부모에게서 어떤 야비한 말도 듣지 못했고, 어떤 천박한 일도 보지 못했다." 그의 부친은 공명하고 곧은 성품에, 근면과 정직을 최고의 덕으로 여겨, 이런 덕을 그의 가족들에게 가르쳤다. 그의 어머니는 상식이 풍부하고 심지가 고결했으며, 열성적이면서도 광신적이지 않은 종교심을 지녔다.
어머니는 칸트를 데리고 교외로

선순위를 둔다면, 효(孝)가 단연코 우선이다.

예컨대 불고지죄(不告知罪)의 경우, 부모의 죄는 사회 통념상 고지 의무의 대상에서 제외되는 것이 일반적이었다.

조선조에서는 대역죄를 지으면 자식도 아비를 따라 죽게 되지만, 이는 알릴 의무의 불이행 때문이 아니라, 대역죄로 삼족(三族)[親家/妻家/外家]을 죽여 없애는 중국 진(秦)나라의 이삼족(夷三族)을 그대로 받아들인 결과일 뿐인 것이다.

③이해를 돕기 위한 사례

시인 김삿갓(병연)이 그의 나이 20살 때인 순조 20년(1826)에, 영월 고을 백일장의 과장(科場) 시제(詩題)가, '가산 군수 정시의 충성스러운 죽음을 우러러 논하고, 김익순의 죄가 하늘에 이름을 굽이 한단하라'는 것이었다. 순조 11년 12월 홍경래의 난 때 진압군 장수였던 김익순은 반란군에 투항했다. 그 외에 공적 날조 혐의 죄목이 추가되어 사형되었다. 그 무렵 그의 머슴이 병연의 목숨이 위험함을 알고 본인의 호적에 병연(김삿갓)을 입적한 후 멀리 피신한 탓에 김삿갓(병연)은 김익순이 본인의 조부(祖父)였음을 전혀 알지 못했다.

이 과장(科場)에서 김병연(삿갓)이 김익순을 통렬히 비판하여 장원 급제했다. 후일 이 모든 사실을 알게 된 병연은 불효의 죄책감으로 일생 하늘을 보지 않으려고 죽는 날까지 삿갓을 쓰고 세상을 떠돈 것이다.

이순신 장군도 어머니의 장례를 위해 나라의 존망이 걸린 임진왜란의 와중에 전쟁터를 벗어났음에도 불구하고, 시비(是非)가 되지 않았다.

② 효도를 실행하는 구체적인 방법

첫째는, 본인의 건강이다. 사람이 인간답게 이 세상을 살아가기 위해 가장 먼저 소중하게 숭상해야 할 가치는 뭐니 뭐니 해도 본인의 건강이 최우선이다. 가장 큰 불효는 부모보다 먼저 타계하는 요절(夭折)이다.

사람은 단지 살아 있다는 이유 그 자체만으로도 존재 가치가 있으며, 헌법 제10조에도 '모든 국민은 인간으로서의 존엄과 가치를 가지며…' 라고 규정되어 있어, 인간의 존엄성을 최고의 가치로 천명하여 고유한 인간의 가치로 보장한다고 되어 있다.

《효경(孝經)》에서도 효(孝)를 실행하는 첫 단계가 바로 본인의 건강이라고 했다. 《효경》 1장인 〈개종명의장(開宗明誼章)〉에 나오듯 '신체발부(身體髮膚) 수지부모(受之父母) 불감훼상(不敢毀傷) 효지시야(孝之始也)'라는 말은, '사람의 신체와 머리털과 피부는 모두 부모에게서 물려받은 것이니 감히 훼손하거나 상하게 하지 않음이 효의 시작'이라는 뜻이다.

둘째는, 가정의 화목이다.

직계 비속(卑屬)과의 단란한 유대가 가족 간의 본보기이어야 한다. 유학의 고전인 3강 5륜(3綱5倫)의 내용이 효로 언급된다. 부위부강(夫爲婦綱)·부위자강(父爲子綱)·부자유친(父子有親)·부부유별(夫婦有別) [3綱5倫 벼리/뼈대] : 君爲臣綱. 君臣有義, 長幼有序, 朋友有信.

② 가정의 화목이 도(道)의 첫걸음이요, 최고의 유산(遺産)이다. 道의 단계로 태평성대였던 요순시대의 순(舜)의 대덕(大德)은, 인간 사회에서 도를 깨우치고 실천하는 가장 낮고 가까운 출발점[行遠 必自邇, 등高 必自卑]은 바로 가정 윤리라고 했다.

나가서 대자연과 접하도록 했고, 익초(益草)를 알게 ㅎ헤ㅆ으며, 천체에 관한 얘기를 들려주고, 신의 섭리를 일러 주었다.

칸트는 인격 형성에서나 유약한 체질에서나 부친보다는 모친으로부터 더 많은 영향을 받았다. 그는 80세 가까이 이르러서도 측근자에게 모친에 대한 사모의 정을 다음과 같이 피력했다.

"나는 결코 어머니를 잊지 못하겠다. 내 마음에 처음으로 선(善)의 싹을 심어서 가꾸어 주신 분이 바로 어머니였다. 어머니는 자연의 신지(神誌)를 느끼는 내 마음의 문을 열어 주셨고, 내 지식을 일깨워 넓혀 주셨다. 어머니의 교훈은 일생 동안 끊임없이 거룩한 감화를 주었다." 그런데 칸트는 이렇게 훌륭했던 어머니를 그의 나이 13세(1738년)에 여의고 말았다(어머니는 당시 40세).

그는 1730년(6세)부터 학교 교육을 받기 시작했는데, 중고등학교 시절에는 특히 고전 작가와 라틴어에 심취해 있었다. 1740년(16세)에 쾨니히스베르그 대학에 입학하여 철학·수학·자연과학을 폭넓게 공부했다.

1746년(22세) 부친이 세상을 떠난 직후, 일단 대학을 졸업하고 이후 9년간(1755년까지) 생계를 위해 쾨니히스베르그시(市) 근교의 3가정을 전전(轉轉)하면서 생활했다. 1764년(40세)에 시학(詩學) 교수 자리가 그에게 제공되었으나, 자기 전문분야가 아니라는 이유로 거절하고, 그 대신에 1764년(40세)에 훨씬 보잘것없는 왕립 도서관의 부사서(副司書)직을 맡아 생전 처음으로 고정 수입을 얻게 되었다. 1770년(46세) 마침내 쾨니히스베르그대학의 형이상학(形而上學)과 논리학 강좌의 정교수가 된다. 그는 1786년과 1788년 두 차례 걸쳐 대학 총장을 역임한다. 자택을 소유할 만큼 가난에서 벗어나고, 경제적으로 안정된 생활이 가능하게 되었으나, 이미 결혼 적령기를 넘겨 독신으로 지내다 1804년 2월 12일 80세를 일기로 운명(殞命)했다.

셋째는, 바른 자세다.

반듯한 몸가짐·마음가짐·행동거지(行動擧止)가 바른 자세의 핵심이다. 바르지 않은 곳이나 위험한 곳, 예컨대 까마귀 싸우는 골 등에는 가지도 않는 것이 바른 자세요, 효도를 실행하는 구체적인 방법의 하나인 것이다.

나아가서, 수기치인(修己治人)과 지행합일(知行合一)을 실행함으로써, 내적인 자아를 향한 덕성의 수양과 외적인 대상을 향한 학문의 수양을 통해, 사회 정의를 실현하는 것이 효도를 실행하는 세 번째의 구체적인 바른 자세인 것이다.

넷째는, 입신양명(立身揚名) 즉 출세하는 것이다.

출세는 소위 바르게 성취하여 성공(成功)하는 것이다. 《효경》에서

미국민에게 야구(野球)가 갖는 의미

야구 경기에서 이기려면 무조건 득점을 많이 해야 하며, 득점을 많이 올리려면, 홈인을 많이 해야 한다. 홈인을 많이 하려면, 어찌하든 먼저 출루율을 올려야 하고, 출루율을 올리기 위해서는 안타율을 올리거나, 선구안이 좋아서 4볼을 많이 얻거나, 투수의 투구가 타자의 몸에 직접 맞는 4사구를 많이 얻어야 한다. 이외에도 주루를 빨리 잘하거나 도루 성공률을 올려야 하며, 상대방의 여러 가지 실수를 많이 유발해야 한다.

그러나 이러한 모든 것은 여하튼 정해진 게임 규정이나 규칙(Rull & Regulations) 및 각자가 맡은 역할과 책임(Role & Responsibilities)을 소홀히 해서는 안 되며, 비신사적인 행동이나 경기는 절대로 허용되지 않는다.

야구 경기에서 하이라이트는 뭐니 뭐니 해도 무사(無死) 홈인이요, 단번에 홈까지 내달리는 홈런이다.
미국민은 가정에 귀환하는 것에 우리가 생각하는 수준 이상으로 열광한다. 선조 대대로 이어온 나라를 등지고 '자유와 꿈(Dream)'을 찾아 험한 파도를 헤쳐 낯선 땅에 와서, 서부 개척의 힘든 과정을 거치면서 새 삶을 이룩하는 과정에서 본인의 건강과 가정의 화목과 단란은 생존과 성공 및 행복의 제1의 요건이자 최고의 자산이기 때문이다.
그뿐만 아니라 성공하든 실패하든 돌아갈 곳이라고는 직계비속의 가족이 기다리는 가정 말고는 그 어디에도 없으므로, 가정이 본인에게는 유일한 최고의 안식처요 삶의 터전이라는 의미다.
그래서인지 직장 근무 시간 외에는 철저하게 모든 게 가족 중심이요 부부 중심이어서, 동성 친구끼리의 회식 모임이나 주말 모임은 하지 않는 것이 상식화된 사회다.
지금도 1850년대 중반 평범한 시민 존 하워드 페인이 지은 '홈 스위트 홈'이란 노래가 가장 즐겨 부르는 애창곡 중의 하나다.
디트로이트 헨리 포드 기념관에는 '꿈이 있고 그 꿈을 이루어 달라고 기도하는 아내가 있는 집보다 더 축복받고 아름다운 집은 없다'라는 말과 함께, '돈으로 좋은 집은 살 수 있어도 좋은 가정은 결코 살 수 없다'라는 유명한 명언이 남아 있다.

도 말하길, 효를 실행하는 최종 마무리 단계가 출세라고 했다. '입신행도 양명어후세 이현부모 효지종야(立身行道 揚名於後世 以顯父母孝之終也)' 즉 '몸을 바르게 세우고 올바른 도리를 행하여, 후세에 이름을 널리 떨쳐서 (아무 게가 누구누구의 자식이라고) 부모를 드러나게 하는 것이 효도의 마지막 단계'라는 뜻이다.

다섯째는, 부모를 진심으로 공경(恭敬)하는 것이 마지막 순서의 효! 형식이나 관행보다는 뜻이 더 중요하다. 부모님을 평소에 육체적으로나 물질적·경제적으로 잘 보살펴 드리는 것도 중요하지만, 부모님의 평소의 뜻과 유지(遺志) [예컨대, 내가 어떤 사람이 되고, 어떤 자세로, 어떻게 살기를 바라셨는지 등등]를 받드는 정신적 공경이 월등하게 더 큰 효다. 그렇기 때문에 제사의 상차림과 예절·추념(追念)도, 살아 계실 때처럼 재현하는 것이다. 부모님의 친구나 손님의 예우·접객 문제도 물질적인 예우보다 부모님의 뜻을 받드는 것이 더 큰 효다.

부모님의 유지(遺志)를 실현하는 것이 마지막 효의 극치다.

4) 앨버트로스의 메시지

앨버트로스[Albatross / 신천옹(信天翁)]는 현존하는 새 중에서 가장 높이·가장 멀리 날 수 있는 새다. 쉬지 않고 3,200km를 날 수 있다고 한다. 그 비결은 비행전략과 적은 에너지 소모에 있다.

이 새는 일단 높은 곳으로 날아 올라가, 날갯짓은 하지 않고 글라이딩으로 하강하기 시작하여, 강한 바람이 불어오면 재빨리 바람이 불어오는 방향으로 향한 뒤, 날개를 높은 각(角)으로 세워 이른바 역학적 비상이라는 테크닉으로 순식간에 하늘 높이 솟아오른다.

물론 이 과정에서도 날갯짓은 거의 하지 않는다. 그 후 또 글라이딩하며 가고자 하는 방향으로 서서히 하강하면서 비행을 계속한다.

첫째. 본인 건강
① 삶의 기초·기본
② 신체발부불감훼상(身體髮膚不敢毁傷)이 효의 시작

둘째. 가정 화목
① 자녀의 본보기
② 화목이 최고유산(和睦 最高 遺産)

셋째. 바른 자세
① 바른 몸·마음가짐
② 지행합일(知行 合一)

넷째. 입신양명
① 수기치인(修己治人)
② 이현부모(以顯 父母)

다섯째. 부모 공경
① 뜻 중요(정신)물질)
② 유지실현(遺志 實現)

이런 식으로 별로 에너지를 소모함이 없이 3,200km의 먼 거리를 쉬지 않고 날아간다.

한편, 크기도 6센티밖에 안 되고, 날개도 아주 작은 벌새는 1초에 60번 이상의 날갯짓하면서, 멀리는 800km까지 날아간다. 그러나 엄청난 에너지 소모로 목적지에 도착하면 몸무게가 출발 때보다 거의 3분의 1 수준으로 줄어든다고 한다.

그런데, 앨버트로스는 날개 길이가 물경 3.5m 정도나 되어, 글라이딩을 하며 날아가는 것도 이러한 몸 크기에 비해 엄청나게 큰 날개가 있기 때문이라고 한다. 날개 크기는 이른바 '핵심역량(Core Competency)'이다. 이보다 더 중요한 것은 날개를 지혜롭게 이용하는 비행전략(Flight Strategy)에 있다.

실제로 앨버트로스는 비행 도중 거의 날개를 젓지 않고도 멀리 날아간다. 이른바 역학적 비상이라는 비행전략을 사용하기 때문이다.

이것은 놀라운 과학의 원리를 포함하고 있어서, 과학적 …사고의 중요성을 일깨워 준다. 이 때문에 앨버트로스는 멀리 날아가면서도 오래 살아 실제로 40년을 산다고 한다.

반면, 끊임없이 날개를 빨리 흔들어야 하는 벌새의 수명은 기껏해야 4년에 불과하다. 벌새는 끊임없이 날갯짓해도 앨버트로스를 따라잡을 수가 없다.

핵심역량과 비행전략이 모두 뒤떨어지기 때문이다. 초(秒)당 60회 이상 날갯짓하는 벌새의 비행거리는 거의 날갯짓을 하지 않는 앨버트로스의 4분의 1 수준인 800㎞에 불과한 것이다. 이를 미루어 보면, 열심히 일만 한다고 반드시 성과가 나는 것은 아니다.

앨버트로스가 시사(示唆)하는 것은 그저 열심히 일하는 데 그치지 않고, 탁월한 시스템과 핵심역량을 갖추고, 시스템적 사고에 의한 전략을 통해, 보다 경쟁력 있게 나아가야 한다는 점이다. 10kg의 무게에도 불구하고 바람을 이용해, 3,200㎞를 날아가는 앨버트로스처럼, 기업의 경영자와 관리자는 과학적·전략적인 시스템적 사고와 창의가 필요한 것이다.

5) 우생마사(牛生馬死)

넓은 저수지에 말과 소를 동시에 던져 넣으면 둘 다 헤엄쳐서 뭍으로 나와 산다. 말의 헤엄 속도가 훨씬 빨라 거의 소보다 두 배나 빨리 땅을 밟는데, 네발 달린 짐승이 무슨 헤엄을 그렇게 잘 치는지 신기할 따름이다.

그런데, 장마기에 큰물이 지면 이야기가 달라진다. 갑자기 불어난 강물에 소와 말을 동시에 던져 넣어 보면, 소는 살아서 나오는데, 말은 익사한다. 그 이유가 자못 흥미롭고 시사하는 바가 있다.

말은 헤엄은 잘 치지만, 강한 물살이 떠미니까 그 물살을 이겨내려고 물의 흐름을 거슬러 헤엄쳐 올라가려고 하므로, 1미터쯤 전진하다가 물살에 떠밀려서 다시 1미터쯤 후퇴하기를 반복한다. 그런 식으로 한 20분쯤 헤엄을 치면, 제자리에서 맴돌다가 지쳐서 물을 마시고 익사하는 것이다.

그런데 소는 물살을 거슬러 올라가는 법이 없이, 그냥 물살을 등에 지고 떠밀려 같이 떠내려간다. 저러다가 죽지 않을까 생각되지만, 10미터쯤 떠내려가는 와중에 1미터쯤 강가로 가까이, 또 10미터쯤 떠내려가다가 또 1미터쯤 강가로 가까이… 그렇게 한 2~3㎞ 떠내려가다가 참으로 신기하게도 어느새 강가의 얕은 모래밭에 발이 닿고 나서야 엉금엉금 걸어서 살아 나온다.

헤엄을 두 배나 빨리 잘 치는 말은 물살을 거슬러 올라가려다 힘이 빠져 익사하고, 헤엄에 둔한 소는 물살에 편승(便乘)해서 조금씩 강가로 가까이 다가 나와 결국에는 목숨을 건지게 된. 바로 이것이 유명한 '소는 살고, 말은 죽는다'라는 '우생마사(牛生馬死)'의 일화이다.

(3) 시스템적 사고의 경영 사례
1) 도요타 간단 방식
앨버트로스의 비행만큼이나 탁월한 시스템과 핵심역량을 갖추고 시스템적 사고에 의한 전략을 제품생산 과정에 도입한 도요타는 아주 단순한 원리로 경쟁력의 발판을 마련하여 세계적인 초일류기업이 되었다.

도요타에서 사용하는 모든 부품 상자에는 손바닥보다 조금 큰 전표가 부착되어, 다 써버린 부품 상자를 앞 공정이나 납품업체에 돌려줄 때 함께 가도록 했다. 부품 업체에 대한 생산 지시서 역할을 하기 때문이다. 물론 지금은 모두 컴퓨터에 입력해, 시스템화되어 있다.

간판을 보면 앞 공정에서 사용한 부품의 수량을 알 수 있어, 뒤 공정에서 부품이 얼마만큼 언제 필요한지 금방 파악할 수 있다. 그래서 공장 여기저기 잔뜩 쌓아 놓은 재공품과 부품 재고가 사라지고, 불필요한 재고 비용이 제로가 된다.

그 과정에서 조금이라도 불량 부품이 공급되면 조립작업 중인 생산 라인 전체가 중단되기 때문에, 부품 공급업자에게 품질에 대한 경각심을 불러일으키는 효과도 가져온다. 이른바 JIT(just in time)이다. JIT는 무슨 거대한 시스템이 아니라, 단순히 필요한 물건을, 필요한 시기에, 필요한 장소에 갖다 놓도록 하는 것. 하지만 제시간에 필요한 부품이 필요한 생산 라인에 입고되지 않으면, 전체 생산 라인에 차질을 빚기 때문에 이 시스템은 아주 중요하다.

JIT를 운영하기 위해서는 부품 공급 업체와 철저한 사전협의와 관리가 필요하다. 도쿄·나고야 간 도메이[東名] 고속도로 도요타시(市) 인터체인지에 매일 같이 대형트럭이 장사진을 이루던 것도 모두 작업 시간에 맞춰 부품을 제때 납품하기 위한 것이었다.

도요타는 생산 설비가 원활하게 돌아가게 하려고, 본사뿐만 아니라 1차·2차·3차 부품 업체까지도 도요타 간판 방식과 JIT를 바탕으로 한 TPS(Toyota Production System)를 전파했다. 그리하여 전반적인 도요타의 경쟁력을 키워나갈 수 있었다.

시스템이 실행되는 원리는 이렇게 아주 단순(simple)한 것이다. 한마디로 말하면, 정교한 시스템과 핵심역량을 갖추고 시스템적 사고에 의한 전략을 통해, 경쟁력을 강화·증진해 현재 가지고 있는 핵심역량을 최고 수준으로 끌어올리기 위해, 시스템적 사고에 의한 전략이 필요하다는 원리인 것이다.

무조건 일만 열심히 하는 것이 아니라, 핵심역량을 활용해 최소의 시간과 비용으로 최고의 효과를 가져오게 하는 것이다. 그렇게 함으로써 이윤 창출이 성과 극대화로 이어지고, 그 연장 선상에서 지속 가능 경영이 달성되는 것이다.

2) 불량 휴대폰 화형식

1995년 3월 9일 오전 10시, 삼성전자 구미공장 운동장에 2,000여 명의 임직원 전원이 긴장된 모습으로 집합하여 '품질은 나의 인격이요 자존심!'이라는 현수막을 걸어 놓고, 날벼락 맞은 표정의 현장 근로자 10여 명이 해머를 소지한 채 도열했다.

임직원에 대한 설 선물로 2,000여 대의 휴대폰을 배포한 게 말썽을 빚게 된 것인데, 불량 휴대폰이 시중에 유통되고 있다는 보고가 경영 상층부에 올라갔던 것이다. "시중에 나간 제품을 전부 회수해서, 공장 사람 전원이 보는 앞에서 완전히 태워 없애 버리라."는 지시가 떨어진 것을 실행하는 자리였다. 당시 시가로 500억 원어치에 상당하는 무선전화기·키폰·휴대폰 등 15만 내가 그 자리에서 파손·소각되었다.

1995년 3월 불량 휴대폰 화형식이 거행된 후, 7년이 경과된 2002년의 휴대폰 판매 대수는 당시 삼성전자에서 예상하기 어려운 4천 3백만 대에 이르고, 세계 3위의 시장점유로 3조 원의 세전(稅前) 이익을 실현했다.

11년이 더 지나간 2013년 판매 대수는 4억 대를 뛰어넘어 세계 1위가 되고, 세전 이익은 물경 20조 원을 상회했다.

3) 특급 명품의 재고 정리

특급 명품 Big3로 일컬어지는 샤넬·루이뷔통·에르메스의 판매 전략은 재고 파괴다. 초기 판매가격을 끝까지 고수하고 백화점이나 정상 매장에서만 판매한다. [NO Outlet 매장] 그리고 No Sale에다, 출시 2~3년 지난 제품은 100% 바로 소각장으로 직행하여 재고를 파괴한다. 세무서와 공인회계사 입회하에 재고 파괴 및 소각의 모든 과정을 비디오로 촬영해 보관한다. 6개월 이상 2년 미만의 재고는 본사와 합의를 거쳐 소수의 제한된 VIP에게만 세일 판매한다.

기타 명품 브랜드의 판매 전략을 보면, 첫 출시 6개월 동안 백화점과 정상 매장에서만 판매하고, 6개월 이후 백화점 등에서 할인 판매한다. 1년을 넘긴 재고는 대형 아웃렛 매장으로 이동해서 판매하며, 직원 가족에게 할인 판매한다.

(4) 시스템적 사고의 사회 사례

– 이병철과 박정희의 만남

5·16 군사혁명 직후, 1961년 6월 27일, 이병철과 박정희의 만남은 한국 현대사를 바꾼 역사적 인연, 즉 군인과 기업인의 협력을 상징한다. 이병철은 회고록에 1961년 6월 27일 군사 정부의 실력자 박정희 부의장과 나눈 대화를 상세히 기록해 두었다.

박 부의장은 부정 축재자 11명의 처벌 문제에 대한 나의 의견을 물었다. 나는 부정축재 제1호로 지목되고 있는데, 어디서부터 말문을 열 것인가, 한동안 침묵이 흘렀다.

박 부의장은 "어떤 이야기를 해도 좋으니 기탄없이 말해 주십시오."라고 재촉했다. 어느 정도 마음이 가라앉았다. 소신을 솔직하게 말하기로 했다. "부정 축재자로 지칭되는 기업인에게는 사실 아무 죄도 없다고 생각합니다." 박 부의장은 뜻밖인 듯 일순 표정이 굳어지는 것 같았다. 그러나 계속했다. "나의 경우만 하더라도 탈세를 했다고 부정 축재자로 지목되었습니다. 그러나 현행 세법은 수익을 훨씬 넘는 세금을 징수할 수 있도록 규정되어 있는 전시(戰時) 비상사태 하의 세제(稅制) 그대로입니다. 이런 세법 하에서 세율 그대로 세금을 낸 기업은 아마 도산을 면치 못했을 겁니다. 만일 도산을 모면한 기업이 있다면 그것은 기적입니다." 박 부의장은 가끔 고개를 끄덕이며 납득하는 태도를 보여 주었다. "액수로 보아 1위에서 11위 안에 드는 사람만 지금 부정 축재자로 구속되어 있지만, 12위 이하의 기업인도 수천·수만 명이 있습니다. 사실은 그 사람들도 똑같은 조건에서 기업을 운영해 왔습니다. 그들도 모두 11위 이내로 들려고 했으나 역량이나 노력이 부족했거나, 혹은 기회가 없어서 11위 이내로 들지 못했을 뿐이고, 결코 사양한 것은 아닙니다. 따라서 어떤 선을 그어서 죄의 유무를 가려서는 안 될 줄 압니다. 사업가라면 누구나 이윤을 올려 기업을 확장해 나가려고 노력할 것입니다. 말하자면 기업을 잘 운영하여 그것을 키워 온 사람은 부정 축재자로 처벌 대상이 되고, 원조금이나 은행 융자를 배정받아서 그것을 낭비한 사람에게는 죄가 없다고 한다면, 기업의 자유경쟁이라는 원칙에도 어긋납니다. 부정 축재자 처벌에 어떤 정치적 의미가 있는지 알 길이 없지만, 어디까지나 기업을 경영하는 사람의 처지에서 말씀드렸을 뿐입니다." 박 부의장은 "그렇다면 어떻게 했으면 좋겠냐"고 물었다. 나는 이렇게 대답했다. "기업 하는 사람의 본분은 많은 사업을 일으켜 많은 사람에게 일자리를 제공하면서 생계를 보장해 주는 한편, 세금을 납부하여 그 예산으로 국토방위는 물론 정부 운용·국민 교육·도로 항만 시설 등 국가 운영을 뒷받침하는 데 있다고 생각합니다. 이른바 부정 축재자를 처벌한다면 그 결과는 경제 위축으로 나타날 것입니다. 이렇게 되면 당장 세수(稅收)가 줄어 국가 운영이 타격을 받을 것입니다. 오히려 경제인들에게 경제 건설의 일익을 담당하게 하는 것이 국가에 이익이 될 줄 압니다." 박 부의장은 한동안 내 말을 감명 깊게 듣는 것 같았으나, 그렇게 되면 국민이 납득하지 않을 것이라고 했다. 나는 국가의 대본(大本)에 필요하다면 국민을 이해시키는 것이 정치가 아니겠냐고 말했다.

한동안 실내는 침묵에 빠졌다. 잠시 후 미소를 띤 박 부의장은 다시 한번 만날 기회를 줄 수 없겠느냐면서 거처를 물었다. 메트로 호텔에서 연금 상태에 있다고 했더니 자못 놀라는 기색이었다.

이튿날 아침 이병희 서울분실장이 찾아오더니 "이제 집으로 돌아가도 좋다"고 했다. "다른 경제인들도 전원 석방되었느냐"고 물었더니 아직 그대로라는 것이다. "그들은 모두 나와 친한 사람들일 뿐 아니라, 부정 축재자 1호인 나만 호텔에 있다가 먼저 나가면, 후일에 그 동지들을 무슨 면목으로 대하겠는가. 나도 그들과 함께 나가겠다."라고 거절했다.

－《호암자전》

박정희는 최고회의 법사위원장 이석제를 불렀다. "경제인들은 인제 그만했으면 정신 차렸을 텐데 풀어주지." "안 됩니다. 아직 정신 못 차렸습니다."

"이 사람아, 이제부터 우리가 권력을 잡았으면 국민을 배불리 먹여 살려야 될 것 아닌가. 우리가 이북만큼도 못한 경제력을 가지고 어떻게 할 작정인가. 그래도 드럼통 두드려서 다른 거라도 만들어 본 사람들이 그 사람들 아닌가. 그만치 정신 차리게 했으면 되었으니, 이제부터는 국가의 경제 부흥에 그 사람들이 일 좀 하도록 써먹자."

이석제는 박 부의장의 이 말에 반론을 펼 수 없었다. 다음날 이석제는 최고회의 회의실에 석방된 기업인들을 모아 놓고 엄포를 놓았다고 한다. 차고 있던 큼지막한 리볼버 권총을 뽑아 들더니 책상 위에 꽝 소리가 날 정도로 내려놓고는 이런 말을 했다고 한다.

"나는 여러분들을 석방시키는 일에 반대했습니다. 그런데도 박 부의장께서 내놓으라 하니 내놓습니다. 그러나 앞으로 원조 물자·국가 예산으로 또다시 장난치면, 나의 다음 세대·내 후배 군인 중에서 나 같은 놈들이 나와서 다 쏴 죽일 겁니다."

6월 29일 아침, 이병철이 묵고 있던 메트로 호텔을 찾아온 이병희 정보부 분실장은 기업인들이 전원 석방되었다고 알려 주었다. 이병철도 홀가분한 마음으로 귀가했다.

박정희의 유연한 정신세계와 겸손한 자세, 그리고 사심 없는 태도가 그로 하여금 단기간에 경제의 본질을 배우게 했다. 실천력을 중시하는 박정희는 이론에 치우치는 학자나 신중한 관료들보다는 무엇인가를 만들어 내는 기업인들과 더 잘 호흡이 맞게 된다.

(5) 시스템적 사고의 경영혁신 사례

1) 복리 후생 관련 제도의 폐지

각종 경조금, 자녀 학자금, 교통비 및 차량 유지비, 식대, 기타 등등의 보조금 형태의 현금성 복리후생비와 사내외 각종 행사 및 명절시 지급되는 현물성 복리후생비 관련 일체의 업무와 계정과목 및 제도 자체를 없애 버리고 간소화하자는 것이다.

이들 비용은 전부 구성원의 복리후생은 물론, 그들의 직무수행과 직간접으로 연계된 만큼, 이를 전부 직무급 화하거나 기본급에 흡수하여, 아예 급여로 통합해 지급하자는 것이다. 아울러 차제에 복리후생비를 비롯한 간접 인건비도 최대한 직접 인건비 화하자는 것이다.

2) 한정 경비 관련 비용의 폐지

교육비, 회의비, 업무추진비, 소모품비, 교제비, 접대비, 회식비, 특·야근 식사비, 잡비 기타 등등의 일반관리비와 판매비 중에서도 일반관리비와 유사한 성격의 판매 촉진성 경비는 모두 구성원의 직무수행과 관련하여 발생하는 비용이므로, 이들 비용의 전부 또는 일부를 선별하여 직무급에 통합해 급여로 일괄 지급해 버리면, 예산 통제를 비롯한 관리 부담도 줄고, 그 많은 업무량이 다 없어지게 된다.

따라서 관련 업무가 상당히 단순화되고 간소화되어, 인력과 인건비도 절감된다. 어차피 직무수행에 불가피하게 수반되는 경비이므로 급여로 지급하면, 관리자가 아껴 쓰라고 잔소리하거나 관리할 필요가 없어진다. 구성원 개개인 본인이 알아서 직무수행에 필요한 만큼 쓰라고 준 것이니까, 주인 의식과 주체 의식을 갖고 아껴 쓰고 남으면, 가용(家用)에 보태 쓰든 어떻든 알아서 쓰게 되는 것이다.

3) 퇴직급여 관련 제도의 폐지

① 퇴직급여의 계산 기초는 퇴직 직전 최근 3개월간의 평균 임금으로 정해져 있다. 그런데 막상 현장 실행 과정에서는 평균 임금 수준을 부풀리기 위해 특·야근 등을 필요 이상으로 늘리거나, 평균 임금 계산 범위에 성과급을 비롯하여 특별 성과급·상여금·생산성 향상 격려금·초과이익 특별 성과급·특별격려금 등등을 포함할 뿐만 아니라, 이를 집중적으로 늘리는 등의 편법으로, 퇴직금을 비정상적으로 부풀리는 부조리와 비리로 공정성과 타당성의 문제가 제기되는 등, 이를 둘러싼 노사 간의 불협화음과 분쟁이 빈발하여 경영력의 누수와 낭비가 일고 있기도 하다. 또 구성원 상호 간에도 실제로 받아야 할 퇴직급여보다 많이 받는 사람과 적게 받는 사람이 생기는 불합리가 존재하는 모순이 발생하고 있다.

② 퇴직급여 중간 정산제 역시 애초 취지와는 다르게 단순히 야유(野遊)성 휴가 비용이나 해외여행 경비 등의 소모적·낭비적인 방향

으로 불합리하게 남용되는 사례가 많은 것도 현실이다.

　이런 복잡하고 어려운 문제야말로 종래의 기계적인 사고에서 벗어나, 시스템적 사고로, 문제의 본질을 보고, 원리적으로 접근하여, 쉽게 해결해 나가야 할 것들이다. 한마디로 말해 퇴직금 제도 그 자체를 없애버리고, 일거에 그 폐해와 부조리를 제거하여, 노사 쌍방이 미래지향적인 방향으로 해결하는 것이 올바른 해법일 것이다.

　여기에는 여러 가지 해법이 있을 수 있다. 본인이 직접 갹출·적립한 퇴직급여 충당금을 본인 퇴직 시에 그 금액 그대로 가감(加減) 없이 받도록 하는 것은 공정성의 측면에서는 좋을지 모르지만, 이는 불필요한 업무와 강제 저축을 유발한다는 측면에서도 좋을 게 없다. 이보다는 아예 퇴직금제 자체를 없애 버리는 것이 더 바람직한 해법이 될 수 있다.

　③ 퇴직금제를 없애는 것은 근본적으로는 재직 시에 퇴직금을 그때그때 일반급여에 포함해 지급해 주는 개념이라고 할 수 있다. 근로자의 주장을 최대한 받아들여 계산해낸 평균 임금 수준이, 퇴직금제 그 자체가 아예 없는 회사의 평균 임금 수준보다 떨어지는 상황을 어떻게 해석하고 해결해 나갈 것인가가 문제의 본질이다. 그런 면에서 퇴직금제의 존폐와 관계없이, 퇴직금을 포함한 평균 임금과 총액 임금이 인건비 효율 측면에서 구성원으로서는 타사나 경쟁사보다 많이 받는 '고임금' 수준이 되게 하고, 회사 차원에서는 타사나 경쟁사보다 적게 나가는 '저 인건비' 수준이 되게 하는 것, 그것이 진정한 해결 방향인 것이다. 그뿐만 아니라 이러한 '고임금·저 인건비' 수준이 해를 거듭할수록 하방 경직성을 띠면서 상향 곡선을 그려가도록 하면, 퇴직급여뿐만 아니라 모든 인건비 관련 문제는 근본적·발전적인 방향으로 해결되어 나가지 않겠는가?

그러면서 총체적인 인건비 관리는 직종별·직급별·직무별·시기별로 인건비 효율 측면과 인건비의 대내외 경쟁력, 총액 임금과 평균 임금 수준, 단위당 임금 수준 등 여러모로 투명하고 정교하게 관리해 나간다면, 노사 간의 반목과 불신 및 분쟁은 지금으로서는 상상조차 힘든 '먼 산의 불구경'이 될 것이다.

7. 결국 시스템적 사고는 최적화된 사고 방식으로의 변화와 전환을 의미하는 것

시스템적 사고는 특정 사안이나 상황·이벤트에 국한되지 않고, 관련 시스템의 전체의 일부분으로 인식하며, 이를 분석·분해하고 결합해 보는 의식 과정을 통해서 최적화된 해법을 구현하려는 접근방식인 것이다.

이러한 '시스템적 사고'는, '더 좋은·더 많은·더 행복한' 목표와 목적을 성취하려는 데 직접 도움이 되는 전체 지향·관계 지향·목적 지향·중점 지향·미래 지향의 종합적 사고 체계요, 문제 해결을 위한 최고·최상의 해결 열쇠(Master Key)라고 할 수 있다.

그러므로 '시스템적 사고'를 바탕으로 얼마만큼 유연하게 사고하고 탄력적으로 대처하느냐는 것은, 개인적인 문제 해결 능력을 확실히 발현하고 주위로부터도 인정받는 길이기도 하다.

시스템적 경영

① '시스템적 경영'의 실현체계

1. '시스템적 경영'의 실현 체계도

2. 시스템적 경영의 의미와 필요성 및 범위

(1) 시스템적 경영의 의미

①시스템적 경영이란, 시스템에 의한 경영에 더해 시스템적 사고에 의한 경영을 아우르는 복합적인 의미다.

②시스템에 의한 경영이란 탁월한 개인이나 우수한 소수에 의존하지 않고, '조직 내에서 합의된 공통의 기준과 프로세스' 즉, 시스템 [원칙 1*]에 의해 운영되는 경영을 가리킨다[指稱].

③'조직 내에서 합의된 공통의 기준과 프로세스' 즉, 시스템[원칙1]이 제대로 갖추어져 있지 않았을 때는, '일반적으로 용인되는 기준과 프로세스' 즉, 시스템 [원칙 2*]에 의해 운영되는 경영을 말한다.

④시스템적 사고에 의한 경영이란, '일반적으로 용인되는 기준과 프로세스'조차 애매한 경우에는 시스템적 사고에 의해, 또는 시스템적 사고에 바탕을 둔 가치 판단 즉, 《원리*》에 의해 운영되는 경영을 이르는 것이다.

(2) 시스템적 경영의 필요성

기업 경영에서 가장 중요한 요소는 역시 핵심 우수인력이다. 재무 안정성, 마케팅 능력, 독특한 조직문화, 첨단 시스템 도입 등 다양한 요인이 있지만, 최고경영자(CEO)의 영향력 있는 리더십을 포함한 핵심 인재의 중요성이 이들 요인을 능가한다고 생각된다. 핵심 인재는 기업의 경쟁력과 기업 가치의 근원이기 때문이다.

그러나 아이러니하게도 핵심 인재에 대한 지나친 의존은 오히려 경영을 어렵게 할 위험성도 있다. 빛이 있으면 그림자도 존재하듯, 기업 경쟁력의 원천인 핵심 인재가 조직을 떠나거나 경쟁사로 옮겨가면 그 기업의 미래는 최악의 시나리오가 될지도 모르는 것이다. 핵심 우수인력에 의존하지 않는 기업 경영에 시스템적 경영이 반드시 필요한 이유다.

　누가 들어오고 나가든 상관없는 안정적인 시스템적 경영 체제를 구축한다면, 핵심 우수인재의 유출이나 변동에 따른 위험을 최소화할 수 있기 때문이다. 경영 전문가 중에는 "핵심 인력이 없어야 기업이 장수할 수 있다"라고 조언하는 것도 같은 맥락에서 해석할 수 있다. 몇몇 핵심인력이 주도하는 경영에서 조직 전체가 힘을 내도록 하는 전원 참여·고효율·자율경영이 바로 시스템적 경영의 요체인 것이다.

　(3) 시스템적 경영의 범위

　초일류기업을 이해하기 쉽게 좀 더 자세하게 얘기하자면

　첫째, 기업의 주주 측면에서는, 높은 기술력·풍부한 인재·견실한 재무구조와 강한 시장지배력·막강한 정보력·목표를 향한 응집력 등

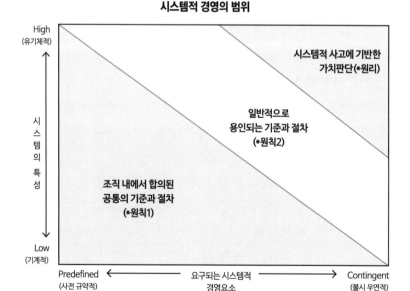

시스템적 경영의 범위

을 갖추고, 이를 토대로 하여 경영 합리화를 통해 견실경영을 이루어, 많은 이익을 실현하는 ①높은 수익성을, 하루가 다르게 날이 갈수록 매출액을 비롯한 경영 규모가 빠르게 성장·발전하는 ②빠른 성장성을, 혈액 순환처럼 자금 사정 등 유동성이 원활하여 부도의 위험이 없는 ③장기적인 안정성을, 가슴을 설레게 하는 훌륭한 비전과 전략으로, 끊임없는 변신 성장을 이루어 가는 ④미래 지향성을 실현하는 기업이 우량 기업(Blue Chip Company)인 것이다.

즉 한마디로 말해 탁월한 경영 실적을 지속해서 실현하여, 높은 ①시장가치와 ②미래가치를 창출하는 기업을 말한다.

둘째, 조직의 구성원 측면에서는, 남 부끄럽지 않고 남 부럽지 않은 ①적정한 수준의 임금과, ②쾌적하고 안전한 근로환경, 직위·직책과 무관하게 모멸감을 느끼지 않을 정도의 ③최소한의 인격적인 대우, 걸핏하면 목을 자르는 등의 가혹한 인사 조치를 하지 않고 성실 근면·근검 절약하며 임무에 충실하면 ④장기적으로 안정적인 근무를 보장받을 수 있는 기업, 즉 한마디로 말해 인간성을 존중하고 창의성을 존중하는 것을 바탕으로 활기찬 조직 분위기를 이루어 ①조직에 대한 긍지와 자부심을 느끼고 ②'자아실현이 가능한 평생직장'

초일류기업의 의미

초일류기업(World class Excellent Company)이란 어떤 기업을 말하는 것인가?
주주 측면에서는 세계적인 수준의 '우량 기업'이요, 종업원(조직 구성원) 측면에서는 '좋은 직장'이요, 사회적 측면에서는 '신뢰받는 기업'을 가리키는 말이다.
① 우량 기업(Blue Chip Company)이란, 높은 수익성, 빠른 성장성, 원활한 유동성, 미래 지향성이 있어서 높은 시장가치와 미래가치를 실현하는 기업이다.
② 좋은 직장(Great Place to Work)이란, 좋은 처우, 쾌적한 근로환경, 인격적인 대우, 오랫동안 안정적으로 근무가 가능하여 보람과 긍지를 가지고 자아를 실현할 수 있는 직장이다.
③ 신뢰받는 기업(Highly Trusted / Respected Company)이란, 고용 증대, 편의 증진, 고객의 만족과 번영, 사회적 책임을 수행하여 고객과 사회로부터 인정과 신뢰를 받는 기업이다.

을 말한다.

셋째, 사회적 측면에서는, 우량기업(Blue Chip Company)과 좋은 직장(Great Place to Work)을 이루어 나가는 한편, 이의 선순환(善循環)을 위해서도 계속 기업으로 존속·발전함으로써 ①일자리를 창출하고 고용을 증대시켜 양질의 재화와 서비스를 풍족히 공급하여 ②생활의 편의를 증진시키고, ③고객의 만족과 번영을 이루어 사회에 공헌함과 동시에, 경제 질서를 중시하고 산업 재해의 방지 및 예방과 환경 문제 등 ④사회적 비용의 경감에 힘을 쏟는 한편, ①소외계층에 대한 지원 사업과 공공복지와 문화사업 등에도 손을 내미는 등 ②기업의 사회적·윤리적 책임을 다함으로써 고객과 사회로부터 '인정과 신뢰와 존경'을 받는 기업을 말한다.

촌철살인, 부부 싸움 이야기

어느날 어떤 부부가 크게 다퉜습니다. 남편이 참다 못해 소리쳤습니다.
"당신 것 모두 가지고 나가!"
그 말을 듣고, 아내는 큰 가방을 쫙 열어 놓고 말했습니다.
"다 필요 없어요. 이 가방에 하나만 넣고 갈래요. 당신 어서 가방 속에 들어가세요."
남편이 그 말을 듣고 어이가 없었지만, 한편으로 자기만 의지하고 사는 아내에게 너무했다 싶어, 곧 사과했습니다.
아내가 원하는 것은 '남편 자체'입니다.
남자의 일생에서 여자는 에피소드일지 몰라도, 여자의 일생에서 남자는 히스토리입니다.
진정한 사랑의 원료는 열정이라기보다는 이해입니다.
이해의 깊이가 바로 사랑의 척도입니다.

② '시스템적 경영'의 틀

1. 시스템적 경영의 기초, '사람'과 '시스템'

시스템적 경영의 기초는 '사람'과 '시스템'이다.

'공욕선기사 필선이기기(工欲 善其事 必先 利其器)'라는 말이 있다. 장인(匠人)이 일을 잘하고자 하면, 반드시 먼저 도구를 예리하게 해야 한다는 말이다.

(1) '사람'*이란, 경영조직 내에서 사람에 직접 속하는 범주 즉 ①우수한 인적 자원, ②효율적인 조직 운영, ③진취적인 기업문화를 총칭해서 가리키는 것이다.

①우수한 인적 자원이란 시스템적 사고와 열정으로 무장된 인재를 말한다. ②효율적인 조직 운영은 인재와 조직 간의 정합성(整合性) 및 조직과 외부환경 간의 정합성(整合性)을 말하며, ③진취적인 기업문화는 창의적인 인재가 최상의 성과를 낼 수 있도록 하는 활기차고 헌신적인 기업문화를 말한다.

(2) '시스템'*이라 함은, 크게 3가지 즉, ①기본 관리 시스템, ②업무

(일) 관리 시스템, [3]RTE(Real Time Enterprise) 시스템을 총칭한다.

[1]기본 관리 시스템은 전략 성과부터 인적 자본·자산·재무·준법·
PR / IR·IT까지의 기본 관리(즉 사람 관리 / 조직 관리 / 일 관리/ 변화 관리)

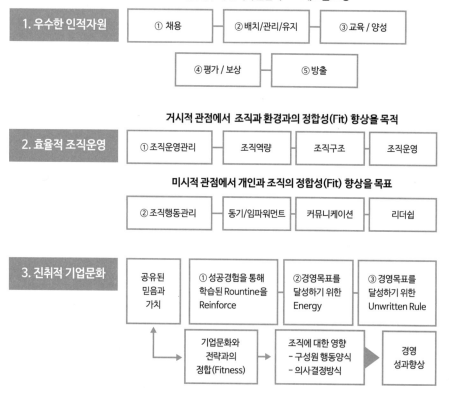

'사람'이 뜻하는 것의 도식화

기업내부의 인적자원관리 프로세스를 조망

1. 우수한 인적자원

① 채용 — ② 배치/관리/유지 — ③ 교육 / 양성

④ 평가 / 보상 — ⑤ 방출

거시적 관점에서 조직과 환경과의 정합성(Fit) 향상을 목적

2. 효율적 조직운영

① 조직운영관리 — 조직역량 — 조직구조 — 조직운영

미시적 관점에서 개인과 조직의 정합성(Fit) 향상을 목표

② 조직행동관리 — 동기/임파워먼트 — 커뮤니케이션 — 리더쉽

3. 진취적 기업문화

| 공유된 믿음과 가치 | ① 성공경험을 통해 학습된 Rountine을 Reinforce | ② 경영목표를 달성하기 위한 Energy | ③ 경영목표를 달성하기 위한 Unwritten Rule |

기업문화와 전략과의 정합(Fitness) → 조직에 대한 영향 - 구성원 행동양식 - 의사결정방식 → 경영 성과향상

시스템을 말하며, ^②업무 관리 시스템은 상품기획·구매에서부터 생산·판매에 이르기까지의 각 부문의 운영 시스템을, ^③RTE 시스템은 기본 관리 시스템과 업무 관리 시스템이 실시간으로 작동될 수 있도록 지원하는 IT 시스템을 말한다.

'시스템'이 뜻하는 것의 도식화

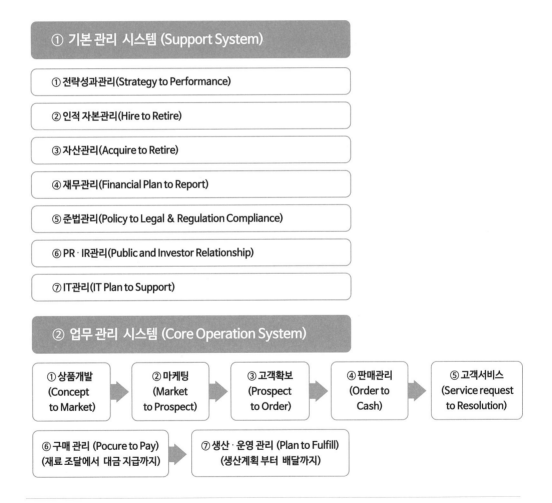

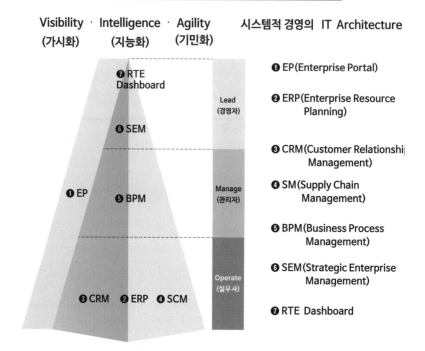

(3) 리더의 중요성

1) 후암초등학교 최화순 교장

　1973년 2월 교대를 졸업하고 21세에 교직에 진출하여 교직 생활 35년 만에 교장 발령을 받았다. 2006년 3월 후암초등학교 교장으로 첫 발령을 받아서 부임한 최 교장은 학생 70%의 이름을 외워, 등교 시 교문 앞에서 아이들 이름을 불러주고 안아 주었다. 공책 쓰기부터 가르치게 함과 아울러, 창의력 공책을 학교 예산으로 제작·배포하는가 하면 독서통장제를 실시하여, 2007년 대출 건수 402건에서 2008년에는 대출 건수가 15,000건으로 대폭 증가했다. 그뿐 아니라 미군 카투사 장병 8명과 제휴하여, 매주 목요일 영어교실을 운영하기도 했다.

 최 교장의 리더십에 전교생 900명 중(대부분 가정형편이 넉넉지 못한 학생들임) 급식 지원을 받는 아이들이 200명에 이르게 되었다. 단순 계산을 못 하는 기초학력 부진 학생의 숫자가 2006년 40여 명에서 2008년 1명으로 감소했으며, 교과별 학습 부진 학생의 숫자도 2008년 초 209명에서 2008년 말 64명으로 감소했고, 전체 교사 44명 중 전교조 소속 교사가 12명이던 것이 0이 되었다.

 2) 유방과 항우에게서 배우는 교훈

 유방(劉邦)은 책략을 짜고 승부를 결정짓는 데는 ①책략의 대가 장량에게 못 미치고, 내정을 충실히 하며, 민생을 안정시키고, 군량을 조달하고 보급로를 확보하는 데는 ②탁월한 지략가 소하에 못 미치고, 백만 대군을 자유자재로 지휘해 승리를 거두는 일은 ③백전불패의 장수 한신보다 못하다는 평가를 받았다.

 반면 유방은 유능한 인재를 알아보는 안목과 사람의 장점을 제대로 파악하여 재능을 최대한 발휘하게 하거나, 단점을 적절히 이용하여 효과적으로 통제하는 ①용인(用人) 능력이 출중(出衆)하며, 미천한 평민 출신으로 무례하고 툭 하면 욕설도 자주 하지만, 누구나 평등

항우의 불세출의 능력을 엿볼 수 있는 초한지(楚漢誌)의 시(詩)

역발산혜 기개세 (力拔山兮 氣蓋世) 시불리혜 추불서 (時不利兮 騅不逝)
힘은 산을 뽑아 흔들고 기세는 천하를 덮건만 시세가 불리하니 천하 명마 오추마도 가려고 하지 않는구나
추불서혜 가내하 (騅不逝兮 可奈何) 우혜 우혜 가내하 우혜 우혜 가내하 (虞兮 虞兮 可奈何 虞兮 虞兮 可奈何)
오추마가 가려 하지 않으니 이를 어찌하겠는가 사랑하는 우희(虞姬)야 난들 어찌 하겠는가

한병기략지 사방초가성 (漢兵已略地 四方楚歌聲) 대왕의기진 (大王意氣盡) 천첩하료생 (賤妾何聊生)
한나라의 군사가 쳐들어오니 사방에서 고향을 그리는 초나라 노래뿐이요
대왕께서 의기를 잃었으니 신첩인들 어찌 살려고 하겠소

하게 대하고, 전리품이나 얻은 것을 ②공평하게 분배했다. 그래서 아래 사람들이 진정으로 믿고 추종한 것이다.

항우(項羽)는 ①귀족 가문 출신으로, ②좋은 교육을 받고 자랐으며, ③불세출(不世出)의 능력*과 용기를 지니고 있으며, 사람을 대할 때는 예의가 바르고, 자애가 넘치며, ④말투도 부드럽고 공손했다. 그러나 노여워하며 질책할 때는 1,000명이나 되는 부하들도 두려움에 떨며, 용변(用便)이 급하게 마려워도 감히 자리에서 일어나지 못할 정도의 ⑤위엄을 갖추고 있었다.

항우는 본인의 능력이 워낙 출중하다 보니, ①희대(稀代)의 탁월한 참모인 범증의 말을 귀담아듣지 않고 제대로 활용하지 못할 뿐만 아니라, ②현명한 장군을 임명하여 기를 살려 주고 능력을 펼치게 하는데 약하니, 이는 필부(匹夫)의 용기에 불과한 것이다. 부하들이 공적을 올려 작위를 내려야 할 때는 ③편협하여 체면을 따지고 아까워 결단을 내리지 못하고 포상에 인색하니, 이는 한낱 아녀자의 인(仁)에 불과한 것이라는 평가를 받았다.

(4) 용서의 리더십

IBM의 사업 담당 책임자가 사업 실패로 대형 손실이 발생하여 책임을 지고 사임을 표명하자, 창업자 톰 왓슨 회장은 "지금 농담하는 건가? IBM은 이미 자네의 교육비로 무려 1천만 달러를 투자했다네."라고 대답했다.

현대 창업자 정주영 회장은 정비센터 공장 소실(燒失) 사건이 발생하자 이렇게 말했다고 한다.

"왜 이래, 기운 차려! 어차피 그 공장 다시 지으려고 했어. 철거 비용 굳었구먼. 자, 오늘은 그 비용으로 막걸리 파티나 하자구."

용서의 노하우

① 말로만 실수한 사람은 용서하라. 나쁜 행동을 한 것은 아니니까.

② 친구가 나를 때리려고 하다가 헛치고 넘어진 경우처럼, 나쁜 행동을 했어도 피해를 본 게 없으면 용서하라.

③ 친구가 내게 주먹질을 했지만 아주 가벼운 상처가 난 경우처럼 피해를 본 게 있어도 기벼운 건 용서해 주자. 고발·고소·비난·욕 해봤자 쩨쩨하다고 나만 욕먹는다.

④ 피해가 막심해도 잘못했다고 진심으로 빌면 용서해 주자.

⑤ 막심한 피해를 주고도 사과 안 하는 친구라도 용서해 주자. 나 아니라도 매일 다른 사람에게 손가락질받는 밑바닥 인생을 비난해서 무엇 하겠는가? 인생이 불쌍하니 용서해 주라.

(5) 탁월한 인재, 파블로 피카소

피카소는 1점(一點) 원근법에서 변화한 다시점(多視點) 회화를 창안하여 전위 예술가들의 우상이 되었다. 20세기 초, 격동의 시대에 걸맞은 혁신적 회화를 창조해야 하는 리더로서의 자각이 피카소의 변화 욕구에 대한 에너지의 원천이었다.

아비뇽의 처녀들 : 생존해 있는 동안 피카소만큼 일반인의 상상력을 뒤흔든 화가는 없었다. 피카소는 가장 혁신적이고 다양한 모습을 보여 준 20세기 화가 중 한 명이다. 뒤틀린 얼굴과 노골적인 에로티시즘을 보여 주는 〈아비뇽의 처녀들〉에 대해 당시 사람들은 몰이해와 혐오를 드러냈으나, 그 후 줄곧 이 작품은 현대회화의 시금석(試金石)으로 받아들여지며 큐비즘(Cubism)의 특징을 잘 보여 주는 중요한 작품으로 여겨지고 있다.

연인, 도라 마르 : 피카소가 연인 도라 마르를 입체주의 양식으로 표현한 초상화다. 연인의 아름다운 모습을 괴물처럼 표현하면서 미술의 전통을 단숨에 깬 피카소였다. 피카소가 두 시점(視点)에서 바라본 도라 마르의 모습을 한 화면에 표현한 것은 진실을 그리기 위해서였다. 도라 마르를 앞에서도 보고, 옆에서도 바라보고 그려야만, 그녀의 진짜 모습을 표현할 수 있다고 믿었다.

황소 머리 : 변화에 대한 피카소의 강한 욕구는 그림을 그리는 그것만으로 해소되지 않았다. 피카소는 조각의 영역도 넘보았다. 불세출의 천재라는 명성에 걸맞게 피카소는 폐품이나 재활용품을 활용한 정크아트(재활용 미술)를 창시하기도 했다. 그는 미술의 새로운 형식을 창안하고 미술의 영역을 무한대로 확대했다는 평가를 받는다.

(6) 탁월한 인재, 가우디

안토니오 가우디는 1852년 스페인 남부 카탈루냐의 레우스에서 출생했으며, 17세 때 건축 공부를 위해 그의 평생의 고향이자 가우디 건축의 경연장이 된 바르셀로나로 이주했다.

안토니오 가우디의 건축은 모든 면에서 곡선이 지배적이다. 벽과 천장이 굴곡을 이루고, 섬세한 장식과 색채가 넘쳐 야릇한 분위기를 풍기고 있다. 역작으로는 미로와 같은 구엘 공원, 구엘 교회의 제실, 카사 밀라, 사그라다 파밀리아 교회 등이 있으며 1969년 이후 17가지 작품이 스페인 국립 문화재로 지정되어, 법에 따라 보호받고 있다. 1926년 6월 7일 퇴근길 전차 사고 3일 후 74세를 일기로 운명했는데, 로마 교황청의 특별 배려로 가우디의 시신은 성자들만 묻힐 수 있는 '사그라다 파밀리아 성당'의 지하에 묻히게 되었다.

바르셀로나 건축학교를 졸업할 때, 학장이 남긴 말은 아직도 유명하다. "지금 건축사 칭호를 천재에게 주는 것인지, 미친놈에게 주는 것인지 모르겠다."

아슬아슬한 점수를 받으며 건축학교를 겨우 졸업한 가우디는 그러나 유명한 말을 남겨 모든 사람들의 귀감이 된다.
"독창성이라는 것은 근본으로 돌아가라는 것이다."

모든 것의 근원은 신이 창조한 자연이라는 것을 의미하는 말이다.
사그라다 파밀리아(성가족) 교회 : 미완성인 성가족 교회는 건축가 가우디 필생의 작품이다. 무려 120m 높이 첨탑으로 바르셀로나 어디서나 쉽게 볼 수 있다. 1882년 착공되어 100년 넘는 지금까지 공사 중이어서 언제 완성될지 오로지 하느님만 아신다는 유명한 성당이다.
그때까지 존재하던 모든 걸 다 던져 버리고 신예술과 자연주의 사이 어딘가에 위치하는 가우디 자신만의 후기 고딕 양식을 만들었다.

- 《20세기 건축》 중에서

상상의 영역을 벗어난 새로운 시도로 사람들을 깜짝 놀라게 했던 가우디는 삶 자체가 건축이라고 할 수 있는 사람이다. 평생 독신으로 지내면서 건축에 전념, 소박한 일생을 보냈던 그는 말년에 성당에서 숙식하며 자신의 사명이라 생각하고 성당 건축에 매진했다.

(7) CEO가 직접 핵심 인재 발굴

GE, IBM, 펩시콜라 같은 세계적인 초일류기업은 핵심 인재 확보에 CEO가 직접 나섰다. 글로벌 기업은 '인재가 모든 것에 우선한다'는 전략적 사고를 바탕으로, 자체적으로 미래 경영자를 육성하기 위해 막대한 시간과 비용을 투입한다. 미국 기업이 경영자 교육에 들이는 비용만 연간 10억 달러를 상회한다.

잭 웰치 전 GE 회장은 '전략보다 사람이 우선한다(People First, Strategy Second)'라는 말을 사무실에 붙여 놓고 "업무 시간 중 70%는 인재에 쓴다"고 밝혔다. 성공하는 경영자는 본능적으로 사람 욕심이 있다. 정교한 시스템 구축과 실천도 필수이다.

GE는 임직원의 능력과 업적평가를 통해 급여인상·승진·교육 파견, 주요 직책 승계 가능성 등을 따지는 '세션 C' 제도를 인사 관리의 핵심으로 활용했다. 개인이 달성한 성과에 대한 금전적 성과보수와 함께 조기 승진·리더십 교육 기회 제공·최고 경영진에 의한 코칭과 멘토링 등 비금전적 조치를 통해 우수한 경영자를 키우고 유지 관리했다.

또 인재 관리를 각 사업 부문 사장들의 가장 중요한 직무로 규정하고, 세션 C에서 A로 평가받은 사람이 회사를 떠나게 되면, 사장은 바로 회장으로부터 질책을 받는다고 했다.

리더를 키우려면 효과적인 역량 평가 시스템을 갖춰야 하는 것이 선결 과제다. 가장 기본적인 것은 핵심역량 개발이라는 역량 평가의 목적을 명확히 정립하는 것이 매우 중요하다.

　이러한 목적을 달성하기 위해 평가를 전담하는 인력개발 부서를 중심으로 평가 결과를 피평가자에게 알려주고 리더십을 개발하는 활동에 많이 투자했다.

　(8) 사람에 대한 평가

　① 사람을 평가하는 것이 잘하는 것인지 의문을 가질 수 있다. 물론 사람을 절대적으로 평가할 수는 없다. 사람은 누구나 나름의 존재 가치를 지니고 있으며 신 앞에서는 평등하다. 그러나 특정 조직 속에서는 조직의 목적을 효과적·효율적으로 달성하기 위해, 구성원을 공정하게 평가·보상(正 / 負의 보상 +[덧붙여] 경제적 / 비경제적 보상 포함)하는 것이 바람직하다.

　'중오지 필찰언 중호지 필찰언(衆惡之 必察焉 衆好之 必察焉)'이라는 말처럼 여러 사람이 미워할지라도 반드시 살펴봐야 하며, 여러 사람이 좋아할지라도 반드시 살펴봐야 한다. 유인자 능호인 능오인(唯仁者 能好人 能惡人)', '오직 어진 사람만이 사람을 좋아할 줄도 알고, 미워할 줄도 안다'는 말이다. 사리사욕에 흐르지 않는 사람만이 공정한 판단을 잃지 않을 수 있다.

　② 어질고 착한 사람이 좋은지 아니면 능력 있는 사람이 좋은지에 대한 구분도 조직의 존립 목적이나 성격에 따라 다르다.

　③ 평가의 목적은 역량과 성과에 따른 합리적 차별화를 통해 주인 의식과 일에 대한 뜨거운 열정을 고취하기 위해서다.

　④ 사람을 평가하는 방법에는 역량 평가(기본+전문) 및 성과 평가(개인+조직)가 있다. 평가의 단계에는 3단계와 5단계가 있으며, 객관성의 문제는 대수(大數)의 법칙에 의한 주요 평가항목 설정으로 해소함이 좋을 것이다.

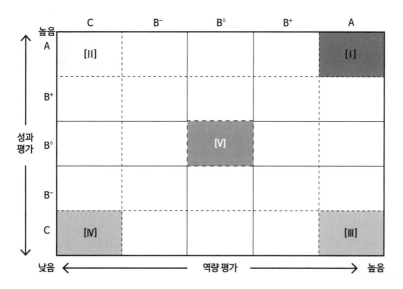

성과와 역량 평가 matrix

[I] 성과 高 / 역량 高 ☞ 고 성과급 지급 + 발탁 승진 인사

[II] 성과 高 / 역량 低 ☞ 고 성과급 지급 + 인사이동 없이, 해당 Position에서 신바람
나게 일하도록 함 + 역량신장 교육.

[III] 성과 低 / 역량 高 ☞ 적재적소 전배치로 역량발휘 기회 제공 + 성과관리 교육 /
고성과 창출 지도.

[IV] 성과 低 / 역량 低 ☞ 패자부활 기회부여 / 심기일전·권토중래, 명예 회복 권고. +
Three Out제 적용

[V] 성과 中 / 역량 中 ☞ 역량 보수교육 실시 + 고성과 창출 지도

⑤ 역량 평가와 성과 평가의 활용

사람에 대한 평가는, 그 결과에 따라 합리적인 보상을 반영하여
성숙한 성과주의를 실현해야 한다. 그리하여 인간 존중·인간 중심
의 인본주의 경영을 지향하게 되는 것이다.

성과가 높고 역량도 높으면, 고성과급을 지급하고 발탁 승진 인사
를 시행한다. 성과는 높은데 역량이 낮다면, 고성과급을 지급하고
인사이동 없이 해당 분야에서 신바람 나게 일하도록 하면서 역량 신

장 교육을 시킨다.

성과는 낮은데 역량이 높다고 판단되는 사람에게는, 적재적소로 전 배치하여 역량을 발휘할 기회를 제공한다. 동시에 성과관리 교육을 시켜 고성과를 창출하도록 지도한다.

성과도 낮고 역량도 낮은 사람은, 패자부활의 기회를 부여하여 심기일전·권토중래를 꾀하게 돕는다. 명예 회복을 권하는 동시에 삼진아웃제 등을 적용할 수도 있다. 성과도 어중간하고 역량도 그저 그런 사람에게는, 역량 보수교육을 시행하고 고성과 창출을 지도한다.

⑥ 신입사원 채용 시의 평가 기준 : 채용대상인 신입사원의 '역량과 성과'에 대한 믿을 만한 평가자료가 없으므로 만부득이 교육부(문교부)의 평가 기준에 의존할 수밖에 없다. 게다가 교육부의 평가 기준이 전국적으로 대동소이하며, 학업성적이 우수한 학생들이 밤잠을 적게 자면서까지 학업에 열중하다 보니, 생활 태도도 건실하며 모범생인 경우가 대부분이다. 이들 통지표 시스템의 학업성적과 생활 태도가 훌륭한 평가 기준이라고 할 수 있다

(9) 효율적 조직 운영

CXO 제도의 의의 및 운영 체계

CXO 제도는 고효율의 자율경영으로 지속적인 고성과가 창출되도록 하려는 제도다.

원숙한 경영 능력을 갖춘 CEO와, CFO(기획·재무 책임자), COO(사업운영 책임자), CTO(기술 책임자) 등 최고 경영진의 권한과 책임을 명확하게 규정하고 적절히 견제와 균형을 이루도록 하여, CEO의 과중한 업무부담을 낮추도록 함과 동시에 경영의 안정적인 성과와 질적인 수준을 높이도록 하는 것이다.

CEO는 경영 전반에 대한 책임을 지고 경영 혁신과 미래 성장기

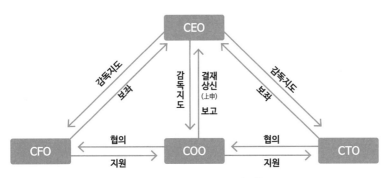

CXO 제도의 운영체계도

CEO [Chief Executive Officer 최고경영자(最高經營者)]
CFO [Chief Financial Officer 최고재무관리임원(最高財務管理任員)]
COO [Chief Operating Officer 최고운영관리임원(最高運營管理任員)]
CTO [Chief Technology Officer 최고기술책임자(最高技術責任者)]

반을 확보하는 전략 업무에 주력하고, COO는 사업운영에 대한 전문 역량을 갖추고 사업 부문의 성과 극대화를 위해 운영에 집중함으로써, 안정적인 기조 위에서 지속적인 성장·발전을 이루도록 하며, CFO와 CTO는 각각 인사·기획 및 재무와 기술 측면에서 전문성 강화로 기업 가치를 혁신적으로 제고시켜 나가도록 하려는 데 의의가 있다.

 CEO·CFO·COO·CTO 등 최고 경영진은 바람직한 리더십을 갖추고, 역설적으로 보이는 다양한 조직의 효율성과 효과성에 대한 균형된 시각을 지니면서, 변혁적 리더십과 거래적 리더십의 통합된 행동과 개인적인 겸양 및 직업적 의지를 융합하여, ①사람 관리·②조직 관리·③업무 관리·④변화 관리 등 모든 경영 영역에서 성공적인 경영자의 효과적인 행동으로 경영성과를 극대화해 나가도록 하려는 데 의의가 있다.

(10) 진취적 기업문화

1) 기업문화란?

기업문화는 기업이라는 경영 주체에 의해 의식적·무의식적으로 만들어지는 것이다. 그 기업의 목표를 달성해 나가는 과정에서 형성되어온 구성원의 공유된 가치관과 신념, 조직 고유의 상징 특성 및 관리 관행, 규범 등으로 이루어진 각 기업 특유의 독특한 가치 및 행동 체계를 말한다.

2) 기업문화의 필요성

불확실성·불연속성의 시대라는 말로 표현되듯 급격하게 변화하는 요즘 사회에서는, 일정한 틀을 가진 과학적 관리기법이나 전략적 사고만으로는 해결되지 않는 전혀 색다른 문제와 현상들이 많이 발생하게 된다. 이러한 상황에서 기업이 살아남아 성장·발전하기 위해서는 구성원 모두가 자율과 창의로 유연하고 탄력적인 환경대응과 끊임없는 자기 변신의 노력을 기울여야 한다. 이런 관점에서 조직의 역량을 극대화하고 기업의 환경대응력을 높이기 위해서도 기업문화가 필요하다. 기업 차별화와 이미지를 높이기 위해서도 그렇지만 기업 구성원의 삶의 질을 향상하기 위해서도 기업문화는 필요하다.

오늘날 직장은 단순히 생계유지만을 위한 '일터'의 의미만이 아니라, 꿈과 희망을 품고 삶의 가치를 실현하는 '삶터' 즉 '자아실현의 도장'으로 인식되고 있다. 따라서 바람직한 기업문화를 정립하는 것은 구성원이 긍지와 자부심을 느끼고 즐거운 마음으로 일에 몰두할 수 있도록 해주게 된다.

3) 새로운 신바람 기업문화의 정립

우리가 바라는 바람직한 기업문화를 정립하기 위해서는, 설정한 기업문화의 이상형은 반드시 실행해야 하고, 기업문화의 이상형은 '업의 특성'에 맞게 자체적으로 정립해야 하며, 구성원 개개인에게까지 철저하게 스며들도록 해야 하고, 여러 가지 관리제도 및 시스템을 기업문화적 관점에서 재정비해야 한다.

4) 기업문화의 핵심 요소

깨끗한 조직 : 깨끗한 조직이란 물리적인 청결함, 정신적인 순결함, 업무상의 공정함이 실현되는 조직을 말한다. 청결하고 쾌적한 환경 속에서 맡은 업무를 소신껏 추진하고, 자율과 창의에 따라 열과 성을 다한 일의 결과에 대해서는 공정하게 평가하고 정당하게 대우받는 풍토를 조성하여, 상식적인 가치관이 통용되는 투명하고 깨끗한 조직을 만들어나가야 한다.

산뜻한 서비스 : 산뜻한 서비스의 핵심적 의미는 '고객은 우리의 전부', '고객의 만족과 번영 추구', '결과에 책임지는 자세가 확립된 서비스'를 실현하는 것을 말한다. 고객은 우리의 시작과 끝이요 모든 것이라는 신념으로, 최고의 기술력과 경쟁력을 확보하여 초일류 제품과 서비스를 제공함으로써 고객의 만족과 번영을 추구하며, 고객의 평가에 대해서는 겸허히 받아들이고, 결과에 대해서는 깨끗이 책임지는 자세를 확립하여 고객으로부터 신뢰받을 수 있는 산뜻하고 완벽한 서비스를 실현해야 한다.

세련된 일체감 : 세련된 일체감이란 긴밀한 협조, 엄정한 기강, 강한 조직력이 유기적으로 형성·결합하여, 조직 활동이 원활하고 조직적·체계적으로 이루어지는 것을 말한다. 동료와 부서 간에는 상호 이해를 바탕으로 협조를 통한 팀워크가 발휘되며, 질서와 규율의 존중을 통해 조직의 기강이 엄정하게 확립되고, 조직 전체적으로는 강력한 시너지 효과를 발휘할 수 있도록 일치단결된 조직력을 확보해 나가야 한다.

조직구조 설계 및 운영의 기본 방향

개인의 자율성과 창의성 중시
- 단위부문의 독립과 자율성 확보
- 자율 단위 팀 조직 구성

고객요구의 대응성 · 고객가치 중시
- 고객군별 조직 차별화
- 고객중심 프로세스조직 구성

지식관리 및 지식창출 중시
- 지속적인 학습, 변화 추구
- 창조적 학습 지식구조 구성

내 · 외부 네트워크를 통한 자원의 효율적 활용 중시
- 전략적 제휴의 확대
- 협력업체 및 외부조직과의 신뢰기반 네트워크조직 구성

조직구조 설계 및 운영의 기본 원리

구분	조직구조 설계의 기본 원리	조직 운영의 기본원리
개인의 자율성 및 창의성의 중시 (자율단위 팀조직)	1) 업무프로세스 따라 팀 설계 2) 팀 내 업무 완결성 유지 3) 관리 · 통제업무 최소화 4) 업무특정에 따라 팀 규모 결정	1) 팀장은 관리자가 아닌 코치 및 조정자 역할 수행 2) 정보 시스템을 구축하여 적극적으로 활용 3) 팀 간 업무조정 위한 조정위원회가 필요
고객요구의 대응성 및 고객가치 중심 (고객중심 프로세스 조직)	1) 고객의 가치를 고려해 고객군 결정 2) 고객별 프로세스 차별화 3) 업무 프로세스가 한 단위조직 내에서 완결될 수 있도록 다기능을 수행할 수 있는 팀으로 구성	1) 고객 접점에 있는 구성원에 상당한 권한 부여 2) 프로세스는 단순화시키고, 업무수행은 다기능 수행이 가능한 높은 수준 유지 3) 관리자 역할이 감독자에서 코치로 변화
외부 네트워크를 통한 자원 효율적 활용 중시 (네트워크 조직)	1) 수평적 연결관계 구축 2) 네트워크의 경계역할 조직 활성화 3) 의사 소통 경로 구축 4) 적극적 외주화 시행	1) 본부 역할을 지원으로 변경 2) 조직단위별 임파워먼트 관리 3) 신뢰관계에 기초하여 관리 4) 장기적 관점 네트워크 관리
지식창출 및 학습가치 추구 (지식 조직)	1) 조직경계를 넘어 가상 학습팀 활용 2) 목표인지와 내부 경쟁을 위해 조직을 중복 구조로 구성 3) 외부전문교육조직과 네트워크형성 4) 지식관리팀 운영	1) 구성원에게 창조적 긴장감 부여 2) 구성원 학습문화 구축 3) 관리기준을 직무에서 지식으로 변경 4) 지식에 대한 보상시스템 구축

기업문화의 구성 및 실행 체계

비전	초일류 기업(World Class Excellent Company)		
경영 이념	인간 존중	고객 중시	미래 창조
	〈조직〉	〈고객〉	〈구성원〉
기업 문화의 핵심요소	**깨끗한 조직** 긍지와 자부심을 심어주는 인간존중의 사고 · 물리적인 청결함 · 정신적인 순결함 · 업무상의 공정함	**산뜻한 서비스** 고객의 만족·번영을 추구하는 고객중시 사고 · 고객은 우리의 전부 · 고객 만족과 번영추구 · 결과에 책임지는 자세	**세련된 일체감** 변화와 개혁을 주도하는 창조적·진취적 사고 · 긴밀한 협조 · 엄저한 기강 · 강한 조직력
성취 수단	**종업원 만족** · 직무 만족 · 직장 만족 · 무 공해 환경 · 부끄러움 없는 조직 문화 일에 대한 마음가짐 – 정열, 집념, 의지	**고객 만족** · 앞서가는 서비스 · 최고의 기술력 · 동반자적 신뢰구축 · 고객지향과 선택 폭 확대 고객에 대한 마음가짐 – 성의, 창의, 열의	**상호 존중** · 자율과 창의 존중 · 진취성과 도전(프로) 의식 존중 · 질서와 화합 존중 · 공동체적 직장관 동료에 대한 마음가짐 – 관심과 격려, 인정과 수용, 신뢰와 협조
행동 지침	고객의 만족과 번영을 최고의 가치로 삼고, 변화와 혁신의 주체로 초일류기업으로의 성장·발전을 위해 다음과 같이 행동한다. 1. 실패를 두려워하지 않는다. 4. 완벽한 서비스를 제공한다. 2. 최고의 전문가를 지향한다. 5. 결과에 깨끗이 책임진다. 3. 고객의 입장에서 생각한다.		

2. 시스템적 경영의 기본, '성과주의 운영 메커니즘'

(1) '성과주의 운영 메커니즘'의 의미

1) 성과주의 운영 메커니즘의 필요성

기업이 경영환경 변화에 적극적으로 대응해 가면서, 경영의 효율성과 효과성을 높여서 성과를 극대화해 나가기 위해서는 ①경영환경에 맞는 비전과 전략을 수립·전개해야 함은 물론, ②경영성과를 체계적·효율적으로 관리하는 운영 메커니즘이 절대적으로 필요하다.

이에 가장 효율적인 운영 메커니즘이 바로 '성과주의'다.

성과주의의 의미는, 경영을 수행하면서 무엇보다도 경영성과를 최고의 가치로 숭상하여 추구하는, 말하자면 성과 제일주의·성과 지상주의를 일컫는 말이다.

따라서 성과주의에서 가장 중요한 것은 ①무엇을 성과[KPI]로 인식하느냐가 제일 중요한 것이나. 이는 아무리 강조해도 시나치시 않다. 이는 마치 인생을 살아가면서 본인이 원하는 것을 얻기 위해서는 제일 먼저 해야 할 가장 중요 한 일은 바로 자신이 진정으로 원하는 것이 무엇인지를 정하는 것과 같다. 목적이 없는 영혼은 길 잃은 영혼과 무엇이 다르겠는가? (The soul that has no established aim loses itself.)

②그러면 어떻게 성공에 불가결한 요인을 찾아내어 [CSF/ Critical Success Factors / 주요 성공 요인(主要成功要因)] 성과를 달성하고 지속적으로 증진해 갈 것인가가 그다음으로 중요하다.

2) 비전과 전략의 수립·전개가 우선

기업 경영에서 중요한 것은 '효율과 스피드' 즉, 생산성이다. '효율과 스피드'보다 더 중요한 것은 방향성 즉 비전과 전략인 것이다.

방향이 잘못되면, 아무리 '효율과 스피드'가 높고 빠르더라도 영원히 목적지에 도달할 수 없기 때문이다.

1979년 하버드 경영대학원 졸업생을 대상으로 벌인 비전 설문 조사에 의하면, ①구체적인 비전이 있으며, 이를 글로 기록한 제1 집단이 3%이고, ②구체적인 비전이 있으나 글로 쓴 적이 없는 제2 집단이 13%이며, ③구체적인 비전이 없는 제3 집단이 84%였다.

그로부터 10년 후, 1989년 설문 조사 대상자를 다시 찾아가서 현황 조사한 결과에 의하면, 글로 쓰지는 않았지만, 구체적인 비전이

전략 관리의 기본 과정

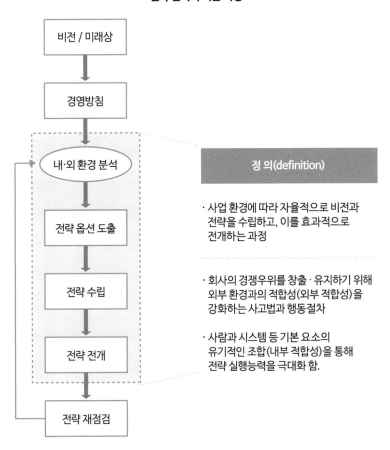

있던 13%의 제2 집단은 구체적인 비전이 없던 84%의 제3 집단보다 2배의 수입을 나타냈다.

글로 쓴 구체적인 비전이 있던 3%의 제1 집단은 하위 97%의 제2 집단과 제3 집단의 졸업생들보다 평균 10배의 수입을 나타냈다고 한다.

3) 그다음은 전략적 성과 관리

전략(Strategy)의 실패를 전술(Tactics / Operational Exllence)의 성공으

성과 관리의 기본 과정

```
      ┌─────────────┐
      │  비전 / 미래상 │
      └──────┬──────┘
             ↓
      ┌─────────────┐
      │   경영 방침   │
      └──────┬──────┘
             ↓
      ┌─────────────┐
      │ 부문별 비전·전략 │
      └──────┬──────┘
             ↓
      ┌─────────────┐
  →   │  성과 지표 설계 │
  │   └──────┬──────┘
  │          ↓
  │   ┌─────────────┐
  │   │   목표 수립   │
  │   └──────┬──────┘
  │          ↓
  │   ┌─────────────┐
  │   │   성과 점검   │
  │   └──────┬──────┘
  │          ↓
  │   ┌─────────────┐
  └── │ 성과 평가 및 보상 │
      └─────────────┘
```

정 의(definition)

· 도전적 목표를 설정하고, 실행과정을 실시간으로 점검·지원하며, 성과를 객관적으로 측정·피드백 하는 과정.

· 경영활동의 최우선 가치를 성과극대화에 두는 성과중심적(Performance - Oriented) 사고법과 행동절차.

· 비전·전략과 정렬(Align)된 전략적 성과관리의 수행을 통한 미래상 달성이 궁극적 목표임.

로 만회할 수는 없다.

성과를 전략적으로 관리한다는 것은 비전 및 전략과 연계된 도전적인 목표를 설정하고, 실행 과정을 실시간으로 점검·지원하며, 성과를 객관적으로 엄정하게 측정하여, 비전 및 전략이 가장 효과적으로 달성되도록 제대로 피드백한다는 것이다. 다시 말하면, 조직 구성원의 역량과 성과를 제대로 평가하여 합리적으로 차별화하는 길밖에 없다.

'차별화'를 올바르게 하려면 운영 메커니즘을 성과주의로 효율화하지 않으면 달리 방법이 없다. 그렇게 함으로써 주인 의식과 일에 대한 열정을 고취하여 조직 구성원 전원이 참여하는 고효율의 자율경영이 이루어지게 되는 것이다.

(2) 성과주의 운영 메커니즘의 중요성
1) 전략적 성과관리가 중요하다.
성과주의 메커니즘을 운영하려면 구성원의 가슴을 뛰게 하는 비전 및 전략을 수립하는 일도 중요하지만 그에 못지않게 비전과 전략과 연계된 전략적 성과 관리가 매우 중요하다.

2) 엄정한 성과 평가와 보상의 차별화가 중요하다.
성과 평가는 관련 당사자가 미리 준비할 수 있고, 승복이 가능하도록 '예측 가능한 엄정한 평가'를 실시하는 것이 중요하다.
평가 결과의 보상 반영은 차별화를 통해 개인 간 및 부서 간의 치열한 내부 경쟁과 집단의 공생적 경쟁을 아울러 강화할 수 있도록 파격적으로 실시하는 것이 중요하다.

3) 신상필벌·발탁과 도태의 관례화가 되어야 한다.

치열한 경쟁 유발과 차별적·파격적 보상을 통해 과감하게 신상필벌을 실시하여, 발탁과 도태의 인사 관행이 싹틀 수 있는 조직 분위기의 조성이 필요하다. '상(賞)은 후하게 많이!' 주고, '벌(罰)은 엄하고 적게' 주는 것이다.

4) 성과급제와 더불어 도덕적 해이 극복 방안으로 조직별 성과급제를 강화하여 조직의 경쟁력이 반드시 강화되도록 해야 한다.

①구성원 개인 간의 경쟁이 강화되도록 스타형 인사정책에 의한 개인별 성과급제를 시행하고, ②구성원 상호 간의 협력이 강화되도록 몰입형 인사정책에 의한 조직별 성과급제를 병행 시행함과 동시에, 성과급에 상응하는 책임 의식 함양을 위한 문책·처벌 제도를 시행하여 도덕적 해이 현상을 사전에 근본적으로 차단해야 한다.

(3) 성과주의 운영에 참고 및 유의할 점

1) CEO에게 정의[正義]의 의미

플라톤은 정의(正義)를 '각자에게 합당한 몫을 나누어 주는 것'이라고 설파했다. 예컨대, 지도자는 지혜를, 전사(戰士)는 용기를, 근로자는 근면의 덕을 행사하면, 종합적인 화합의 결과로 조직에 정의가 실현된다고 보는 것이다. 아리스토텔레스는 정의(正義)를 '평등한 자를 평등하게 대해 주고, 불평등한 자를 불평등하게 대해 주는 것'이라고 했다.

하버드대학 교수인 존 롤스(John Rawls)는 다음과 같이 설파한 바 있다. "평등에는 결과의 평등과 기회의 평등, 2가지 개념이 있다. 결과의 평등은 모두가 같은 몫을 가지는 것이고, 기회의 평등은 평등을 창출하는 기회 자체를 평등하게 가지는 것이다."

결과의 평등은 수월성을 추구하는 인센티브 시스템에 제동을 가해, 심각한 부작용을 낳게 된다. 일을 하나 안 하나 똑같은 급여를 받게 되면, 아무도 일을 열심히 하지 않게 되어 무임승차를 양산하게 된다.

기회의 평등도 완전하지는 않다. 복권을 사는 사람은 당첨 기회를 평등하게 보장받기는 하나, 결과는 엄청난 불평등을 낳는다. 한 사람이 당첨되기 위해 수많은 사람이 손해를 보게 되어, 복권이 정의롭다고 말하기가 어려운 것이다.

이어서 존 롤스 교수는 정의에 관해 다음과 같이 설파했다. "진리가 지식 체계의 제1의 덕목이듯, 정의는 모든 사회의 가장 중요한 덕목이다. 따라서 사회 전체의 복리를 증진하기 위해 정의가 희생되어서는 안 된다. 모든 개인은 절대로 침범당할 수 없는 자유에 대한 권리를 가진다."

그러므로 모든 사람에게 자유가 최대한 평등하게 부여되어야 한다는 것이다. 그런 의미에서 기업에서 정의(正義)가 실현되려면,

① 우선, CEO가 조직 구성원을 공평하게 다루어야 한다.

능력 있는 한 사람이 열 명을 먹여 살릴 수도 있겠지만, 궁극적으로 다른 구성원의 도움 없이 혼자서 모든 것을 다 잘 해낼 수 있는 만능선수는 없는 법이다. 분업의 결과로 이루어진 효율성의 성과가 공정하게 분배되어야 구성원 모두에게 이익이 되는 것이지 않겠는가.

② 또한, CEO는 구성원에게 책임을 묻기 전에 먼저 자율성을 확보해 주어야 한다.

자유 토론이 벌어지는 곳에서 스스로 동기 유발이 된다. 규칙을 엄격하게 적용하려면 동기 유발의 출발점은 자발성이므로 적용 대

상자인 구성원 자신의 참여를 유도해야 한다.

③ 그리고, CEO는 일하는 사람이 되기보다는, 일을 나누어 주는 사람이 되어야 한다. CEO는 기회에 강한 사람이 되기보다는 구성원에게 기회를 제공해 주는 사람이 되어야 한다. 이러한 것들이 상황에 따라서 이루어지기보다는, 원칙에 따라 시스템을 통해서 실현되어야 한다. 모든 구성원이 같은 정의 원칙을 준수한다고 느낄 때 힘을 합치게 되는 것이다.

2) 덩샤오핑의 주인 의식

덩샤오핑은 1962년 경제 우선주의를 표방하며, 흑묘백묘론(黑猫白猫論)을 주창했다. 자본주의든 공산주의든 인민을 잘살게 하면 그게 제일이라며, 불합리한 평등보다 합리적인 불평등을 우선시하는 선부론(先富論)과 함께 획기적인 경제 정책을 시행했다. 집단농장의 사영화(私營化)를 통해 주인 의식을 고취하여, 중장기적 영농방법이나 종묘의 개량 없이도, 그해의 생산성을 4배 이상으로 획기적으로 높였다.

덩샤오핑의 경제 우선주의는 1962년 '흑묘백묘(黑猫 白猫)론'에서 완전히 노정(露呈)되었다. 대약진 운동으로 3,000만 명이 굶어 죽는 대재앙이 터지자, 농업생산력을 끌어올리기 위해 이윤 동기를 도입해야 한다고 역설하며, "검은 고양이든 흰 고양이든 쥐만 잘 잡으면 된다"는 주장을 펴, 훗날 문화대혁명 때 주자파(走資派)로 몰리는 빌미가 되어, 수차례 죽음의 고비를 넘기기도 했다. 그러나 노회한 정치력으로 4인방을 비롯한 정치 우선주의자와의 권력투쟁에서 살아남았다.

1974년 4월 덩샤오핑(鄧小平)은 유엔 총회 참석 뒤 뉴욕과 인근 지역을 돌아보면서 브로드웨이의 마천루와 타임스 스퀘어 지하철역에서 깊은 인상을 받았다. 훗날 '현대 세계가 어떤 모습인지 보게 될 것'이라며, 아들에게 미국 유학을 권고했다.

중국 공산당은 덩샤오핑의 개혁 개방 선언 30주년을 맞아, 신해 혁명(1911년)과 사회주의혁명(1949년)에 이은 제3차 혁명으로 규정했다. 마오쩌둥을 '파(破)의 지도자', 덩샤오핑을 '입(立)의 지도자'라고 부른다.

3) 카고 컬트(Cargo Cult)

제2차 세계대전이 끝난 뒤 태평양 여러 섬의 원주민들 사이에 기이한 풍습이 나타났다. 미군이 건설했던 보급 기지를 본떠서 어설프게 활주로를 만들고, 얼기설기 관제탑도 세우고, 야자 열매 헬멧을 쓰고, 나무 막대기 소총을 든 채 활주로를 따라 순찰을 돌았다.

이유는 원주민들이 미군처럼 활주로를 만들고 순찰을 돌면 보급품을 실은 비행기가 돌아오리라 생각한 것이었다. 그러나 이들의 간절한 기원에도 불구하고, 보급품 상자는 더는 하늘에서 떨어지지 않았다.

선후 관계를 인과 관계로 혼동하는 '원인 오판(誤判)의 오류'를 범

진정한 공평의 의미

향기와 악취가 한 곳에 있게 되면, 향기는 온데간데없이 악취만 있게 되고, 어린 모종 사이의 잡초를 제거하지 않으면, 좋은 곡식에 해가 된다는 말이 있다.

이조 선조 때의 문신이자 학자였던 고봉 기대승(高峯 奇大升 / 1527~1572)이 임금의 공부를 돕는 경연(經筵)에 참석했을 때, 마침 소인들의 득세에 관한 주제로 토론을 하게 됐을 때, 다음과 같이 말했다.

"군자와 소인, 모두에게 똑같이 공평한 것은 진정으로 공평한 것이 아니다. 고식적이고 게으른 사람은 '매사에 공평해야만 한다.'라고 말하는데, 군자를 후(厚)하게 대하고 소인을 박(薄)하게 대우하는 것이 진정으로 공평한 것이다. 군자와 소인의 차별이 없다면, 이는 크게 공평하지 못한 것이다."

사람들은 흔히들 좋은 게 좋다고 말하지만, 이런 태도는 일시적 화합과 외면적 공정성은 담보할 수 있을지는 몰라도, 결국 더 큰 문제를 일으킬 수 있음을 설파(說破)한 것이다.

했기 때문이었다. 어떤 사건이 연달아 일어났다는 이유만으로, 앞에 일어난 사건을 뒤에 일어난 사건의 원인으로 잘못 생각한 것이었다.

남태평양 원주민들처럼 시늉만 하면 경제 살리기의 비법이 하늘에서 떨어진다고 생각하는 것은 설마 아니겠지만, 수도권을 규제하면 지방이 살아난다거나, 양극화를 강조하면 서민 살림살이가 나아진다는 등, 정부 정책 중에도 카고 컬트를 연상케 하는 것이 많다.

이처럼 기업 경영에도 무늬만 그럴듯하게 성과급제를 도입하면 경영혁신이 일어나고, 주인 의식과 일에 대한 열정이 저절로 생겨나서 고성과가 창출되리라고 생각하는 것은 아닌지 깊이 반성해 볼 일이다.

4) 아이아스 딜레마

그리스군이 트로이를 함락하려고 트로이 성 앞에 진을 치고 전쟁을 시작한 지 9년이 지난 어느 날, 위대한 전사 아킬레우스가 그의 유일한 급소인 아킬레스건(腱)에 화살을 맞아 사망했다.

그리하여 아킬레우스가 입었던 갑옷이 가장 우수한 군인에게 줄 상으로 결정되었다. 불(火)과 대장간의 신(神) 헤파이스토스가 아주 귀한 금속으로 만든 이 갑옷은 값을 따질 수 없는 보물이었다.

수상 대상 후보는 아이아스와 오디세우스 둘뿐이었다.

장수로서는 키도 크고 용감하고 충성스럽고 전술에도 능한 아이아스가 단연 최고였다. 전우들의 목숨도 많이 구했고 공도 많이 세웠으며, 위기에 처했을 때는 많은 병사가 옆에 있었으면 하고 바라는 사람이 바로 아이아스였다.

그러나 오디세우스는 정반대 스타일이었다. 언변에 능한 지휘관으로 청산유수의 달변에다 처음 본 사람에게조차 듣기 좋은 얘기도 잘하며 항상 새로운 아이디어가 번득였다. 트로이의 요새에 들어갔다가 무사히 빠져나온 전력도 있었다. 하지만 100% 믿을 수 있는 사람은 아니었다.

훗날 목마를 만들어 트로이 사람들을 속여 대패시킨 사람이 바로 오디세우스였다. 그런 이유 등으로 배심원들은 만장일치로 오디세우스에게 상을 주기로 했다.

화가 치민 아이아스는 마땅히 자기가 받아야 할 상을 빼앗겼다고 생각했다. 그리하여 그토록 사랑했던 그리스군과 아가멤논 왕에게 배신당했다는 생각에 아이아스는 그만 미쳐 날뛰다가 결국 자결해버렸다.

5) 공정한 평가와 정의로운 리더십은 어떠해야 하는가?

기업을 비롯한 조직이 생산성을 올리기 위해 도입한 성과주의 인센티브 시스템은 승자와 패자를 가른다. 승자는 각종의 정(正)의 인센티브와 명예를 얻지만, 마땅히 자기도 받아야 한다고 생각한 보상을 받지 못하거나 부(負)의 보상을 받은 패자는 분노와 모멸감에 휩싸이게 된다.

이게 바로 아이아스 딜레마다. 이와 같은 아이아스 딜레마를 해결하려면, 잘한 사람의 공로를 제대로 인정하고, 그에 걸맞은 파격적인 보상을 하면서도, 조직을 침체·와해시키지 않도록 특별히 노력하지 않으면 안 된다.

그렇게 하려면 무엇보다 먼저 불합리한 무차별의 단순한 평등(균등성, equality)을 과감하게 지양하고, 일을 잘한 사람·업적과 공이 많은 사람에게 합리적인 차별적 우대로 더 많은 보상을 해줄 수 있는 형평성(공평, equity)을 보장하는 공정(fairness)한 평가와, 이를 확실하게 뒷받침할 수 있는 정의(righteousness, justice)로운 리더십이 발휘되

CEO에게 정의란!

기업 경영에서 CEO에게
"정의"의 개념은,
공정한 평가와 공평한 성과
배분뿐만 아니라,
동시에 이에 덧붙여 자율경
영이 실현되도록 보장하는
것이 절대적인 것이라 할 수
있다.

도록 해야 한다.

또한, 승자에게 보상을 할 때, 패자가 모욕을 느끼지 않도록 배려
도 하고, 패자부활의 기회를 부여함과 동시에 동정심과 상호 존중
하는 마음으로 포용함으로써, 조직 구성원 모두가 스스로 나름대로
가치 있는 존재라는 자각이 들어, 몸과 마음을 바쳐 조직과 일에 헌
신하는 자율경영의 풍토가 정착되고 심화될 수 있도록 다양한 방법
으로 노력해야 한다.

6) 성과급제와 도덕적 해이[Moral Hazard]

기업은 역량 있는 전문 경영자를 영입하기 위해 각종 인센티브를
활용한다. 최고경영자(CEO)는 단기적인 성과를 올리기 위해, 안정적
인 투자보다는 위험성은 있더라도 고수익을 올릴 수 있는 분야에 적
극적으로 투자하게 된다.

이러한 성과급제는 정(正, +)의 성과를 냈을 때의 보상체계는 마련
했지만, 부(負,—)의 성과를 냈을 때의 책임 문제를 제대로 마련하지
못해 전문 경영자의 도덕적 해이(解弛)를 불러일으키게 된다.

따라서 이러한 도덕적 해이를 차단하고 최소화하기 위해서는,

①조직의 경쟁력 강화는 조직 구성원 개인 간의 경쟁에 의한 개인
별 성과급제를 통해 이룩되도록 하고,

②개인별 성과급제와 조직별 성과급제를 동시 적용함으로써 조직
구성원 상호 간의 협력에 의한 조직(팀)별 성과급제를 통해 개인별
성과급제로의 쏠림 현상을 미리 방지할 수 있도록 반드시 사전에 보
완되도록 해야 한다.

③아울러 성과급제에 필적하는 문책 제도도 고려해야 한다.

7) 스타형 인사정책과 몰입형 인사정책

스타형 인사정책(Star Model)이란, 개개인의 능력에 따라 우수 인적 자원을 골라서 채용하고, 종업원 상호 간의 치열한 경쟁을 유도하여 더욱 높은 성과를 낸 종업원에게 높은 보상을 제공하는 인사정책임을 가리킨다.

미국의 대표 기업들이 주로 채택하고 있는 인사정책이다. 우리 기업에서도 인기가 있는 핵심 인재 관리가 스타형 인사정책의 전형적 예라고 할 수 있다.

몰입형 인사정책(Commitment Model)이란, 종업원 개개인의 개인적 능력보다는 조직이 추구하는 가치와의 적합성과 팀워크를 기초로, 주로 아시아 기업들이 전통적으로 채택하던 정책이지만, 세계화의 영향으로 최근 일부 미국 기업들도 많은 관심을 두는 인사정책이다.

조직의 성과가 상위 5% 종업원의 역량에 좌우된다고 믿는 경영자는 스타형 인사정책을 선호하고, 종업원 개개인의 역량보다는 오히려 종업원 상호 간의 단합과 팀워크에 크게 좌우된다고 믿는 경영자는 몰입형 인사정책을 선호하는 경향이 있다. 이러한 조직 성과에 대한 시각 차이에 의해, 몰입형 인사조직에선 종업원 간의 임금 격차가 최소화되고, 반면에 스타형 인사조직에선 임금 격차가 커질 수밖에 없다.

8) 성과급제의 발전 방향
①성과급제는 선행 지표에 의한 자율 관리로, 경영 수준과 자율성을 높여 가야 한다.
②또한 급여의 단계별 격차 확대(Broad Banding)로, 성과주의를 심화하는 계기를 마련해야 한다.

③그리하여 점진적으로 현업(Line) 주도형 인사를 지향해 나가야 한다.

인사 관리의 대강(大綱)은 시스템적 사고에 의한 경영으로 현업 부서에 맡김으로써, 현업 부서의 사람 관리에 관한 전반적인 능력을 증진함과 동시에, 임금·후생·인재 양성 등 핵심 부문은 고도로 전문화하여 본사에 전사적인 조직으로 최소화해 나가도록 해야 한다.

④보수(報酬) 제도를 중시하는 것에서 핵심 인재 개발의 중시(重視)로, 보상 결정을 위한 평가에서 인재 Flow Management를 위한 평가 쪽으로, 인적 자원관리의 바탕[질(質)과 격(格)을 높여 가야 한다.

⑤또한 성과급제는 균형성과 지표(Balanced Score Card) 중심으로 경영관리 능력을 심화·집중해야 한다.

⑥아울러 승진 또는 성장(Up / Grow)이 아니면 퇴출(Out)을 관례화할 수 있어야 한다.

입사 후 일성 기간(3년)은 보장하시만, 기간 내에 전문 영역을 찾아 전문가가 되도록 지원함과 동시에 강제화하고, 일정 기간 나 자신의 역량이 향상되지 않으면, 더 나은 자신의 변신·성장을 위해 스스로 다른 길을 찾아 나가도록 관례화해야 한다는 것이다.

⑦끝없는 확대 재생산 지향으로 '고용을 보장해 주는 것은 회사가 아니라 고객'임을 인식시켜, 소속 부문의 끊임없는 성장·발전을 추구하도록 구조화하는 것도 필요하다.

⑧경영 비전과 성과급제의 연계성을 높여감으로써, 이윤 추구형 피라미드 조직과 직무급제의 시행, 회사에 대한 귀속 의식과 철저한 시장 우위의 의식화, 경력(Career)을 중시하는 프로페셔널과 서비스 중시의 강화, 자율형 조직과 고객 밀착형 경영 비전으로 자동 연계되도록 해야 한다.

⑨성과급제는 결국 비전과 전략 및 핵심 가치에 의한 경영 구조로 구성원의 의식을 집중시키는 쪽으로 발전해 나가야 하는 것이다.

③ 시스템적 경영과 경영혁신

1. 경영혁신의 개요

①환경 변화에 대응하기 위한 의도적인 변화의 시도를 경영혁신이라 한다. 새로운 것을 시도하는 마음이 기업가 정신(P.F.드러커)이라고 한다면, 기업가 정신의 구체적인 발현 과정이 바로 경영혁신인 것이다.

②경영혁신은 선택의 문제가 아닌 생존의 문제이다. 혁신은 뒤집어엎는 것이다. 그렇기 때문에 단기적으로는 불편과 불이익이 생길 수밖에 없다. 그러나 열대가 한대로 바뀌는 것처럼 격심한 환경 변화에 대응하기 위한 필수 생존조건이기 때문에 경영혁신은 불가피하다. 경영혁신은 시스템적 경영의 끊임없는 고도화 과정이라 할 수 있다.

③경영혁신을 성공시키기 위해서는 역량과 전문성, 주인 의식(책임감)과 열정이 필요하다. 프로네시스 즉 실천적 지성의 함양이며, 이것은 모든 히든 챔피언에서 볼 수 있는 공통점이다.

2. 경영혁신의 참고 자료

(1) 개혁과 저항의 법칙

1826년 독일 물리학자 게오르그 옴은 전류 세기가 강해질수록

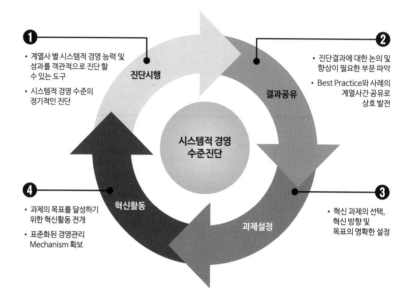

경영 혁신 사이클

① 진단시행
• 계열사 별 시스템적 경영 능력 및 성과를 객관적으로 진단 할 수 있는 도구
• 시스템적 경영 수준의 정기적인 진단

② 결과공유
• 진단결과에 대한 논의 및 향상이 필요한 부문 파악
• Best Practice와 사례의 계열사간 공유로 상호 발전

시스템적 경영 수준진단

④ 혁신활동
• 과제의 목표를 달성하기 위한 혁신활동 전개
• 표준화된 경영관리 Mechanism 확보

③ 과제설정
• 혁신 과제의 선택, 혁신 방향 및 목표의 명확한 설정

전류의 흐름을 방해하는 힘 또한 강해진다는 사실을 발견했다. 이른바 '옴의 법칙'으로 잘 알려진 저항의 법칙이 세계 과학사에 등재된 것이다.

이에 앞서 1590년 '피사의 사탑' 실험을 통해 갈릴레오 갈릴레이가 입증한 물체 낙하 운동 역시 가벼운 공기조차 움직이는 물체에 대해 저항력을 가진다는 자연의 섭리가 입증되었다. 마찬가지로 힘과 변형의 비례관계를 입증한 후크는 탄성의 법칙으로 작용에 따른 반작용 현상을 경쾌하게 설명했다.

이러한 자연법칙이 우리 인간사에도 그대로 적용된다. 인간은 로봇과 달라서, 요구와 지시에는 필연적으로 저항이 따를 수밖에 없다. 주문이 강하면 강할수록, 급하면 급할수록, 이에 반하는 저항력은 더욱 커지게 마련이다.

초기 로마사(史)에서 중요한 위치를 차지하는 그라쿠스 형제의 개혁은 이들 형제가 집권 세력과 타협하기보다 대결에 치중한 나머지 종국에는 실패로 돌아가고 말았다.

로마 역사상 최고의 영웅이었던 줄리우스 카이사르(시저) 역시 대중적 지지기반이 확고했음에도 불구하고 로마 원로원의 미움을 사서 결국엔 암살당하고 말았다. 따라서 줄리우스 카이사르가 애써 가꾸어 놓은 로마 번영의 기틀은 그 후 그의 양자(養子)이자 냉철한 현실주의자였던 로마 초대 황제 아우구스투스가 거두어들였다.

1519년 기묘사화로 사사(賜死)된 조광조의 사상은 덕과 예로 다스리는 유학(儒學)의 이상적인 왕도 정치를 실현하려는 것이었으며, 자연질서 속에서 인간 존엄성에 대한 이상을 담고 있었다. 그러나 이러한 이상적인 도학 정치의 시도에도 불구하고, 지나치게 급진적이고 과격하게 개혁을 추진하여, 훈구파의 반격을 받아 결국 계획은 모두 실패로 끝났다.

1930년대 공황기에 미국의 루스벨트 대통령은 국민의 전폭적인 지지 아래 언론을 등에 업는 설득의 정치를 펼친 끝에 사회주의 정책을 이식하는 데 성공했다.

반면에 혁명사상 최악의 실패 사례로 거론되는 중국 문화대혁명은 마오쩌둥의 독단으로 시작되어, 무려 10여 년 동안 중국 대륙을 혼란과 거센 피바람 속에 몰아넣었고, 중국 역사상 가장 심한 좌절과 손실을 초래했다. 가장 중국적인 사회주의를 구현하려던 마오쩌둥의 이상은 그 후 '말하기보다 듣기에 더 많은 관심'을 기울였던 덩샤오핑에 의해 바뀌고 말았다. 그런 면에서 조상들의 슬기로운 여러 윤리강령 가운데 일상생활에서 으뜸으로 거론되는 관용과 인내는 이 같은 마찰과 저항을 최소화할 수 있는 실천적인 덕목으로 꼽을 수 있게 된다.

아이디어도 좋고 취지도 훌륭하지만, 관용 없는 결정·인내 없는 추진은 더욱 신중해야 한다. 개혁에는 반드시 저항이 따르기 마련이다. 개혁가는 저항의 가능성을 고려하여, 관용과 인내부터 내면화하면서 지혜롭게 대처해야 한다.

(2) 개혁과 자만 [휴브리스]

기업의 구조 조정이나 정부 개혁이나 모두 변화와 고통을 수반한다. 회사나 조직을 개혁하는 사람들은 의욕에 불타지만, 그 대상이 되어 바뀌어야 하는 사람들은 피곤하고 괴로울 수밖에 없다.

개혁의 주체와 객체는 각자 생각하는 방향과 속도에 큰 차이가 있으므로, 큰 변화는 그 대상자가 어느 정도까지는 방향을 잡을 수 있고 견딜 수 있는 수준으로 속도를 맞출 수 있도록, 아래로부터 시작되면 좋다. 그래서 개혁이란 아래로부터 자발적이어야 한다는 것이다.

실례를 보면, 1994년 IBM은 전해에 새로 부임한 CEO 루 거스너의 비상한 노력에도 불구하고 최악의 경영성과를 기록한다. 그리하여 그는, '모든 일은 시장 상황에 따른다.', '문제를 해결하고, 동료를 돕는 사람을 찾는다.', '실수가 있다 해도, 너무 빨라서 일어난 실수여야 한다.'라는 등의 명확한 원칙을 세워, 실무자들이 과감하게 변화를 시도할 수 있도록 뒷받침해 주면서 개혁을 추진하는 조직문화로 바꿔 나갔다.

리더가 해야 할 몫은 그 정도까지일 것이다. '나를 이해하고 따라주는 똑똑한 간부 몇 명'만 있으면, 회사를 얼마든지 잘 꾸려나갈 수 있다'라고 생각하는 리더가 의외로 많다. 리더가 나보다는 당신들이 먼저 변해야 한다는 일방통행식 분위기로 밀어붙이면, 막상 개혁을 추진해야 하는 사람들은 고개를 숙이고 뒷짐을 지게 된다.

'휴브리스'는 아놀드 토인비가 자주 사용한 용어인데, 역사를 바꿔 가는 창조적 소수가 빠지기 쉬운 대표적인 오류를 일컫는 말이다. 한번 성공을 거둔 창조적 소수들이 그 성공에 자만하여, 항상 자기의 능력과 방법론이 통하리라고 착각하는 잘못을 일컫는 말로 통용되고 있다.

(3) 대표 기업의 성공 요인

포천 500대 기업에 들어간 국내 대표 성공기업의 성공 요인은 [1]강력한 리더십, [2]스피드 경영, [3]합리적인 의사결정 구조, [4]글로벌화, [5]양보다 질로 승부, [6]성과 중심의 인재 투자 등의 6가지를로 들고 있다.

성공한 일류기업의 혁신 전략

대개의 성공한 일류기업은 시대 변화에 맞는 혁신 전략으로 경영혁신을 단행했다. 그들은 효율화 및 원가 절감을 통해 탁월한 성과를 나타냄과 동시에, 글로벌화 전략 등으로 시장확대와 규모의 경제를 달성하여 급속한 성장으로 매출과 이익 증대를 성취했다. 그들이 구사한 구체적인 혁신 전략을 보면, [1]적절한 비전을 제시하고, [2]합리적으로 의사결정을 하며, [3]경영의 투명성을 확보하면서, [4]동시에 소비자들의 신뢰를 높이고, [5]구조 조정(재무 / 사업)을 통한 기업 체질 강화에도 힘쓰면서, [6]일류상품 개발과 Brand 인지도 재고를 통한 경쟁력 강화를 들 수 있다.

성공한 일류기업의 구성원 사기 진작 방안

① High Support(높은 지원)와 Low Control(낮은 통제)! 즐겁고 신바람 나게 일할 수 있는 분위기를 조성해야 한다.
② 성과[(Performance), 노력도 / 기여도 / 목표 달성도)]에 상응한 평가 및 보상을 해야 한다.
③ Work·Life Balance P/G, 예컨대 Flexible Time / 재택근무 / 생활 지원 P/G / 자녀 양육지원 P/G 등, 일과 가정 생활의 균형을 통한 신뢰를 회복·강화하는 P/G를 실시해야 한다.
④ 열정과 집중을 고취해야 한다.
⑤ Recognition(알아주는 행위)을 강화하여, 재량 시상·상벌 시행의 즉시성 제고(提高) 등을 실시해야 하는 것 등을 들 수 있다.

삼성전자, 현대자동차, LG전자, 포스코, 현대중공업에서는, ①강력한 리더십에 더해 더 빠른 의사결정을, ②더 멀리 미래를 내다보고 글로벌 시장 공략을 하고, ③성과 중심 운영과, 인재 중시·육성 문화 (차별적 우대와 홀대 / 발탁과 도태)의 수준을 더 높여야 한다고 강조하고 있다.

지난 1991년 100대 기업 중에서 2010년까지 살아남은 기업은 고작 10여 개사에 불과하다. 몰락한 기업들을 살펴보면 그들에게는 몇 가지 공통적인 실패 요인들이 있었다. ①독단적인 경영, ②과도한 부채, ③미래 예측 실패, ④무리한 다각화 추진 등으로 요약된다.

그렇다면 글로벌 초우량 장수기업 14개사의 성공 DNA는 무엇일까. ①시장 선점·다각화 등의 탁월한 시장 선택 능력과, ②탁월한 차별화 능력, ③덧붙여서 안정된 노사 관계, ④인재에 대한 아낌없는 금전적 및 비금전적 투자를 그들의 유익한 시스템적 경영 공통적인 성

법인(法人)이란

인간에게 부여된 법적 지위를 기업이 유사하게 누릴 수 있도록 의인화된 법적(法的) 인간(人間)이다.
법인은 생물학적 존재로서의 인간과 똑같은 생로병사(生老病死)의 프로세스를 가진다. 다만 법인이 인간 및 기타 생물과 다른 점은 생리적인 수명이 없다는 점이다.
바로 이 점 때문에 기업은 변화를 수용하고 적응하여 차별화 경쟁에서 이겨 나가면, 대(代)를 이어가며 불멸(不滅 / Sustainability)이라는 특권을 누릴 수 있게 되는 것이다.

경영혁신 작업 성공의 요체

(1) 비전(Vision) 있는 리더(CEO)의 지속적인 결단력(Gut check)과 용기.
(2) 응집력이 강하고 도덕성을 갖춘 단결된 개혁 세력의 헌신적 뒷받침.
(3) 경영혁신에 대한 구성원의 합의.
(4) 혁신의 부작용(실업 등 사회적 비용) 최소화에 대한 배려 및 정책적 노력.
위의 4 요인이 경영혁신 작업 성공의 Grand Design이요, Conceptual Design이라고 할 수 있다. 그러므로 경영혁신의 진전·심화 상황에 따라 업(業)의 특성과 시대 상황과 주변 환경과 조직의 현실을 고려하여, Grand Design과 Conceptual Design의 연장선상에서 맞춤형의 Basic Design과 Detailed Design을 그려가야 하는 것이 결정적인 성패 요인이라 할 수 있다.

공 DNA로 꼽는다고 한다.

(4) 작지만 강한 히든 챔피언(Most Admired Company)의 공통점

작지만 강한 글로벌 중소기업((Hidden Champion)들은 글로벌 마켓 리더십에 대한 원대한 목표를 가지고 있다. 작은 시장에 대해 집중하면서도 세계화에 대한 의지를 꺾지 않는다. 따라서 지속적인 혁신에 매진하고, 고객과의 친밀함을 유지하기 위해 애쓴다. 제품의 질과 서비스에서도 명백한 경쟁우위를 점하며, 장기 근속하는 핵심 인재와 리더를 우대하고 있다.

(5) 삼성의 성공 비결

10년 앞을 내다보는 1등 기업 삼성의 주요 성공 비결을 보면, ①신성장동력 확충, ②핵심 분야 세계 1위, ③브랜드 가치 극대화를 위한 설비·R&D·인재에 대한 막대한 대규모 투자를 들 수 있다.

이를 실현하기 위한 구체적인 실천방안으로는
①끊임없는 위기의식(끊임없이 사람을 채찍질)과,
②삼성 혼을 단련시키는 혹독한 교육·훈련,
③성과 창출을 위한 밤낮없는 격무(年中無休 不撤晝夜),
④승진 시기를 놓치면 사직해야 하는 서바이벌 경쟁,
⑤공격적이고 진취적인 시장전략(스마트 폰 사례)을 꼽을 수 있다.

그러면서도 다음과 같은 회사 복무 3대 원칙이 임직원들 간에 회자(膾炙)되고 있다.
① 회사에 출근하는 것이 재미있고 즐거워야 한다.

Most Admired Company [2008년도] – Wall Street Journal

선정 기준 :
① 기업 평판
② 품질
③ 고객의 요구에 걸맞은 혁신
④ 장기적인 경영 비전
⑤ 재무상태
선정 결과의 순위 :
① SEC (삼성전자)
② POSCO(포철)
③ LG전자
④ SK텔레콤
⑤ SK
⑥ 삼성물산
⑦ LG
⑧ 현대자동차
⑨ 신세계
⑩ 현대중공업이었다.
순위가 그 당시나 지금이나 비슷한 것은 시사하는 바가 크다.

② 자아실현의 기쁨을 누릴 수 있어야 한다.

③ 상호 경쟁과 협력 및 배려를 통해 함께 성장·발전한다.

3. 시스템적 경영의 고도화

(1) 시스템적 경영의 경영혁신

1) 시스템적 경영의 고도화를 위한 경영혁신 추진 방향

시스템적 경영에서 경영혁신이란, 기업이 생존과 성장·발전을 도모하기 위해 환경 변화에 적극적으로 대응하려고 하는 의도적인 변화의 시도를 의미한다. 경영혁신에는 환경 변화에 대처하는 전략적 변화와 새로운 전략에 맞춰 '사람과 시스템' 등 경영의 기본 요소를 변화시키는 관리적 변화를 포함하는 개념이다.

변화의 범위와 관련하여, 전략에 맞춰 '사람과 시스템' 등 기본 요소에 대한 변화를 수행하는 과정을 점진적 변화·연속적 변화·적응적 변화라고 하고, 변화하는 경영환경에 맞춰 전략 자체를 바꿔 나가는 과정을 급진적 변화·단속적 변화·혁신적 변화라고 한다.

그런데 기업문화의 변화와 경영혁신은 쉽게 이뤄지지 않는 특성이 있다. 그것은 경영의 기본 요소가 변화에 저항하고 현상을 유지하려는 경향성이 있을 뿐 아니라, 성공에 이바지했던 요소들이 오히려 변화에 걸림돌이나 장애 요인으로 작용할 수도 있기 때문인 것이다.

그런 의미에서 시스템적 경영에서는 시류나 유행에 따르는 경영혁신보다는 먼저, 현재의 시스템적 경영의 실행 수준과 성숙도 및 경영성과 등을 객관적으로 정확히 측정·평가하고, 지향해 나갈 모습과 목표 수준을 명확히 설정해야 한다.

그다음, 경영목표 달성은 물론 나아가 비전과 전략의 달성을 위해 개선해야 할 과제를 구체적으로 발굴·도출하여, 시스템적 사고에 의한 개선 활동을 추진해 나감으로써, 일관성을 갖고 경영혁신 활동의 순환과정을 밟게 됨과 동시에, '시스템적 경영의 고도화'(UP-grade)를 아울러 실현해 나가게 된다.

2) 시스템적 경영의 고도화를 위한 경영혁신 추진 과제
　시스템적 경영에서 경영혁신의 과제는, ①기본 과제와 ②전략 성과 과제로 양분(兩分)된다.
　기본 과제는, 경영성과는 결국 경영 기본 사항에 의해 좌우되는 것이므로, '사람과 시스템'의 이른바 시스템적 경영의 기본 요소에 대한 개선 활동 과제인 것이다.

　사람 : ①인적 자본 관리 / ②조직 운영·조직 행동 관리 / ③핵심 목적·핵심 가치 / ④전략 가치·운영 가치
　시스템 : ①기본 관리 시스템 / ②업무 관리 시스템 / ③IT 기반의 RTE 시스템

　전략 성과 과제는, 시스템적 경영의 운영 메커니즘인 성과주의 경영에 연계되는 이른바 비전과 전략의 수립·전개에 대한 개선 활동 과제와 전략적 성과관리에 대한 개선 활동 과제들이다.
　예컨대, 생산 현장과 영업 일선으로부터 수용하는 CS(Customer Satisfaction), TQM(Total Quality Management) 등을 비롯하여 장단기 경영성과의 극대화를 실현하기 위한 모든 전략적·전술적 과제를 포함한다. 소위 사업경쟁력 강화를 위한 획기적인 생각이나 방법·전략 등의 다양한 주제에 대한 각 사업 부문의 자율적인 일체의 개선 활동 과제들인 것이다.
　비전 및 전략의 수립·전개에 대한 개선 활동 과제로는, ①변신 성

장과 신수종 관련 사업의 발굴과, ②사업 구조 및 비즈니스 모델의 고도화와, ③기술·고객·마케팅 전략 등을 들 수 있다.

전략적 성과관리에 대한 개선 활동 과제로는, ①Speed 지표와, ②Quality 지표, ③Cost 지표들이다.

(2) 시스템적 경영의 고도화를 위한 수준 진단
1) 시스템 경영의 수준 진단 체계

시스템적 경영을 진단할 때는 ①회사가 지향하는 궁극적 목표 즉 미래상의 실현 정도와 ②이를 가능케 하는 경영의 기초인 '사람과 시스템' 및 ③경영의 기본인 '성과주의 운영 메커니즘'을 그 대상으로 한다.

시스템적 경영의 목적인 고성과 창출을 위한 필요조건이나 전제조건이면서, 경영 방침이나 경영 원리에 해당하는 부분, 예컨대 전원참여·고효율·자율경영 등은 그 진단의 대상이 되지 않는다.

시스템적 경영의 수준 평가체계는 ①시스템적 경영의 성과 평가와 ②시스템적 경영의 능력 평가다.

시스템적 경영 수준의 진단·평가 및 성과·능력의 영역 〈표1〉

진단 / 평가		시스템적 경영 구성요소	성과 / 능력
평가	회사의 미래상	초일류기업(Excellent Company) 우량기업 · 좋은 직장 · 신뢰받는 기업	성과
	기본 경영방침	전원참여 · 고효율 · 자율경영을 통한 고성과 창출	
진단	운영 메커니즘 기본요소	성과주의 경영 우수한 인재 · 탁월한 시스템	능력
	경영혁신	경영혁신	

진단 · 평가 및 성과 · 능력에 해당되지 않는 시스템적 경영의 구성요소

시스템적 경영 수준의 진단 자원 〈표2〉

Best Practice	진단조직	진단카드
· 시스템적경영 수준 진단의 기준점 · 학문적 연구와 실체 사례분석을 토대로 구성	· 수준진단 추진주체인 진단팀 & 평가팀 · 피 진단기업의 진단 TFT	· 진단카드의 기본구조는 Performance · Process · Resource로 구성 · 구성요소(Performance · Process · Resource) 별로 5점 Scale Scoring으로 표준화

　시스템적 경영 수준의 ①진단·평가 및 성과·능력의 영역은 〈표1〉과 같다.

　②진단 자원은 〈표2〉와 같다.

　2) 시스템적 경영 수준 진단을 해야 하는 이유

　모든 기업에 보편적으로 적용할 수 있는 궁극적인 목표로서의 미래상인 초일류기업이 되기 위한 목적 수행의 과정이기 때문이다.

　그와 더불어 각 사업 부문의 시스템적 경영의 성숙도 수준을 정기적으로 진단해 일관성 있는 경영혁신의 방향과 과제를 도출함으로써, 시스템적 경영 능력의 향상을 촉진하기 위한 것이다.

　즉 시스템적 경영의 궁극적인 목적인 지속적인 고성과 창출을 위해 무엇이 성과 창출에 장애 요인(Bottle Neck)이 되며, 또 어떤 장애 요인이 시급하고 중요한지를 가려내고, 그것을 제거하거나 해결해 나가기 위함이다.

　뿐만 아니라, 시스템적 경영 주요 요소의 성숙도 수준을 상대적으로 가늠해, 이들 요소의 성숙도 수준을 상향 평준화(Upward Leveling)하고, 경영자원의 배분·활용과 경영 노력의 효율성을 극대화하기 위한 것이다.

결국 선진 초일류기업의 모범사례(Best Practice)와 비교·평량해 봄으로써 그들과의 격차를 정확히 인식하고, 같은 수준이나 그 이상의 수준으로 향상 시켜 나가기 위한 구체적인 실천 과제와 방안을 모색하기 위한 것이다.

이런 맥락으로 볼 때 어느 특정 시점에서 유행하는 혁신 기법이나 모델을 따르기보다는, 확실하게 중심을 잡고 정기적인 진단을 통해 일관성 있게 혁신 과제와 문제점을 발굴·도출·개선하는 것이 가장 바람직하다.

그러나 유행하는 다양한 혁신 기법은 필요한 경우 부분적·보조적으로는 얼마든지 원용 가능하다.

시스템적 경영의 수준을 진단하기 위해 전제되어야 하는 것은 조직 전체의 업무 흐름과 프로세스를 정확하게 파악할 수 있는 안목이다.

이런 안목을 키울 수 있는 가장 좋은 방법은 체계적인 진단 자원, 즉 모범사례(Best Practice)·진단조직·진단카드를 확보하는 것이다.

시스템적 경영 수준 진단의 종합평가서 작성은 진단팀과 피진단 조직의 준비(설문)단계·실사단계·종합단계를 통해 완성된다.

수준 진단의 최종 목적은 시스템적 경영의 기본 요소, 즉 경영의 기초인 '사람과 시스템', 경영의 기본인 '성과주의 운영 메커니즘'의 각 세부 영역의 능력 진단결과를 통해 현재의 시스템적 경영 수준을 측정하고, 지향해야 할 목표 수준을 정한 후, 최종목표(Level 5 수준) 달성을 위해 필요한 과제들을 제시하는 것이다.

그러한 과정을 완성하기 위해서는 우선 현재의 경영 수준을 측정하기 위해 개별 실행 모형의 시스템적 경영성과와 능력을 도출하고, 각 요소별 실행 모형 부문(자원·프로세스·성과)의 수준 진단 종합 결과를 디지털 경영현황 속보판(RTE Dashboard)에 게시한다.

그다음은 실행 모형의 진단결과를 5단계로 정의하는 것은 현재(As-Is)의 시스템적 경영 수준을 표현한다.

진단결과를 5단계로 정의하는 것은 현재의 실행 모형별 능력 수준을 정확히 파악하고, 최종 목표 수준에 도달하기 위한 역량들을 제시함으로써 의지를 고취하기 위한 것이다.

그렇게 현재의 실행 모형별 능력 수준을 5단계로 묘사한 후, 그 결과에 따라 성과·프로세스·자원 부분의 개선 요구사항을 실현하기 위해 현행수준(As-Is)과 목표수준(To-Be)을 비교 분석하고, 현재의 수준과 달성 목표와 관련해 개선 요구사항들의 상호 연관 관계에 대한 충분한 협의와 합의를 거쳐 혁신 과제가 도출되는 것이다.

수준 진단결과로 도출된 혁신 과제에 대한 중요도와 실행도가 결정되면, 그 기준에 따라 우선순위를 설정·제시해야 한다.

도출된 혁신 과제는 과제 수행의 중요도와 실행도를 측정하는 우선순위 매트릭스의 평가 결과에 따라 우선 과제, 선택 과제, 추후 시행 과제로 분류해 관리한다.

혁신 과제의 우선순위가 결정되면 최종적으로 우선 과제·선택 과제·추후 시행 과제로 분리된 과제명별로 과제 추진의 우선순위·예상 소요 시간·평가지표 및 과제 수행 일정을 종합 기술한 로드맵을 작성해, 혁신 과제를 수행해 나가는 데 실질적으로

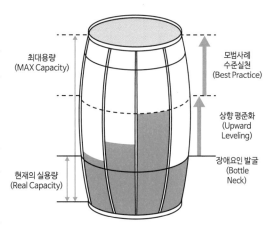

시스템적 경영 수준의 고도화

활용하도록 한다.

3) 시스템적 경영의 고도화를 위한 수준 진단결과 속보판(예시)

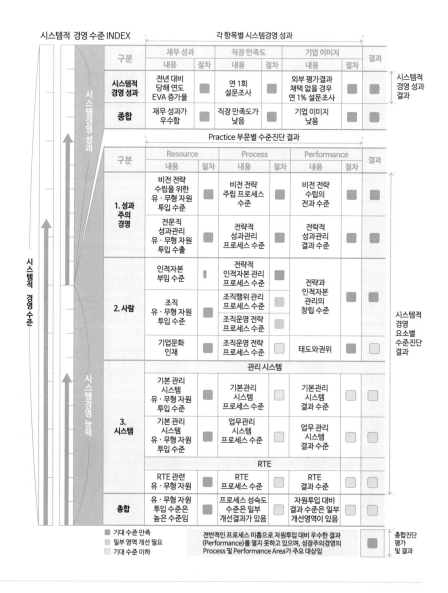

4. 경영혁신을 위한 새로운 패러다임

과거 고도 성장기에 성장의 견인차 역할을 담당했던 우리나라 제조기업은 고도 성장에 대한 선진국의 견제와 저임금을 바탕으로 한 후발개도국의 추격으로 인해, 자칫 잘못하면 총체적인 경쟁력 상실의 위기에 빠질 위험성이 높아지고 있는 현실이다. 물론 이런 위기상황으로 몰리게 된 데에는 여러 가지 이유가 있겠지만, 궁극적으로는 기업 내부의 요인이 더 클 수 있음을 간과해서는 안 된다.

오늘날과 같이 격변하는 경영환경 속에서는 자발적으로 끊임없이 자기혁신을 추구하지 않는 기업은 예외 없이 부실(不實)기업으로 전락·도산하는 사례들이 이를 단적으로 설명해주고 있다. 결국 혁신의 주체는 기업이지 외부의 그 어느 누구도 그 역할을 대신해 줄 수는 없는 것이다. 문제는 기업 스스로 혁신의 주체가 되어야 한다는 것만으로는 해결이 되지 않는다는데 더 큰 어려움이 있다. 혁신의 정신적인 버팀목이 되는 경영철학과 소신(所信)이 없이는 소기의 성과를 기대하기 곤란하다.

국내 기업들이 경영혁신을 위해 선진 외국의 최신 경영 기법을 도입하고 있지만, 혁신을 위해서는 무엇보다도 변화를 위한 경영철학과 소신이 중요하다는 사실을 미처 깨닫고 있지 못한 것 같다. 이런 점을 미루어 볼 때, 변화를 통해 혁신을 지향하는 국내 기업들에게, 《The Goal》을 통해 Goldratt & Jeff Cox 이 보여 준 경영 경험을 바탕으로 한 경영철학과 소신은 혁신에 대한 새로운 패러다임을 제시해 준 것 같아, 이를 정독하면서 실제의 경영 현실에 대입(代入)하여 경영혁신을 추진해 보시기를 강력히 추천한다.

(1) 기술경영 혁신 및 사고(思考) 프로세스의 예(例)

1) 제약 자원(制約 資源) 이론(Theory of Constraints).

조직의 목표를 달성하기 위해서는 많은 복수(複數) 자원들의 동시적(同時的)인 노력이 요구된다. 그래서 조직은 많은 고리들로 이루어진 하나의 사슬로 해석될 수 있으며, 하나의 고리의 기여도는 그 밖의 다른 고리들의 성과에 전적으로 달려있다. 조직의 종합적인 성과는 사슬 내 가장 약한 고리(제약요인)의 힘에 달려 있다. 일반적으로 가장 약한 고리는 한 사슬 내에 오직 하나만 있어야 한다.

제약 자원 이론(TOC)은 개인이나 조직이 그들의 시스템을 급격히 개선하기 위한 지렛대로서 제약 요인들을 이용하게 할 수 있는 실천적인 이론이다.

이러한 초점과 해결 기술 때문에, 제약 자원 이론은 조직의 개선 노력에 엄청난 영향을 끼칠 수 있다. 게다가 제약 자원 이론은 프로젝트 관리·생산·가격 결정·물류 등의 분야에서 이미 입증되었듯이 어떤 혁명적인 해결책을 제공해 준다.

제약 자원 이론은 다음과 같은 단계를 통해서, 한 번에 한 제약 요인을 해결하는 일종의 단계적 최적화 이론이다.

제1단계 : 시스템의 제약 요인(부족 자원이나 애로 부서)을 밝혀라. [가장 약한 고리를 찾아냄.]

제2단계 : 시스템에 가장 큰 장애가 되는 제약 요인을 이용하는 방법을 결정하라. 일단 조직이 변해야 한다는 것을 파악했다면, 경영진은 사슬을 위태롭게 하지 않으면서 가장 약한 고리를 강화하는 방법을 결정하라.

제3단계 : 제약 요인이 생산하는 양을 극대화하기 위해 다른 모든 활동을 그것에 따르[從屬]도록 하라.

제4단계 : 제약 요인을 더 많이 획득함으로써 애로(隘路) 자원을 향상시켜라.

제5단계 : 이러한 제약 요인이 향상되자마자 제1 단계로 되돌아가서, 그다음으로 큰 장애가 되는 제약 요인을 찾아내며, 그리고는 제2 단계부터 제5 단계까지를 계속적으로 반복하라.

실제, 기업은 그 자체의 위력적인 해결책을 개발할 필요가 있다. 그렇게 될 경우, 경영진은 변화와 연관된 3가지의 질문, 즉

①변화해야 할 것이 무엇인가? ②무엇으로 변화해야 하는가? ③그러한 변화가 일어나게 하는 방법은 무엇인가에 대해 스스로 효과적으로 답변하기 위한 도구들을 가져야 한다.

①필요한 게 무엇이며, 변화해야 할 것이 무엇인가?

CRT(Current Reality Tree / 현상 분석 체계도)라고 불리는 결과 원인 -결과 기법을 사용함으로써, 기업은 표면상으로는 무관하게 보이는 많은 바람직스럽지 못한 증후(UDE : UnDesirable Effects)들을 야기(惹起)하는 보다 근본적이고 저변에 놓인 문제점들, 핵심적인 문제점(가장 약한 고리)들을 밝혀낼 수 있다.

②무엇으로 변화해야 하는가?

핵심적인 문제점(가장 약한 고리)들을 밝혀낸 뒤, 다음 단계는 그 가장 약한 고리를 강화하는 것이다.

EC(Evaporating Cloud / 구름 모양의 대립 해소도)로 불리는 위력적인 도구는 갈등 면에서 문제점을 엄밀히 정의하고, 말(문장)로 표현하는 것이며, 그 문제점으로부터 방법을 찾아내기 위해 사고(思考)를 촉진하는 수단을 제공하는 사고 과정이다.

③그러한 변화를 실행에 옮기는 방법은?

그 문제점들이 밝혀져 말로 표현되고, 그것을 위한 위력적인 해결책이 모색 되면, 그다음 단계는 그것을 실행에 옮기는 방법을 결정하는 것이다.

PT(Prerequisite Tree / 필수조건 체계도)는 현재의 상태에서 그러한 해결책을 실행에 옮김으로써 새로운 현실로 이행(移行)해 가는 데서 가장 적은 반발이 예상되는 경로를 발견하는 매우 유용한 방법이다.

PT 상의 경로를 따름으로써 원인 결과 실행 계획이 수립되며, 이런 실행 계획을 TT라 칭한다.

경영진에게는 이 3가지 단순한 질문에 대답할 수 있는 가장 기본적·근본적인 능력이 필요하다. 동시에 그것은 매우 복잡한 상황에서조차 핵심적인 문제를 밝혀낼 수 있음을 의미한다. 모든 부정적인 결과들을 새로운 부정적인 결과의 파생·창출 없이도 실제로 해결할 수 있는 능력과 그리고 무엇보다도 그런 주요한 변화를 어떤 저항이나 반대 의사를 창출하지 않고 매끄럽게 이끌어 나갈 수 있는 능력이 절대적으로 필요하다. [자료 출처 : 《The Goal》 / Eliyahu M. Goldratt & Jeff Cox]

2) 사고(思考) 프로세스

사고(思考) 프로세스(Thinking Process)는 Goldratt 박사가 개발한 문제 해결 방법으로서, '무엇을 바꿀 것인가?(What to change?)', '무엇으로 바꿀 것인가?(What to change to?)', '어떻게 바꿀 것인가?(How to cause the change?)' 등의 일련의 과정을 논리적으로 파악해 간다는 데에서 '사고 프로세스'라 칭한다.

이 '사고 프로세스'는 가장 전문적인 기업 경영 기법이면서, 동시에 가장 일반적인 인생 경영 기법이다. 현재의 위기와 미래에 다가올 위기에 현명하게 대처할 수 있는 해법을 제시해 준다.

'사고 프로세스'를 실행하기 위한 도구로는 다음과 같은 것들이 각각 순차적으로 이용되거나 또는 독립적으로 이용된다.

①현상 분석 체계도(Current Reality Tree), ②구름 모양의 대립 해소

도(EC/Evaporating Cloud), [3]미래 모습 체계도(Future Reality Tree), [4]전제조건 체계도(Prerequisite Tree), [5]실행 체계도(Transition Tree) (Current Reality Tree)

① 현상 분석 체계도(Current Reality Tree)

문제 해결 방법에서 '무엇을 바꿔야 최선의 결과를 얻을 수 있는가'를 명확하게 드러내기 위한 수단이다.

우선 현재의 문제점(바람직하지 않은 결과 = UDE)을 열거하고, 이들의 인과관계를 파악하는 것으로, 그 안에서 '바꾸어야 할' 근본적인 문제를 도출해 낸다.

사고 프로세스를 단계적으로 실행할 경우, 이 현상분석 체계도의 구축이 첫 번째 단계에 해당한다.

★ 바람직하지 않은 결과(UnDesirable Effects = UDE)

현상분석 체계도를 구축할 때 열거하는 현재의 문제점들. 보통 눈에 띄는 문제점의 대부분은 본질적인 것이 아니라, 가장 근본적인 문제의 결과나 증상에 지나지 않는다는 점에서 이렇게 바람직하지 않은 결과(UDE)라고 부른다.

② 구름 모양의 대립 해소도(EC / Evaporating Cloud)

문제의 근본적인 원인이 되는 모순이나 대립을 해소하기 위한 수단임. 다섯 개의 상자가 화살표(인과관계)로 연결된 전형적인 형식을 사용함. 이들 화살표 중에서 몇몇 화살표를 해소하는 획기적인 아이디어를 추가함으로써 모순이나 대립을 해소한다.

사고 프로세스를 단계적으로 실행할 경우, 현상분석 체계도에서 근본적인 문제를 도출한 후, 이 구름을 이용해서 어떻게 해소해야 하는지(무엇으로 바꿀 것인가?)를 생각한다.

③ 미래 모습 체계도(Future Reality Tree)

구름(대립 해소도)을 이용해 발견한 문제 해결책을 실행에 옮기면 어떻게 될지를 검증하기 위한 수단이다. 근본적인 문제를 해결한 상태에서 현상분석 체계도가 어떻게 변화할 것인지를 보여 주고, 새로운 문제(부정적인 가지)가 발생하지 않았는지를 검증한다.

★ 부정적인 가지(Negative Branch)

구름(대립 해소도)을 이용해 발견한 대립 해소 아이디어를 실행에 옮긴 경우, 새롭게 발생하는 문제이다. 미래 모습 체계도를 구축함으로써 나타난다.

④ 전제조건 체계도(Prerequisite Tree)

사고 프로세서에서 '어떻게 바꿀 것인가?(How to cause the change?)'를 생각하기 위한 수단임. 목표를 달성하는 과정에서 발생하는 장애(전제조건)와 그것을 극복하기 위한 중간 목표를 전개한다. 현상분석 체계도나 미래 모습 체계도와는 달리, 인과관계뿐 아니라 아이디어를 실행하는 시간적인 순서 등이 중요하다.

⑤ 실행 체계도(Transition Tree)

사고 프로세스의 마지막 단계로서, 실행 계획에 해당함. 전제조건 체계도에서 전개한 각각의 중간 목표를 달성하기 위해 어떤 행동을 취해야 하는지를 나타낸다. 전제조건 체계도와 마찬가지로 시간적인 순서가 중요하다. [자료 출처 : 《It's Not Luck. The Goal Ⅱ》/ Eliyahu M. Goldratt]

1. 시스템적 사고를 실행하기 위한 실천적 이해

(1) 경영의 기초를 튼튼히 하고, 운영 메커니즘을 효율화한다.

조직 내부에서 합의된 공통의 기준과 절차를 시스템적 사고로 문서화한 '시스템적 경영 지침'을 마련하여, 조직의 핵심 목적과 핵심 가치에 맞도록 실행함으로써, 구성원이 강한 주인 의식과 뜨거운 열정을 갖고 자발적으로 일에 몰두하도록 한다.

시스템적 경영의 요체(要諦) : 조직과 구성원의 수월성·핵심역량을 지속적으로 확보·강화한다. 초일류기업으로 성장·발전한다. 사람은 가도 남는 것은 시스템이다.

(2) 끊임없는 경영혁신으로 시스템적 경영 수준을 고도화한다.
①시스템적 경영 수준의 고도화(수준 Up-grade)를 실현하고
②시스템적 경영 구조의 고도화를 실현한다.

시스템 중심에서 성과관리 중심으로, 성과관리 중심에서 비전 전략 중심으로 구조를 고도화한다.

(3) 집단 지성(Collective Intelligence)을 지속적으로 제고한다.

중지를 결집(None of us is as smart as all of us)하여, 지성·창의성·자율성에 기반하여 우수한 개인보다 훨씬 훌륭한 집단 지성의 조직으로 발전하도록 한다.

2. 관료주의는 시스템적 경영의 적

공공부문은 합법성 위주로 평등을 추구한다. 모든 사안을 이미 확립된 법칙, 즉 법률·규정 및 규칙·기준과 절차에 맞게 연역적 사고로 해석·적용·답습·고수하려는 경향이 강하다. 또한 구성원에 대한 평등한 대우와 인화 단결을 통해서 조직의 안정적 운영을 도모하려는 경향이 강하다.

이러한 관료주의적인 조직 분위기는 생각이 많고, 진취적·도전적·성과지향의 인물보다는 큰 실수 없이 말썽 없이 무난하게, 정해진 형식과 관례대로 성실하게 일하는 인물을 선호하는 경향이다. 또한 공공부문에서는 조직 구성원을 불합리하지만 평등하게 대우함으로써 비교적 인간적이라는 명분과 집단 이기주의 인기 속에서, 중장기적으로는 소비자의 불만이 쌓이고 높아지는 경향을 보인다.

결과적으로 조직의 정체와 퇴보, 나아가 구성원의 정체와 퇴보, 구조 조정 등을 초래하게 되어, 결국 자본주의 시장경제 원리 속에서 가장 비인간적인 시스템으로 변질하고 전락할 위험성이 많은 것이다.

반면 민간부문은 합목적성 위주로 차별화(합리적 불평등)를 추구한다. 급변하는 경영환경 속에서 여러 가지 개별 현상에 대한 경험과 실험적 통찰을 통해 귀납적 사고로 법칙성을 인식하여, 유연성과 탄력성을 갖고 경영 목적에 맞도록 일하는 방법과 절차를 시스템적 사고로 지침화·요령화한다.

따라서 구성원의 역량과 성과에 대한 엄정한 평가와 이에 따른 합리적인 차별 대우를 통해, 구성원의 주인 의식과 일에 대한 열정을 고취하게 됨에 따라, 소비자에게 제품과 서비스를 더욱 좋은 품질로·보다 싸게·보다 빠르고·보다 친절하게 제공하여 고객의 만족도를 높여감으로써, 조직의 경쟁력을 강화하여 조직의 성장·발전은 물론 나아가 구성원의 성장·발전을 동시에 이루게 되는 것을 추구한다. 합목적성 위주의 차별화 원리는 결과적으로, 고객 만족·소비자 이익 및 구성원의 중장기 성장과 발전이라는 견지에서 보면 대단히 인간적인 시스템인 것이다.

기업 경영에서 CEO에게 '정의'의 의미는, 조직 구성원에 대한 공정한 성과 배분과 자율경영의 보장(保障)에 있다.

3. 기존의 '규정·규칙'과(vs) 시스템적 사고의 '지침·요령'의 차이를 인식

	기존의 규정·규칙	시스템적 사고의 지침·요령
공통점	• 조직구성원 모두가 준수해야 할 공통의 규범 • 명 문화 • 환경변화에 따른 지속적 개정이 필요	
차이점	① 부정예방 및 평균적 성과 창출을 위해 반드시 지켜져야 할 기준 ② 주로 법률·조례 및 이사회 의결 등에 기반 ③ 엄격하고 경직적이어서 환경변화에 따른 개정·보완의 어려움 ④ 규정이 잘 지켜진다고 높은 성과가 창출된다고 볼 수 는 없음 지켜지지 않을 경우 징벌이 수반됨	① 최고의 성과 창출을 위해 권장되는 실행 가이드라인 ② 주로 Best Practice에 기반 ③ 방향·목적·취지·의의를 중시하여 환경변화에 따른 융통성 있는 운영이 요구됨 개정·보완의 상대적 용이 ④ 지침을 잘 적용할 경우 높은 성과 창출이 예상됨 지켜지지 않을 경우 저성과에 의한 상대적 손실이 수반

새로운 별이 떴다. 세상을 바꿀 '대세 기업'으로 불린다. 미국 캘리포니아주 실리콘밸리에 본사를 둔 비메모리 반도체 설계 기업 엔비디아가 그 주인공이다. 2017년 5일 세계 최대 전자쇼 'CES 2017' 개막일의 첫 기조 연설자는 젠슨 황 엔비디아 창업자 겸 최고경영자(CEO·54)였다. 인텔 CEO를 밀어내고 기조 연설자로 선정돼 주목받았다. 대만계 미국인인 황 CEO는 1993년 실리콘밸리 샌타클래라에서 엔비디아를 설립했다.

1999년 당시 개념조차 생소한 그래픽 처리 반도체(GPU)를 설계했다. 퍼스트 무버(first mover)였다. 게임용 PC에 사용되던 GPU는 인공지능(AI)과 자율주행 자동차에 없어서는 안 되는 핵심 칩이다. PC의 중앙처리장치(CPU), 스마트폰의 애플리케이션 프로세서(AP) 같은 역할을 한다. 엔비디아의 주가는 1년 사이 세 배 넘게 뛰었다.

졸업생 21%가 창업 … "실리콘밸리는 혁신으로 이글거리는 태양"

실리콘밸리는 10년 주기로 인류에게 다른 세상을 열어줬다. 인텔이 그랬고, 애플·구글 페이스북이 그랬다. 1980년대 PC, 1990년대 인터넷, 2000년대 스마트폰 시대는 모두 실리콘밸리에서 잉태되고 확산됐다. 엔비디아는 그 연장선이다. 무엇이 실리콘밸리를 천지개벽의 진원지로 자리잡게 했을까. 왜 실리콘밸리로 기업이 몰리고, 인재가 몰리고, 돈이 몰릴까. 실리콘밸리는 샌프란시스코에서 샌타크루즈까지 펼쳐진 4,793㎢ 넓이의 최첨단 산업기술단지. 이곳에는 2015년 기준으로 스타트업(신생 벤처기업) 1만4,529개가 둥지를 틀었고, 1만6,985명의 투자자가 활동 중이다. 러셀 핸콕 조인트벤처 실리콘밸리연구소 대표가 "실리콘 밸리는 이글거리는 태양과 같다"고 말한 이유다.

릴레이 투자, 성공을 나누는 문화

다양성은 실리콘밸리의 혁신 아이디어를 낳는 모태다. 실리콘밸리 전체 인구 중 외국 출생자 비율은 37%다. 인종별 구성을 보면 백인과 흑인이 각각 35%와 2%고, 아시아계가 32%, 중남미계26%, 기타4%다.

실리콘밸리와 그 주변에는 스탠퍼드대, UC버클리, 캘리포니아공대 등 31개 대학이 포진해 있다. 이들 대학은 인재를 길러 실리콘밸리에 공급한다. 구글 창업자 래리 페이지와 세르게이 브린은 스탠퍼드대 출신이다. 젠슨 황도 스탠퍼드에서 전기공학 석사학위를 받았다.

실리콘밸리에서 창업한 구글, 페이스북, 애플 등은 번 돈을 스타트업에 쏟아 붓는다.

스타트업으로 돈을 번 기업가들은 다시 유망 스타트업에 투자한다. 구글이 실리콘밸리의 홈오토메이션 스타트업 네스트에 32억 달러를 투자한 게 대표적이다. 성공을 나누는 투자 문화이고 생태계다.

서면(書面)·대면(對面) 결재 없는 구글

격의 없는 소통과업무 방식, 빠른 의사결정 구조는 실리콘밸리의 또 다른 성공 코드다. 구글캠퍼스에서 만난 이준영 검색담당 매니저는 "구글엔 서면과 대면 결재가 없다"며, "이메일과 온라인 채팅만으로 결재를 받는다"고 말했다. 그는14년 전 구글에 입사한 첫 한국인이다. "세계에 퍼져 있는 구글 직원들과 스마트폰 화상회의 시스템을 통해 하루 30분 단위로 협업한다"고 말했다.

스타트업이나 벤처기업은 다섯 가지 단계를 거쳐야 성공한다고 한다. 기술과 아이디어를 내고, 이를 검증하고, 외부와 파트너십을 맺고, 투자자를 모으고, 기업을 공개하는 과정이다.

단계마다 인력의 역량, 네트워크, 문화, 의사결정 구조가 달라 협력이 가장 중요할 수밖에 없다.

기업가 정신이 최대 엔진

실리콘밸리를 움직이는 최대 엔진은 강력한 기업가 정신과 프런티어 정신, 기업하기 좋은 환경이다. 스탠퍼드 경영대학원에선 벤처캐피털 시에라벤처스 창업자인 피터 웬델교수가 '기업가 정신과 벤처캐피털'을 주제로 22년째 강의하고 있다. 2015년 스탠퍼드 경영대학원 졸업생의 창업률은 21%에 달했다. 실리콘밸리가 번성한 것은 규제당국이 몰려 있는 미동부의 반대편 서부에 자리잡은 덕분이라는 우스개가 있을 정도다. 전기자동차 테슬라의 운전자가 지난해 5월 자율주행을 하다 사망했지만, 미국 정부가 자율주행관련 규제를 강화했다는 얘기는 들리지 않는다. 반(反)기업 정서가 높아지고, 창업은 위험한 일로 인식되며, 취업 희망 1순위가 공무원이라면, 한국에는 미래는 없다.

한류(韓流)와 한류(韓流)경영

① 한류(韓流)의 의미와 유래(由來)

1. 한류(韓流)는 무엇을 의미하는가?

한류(韓流)라는 낱말은 1990년대 말부터 아시아에서 일기 시작하여 전 세계적으로 퍼지고 있는 한국 대중문화의 열풍을 일컫는 말이다.

1996년 한국의 텔레비전 드라마가 중국에 정식으로 처녀 수출되고, 2년 뒤에는 가요가 알려지면서 아시아를 중심으로 대한민국의 대중문화가 대중적 인기를 얻게 된다. 중국에서 한국 대중문화에 대한 열풍이 일기 시작하자, 2000년 2월 중국 언론에서 이러한 현상을 표현하기 위해 '한류'라는 용어를 사용하여 널리 알려졌다. 이후 한국 대중문화의 열풍은 중국뿐만 아니라 타이완·홍콩·베트남·타이·인도네시아·필리핀 등 동남아시아 전역으로 확산되었다.

특히 2000년 이후에는 ①드라마·②가요·③영화 등 대중문화만이 아니라, 김치·고추장·라면·가전제품 등 한국 관련 제품의 이상(異常) 선호현상까지 나타나기 시작했는데, 이러한 모든 현상을 가리켜 포괄적인 의미에서 한류라고 총칭한다.

심지어 대중문화의 수용 차원을 넘어, 한국의 가수·영화배우·탤런트, 더 나아가 한국인과 한국 자체에 애정을 느껴, 한국어를 익히거나 한국제품을 사려는 젊은이들까지 생겨났는데, 중국에서는 이들을 가리켜 *'합한족(哈韓族)'이라는 신조어를 만들어 부르기도 했다. 2010년대에 이르러서는 한국의 대중가요·영화·드라마·게임 등등이 아시아 권역을 넘어, 북미와 중남미·유럽 대륙에까지 전파·정착되고 있어, 한류는 이제 명실(名實)공히 세계적인 현상이라고 말할 수 있게 되었다.

2. 한류(韓流/Korean Wave)는 어디서 유래(由來)한 것인가?

(1) K-Drama는,

대한민국에서 제작된 드라마를 총칭하는 말로서, 한국을 포함해 주로 중국 ·일본·동남아를 중심으로 아시아에서 큰 인기를 얻게 되어, 현재는 한류 콘텐츠의 중심문화로 자리 잡게 되었으며, 여러 나라에 많이 수출되고 있다.

미국 드라마와 영국 드라마와 일본 드라마가 한국 내에서 방영되기 시작하면서 한국 드라마는 '한류 드라마'로 구분되었다.

1996년 무렵부터 일기 시작한 한류 드라마는, '전원일기'·'모래시계'·'겨울연가'·'대장금'·'별에서 온 그대'·'여인 천하'·'사랑의 불시착' 등이 한류 드라마로 동북아와 동남아 등지에서 돌풍을 일으키며 이변을 낳았다.

2021년 10월에는 담당 실무자의 자율관리에 의해 제작된 한류 드라마 '오징어 게임'이 인도 넷플릭스*(p. 186~188 참조)에서 전체 1위에 오르며 작품이 서비스되는 83개국에서 정상을 차지한 작품이 됐다. 체육관광부와 한국콘텐츠진흥원에 따르면, 한국콘텐츠 수출은 2014년 52억7천만 달러에서 2019년 103억9천만 달러로 최근 5년 사이 두 배 가까이 증가했다.

(p. 186~188 참조)

---

*'합한족(哈韓族)'

2000년대 중반의 한국 드라마의 인기는 한류열풍이 중국문화의 새로운 아이콘으로 떠오르면서, 한국의 댄스 음악과 가수·배우·유행을 추구하는 중국 청소년들을 가리키는 말인 '합한족'(哈韓族) 이라는 신조어가 출현했다.

하지만 한류가 중국 사회에 미치는 영향이 커질수록, 중국 언론들은 한류(韓流)를 '차가운 의미'인 한류(寒流)로 표기하는 등 비판적 관점에서 경계하는 모습을 보이기 시작했다. 또한, 한류 열풍(熱風)과 대비되는 한류 역풍(逆風)인 항한류(抗韓流) 현상에 대한 보도가 언론을 통해 심심찮게 보도되기 시작했다. 항한류(anti-Korean wave)는 한류에 반대하고 저항하는 현상인데, 반한류·혐한류라는 유사용어가 상호 호환적으로 사용되고 있다. 중국에서의 항한류 현상은 한국·한국인·한국문화 등에 대해 포괄적으로 느끼는 부정적이고 혐오적인 정서, 즉 혐한정서(anti-Korea sentiment)를 부추긴다는 측면에서 반드시 경계할 필요가 있어 보인다.

(2) K-Pop은,

대한민국의 대중가요에서 팝 음악을 뜻하는 'Popular music'과 'Korea'의 합성어로, K가 '한국의'라는 의미에서 더 나아가 '한국문화에서 기원한', '한국의 스타일(Korean Wave)'이라고 받아들여지고 있다.

팝 음악은 대체로 국가별 전통음악이나 민속 음악은 포함하지 않으며, 20세기 중반 이후 크게 발전한 현대 음악에 주로 기원했기 때문에 모든 음악이 팝 음악에 속하는 것도 아니다. 과거에는 대한민국 음악 전반을 아우르는 느낌이었으나 최근에는 대한민국에서 만들어진 음악 중에 세계적으로 유명한 댄스 음악, 예컨대, *'보아'의 'ID : Peace B'(아이디 : 피스 비), '싸이(Psye)'의 '강남스타일', 'BTS'의 눈으로 즐기는 안무(按舞) 음악, 틴팝음악(teen pop /사춘기 전의 아이들을 타깃으로 한 10대 대중음악 장르), 혹은 아이돌 음악, 발라드 음악, OST 등을 총칭하는 의미로 통용되고 있다.

(3) K-Movie도,

'오아시스', '피에타', '취하선', '밤의 해변에서 혼자', '아가씨', '올드보이', '밀양' 등으로 칸 영화제 등에서 컨텐츠·주인공·감독들의 창의성과 활약으로 업계의 주목을 한껏 받으며 꾸준히 발전을 거듭해 왔다.

K-무비도 K-드라마와 K-팝의 괄목할만한 인기와 시너지 효과에 힘입은 듯, '기생충'과 '미나리'가 미국·영국 등에서 크게 히트함으로써, 한 단계 도약하는 계기를 만들었다는 점에서 이견은 없을 듯하다. 음악과 영화는 대중문화 영역의 끝단에 있는 가장 보편적인

종합예술이다. 그만큼 영미 중심의 주류 문화의 영향력이 크고 지배적인데, 한국 영화와 음악이 최근 2~3년간 그 중심에 우뚝 서게 된 것이다.

K-팝의 'BTS' 경우, 다년간의 빌보드 차트 상위 등극과 그래미 어워즈 후보 지명, K-무비의 '기생충'과 '미나리'의 아카데미 수상(受賞)은 K-콘텐츠를 아우르는 한류의 힘과 가능성을 재확인했다. 특히 남북 분단·국악과 전통 등 한국적 특수성보다는 빈부격차·양극화·가족의 소통·인류 평화 등 보편적인 소재로 세계인의 공감을 끌어냈다는 점에서 기억될 만하다고 할 수 있다.

(4) K-Musical은,

한국 뮤지컬 산업은 1966년 창작 뮤지컬 '살짜기 옵서예' 이후 몰라보게 발전해, K-Pop을 잇는 한류의 차세대 한류 주자(走者)로 불리는 'K-뮤지컬'로 그동안 드라마·영화 ·K-Pop이 한류를 이끌면서 한류의 인기로 화장품이 날개 돋친 듯 팔리고, 관광객도 물밀듯 모여들어, 한국상품의 이미지가 좋아지는 영향 등으로 한국 창작 뮤지컬도 'K-Musical'이라는 새로운 명칭으로 브랜드화되어 급성장 중이다.

(5) K-Culture라는 말은,

한류(韓流)라는 단어의 합성 신조어로서, 특성 또는 독특한 경향을 뜻하는 접미사 '~류(流)'에 한국을 뜻하는 '한(韓)'을 붙인 것이다.

한류라는 단어가 처음 공식적으로 사용된 건 1999년 문화관광부에서 대중음악의 해외 홍보를 위해 '韓流-Song from Korea'라는 이름으로 음반을 제작했을 때이다.

한류 현상은 처음에는 TV 드라마·대중음악·영화·게임 등 대중문

⑧ 2000년 2월 HOT 중국 베이징 공연 대성공

⑨ 2001년 2월 타이완 TV 방송 : KBS 2TV 〈가을동화〉 방영 대성공

⑩ 2001년 8월 탤런트 겸 가수 안재욱 타이완 공연 성공

⑪ 2002년 1월 가수 보아(BoA)권보아) 일본 가요계 성공적 데뷔

⑫ 2002년 중국 TV 방송 : 드라마 KBS 2TV 〈겨울연가〉 방영

⑬ 2003년 일본NHK 지상파 : 드라마 KBS 〈겨울연가〉 방영, 2004년 4월 재방영. 소설 『겨울연가』 100만 부 판매 돌파

화의 해외유통과 소비중심으로 이루어졌지만, 최근에는 음식·전통문화·순수예술·출판·한국어 등 우리나라 문화 전반에 대한 세계적 관심으로 그 의미가 확대되고 있다.

한류가 이렇듯 널리 퍼지게 된 데에는 다양한 요인이 있겠지만, 그 중 핵심은 콘텐츠의 특수성이라고 할 수 있다. 한류의 시작을 열었던 1990년대 드라마 '사랑이 뭐길래'에는 우리나라의 가족주의와 예의범절이 담겨 있었다. 그리고 2000년대 드라마 '대장금'은 한식의 우수성과 함께 궁중 문화를 엿볼 수 있는 독특한 매력으로 세계

대중문화와 대중사회

① 대중문화는 대중사회를 기반으로 성립되는 문화를 이른다.

현대의 대중문화는 이전 단계에서 볼 수 있던 일부 엘리트만의 고급문화와 기층(基層)에 있는 토착적 민속문화와의 사이에 나타난 중간문화를 이르기도 한다. 종래 문화의 향수(享受)는 지극히 한정된 일부 계층과 계급 사이에서 고급문화화했다. 그러나 생활 수준의 향상과 교육 보급의 확대에 따른 문화 향수(享受) 능력의 향상과 매스커뮤니케이션의 발달은 문화의 자유스러운 향수 범위를 확대해 대중문화 성립의 기반이 됐다.

대중사회와 문화와의 관계는 가치체계의 전달형태나 사회화의 기능, 레크리에이션이나 긴장처리의 기능 등을 통해 밝혀진다. 특히 전자의 경우로는 교육의 보급이나 매스미디어의 발달에 의해 방대한 인구가 문화의 향수자가 된 것임을 알 수 있다. 한국의 경우도 6·25전쟁 이후에는 그 전과 비교할 수 없을 만큼 많은 고등교육기관이 증설되었다. 또한, 전국적인 텔레비전 방송망이 갖춰지고, 출판물과 신문 면수(面數)가 증가하는 등 매스 미디어의 발달도 현저하다.

이와 같이 대중이 교육에 의해 사회화되는 기회가 증대되고, 매스 미디어와의 접촉 기회가 많아졌다는 사실은 확실히 문화의 대중화를 상징한다 하겠으나, 이를 역(逆)으로 보면 교육이 산업화되고 확대되며, 매스컴 기업체가 거대화하여 문화의 향수자인 대중은 교육산업이나 매스컴 산업의 이윤대상이 된다는 걸 의미하기도 한다.

특히 주의해야 할 점은 문화적 기업이 계열화됨에 따라 문화의 질적 저하가 초래된다는 점이다. 교육의 확대가 오히려 학력의 저하를 초래하고 매스컴 기업이 이윤추구만을 경영목적으로 하는 한 저속한 프로그램이 횡행하리라는 우려도 예견할 수 있다. 또한, 문화의 창조자가 대중에 영합해서 저속한 작품을 양산(量産)·상품화해, 대중사회의 저속화·퇴폐화를 돕는다는 우려는 근래 문단(文壇)에 대두한 대중문학 논쟁의 대상이 되고 있다는 예에서도 볼 수 있다.

무엇보다도 문화기업에 의해 획일화·양산화되어 공급되는 문화 내용은 필연적으로 정형화된 사고와 행동을 낳게 되어, 본래 창조적이어야 할 문화는 대중의 생활 속에서는 나오지 않게 된다. 따라서 전통문화는 더욱 쇠퇴하고, 새로운 문화의 창조와 향수(享受)는 이윤과 영합을 축(軸)으로 움직인다 해도 과언이 아니다.

원래 '문화'(Culture)라는 말은 라틴어 'Cultus'에서 유래되었는데, 이것이 밭을 갈아 경작한다는 의미였다. 이것이 나중에 자연적인 행동과 대립되는 문명화된 행동이라는 개념을 낳았고, 더 나아가 상류 계급의 행동방식을 의미하게 되었다.

그리고 계몽주의 시대에 이르러서는 자연과 문화가 분리되기 시작했다. 그래서 문화가 자연을 지배한다는 생각이 나오기 시작했고, 모든 사회는 과학과 합리성을 토대로 높고 복잡한 문화로 발전해 간다는 생각을 갖게 된 것이다.

19세기에는 훌륭한 예술·사상·음악을 가리키는 '고급문화'라는 개념이 등장했으며, 사회학자들이 문화에 접근하면서 문화의 의미는 한층 다양해지게 됐다.

인의 눈과 마음을 사로잡았다.

대장금의 경우, 중국과 일본에서 시작된 한류 열풍을 타고 아시아를 넘어 중동·아프리카에 이르기까지 무려 100여 개국에 전파되어 국경을 초월하여 전 세계적으로 사랑받는 드라마가 되었다. 이란에서는 90%가 넘는 경이적인 시청률을 기록했으며, 우즈베키스탄에서는 5번 이상 재방송을 했다고 한다.

몽골에서는 드라마를 재방송하는 것은 물론, 한국 음식 문화에 관한 관심이 높아지면서 한국 음식점이 생겨났고, 김치와 김·라면·음료수·심지어 화장품까지 한국제품에 대한 구매도 급증했다. 대장

20세기에는 대중문화가 전면에 등장하면서 문화에 대한 논쟁을 뒤집어 놓았다.
이때부터 문화는 생활양식 전체에 걸쳐 있는 가장 일반적인 것이 됐다. 여기서 문화란 인류에게서만 볼 수 있는 사유(思惟)와 행동 양식 중에서 유전에 의한 것이 아니라 학습에 의해 소속 사회로부터 습득·전달받은 것 전체를 총칭하는 것이다.
자본주의의 발달과 자본의 독점과 집중에 따른 생산 규모의 증대 때문에 대규모 기계적 수단의 발달, 대량생산과 대량소비, 각종 기능집단의 무수한 파생과 그 규모의 거대화 및 기구의 관료 제화, 매스커뮤니케이션의 발달 등과 같은 현상이 급속히 진전된다. 이러한 현상이 지속되면 인간의 의식과 행동 양식이 규격화·획일화되어 사람들은 조직 속의 톱니바퀴 같은 존재가 되거나, 또는 분해되어 원자화한 대중 속의 한 사람이 된다.

② 대중사회는 19세기의 산업혁명 후 고도 산업사회의 발전과 교통통신수단의 발달로 시작되었다. 공장 노동자를 도시에 집중시킴과 동시에 촌락 공동체의 분해를 초래했다. 전통적인 공동체 속에서는 각 개인의 사회적 지위, 학력이나 경력이 비슷했지만, 자본주의 사회로 전환되면서 개인은 도시의 고용 노동력으로 흡수된다. 거기에서 다시 생산활동을 위해 조직화되지만 개개인을 직접적으로 연계하는 요인이 없어지므로 익명의 불특정 다수의 대중이 생기게 된다. 또한, 대중매체의 발달로 이들은 막대한 정보를 동시에 입수할 수 있게 된다. 그 결과 동일한 사고나 욕구 및 행동을 취하기는 하지만 상호 연대감이 희박한 사람들로 구성된 대중사회가 성립된다.
대중사회는 공동체 대신에 대중조직에 의해 통합된다. 이 조직은 공식적이고 대규모적이며, 구성원 간의 관계는 간접적이고 형식적이다. 따라서 구성원은 조직에 대해 수동적이고 귀속의식이 낮다. 또한, 개인의 독자성보다 평등성을 더 중시하고 다수 의견이 항상 우선한다. 그리고 개성의 분열이라든지 아노미(anomie)나 소외 등 인간적 위기 상황이 나타난다. 개개인은 서로 간에 고립되고 무력감에 빠져 소외상태에 놓인다.
사람들은 개성적인 창조력을 상실하며, 고독하고 부동적인 경향과 수동적·타인 지향적 경향을 더해 간다. 리스먼(Riesman)은 이러한 사람들을 '고독한 군중'이라고 했다. '대중사회론'은 심리학적 관점과 결합되는데, 대중사회에 존재하는 개인의 심리적 조건은 고립감·고독, 개인적·집단적 동질성에 대한 갈망, 비인격적 인간관계, 개인적 감정의 내밀화 등의 특징을 지닌다.
4차 산업혁명은 일자리와 고용방식에 혁명적인 변화를 요구하고 있다. 플랫폼은 활약을 넓혀 이제 고용시장에까지 그 영향을 미치고 있다. 이로 인해 기업은 인재를 고용하는 데 더욱 편리해 졌다. 코로나로 말미암아 일상화된 비대면 사회 또한 이 변화에 한몫을 했다. 예컨대 이제는 원격회의·재택근무 등 비접촉 근로 형태가 보편화되고 있는 현 상황에서 '플랫폼 고용'에 대한 필요성은 더욱 늘어날 것으로 전망되고 있다. 유연한 고용시스템 없이는 디지털 시대에서 살아남을 수 없을지도 모른다.

금은 우리 전통 음식문화를 콘텐츠로 하여 만들어진 드라마가 단순히 우리만 즐기는 것만이 아니라 세계적으로도 통할 수 있음을 보여준 사례라고 할 수 있다.

'2013년 한류 백서'에 의하면, 한류 열풍이 불면서 K-팝을 중심으로 드라마 등 한국문화나 음식 및 관광 등 한류 전반에 대해 동호회로 그 범위가 확대되어 해외 한류 팬의 규모가 928만 명에 달하고, 관련 동호회도 1천 개에 달하는 것으로 조사됐다.

② 한류(Korean Wave)의 어제와 오늘

1. '한강의 기적'을 만든 경제성장과 일반 대중의 새로운 삶

(1) 20세기 후반은 새롭고 역동적인 삶을 요구한 시기였다. 1945년 해방 당시 1인당 U$ 45에 불과한 최저 빈곤 수준에서 허덕이던 국민소득이 U$ 20,000달러에 이르는 엄청난 경제 규모로 역사상 유례가 없는 고속성장으로 세계인을 놀라게 하기까지 한국인들이 쏟은 근검·절약의 정신은 UN과 서방 국가를 비롯한 세계인들에 의해 "한강의 기적"이라고 불리는 재건과 성장의 신화를 만들어 냈다.

그럼에도 많은 우려와 불안감 속에서 치러진 1988년 서울 올림픽과 2002년의 FIFA 월드컵 축구에서 기대 이상으로 성공적인 개최와 성적을 거둔 것에 전 세계인을 놀라게 함과 동시에 세계의 정치·경제·사회의 이념과 진영 질서에도 많은 희망과 서광을 비춰줬다. 한편, 급격한 산업화와 도시화에 따른 후유증이 적지 않았지만, 일반 대중들은 눈부신 경제성장과 함께 개방과 실용정신이 중시되는 사회를 이루었고, 디지털 문화의 발달로 일상을 전혀 새로운 모습으로 변화시켜 갔다.

생활환경을 비롯한 대중문화 전반이 재정비·비약적인 발전을 거듭하면서 동서양과 신구(新舊) 문화의 다양성 속에 또 다른 삶의 형태를 만들어 낸 것은 우리도 "하면 된다."는 국민 정서와 자신감을 북돋워 주어, 정치·경제·사회·문화·안보 등 모든 면에서 전향적으로 투명하게 상호 협의하며 중지를 모아 개혁과 통일을 추진할 수 있는 기반과 아량을 조성해줄 수 있으리라 예상된다.

(2) 광복 70년, 한강은 그때나 지금이나 도도하게 대한민국의 심장부를 흐르고 있다.

가장 가난한 나라에서 세계 13위의 경제 대국으로 올라선 대한민국의 약진을 '한강의 기적'이라고 UN과 서방 국가에서 부르는 것도 한강의 이런 상징성 때문일 것이다. 변변한 자원이 없는 대한민국의 도약은 60년대부터 90년대 중반까지 계속된 '경제 개발 5개년 계획', 그리고 그 안에서 강력하게 추진된 '중화학 공업' 육성과 '수출' 중심 산업전략이 맞아떨어졌기 때문이다.

6, 25 한국전쟁 직후 500억 원도 채 안 되던 국내총생산은 1,500조 원에 육박하며 세계 13위, 1인당 국민소득도 67달러에서 선진국 문턱인 3만 달러 진입을 눈앞에 두고 있다. 수출은 반도체와 자동차·조선이 주도하며 세계 6위 자리까지 올랐다. 70년 동안 거친 파고를 넘어 놀라운 기적을 일궈낸 대한민국이 이제 '더 전진하느냐? 이대로 주저앉느냐?' 의 중대한 기로에 서 있다.

(3) 자유무역주의에 기반한 세계화가 분명히 지구촌의 부를 증가시키는 데 기여했음에도 불구하고, 또 유럽연합(EU)과 미국 등의 나라가 가장 큰 혜택을 입었음에도 보호무역주의라는 역풍은 오히려 미국과 유럽에서 불었다.

세계화의 혜택이 클수록 양극화와 승자독식이라는 부작용도 더 크게 겪었기 때문이다. 우리나라도 둘째가라면 서러울 정도로 자유무역주의의 혜택을 입었다.

식민지와 전쟁을 겪은, 가장 가난한 나라로 손꼽히던 대한민국은 불균형 압축성장과 수출주도형 경제성장을 추진하면서 놀라운 성공을 거두었다. 경제성장을 최우선시 하다 보니 민주화·인권 등 희생되는 것도 있었고, 재벌의존형 경제 등 부작용도 생겼지만 '한강의 기적'은 우리의 자부심이었고 세계인의 찬사의 대상이었다. 하지만 우리도 부작용을 간과한 대가를 치러야 했다. 1997년 12월 국제통화기금(IMF)에 구제금융을 요청하면서 시작된 외환위기가 바로 그런 것이다.

크고 작은 기업들이 줄지어 도산했고, 여러 개의 은행이 문을 닫았으며, 일자리를 잃은 사람들이 거리로 나서야 했다. 공공·금융·노동·기업 등의 분야에서 대대적인 구조조정을 하면서 빠르게 회복했지만 정말 뼈아픈 고통을 겪어야 했다.

'한국의 외환위기는 위기를 가장한 기회'라는 평가가 있을 정도로 빠르게 회복했지만, 문제는 그 후유증이 크다는 점이다. '노동시장의 유연성'을 확보하기 위해 이루어진 노동 개혁은 정규직과 비정규직의 양극화로 이어졌고 '효율성'을 높인다는 명목으로 하청과 재하청 구조가 만들어지며, 질 좋은 일자리는 오히려 줄었다.

기업개혁은 중소기업이 탄탄하게 기반을 다지는 방향으로 이루어지지 못한 채 수출 대기업이 경쟁력을 확보하는 데 필요한 수준에서 멈춘 것이다. 세계 경제가 좋았던 덕분에 회복이 빨랐던 것이 '제대로 개혁할 수 있는 동력을 훼손한 셈'이다. 이후 양극화는 더욱 심화되어 갔다.

(4) 1960년대에 불균형 성장 전략을 선택한 세대, 1990년대에 세

계화에 서투르게 대응했다가 외환위기를 맞았지만, 근본적인 개혁을 하지 못한 채 넘어간 세대, 2000년대 경기가 좋았던 시기에 양극화가 심화됐으나 미처 대응하지 못한 세대까지 모든 기성세대는 오늘날 우리가 가진 문제에 대한 책임이 있다. 물론 기성세대의 공도 대단히 크고 많았지만, 너무 커진 부작용 때문에 고통을 겪고 있는 청년들에게 '기성세대의 공'을 먼저 내세우기에 앞서 좀 더 일찍 부작용을 바로잡으려 노력하지 못한 것에 대해 반성부터 하는 것이 올바른 순서일 듯하다.

진심어린 반성과 함께 마음을 모으고 문제를 해결해야 할 때인 것이다.

2. 한류가 세계적 돌풍을 일으키며 인기를 얻게 된 내력(來歷)

(1) 한류를 배태(胚胎)하고 성공시킨 한국인의 기질적 특징

예로부터[自古로] 우리 한국인은 너·나 없이 노래하고 춤추기를 워낙 좋아해 분위기만 조금 무르익으면 많은 사람이 스스럼없이 동시에 신바람을 낸다.

신바람이 나면 갖가지 어려움 속에서도 현실을 떠나 자신마저 잊어버리고 망아(忘我) 몰입의 경지인 더 큰 세계로 빠져들어 가는 강한 흡인력과 결속력이 있다.

나와 너의 이해(利害)를 구분하지 않고, '우리라고 하는 보다 큰 하나'로 보는 자타일여(自他 一如)의 가치관으로 인본주의 정신이 집약되어있는 홍익인간의 건국이념이 조상 대대로 면면히 이어져 내려오고 있는 것이다.

우리 민족의 모든 인간관계의 유대가 되어온 정(情)이란 감정은 우리 민족을 구별 짓는 또 다른 큰 특징 중의 하나다. 예컨대 집안의 조그만 제사를 지내더라도 이웃 사람들과 제사음식을 나누어 먹고,

동짓날에 동지 팥죽을 쑤어도 어려움 속에서 이웃과 나눔으로써 오히려 더 큰 기쁨을 느끼며 살아온 민족이었던 것에서도 엿볼 수 있다. 밭일을 하더라도 네 일·내 일을 가리지 않고 일손이 없는 집을 자발적으로 지원했으며, 새참을 먹다가도 지나가는 사람이 있으면 소리치고 손짓해 자기 밥을 덜어주며 권하는, 인심이 넉넉한 감성으로 함께하는 삶을 살던 민족이었다.

세계를 깜짝 놀라게 하는 한국인들의 설명하기 어려운 단결력, 평소엔 무뚝뚝하지만 위기 때는 단결력이 몇만 배나 급상승하는 특이한 민족, 외국인의 견지에서 보면 때로는 거의 외계인처럼 느껴질 정도로 묘한 특징들이 많은 게 사실이다. 어떤 고난과 시련이 닥쳐와도 절대 죽지 않는 불사조(不死鳥)의 기질이 그 바탕을 이루고 있어, 그 무엇이든 끝내 성공적으로 마무리 짓는 타고난 능력이 엄청나다. 많이 먹고, 많이 놀고, 흥이 주체할 수 없이 엄청 많아, 때로는 잠도 안 자며, 본의 아니게 주위에 실수를 범하기도 한다. 흥이 많은 만큼 표현하고 배출해야 할 에너지가 많아 춤과 노래도 그 어느 나라·어느 민족과 비교해 봐도 항상 우승을 싹쓸이해야만 직성이 풀린다.

흥이 많은 것 외에도 상상을 초월할 정도의 단결력 또한 대단하다. 나라에 심각한 문제가 발생하거나, 외침(外侵)이 있거나, 한국을 심하게 욕하는 사람이 있으면, 강력한 자석(磁石)의 힘이 발동하여 흩어졌던 쇳가루가 달라붙듯, 언제 싸우고 다투었느냐는 듯 서로 모든 걸 잊어버리고, 마치 거대한 한사람인 것처럼 완벽하게 단결해 단시간에 깔끔하게 해결해 버리는 놀라운 특징을 가진 민족이다.

비근한 역사상의 예를 보면, 병자호란이든 임진왜란이든 정유재란이든 이순신을 포함한 극소수의 장수를 제외하고는 결국 나라를 끝까지 지켜낸 건, 전국 각지에서 삼삼오오 돌덩이처럼 뭉쳐 적과 끝까지 싸운 일반 백성들이었다. 그 의병들 중 대다수는 나라로부터 혜택이 거의 없던 평민과 노비들이었다. 양반들만 위하고 자신들에게는 해준 것도 별로 없는 나라의 국난을 구하기 위해 누가 시키지도 않은 걸 자발적으로 해낸 것이다. 이런 한국인의 놀라운 단결력과 자발성은 전혀 녹슬지 않고 이어져 내려오고 있다.

전 세계가 놀란 실재 사례를 몇 가지만 더 구체적으로 살펴보자.

1) 1960년대의 6·25 한국전쟁 3년간의 폭격으로 거의 황폐화되고 사막처럼 변해 버린 국토 전체를 다시 푸른 나무들로 뒤덮은 산림녹화 성공 사례는 세계에서 유일한 케이스이며 자랑거리라고, UN 산하 지구정책연구소에서도 극찬한 바 있다.

2) 1990년대의 IMF 외환위기 시절, 20년은 족히 걸릴 것이라고 했던 외채상환을 아낙네들의 장롱 속의 돌 반지를 꺼내 모으는 등의 전 국민 참여 자발적 금 모으기 운동으로 3년 8개월 만에 해치워 전 세계를 놀라게 한 IMF 외환위기 극복 사례

3) 2002년, 단 한 번도 본선 진출을 못 했던 월드컵 축구 대회를 전 국민이 모두 붉은 악마의 빨간 T셔츠를 입고 태극기를 흔들며 크게 '대~한민국'을 목청껏 외치며 거족적인 파도치는 거리응원으로 기적 같은 4강 진출의 신화를 이룬 성공 사례

4) 2007년, 모든 해양 원유유출 사고 중 가장 심각한 규모의 사고라고 외신이 전한 태안 앞바다와 해안가는 누가 봐도 회생이 힘들어 그나마 자정(自淨)작용으로 정상화되는 데에는 빠르면 20년 어쩌면 100년이 걸리는 암울한 예측뿐이었다.

가망이 없다는 데도 2백만 명의 자원봉사자들이 경향 각지에서

모여들어 회생시킨 태안 기름유출 극복 사례 등은 한 편의 드라마 같은 기적이요 신화이며, 한국인을 돋보이게 만들어 한없는 칭송과 부러움을 이끌어낸 쾌거요 멋이었다.

(2) Fun 경영의 관점에서 느끼는 한류의 강점

우리가 지금 살고 있는 21세기 글로벌시대는 문화의 전파속도가 엄청나게 빠르다.

'지구촌', '글로벌 빌리지'라는 낱말로 표현할 정도로 모든 나라가 반나절 안에 갈 수 있으며, 오후의 날씨를 국제뉴스 시간에 체크할 정도로 지구촌은 좁아졌다.

특히 'YouTube'로 한 호흡 안에 살 수 있는 문화의 거리를 만끽하고 있다.

한때 싸이(Psy)의 '강남스타일'이 크게 히트 칠 때는 한국인이 외국에 나가면,

『어디서 오셨어요? '코리아(Korea)'!, 당신의 이름은? '오빠(Obba)'!, 당신이 사는 곳은? '강남(Gangnam)!'』이라고 서로 묻고 대답한다는 우스개가 있을 정도가 된 것이다. 이 싸이의 글로벌 리더십을 Fun 경영 관점에서 살펴보자.

싸이의 글로벌 리더십은 Fun 경영 관점에서 5가지로 요약할 수 있을 것이다

1) 'Fun Leadership'
펀(Fun), 곧 재미를 유발하는 리더십이다.
사람은 본능적으로 즐겁고 재미를 느낄 때, 세 가지의 행동이 나타난다.

첫째는 웃음(Smile)이요, 둘째는 노래(Song)요, 셋째는 춤(Dance)이다.

싸이의 '강남스타일'은 재미를 부추겨 바로 즐겁고 재미가 넘쳐나며, 어깨를 들썩이며, 웃음을 유발하고, 무슨 말인지 알아들을 수는 없지만, 노래를 흥얼거리게 하며, 춤을 따라 추게 만들어, 본능적인 3박자를 느끼게 한다. 질주하는 고속버스 속에서 신명 나게 추는 막춤(?)을 연상케 하는 우리 아주머니들의 춤과 비슷하다.

2) 'Hive Leadership'

Hive(벌집)를 건드린 것처럼 온 지구촌 마을이 떠들썩하다. 강남스타일'의 노래가 나오면서 싸이의 춤을 추는 화면을 보노라면, 한 사람이 벌집을 건들면 가만히 있을 수 없듯이 온 지구촌이 벌집을 쑤신 것처럼 뛰고 흔들며 노래하고 달린다.

근엄하기까지 한 수도승과 수녀들까지, 혹은 히말라야 사원의 스님들까지도 벌집을 건드린 춤의 요동(搖動)이 세계를 'Hive Play(벌집놀이)' 하게 만들고 있다.

3) 'Sneezer Leadership'

마치 재채기하는 독감의 초기 증상인 것처럼, '강남스타일' 바이러스에 온 세계가 감염되어 재채기 한 번에, 한 언어로, 한 곡조로, 한 뜀박질로, 보여주고, 들려주고, 쉽게 클릭하는 유튜브에 언제나 수시로, 누구나, 어디서든지, 급속하게, 유포되는 입소문의 매개체를 따라 세계인들이 마치 한 조상의 후손인 것을 확인하게 한 것처럼 '강남스타일'의 바이러스에 매료되고 만 것이다.

4) 'Easy Leadership'

스니저 리더십은 너무나 쉽다. 언어를 몰라도 되고, 곡이 비틀스처럼 세미 클래식하지도 않다. 그냥 무료로 다운 받기 쉽고, 돈이 들지도 않으며, 틀어 놓고 노래를 들으며 따라하기만 하면 되기 때문이다. 흉내를 내고, 비슷하게 패러디도 하고, 내가 하는 이것이 지구촌 모든 사람들의 시선과 관심을 함께 모은다는 설득력있는 자기표현이 바로 'Easy(쉬운)리더십'이다.

5) *'Mystery Leadership'

가장 중요한 것은 말로 표현하기 힘든 신비한 싸이의 매력이다. 일본의 국보 1호처럼 우리나라 조선 시대 머슴들이 막 사용하던 막사발이다. 투박하면서도 은은한 기품이 있고, 막 사용할 수 있을 것 같으면서도 함부로 할 수 없는 뭔가 귀한 신분의 성품이 묻어나는, 그러면서도 신비한 색감과 기품을 뭐라 설명할 수 있겠는가?

---

*'미스테리 리더십'

① 싸이의 '미스테리 리더십'에는 세 가지가 있다.
첫째, 그냥 놀기보다는 미국으로 유학을 가서, 바로 영어를 접해 막말 같은 영어를 배우고, 미국 TV에서 머뭇거리지 않고 코믹하게 유머를 쓰면서 그들을 선도(善導)하지 않던가? 언어 감각이 글로벌 리더십의 출발을 선약한 것이 되었다.
둘째, 문화를 남들보다 조금 더 일찍 경험했다. 그들의 문화와 유튜브와 같은 문화의 정수(精髓)를 진즉에 경험했다는 사실이다.
셋째, 'Fun & Comic'이다. 재미와 웃기는 몸동작이다. 바보 같은 몸동작 같은데 신이 나고, 무조건 마구 흔들어 대는 것 같은데 규칙이 있고, 그러면서 장면마다 뭔가 말할 수 없는 메시지가 담겨 있는 것 같은, 바람이 불고 태풍이 지나가도 춤과 리듬이 계속된다. 바로 싸이의 스타일은 우리들의 스타일이고, 업무 스트레스 가운데서도 바로 세계를 휘어잡기 원하는 '직장인 오빠'들의 스타일이다.
② 싸이의 '강남스타일'의 히트 비결
'강남스타일'은, 영국의 비틀스를 외면한 프랑스 파리의 젊은이들을 에펠 탑 아래서 요동치게 한 곡이며, 이 감성 폭탄은 지구 축을 마구 흔들며, 지구는 우주 속에서 한 마리 거대한 말이었다. '강남스타일'은 케이팝(K-Pop) Hot 100에서 1위, 영국·핀란드·덴마크·뉴질랜드·캐나다 음악 차트에서 1위를 했다. 특히 미국 빌보드 Hot 100에는 한국인으로는 원더걸스의 'Nobody'에 이어 두 번째로 올랐으며, 7주 연속 2위를 기록했다. 세계는 230여 개국, 유엔(UN)가입국은 193개국인데, '강남스타일'의 유튜브 뮤직비디오는 220여 개국에서 시청했다.
그 비결은 첫째, 언어보다 행동이다. 만국 공통의 말 춤으로 언어장벽을 뛰어넘는 보디랭귀지를 선보였던 것. 둘째, 한 번 들으면 귀에 쏙 박히는 중독성 강한 리듬이다. 가사 내용을 알아듣지 못해도 몸이 따라서 건들건들 움직인다. 셋째는, 유튜브와 팝스타들의 사회관계망 서비스(SNS) 효과를 누린 것. 이 노래는 처음부터 해외를 겨냥한 것이 아닌데도 SNS 바람을 타고 전 세계 팬들이 열광했다.

3. 기업경영을 바라보는 새로운 시각, 신바람 한류경영

　K-드라마·K-팝·K-무비·K-뮤지컬·K-컬쳐·K-스포츠 등의 한류는 어떻게 해서 전 세계에 돌풍(突風)을 일으키며 크게 성공할 수 있었는지 이를 대폭 참고하여, 이제는 기업경영에 적극적으로 반영해 나갈 뿐만 아니라 기업경영을 바라보는 시각 자체를 근본적으로 바꾸어, 빈사 상태에 빠진 한국기업과 국민경제를 회생시켜 제2의 한강의 기적 이상으로 성취해 나아가야 할 때라고 필자는 생각한다.

　신바람 한류경영에 반드시 반영·실행해야 할 점 6가지

　(1) 기업경영도 이제는 구성원이 신바람이 저절로 나면서 본능적으로 웃음(미소) · 노래(흥얼거림) · 춤(들썩거림)으로 즐겁고 재미를 느끼도록 해 줘야 한다.

K팝 한류지수 추이

초창기 한류의 정점이었던 2004년을 100으로 보았을 때, 삼성경제연구소에서 한국음악 수출액과 음악 시장 규모(국내 인기도), 한국의 국제수지 음향·영상 서비스 수입(해외 인기도), 구글의 'Search Volume Index(온라인 인기도) 등을 종합해 한류지수를 추정한 걸 참조해 보면, 2011년 'K팝 한류지수'는 262로 7년 만에 2.6배 급증했다.
K팝은 2000년대 이후 일본·중국·태국 등 아시아 주요 국가에 다수의 한국 아이돌 그룹이 진출하면서 시작된 것으로, 첫 성공 케이스는 *보아로 보고 있다.
최근에는 아시아를 넘어 유럽과 미국 등 서구에서도 팬층이 확대되면서 신한류의 새로운 역사를 쓰고 있는 중이다.

전문적·실무적 관점의 K팝 성공 요인

(1) 생산자는, 기획은 '캐스팅 - 트레이닝 - 프로듀싱 - 글로벌 프로모션'으로 제작 프로세스를 시스템화하고, 장기적 안목으로 해외시장 진출을 준비했다.
(2) 전달방식은, 자발적 확산이 가능한 유튜브·페이스북·트위터 등 소셜 미디어를 적극적으로 활용하여 비용과 시간을 절감했다.
(3) 소비자는, IT에 친숙하면서도 적극적으로 문화를 향유하고 자유롭게 자신을 표현하는 능동적 소비자를 대상으로 겨냥한 것이다.
(4) 콘텐츠는, K팝 아이돌은 탄탄한 가창력·안무·매력적인 외모가 결합된 경쟁력을 바탕으로 끊임없는 변신을 연출하며 전 세계 소비자를 매료시킨 것.
세련되고 간결하게, 혹은 강렬하게 메시지를 아주 잘 전달하는 우리나라는 워낙에 빠른 템포를 좋아하는 민족이니, 언제나 시대에 앞서 화끈한 결말을 추구해서일까, K-Pop이나 K-Movie뿐만 아니라 K-culture라는 신조어가 생길 만큼 다방면으로 조명 받고 있는 게 현실이다.

---

(2) 기업경영도 이제는 조직구성원이라면 누가 보든 안 보든 스스로 미친 듯이 제멋에 겨워, 잠 안 자고 열정적으로 자기도취에 빠져 몰입하도록 강한 자율성이 보장되도록 해 줘야 한다.

(3) 기업경영도 이제는 전파력이 강한 전염성과 한마음·한뜻으로 피아(彼我)를 가리거나 구분하지 않고, 자연스럽게 결속하게 만드는 대중성이 확보되도록 해 줘야 한다.

(4) 한류가 유독 유일하고 특이하면서도 보편성이 있는 독자성(獨自性)과 익명성(匿名性)으로 구성원 간에도 평등성과 공정성·세련미와 경쟁력이 있도록 하여, 노동조합이 불필요해 쓸데없는 기회손실이 발생되지 않도록 해 줘야 한다.

(5) 기업경영도 이제는 맡은 일에 충실하고 자기관리만 제대로 잘하면, 부(富)와 명예와 자긍심이 충족됨을 몸으로 확실하게 느끼며 신뢰하도록 해 줘야 한다.

(6) 그럼에도 불구하고 상황변화에 지속적으로 대응하여 새롭게 Up grade 하며 끊임없이 변신·발전하지 않으면, 본인이나 조직이나 한때의 영광으로 끝나며, 더 이상의 생존이 어려워지는 점을 분명히 인식하도록 해 줘야 한다.

③ 국민경제 회생·활성화 방향, 한류경영

1. 한국기업과 공직자의 지향점과 시대적 사명

빈사(瀕死/be more than half dead) 상태에 빠져들고 있는 한국기업들이 작금의 어려운 현실을 직시하고, 어떻게 세운 나라이고, 어떻게 한강의 기적을 이루었고, 어떻게 성장하고 발전시켜 왔는지 돌이켜 보면서, 시야를 멀리 두고 심기일전(心機一轉)하고 절호의 기회를 실기(失機)하지 않고 세계를 선도(善導)해 홍익인간의 전래(傳來) 이념을 실현함으로써, 살기 좋은 세상을 만들어야 하지 않겠는가? 때마침 한류가 K-드라마·K-팝·K-무비·K-뮤지컬·K-컬쳐·K-스포츠 등으로 한국인의 인기가 하늘 높은 줄 모르고 올라가고 있으니, 이참에 ① 경제 경영 부문·②정치 사회부문·③문화 체육 부문까지도 한류경영의 지혜로운 경험을 철저히 체득하고 체질화하여 남부럽지 않은 세계 최고의 경지로 승화시켜야 할 시대적 사명을 완수해야 하지 않겠는가?

(1) 그러면, 먼저 우리 기업들이 지향해야 할 방향을 큰 틀에서 간략히 생각해 보면,

1) 빠른 성장과 올바른 발전을 하루빨리 실현하여 앞서가는 초일

류기업을 지향해야 한다.

2) 탁월한 창의력과 기술혁신을 주도하며 새로운 일자리를 창출하는 기업을 지향해야 한다.

3) 구성원 모두가 전력투구로 미친 듯이 일에 집중하며 즐거워하는 기업을 지향해야 한다.

4) 노사가 화합하여 노조를 필요로 하지 않는 장래성 있는 기업을 지향해야 한다.

(2) 다음은, 공적 부문에서도 어영부영할 게 아니라, 국가와 민족의 시대적 사명을 의식하고 목숨이 다하는 날까지 기필코 수행해야 할 기본 방향을 생각해 보면,

1) 초일류기업을 헌신적으로 집중 지원하는 공직자가 태반인 나라를 지향하도록 해야 한다.

2) 훌륭한 대기업과 세계적으로 각광 받는 글로벌 기업이 활개치는 나라를 지향해야 한다.

3) 자율성이 충만한 기업인을 머리 숙여 존중하는 사회 기풍이 진작되는 나라를 지향해야 한다.

4) 생산성이 높고 발전 지향성이 강한 강력하고 부강한 나라로 발전되도록 하려는 시스템적 사고를 지닌 대중들이 시민사회를 이끌어 가는 나라를 지향해야 한다.

2. 한류경영의 선결 조건과 후속 조치

(1) 인간의 삶의 기초가 되는 시스템적 사고와 이에 의한 시스템적 경영을 체득·실현하는 것이 무엇보다도 먼저 해결해야 할 선결 과제다.

(2) 오늘을 살고 있는 모든 국민들이 전원 참여·고효율의 자율경영을 실현함으로써 한류경영을 실현하기 위해서는, 한류를 배태(胚胎)하고 성공시킨 한국인의 기질적 특징들을 스스로 점검·재확인하고, 한류의 특이한 강점이면서 세계적인 보편성과 전파력이 강한 Fun 경영의 관점에서 느끼는 경영의 지향점을 재확인·실행하는 것이 그다음의 선결 과제다.

(3) 빛의 속도로 변화·발전하는 세계적인 흐름에 발맞추어 실기(失機)하지 않고 한류경영을 심화·고도화하는 일을 게을리하지 않는 일이 반드시 뒤따라야 할 후속 조치다.

3. 부문별 거국적 선진화 추진 방향 제시

(1) 국민적 한류 전파를 위한 전문서적 편찬 및 전문가 양성

서울대·고려대·연세대를 비롯한 소수의 우수 대학원에 전액 장학금에 의한 한류 및 한류경영의 석·박사 학위 과정을 설치하여, 관련 이론 서적·실무 서적·가이드라인·실행지침 등을 편찬·배포하면서 세계 최고의 내·외국인 전문가를 양성·배출함

(2) 각계각층의 선진화를 위한 부문별 전방위 중장기 발전 방향 제시

정부의 최고 관심 역점사업으로, ①경제 경영 부문·②정치 사회부문·③문화 체육 부문의 각 부문별로 한류를 접목(接木)하여 전 세계를 선도(善導)해 나갈 선진화를 위한 모범적인 전방위 중장기 발전 방향을 제시함

(3) 초강대국 미국의 전문기관과의 협업에 의한 한류경영의 고도

화 추진

　한류에 관심이 많은 하버드·예일·MIT·PSU(Penn State)·프린스턴 등을 비롯한 미국의 전문기관과의 협업에 의한 한류경영의 고도화 추진으로, 개인의 창의성과 자율성이 최고의 가치로 존중되는 자유 시장 경제 체제에 의해 전 세계 인류의 보편적 복지와 행복이 조기 실현되도록 추진함

에필로그

① 시스템적 경영의 의미 반추

1. 시스템적 사고의 실체는 조직의 구성원이다

조직은 리더와 조직의 구성원으로 구성되어 있으며, 리더는 리더십으로 구성원을 이끄는 존재인 것이다. 구성원은 리더의 리더십에 따라 조직의 목표를 달성하고, 동시에 각자의 목적을 실현하려는 개개인을 말한다.

그런데 리더의 대부분은 조직이 의도대로 운영되지 않는 것은 구성원의 능력과 자질이 부족한 탓이라고 생각하는 경향이 있는 것 같다. 하지만 구성원의 문제라기보다는 오히려 조직의 구조적인 문제 때문일 확률이 더 높다. 구성원이 리더의 생각대로 잘 안 되는 이유는 대체로 다음의 세 가지를 들 수 있다.

첫째는, 시스템이 잘못 만들어진 경우다. 이는 시스템의 유효성, 즉 효율성과 효과성을 이르는 것이다. 기껏 구성원을 배려해서 만든 시스템이라 하더라도 성과를 제대로 내지 못하거나, 비록 성과는 어느 정도 낸다고 하더라도 구성원의 반발을 사는 경우라고 할 수 있다.

둘째는, 구성원이 조직의 지향 방향을 제대로 파악하지 못하는 경우다. 이 경우는 구성원이 조직의 이익을 극대화하기 위해, 각자가 해야 할 일이나 조직의 운영 방침이 잘 전달되지 않는 경우다. 구성원이 설령 방향을 알고 있다 하더라도, 역량이나 경험·지식 및 권한과 책임에 대한 올바른 의식이 부족하여, 업무 프로세스나 정보시스템 및 협업 구조 등에 적극적으로 대응하지 못하는 경우다.

셋째는, 구성원이 조직의 방향성을 올바로 파악하고 자신의 역량을 다해 성과를 냈음에도 불구하고, 보상체계가 제대로 이루어지지 않는 경우다. 이런 경우에 구성원은 더는 성과를 내기 위한 노력을 기울이지 않게 된다.

조직 내에서의 적절한 피드백은 구성원 개개인의 자아성취뿐만 아니라, 타 구성원의 자극을 불러일으키고 동기를 부여하기 위해서도 필요한 절대적인 요건이다. 적절한 금전적 보상과 비금전적 보상 피드백이 이루어져야 하는 이유는 조직과 구성원 간 불가분의 관계를 재확인하는 과정이기 때문이다.

2. 시스템적 사고는 최적화된 프로그램을 지향한다

시스템과 시스템적 사고는 본질적으로 조직과 구성원을 위한 최적화된 프로그램을 지향하기 때문에, 어느 한 개인의 이득이나 부당함을 고려하지 않으며, 모든 구성원을 대상으로 하는 보편적인 적용체계다. 따라서 보편적이면서 특별하고, 개별적이면서 집단적인 특성을 갖는 것이다. 그래서 시스템이 잘 갖추어진 조직의 구성원은 셀프 리더십이 습관화되어 있다.

누가 지시하지 않고 감시하지 않아도, 그들은 스스로를 철저히 관리하며, 진취적이고 성과 높은 업무를 활기차게 추진해 나간다. 스스로가 핵심 인재로 성장·발전해 가는 힘을 가지고 있다. 그런 구성원은 책임과 권한에 철두철미하며 어느 자리, 어느 위치에 가더라도 곧바로 적응하고, 자기 페이스를 유지하며 능력과 기량을 발휘하여 조직에 이바지하면서, 스스로 성장·발전을 도모해 나갈 수 있는 것이다. 그리고 그런 구성원은 그 자체만으로도 훌륭한 시스템이라고도 말할 수 있다.

결국, 구성원이 시스템이고, 시스템이 곧 구성원이 되는 최고의 조직을 만들게 되는 것이다. 그래서 '우리는 시스템이 곧 경쟁력이다.'라고 자신 있게 말할 수 있는 조직은, '우리는 이미 구성원에 대한 프라이드를 충분히 갖고 있다'라는 말의 다른 표현일 뿐이다. 그런 뜻에서도 시스템이 잘 갖추어진 조직은 구성원에게 깊은 신뢰감을 형성한다는 점에서도 매우 고무적이다.

시스템적 사고에 의한 경영은 오로지 역량과 성과에 의해서만 성과급 등의 경제적 보상과 승진 등의 비경제적 보상이 이루어지므로, 로비나 인사 청탁이 존재할 수가 없다. 따라서 구성원 스스로 정직과 신뢰를 쌓아갈 수밖에 없다. 부정행위나 하자가 있는 구성원은 살아남기 힘든 구조다. 이것은 상당히 중요한 시스템의 원리이면서 원칙인데, 이 때문에 개인 스스로도 모범적인 인간형을 추구하게 되는 것이다.

능력주의·적재적소(適材適所)·신상필벌의 인사 원칙으로 이루어진 인사 체계는 구성원의 사기를 진작시키고, 셀프 리더의 자질을 갖추게 한다. '관리자 중심의 관리'라기보다는 '시스템 중심의 관리'이므로, 합리적으로 평가받을 수 있고, 합리적으로 보상받을 수 있는 정교한 체계로 이루어져 있기 때문이다.

그리고 조직 전반에 규범이나 표준이 정해져 있으므로, 인력관리는 물론 성과관리와 감사업무 기타 등등 모든 것이 시스템으로 구축·실행된다. 그래서 특정 개인의 판단이나 성향에 의존하거나 좌우될 위험성이 낮은 것이다.

구성원이 조직과 일에 최선을 다해야 하는 이유이자 동기가 바로 그런 데 있는 것이 아니겠는가? 부당하게 차별받지 않고, 자신이 일한 만큼의 성과를 정당하게 보상받는다는 것은 구성원에게 있어서 '가장 바람직하고 정당한 메리트'인 것이다.

시스템이 잘 갖추어진 조직의 구성원은 '개개인이 곧 시스템'인 셈이다. 그래서 조직 전체의 목적과 목표를 달성하기 위해 하부 시스템에서 행해지는 구성원 개개인의 개별 활동은 아주 중요한 시스템의 핵심 인자(因子)라고 말할 수 있는 것이다.

3. 시스템적 사고에 의한 경영은 주인 의식과 열정을 고취한다

사람을 볼 때, 특정 상황에서 그 사람의 어떤 행동이나 단편적인 말보다는 인간 전체를 보고 그 중심(Heart·Pivot·Core)을 보고 판단해야 하듯, 삼라만상·인생살이 전부가 다 그 중심·핵심이 중요하다. 기업 경영 역시 경영의 무게 중심이 대단히 중요하다.

선박의 안전 운항을 위해서는, 밸러스트(Ballast, 바닥 짐) 조정을 통해 복원력(Recoverey)을 확충하여 황천(荒天) 운항에 대비하듯, 기업 경영 역시 경영의 무게 중심·경영 관심의 중점(重点)이 구성원의 강한 주인 의식과 일에 대한 열정에 집중되어야 격변하는 경영환경에 능동적·적극적으로 대처할 수 있게 되는 것이다.

한마디로 시스템적 사고에 의한 경영은, 주인 의식과 열정의 고취다. ①경영의 기초와 기본에 충실하고, ②경영혁신으로 시스템적 경영의 수준을 끊임없이 업그레이드하면, ③구성원의 주인 의식과 열정이 계속 강화되어, ④시대의 흐름·경영환경의 변화에 능동적으로 대처하면서, ⑤어떤 어려움이 닥쳐오더라도 성공적인 안전 운항·안전 경영이 가능하여, 최단 시간 내에 목적지에 도달할 수 있게 된다.

일을 추진할 때 창의성이 있고 개성이 강한 것은 실패할 위험이 큰 법이다. 아예 실패할 위험이 적은 것이라면, 벌써 남이 다 해치워버렸을 것이다. 따라서 실패의 위험이 적은 것은 별 의미가 없고, 거꾸로 실패의 위험이 큰 것일수록 성공했을 때 반사적 이익이 엄청나게 커질 가능성이 있는 것이다.

그러므로 지레 겁을 먹고 실패를 두려워할 게 아니라, 실패를 초래할 수 있는 위험 요소를 미리 발굴해서 사전에 대비하는 지혜와 노력이 필요하다.

4. 시스템적 경영의 의의

(1) 자율경영의 틀을 제공한다.

기업 경영이 경영진은 비전과 전략의 수립 및 전개에 치중하고 예외 관리에 더 많은 관심을 가질 수 있도록 해주며, 회사 전체로는 일상적인 운영 차원의 일은 시스템에 의해 효율적·실시간 지향적으로 관리·운영되도록 해줌으로써, 경영력을 확충하고 성과를 극대화하도록 자율경영의 틀을 제공해 주게 준다.

(2) 구성원과 시스템의 유연성과 탄력성 및 전문화와 차별화를 제고한다.

급격하게 변화하는 경영환경과 경쟁환경에 시의성(timing)과 적합성(fitness)을 갖고, 조직 스스로가 잘 대응해 나갈 수 있도록 조직 구성원과 시스템의 유연성과 탄력성을 강화해 준다.

구성원 모두가 자발적으로 조직의 역량을 목표 달성에 집중시키고, 창의력과 핵심역량을 강화하여 경영활동의 시너지 효과를 최적 조건으로 극대화하도록 구성원과 시스템의 전문화·차별화를 제고해 준다.

(3) 경영의 킬러 앱(Killer Application) 역할을 한다.

미국의 주식 투자가들은 실리콘 밸리나 보스턴의 테크놀러지 센터와 같은 곳에서 만들어진 소프트웨어 '둠'이나 '스타 크래프트'와 같은 발명품들을 킬러 애플리케이션이라고 명명(命名)했듯이, 키니네가 말라리아의 특효약(specific remedy)인 것처럼, 시스템적 경영은 조직 구성원이 강한 주인 의식과 일에 대한 뜨거운 열정을 갖고 고효율의 자율경영을 실행하도록 해줌으로써, 효율과 스피드를 증진시켜 지속적으로 높은 성과를 창출하게 하는 경영의 킬러 앱(Killer Application) 역할을 해 준다.

2 리더의 할 일

1. 리더십의 본질

조직의 목적은, 평범한 사람이 비범한 일을 할 수 있도록 하는 것이다. 그렇다고 한다면 리더십의 본질은, 평범한 사람이 비범한 일을 하는 사람이 되도록 하는 것이며, 리더십은 사람들을 그 방향으로 움직이게 하는 엔진 역할을 하는 것이라고 할 수 있을 것이다. 즉 조직 구성원 개개인이 지닌 강점을 개발해, 평범한 사람들이 특별한 성과를 내도록 하는 것이 리더십의 본질이지 않겠는가.

스티브 잡스의 경영관

① Stay Hungry, Stay Foolish (멈추지 않는 도전)
② Insight, Long—term Strategy (통찰력을 바탕으로 한 치밀한 중장기 전략)
③ Execution (한발 빠른 실행력)
④ Consumer Orientation (소비자 경험 중심 관점)
⑤ Ecosystem (IT 생태계의 가장 중요 Partnership 형성)
스티브 잡스는 애플을 만들 때는스티브 워즈니악의 재능을 높이 샀고, 매킨토시를 만들기 위해서는 코카콜라에 다니던 존 스컬리를 영입했다. 그는 타고난 발명가나 엔지니어는 아니지만, 다른 사람의 능력을 활용하는 데 탁월했다.

헨리 포드 / 포드 자동차 창업 회장의 인재관

"나의 공장을 가져가고 차를 다 부숴도 좋다. 다만 나에게서 포드 사람만 빼앗아 가지 마라.
그러면 나는 이들과 함께 다시 지금의 포드를 만들 수 있을 것이다."

그렇게 하려면 먼저, 조직의 기초인 '사람과 시스템'을 튼튼히 다지고, 조직의 기본인 '운영 메커니즘'을 효율화해야 한다. 그렇게 되면, 부드러운 리더십으로도 평범한 사람이 강한 주인 의식과 일에 대한 뜨거운 열정을 갖고, 지속해서 비범한 성과를 내게 된다.

2. 리더가 해야 할 일

리더가 해야 할 일은 결국, 시스템적 경영을 창의적·발전적으로 충실히 실행하도록 권유하는 것 이외에는 달리 할 일이 없을 것이다.

리더가 명심해야 할 경영 철학은 ①경영의 목적이 이윤 추구가 아닌 성취의 희열에 있다는 것이다. 그래서 경영을 인류의 미래를 창조하는 예술·사상·철학으로 부른다. ②경영은 학문적 지식이 아닌 실

충무공으로부터 배우는 교훈 10계

① 집안 탓하지 마라 : 충무공은 몰락한 가문에서 태어나 가난 때문에 외가에서 자랐다.

② 좋은 학교, 좋은 직위가 아니라고 불평하지 마라 : 충무공은 첫 과거에 낙방하고 32세에 겨우 과거에 붙었다. 그리고 14년 동안 변방 오지의 말단 수비 장교로 돌아다녔다.

③ 윗사람 탓하지 마라 : 의롭지 못한 직속 상관들과의 불화로 몇 차례나 파면과 불이익을 받았으며, 임금의 끊임없는 의심으로 옥살이까지 했다.

④ 기회가 주어지지 않는다고 불평하지 마라 : 적군의 침입으로 나라가 위태로워진 뒤 47세에 해군 제독이 됐다.

⑤ 조직의 지원이나 자본이 없다고 불평하지 마라 : 스스로 논밭을 갈아 군자금을 만들어 풍부한 물자의 왜군과 싸워 연전연승했다.

⑥ 끊임없이 공부하라 : 전략·전술에 관한 부단한 연구로 첫 번째 나간 해전에서부터 연승했다.

⑦ 정보를 모으라 : 지피지기(知彼知己)·백전불태(百戰不殆) / 상대를 알고 자기를 알면 백 번 싸워도 위태롭지 않다는 말은 어떤 경쟁에서도 마찬가지다.

⑧ 유혹에 흔들리지 마라 : 승진욕·금전욕·명예욕 등 욕심이 큰 뜻을 망가뜨린다.

⑨ 결정은 명쾌하게 하라 : 원래부터 결정은 분명하고 신속히 하는 것이 리더의 조건이며, 상벌 등 주요 결정이 이리저리 흔들리면 리더십이 흔들린다.

⑩ 공을 탐하지 마라 : 충무공은 모든 공을 부하에게 돌렸고, 장계(狀啓)의 맨 끝에 "신도 싸웠습니다(臣亦戰)."라고 덧붙였을 뿐이다.

천을 위한 지성(프로네시스)이요 지혜다. 여기에는 결단력, 개척, 모험의 3가지 요소가 필요하다.

③경영이란 끊임없는 혁신의 과정이다. 어제보다 나은 오늘, 오늘보다 나은 내일을 위해 영원히 창조적 파괴를 해야 한다.

④또한 경영은 조직력(Team Spirit)이다. 이를 위해 리더는 조직 안에서 절대·무한·불멸의 책임을 져야 한다.

⑤경영은 자본과 기술이 아니라 인적 자산을 가장 소중히 여겨야 한다. 명령·지시·복종·관리·감독 등 행정 용어가 아니라, 대화·설득·신뢰·참여·성취 등 경영 용어를 사용할 때 경영은 '휴머니즘 혁명'의 반열에 오르게 된다.

CEO 평가의 VCM 모델

(1) 균형형 : 비전(V) 34%, 노력(C) 33%, 관리능력(M) 33%
(2) 미래 지향형 : 비전(V) 80%, 노력(C) 10%, 관리능력(M) 10%
(3) 노력형 : 비전(V) 10%, 노력(C) 80%, 관리능력(M) 10%
(4) 관리형 : 비전(V) 10%, 노력(C) 10%, 관리능력(M) 80%
(註) V-Vision, C-Commitment, M-Management Skill

CEO의 자가 진단

(1) 변화에 유연하고도 빠르게 적응할 수 있는가?
(2) 적당한 Risk를 과감히 받아들여 조직에 득이 되도록 통제할 수 있는가?
(3) 비즈니스에 대한 지식과 통찰력을 갖고 있는가?
(4) 예리한 감각으로 미래에 대한 비전을 제시할 수 있는가?
(5) 큰 일을 위해 모호함과 불확실성을 과감히 포용할 수 있는가?
(6) 전략과 계획 수립에 뛰어나는가?
(7) 같은 눈높이로 고객의 요구·성향·의사결정 기준 등을 파악할 수 있는가?
(8) 남녀노소·빈부귀천·지위고하를 막론하고 터놓고 대화할 수 있는가?
(9) 사람들에게 유익한 영감과 동기부여를 제공할 만한 카리스마를 갖고 있는가?
(10) 다방면에 능하고 무엇이든 빨리 배우는 편인가?

③ 책을 마무리하며

1. 격변하는 주변 환경 속에서는 위기를 기회로 전환하는 지혜가 필요하다

21세기 자유 민주주의·자본주의 자유시장 경제원리에 맞는 세계화 수준의 비즈니스 마인드로, 조직의 기초를 튼튼히 하고, 운영 메커니즘을 성과주의로 효율화함으로써 조직 구성원이 강한 주인 의식과 일에 대한 뜨거운 열정을 갖도록 하여, '효율과 스피드'를 증진

> **록펠러**
>
> 록펠러는 미국 역사상 최고 부자로 꼽히는 인물이다. 1839년 뉴욕주에서 출생한 그는1859년 상사회사를 설립하고, 1863년 부업으로 정유소를 설립했다. 19세기 중엽, 석유 정제사업의 가능성을 확인하고 정유사업에 뛰어들었다.
> 1870년 '오하이오 스탠더드 석유회사'를 창설하고, 공급 과잉으로 인해 석유가격이 떨어지자 록펠러는 경쟁회사들을 사들인다.
> 1882년 40여 개의 독립적인 기업들을 모아 미국 내 정유소의 95%를 지배하는 스탠더드 오일 트러스트를 조직했다. 석유사업에서 생긴 거액의 이윤을 광산, 산림, 철도, 은행 등에 투자하여 거대 자본을 형성하였다.
> 그러나 석유, 철강, 철도 등은 물론 일반 생활소비재 시장까지도 독점하는 트러스트에 반대하여 해체하려는 움직임이 일었다. 1889년 반 트러스트법(셔먼 독점 금지법) 위반 판결을 받고, 지주회사를 설립한 록펠러는 실질적으로 업계를 계속 지배했다.
> 1893년 54세 때 불치병(不治病/Alopecia/탈모증)에 걸려 고통 받으며, 독실한 신앙생활을 시작했다. 1911년 미국 연방 최고재판소로부터 독점 금지법 위반 판결을 받아 해산명령을 받고 그의 회사는 30개의 회사로 해체된다. 이후 재계에서 은퇴하고 자선가로 변신, 1890~1892년 거금을 기부하여 시카고 대학을 세웠다.
> 1913년 록펠러 재단을 설립하고 인류 복지 증진, 기아 근절·인구 문제·대학 발전·기회 균등·문화적 발전·신흥국 원조 등 교육·의학 연구 후원 사업과 자선 사업에 몰두하여 큰 발자취를 남긴 록펠러는 1937년 98세를 일기(一期)로 타계(他界)했다.

해 경쟁력을 강화해 나감으로써, 지속해서 고성과가 창출되는 경영 신화를 창조하는 지혜가 필요하다.

"이런 일을 할 수 있느냐"고 물으면, ①"할 수 있다"라고 먼저 자신 있게 말하고, ②"어떻게 할 것인지"를 고민하는 것이 바른 순서다.

두렵다고 느끼는 것을 지금 당장 시도하는 것이 진정한 용기다.

사람을 구분할 수 있는 가장 큰 차이점은 열정(Energy)이다. 세상에서 가장 강력한 무기·가장 확실한 경쟁력은 ①때 묻지 않은 맑은 영혼과 ②용기와 도전 그리고 ③열정이다.

카네기

1835년 스코틀랜드 던펌린에서 직조공의 아들로 태어났다 그의 가족은 1848년 빈곤을 벗어나기 위해 미국의 펜실베이니아주 피츠버그로 이주했다. 어려서부터 방적공, 전보 배달원, 전신 기사 등을 전전했다.
1853년 펜실베이니아 철도회사에 취직하게 되었으며, 남북전쟁에도 종군했다.
1865년까지 철도회사에서 일을 하며, 그동안 침대차 회사에 투자하여 큰 이익을 얻었으며, 철도 기재, 운송, 석유회사 등에도 투자하여 거액의 이윤을 얻게 된다. 1865년 철강 수요의 증대를 예견하고 철도회사를 사직 후 독자적으로 철강업을 자영했다.
1872년 영국에서 베세머 제철 공정을 도입하여 적용한 최초의 철강 공장인 J. 에드 가톰슨 철강공장을 건립한다. 그 밖에도 세부 생산-비용 회계처리 방식 등 혁신적인 기법들을 신속히 도입해, 어떤 제조업체보다 높은 능률을 실현했다. 또한 철강의 원료인 광산과 원료를 이송할 철도, 선박 등을 구입하여 생산성을 높였으며, 이러한 트러스트는 다른 제조업계에 큰 영향을 미친다. 1889년 소유한 모든 회사를 통합하여 카네기 철강회사(뒤에 카네기 회사로 개칭)를 설립하여, 당시 세계 최대의 철강 트러스트로서 미국 철강 생산의 4분의 1 이상을 점유하게 된다.
1901년 이 회사를 모건의 유나이티드 스테이츠 제강회사에 4억 4,000만 파운드에 매각하여 미국 철강시장의 65%를 지배하는 US 스틸사를 탄생시킨다.
이 매각을 계기로 실업계에서 완전히 은퇴하고, 교육과 문화사업 등에 몰두했다.
1902년 피츠버그에 카네기 공과대학을 설립하고, 2,500백만 달러의 천문학적 거금을 기부하며, 워싱턴 카네기 협회를 설립하여 미 전역에 약 2,500여 개의 도서관을 건립한다. 1911년 설립한 뉴욕 카네기 재단은 문화발전을 위한 막대한 기금을 기부한다.
그는 인간은 일생의 전반기에는 부를 축적하고, 후반기에는 그 부를 사회를 위해 써야 한다는 신념을 가지고, 타계할 때까지 18년간 자선사업에 몰두했다.
1919년 84세를 일기로 세상을 떠날 때까지 카네기 주식회사에 남아 있는 자선 신탁재산 모두를 사회로 환원했다.

그는 "부자로 죽는 것은 불명예스러운 것이다"라고 말하며, 다음의 묘비명을 남겼다.
'여기 자신보다 더 나은 사람들의 도움을 구하는 방법을 알고 있던 사람 잠들다'
저서로는 《승리의 민주주의(Triumphant Democracy)》(1886), 《사업의 왕국(The Empire of Business)》(1902), 《오늘의 문제(Problems of Today)》(1908) 등을 남겼다.

마음 깊이 절실하게 원하는 최상의 삶은 오직 자신의 선택과 행동에 의해서만 현실화된다. 자신을 어떻게 변화시키려고 하느냐에 따라 얼마든지 선택할 수도 있고, 얼마든지 실행할 수도 있다.

경영의 spectrum은 전문화·차별화에 맞추고 수직 통합화와 관련 다각화를 이루어, 폭넓은 한 우물 경영을 실현하기 바라며,

삶의 spectrum은 록펠러와 카네기 사례처럼 불같은 열정적인 삶과 물같이 자신을 비우는 의미깊은 삶을 실현하길 바란다.

키르케고르

덴마크의 철학자이자 신학자인 키르케고르는 30세가 되던 1843년에 그의 저서 《이것이냐 저것이냐》에서 인간이 추구해야 할 인생의 가치를 탐색하며, 가치 있는 삶을 추구하는 인간을 미적 인간, 윤리적 인간, 종교적 인간 셋으로 구분했다.

미적 인간의 목표는 탐미를 통한 자기 쾌락이다. 그에게는 육체적이고 정신적이며 영적인 쾌락과 만족, 그리고 그 만족 속에 안주하고 싶은 탐닉이 인생의 목표다. 미적 인간은 자신을 탐닉하게 해줄 새로운 대상을 찾기 위해 끝없이 배회하는 철새다.
윤리적 인간은 인생의 행복을 자신만이 아닌 타인과의 공동체적 삶 속에서 찾고자 자기 탈출을 시도한다. 자신이 행복할 뿐만 아니라 자신이 행복한 만큼 자신에게 가까운 식구, 친지, 친구, 더 나아가 같은 동네에 거주하는 주민의 안녕을 인생의 중요한 임무로 여긴다.

종교적 인간은 미적 인간도 아니고 윤리적 인간도 아니다. 종교적 부정은 그 대상에 대한 부정이라기보다 극복이고 초월이다. 여기에서 종교란 특정 종교에 대한 신앙이 아니다. 인간을 신적인 존재로 이끌어 주는 통로로서의 체계다.
인간은 과연 자신의 삶을 "의미 있는 삶"에 온전히 헌신할 수 있는가?

순간을 사는 인간이 자신의 모든 것을 헌신할 수 있는 그 무엇을 찾을 때 비로소 온전한 개인이 될 수 있으며, 자신의 삶 전체를 헌신할 만한 일을 찾은 사람이 행복하다고 했다. 지식과 지성을 쌓고 이를 실천에 옮겨 경험과 경륜을 쌓아 지혜로운 마음가짐과 마음 습관을 갖추는 것, 이것이 바로 지혜로운 지도자의 덕목이라 했다.이 말은 시스템적 사고를 생활화하는 것이 행복의 조건이요, 지도자의 덕목이라는 의미다.

2. 시스템적 사고로 일과 삶의 스펙트럼을 확실히 한다

앞에서 우리나라의 대표적 기업가인 이병철과 정주영의 예에서 보듯이, 그리고 세계 최강국인 미국의 록펠러와 카네기의 사례에서 보듯이, 그들은 경영의 스팩트럼(spectrum / 생각의 제한 범위)을, 추진하고 있는 사업에 불같은 뜨거운 열정으로 지속해서 시스템적 사고(思考)로 전문화·차별화를 심화하고, 수직 통합화와 관련 다각화를 통해 '폭넓은 한 우물 경영'에 집중함으로써, 전대미문(前代未聞)의 탁월한 성장·발전과 더불어 상상하기 힘든 막대한 부(富)를 축적하여 사회 발전과 시대 흐름에 크게 기여하고 공헌했음을 알 수 있다.

뿐만 아니라 그들은 사업에 크게 성공하는 한편, 인생 후반에는 삶의 스펙트럼(spectrum)을, 고요한 물은 깊이 흐르고, 깊은 물은 소리가 나지 않듯, 물은 만물을 낳고 길러주지만 자신의 공을 남과 다투려 하지 않고, 모든 사람이 가장 싫어하는 낮은 곳으로만 흘러 늘

범문공

중국 송나라 때 유명한 역술가(曆術家)가 있었는데, 그는 한눈에 사람을 알아보는 재능(才能)이 있어, 집 대문에 사람이 들어서는 순간 샛문을 통해 이미 그 사람의 됨됨이를 파악했다. 그리고는 재상처럼 크게 성공할 사람은 정중하게 마당까지 내려가서 맞이하고, 고을 원님 정도 될 사람은 마루 끝에 나가 들어오라고 하고, 벼슬(官吏)도 제대로 못할 장사치나 상인(常人) 같으면 문도 제대로 열어주지 않은 채 알아서 방으로 들어오게 했다.

젊은 시절 범문공(凡文公)도 자신의 앞날이 궁금하여 이 역술가를 찾아갔더니, 문도 열어주지 않은 채 그냥 들어오라고 했다. 역술가와 마주 앉은 범문공은 물었다. "제가 재상(宰相)이 될 수 있겠습니까?" 역술가는 대답하길 "그런 인물이 될 사람이 아니니 헛된 꿈을 접으라고 했다." 그러자 범문공은 다시 물었다. "그럼 의원(醫員)은 될 수 있는지 다시 봐주십시오." 역술가는 의아했다. 당시 의원이란 직업은 오늘날처럼 좋은 직업이 아니라 여기저기 떠돌며 약 행상(藥行商)이나 하는 고생스러운 직업이었기 때문이다. 최고의 벼슬인 재상이 될 수 있는지를 묻다가 갑자기 의원이 될 수 있느냐는 질문(質問)에 역술가는 어리둥절하여 그 까닭을 물었다.

그러자 범문공이 대답했다. "도탄에 빠진 백성들을 위해 제 한 몸 바치고자 다짐했습니다. 재상이 되어 나라를 바로잡고 그들을 떠받들면 좋겠지만, 그럴 수 없다고 하오니, 나라를 돌며 아픈 사람이라도 고쳐 주고자 하는 것입니다."

이 말을 들은 역술가는 범문공의 눈을 차분히 쳐다보며 다시 말했다. "대개 사람을 볼 때 관상(觀相), 골상(骨相), 심상(心相)을 보지만, 당신의 관상과 골상은 신통치 않지만, 심상으로는 충분히 재상이 될 수 있소. 관상은 골상만 못하고, 골상은 심상만 못하다(觀相不如骨相, 骨相不如心相) 했으니, 내가 잠시 실수(失手)를 한 듯 하오. 당신의 심상(心相)으로는 충분히 재상이 될 수 있으니, 지금 같은 마음가짐을 변치 마시오."

이후 범문공(凡文公)은 송나라의 훌륭한 재상이 되어 20년간 후세에 크게 이름을 떨쳤다.

겸손의 철학을 일깨워 주듯, 상선약수(上善若水)의 겸양과 부쟁(不爭)의 물 같은 삶으로, 몸과 마음이 쾌적한 자족(自足)의 '폭넓은 의미 있는 삶'을 성취했음도 알 수 있다.

덴마크의 철학자이자 신학자인 키르케고르는 인간은 과연 자신의 삶을 "의미 있는 삶"에 온전히 헌신할 수 있는가? 순간을 사는 인간이 자신의 모든 것을 헌신할 수 있는 그 무엇을 찾을 때 비로소 온전한 개인이 될 수 있으며, 자신의 삶 전체를 헌신할 만한 일을 찾은 사람이 진정 행복한 사람이라고 했다.

지식과 지성을 쌓고 이를 실천에 옮겨 경험과 경륜을 쌓아 지혜로운 마음가짐과 마음 습관을 갖추는 것, 이를 중국 춘추전국시대의 한비자는 법(法 / 신상필벌), 술(術/용인술/발탁과 도태), 세(勢/진두지휘/권위)를 몸에 익혀 재물욕, 권력욕, 명예욕의 탐욕을 절제하고 사양하며 끊임없이 신의와 성실로 유호덕과 고종명을 몸으로 실행하는 것, 이것이 바로 지혜로운 지도자의 덕목이라고 했다.

3. 한국 사람들이 함께 가야 할 가장 좋은 길, 한류(韓流)경영

스페인의 세계적 대문호 미겔 데 세르반테스가 세계 최초의 근대 소설로 평가되는 『돈키호테』를 통해 인류에게 드리는 메시지를 간결하게 요약해 보면,

첫째는, 세상은 좋은 방향으로 바라보면, 좋은 세상을 위해 기여하는 선순환이 생긴다는 것이요,

둘째는, '돈키호테의 정의'는 자신의 이해관계가 아니라, 온전히 타인을 위해 세상의 불의를 없애고 정의로운 사회를 만들겠다는 것이요, 그것은 '행동하는 인간의 원형'으로 진정한 기사의 의무, 아니! 의무가 아니라 특권이라는 것이요,

셋째는, 설령 여건이 뜻과 같지 않아 "꿈을 이룰 수 없게 되더라

도, 어떤 어려움도 헤쳐나가 나의 길을 끝까지 따르겠다"는 확고한 신념이지 않겠는가?

이와 같이 한국 사람들 모두가 함께 가야 할 가장 좋은 길이요 탄탄대로(坦坦大路)인 한류(韓流)경영은 어떤 어려움에도 굴(屈)하지 않고, 우리의 사명이요 특권임을 자각하여 끝까지 추구해야 하지 않겠는가? 이 길만이 우리가 올바르게 살길이요, 조국(祖國)을 떳떳하게 최첨단 선진화하는 길이지 않겠는가?

참고 자료

1 시스템적 경영에 대한 Q & A

1. 시스템적 경영은, 일종의 정형화된 체계인 것으로 이해가 되는데, 이러한 정형성이 상황에 따라서는 급변하는 환경에 신속히 대응하는데 장애가 되는 경우가 있지 않은지요? 즉 시스템적 경영이 전략적 유연성도 갖추고 있는지 궁금합니다.

(1) 시스템적 경영은, 전체 지향·관계 지향·목적 지향·중점 지향·미래 지향의 ①시스템적 사고와, 업무수행 과정의 시간상의 지체를 없애고, 계획과 실행의 차이를 최소화하여, 조기 정보를 통해 경영상의 위험을 미연에 방지하거나 발생 즉시 제거하기 위한 실시간의 경영관리 기법인 ②RTE에 바탕을 두고 현실 문제에 대응하는 경영방식이므로, 원리적이면서도 대단히 신속한 대응이 가능하다고 생각합니다.

(2) 시스템적 경영은, '조직 내에서 합의된 기준과 절차'를 마련하기 위해 과도하게 지침화하거나 매뉴얼화하는 데 집착하는 것이라기보다는, 시스템의 특성에 의해 경영환경 변화에 따라 탄력적으로 적용하고 진화·발전해 나가면서, 새로운 경영 트렌드를 경영관리 과정에 접목하여, 환경 변화에 유연하게 동태적으로 대응하는 '원칙에

의한 경영'과 '원리에 의한 경영'을 지향한다고 생각합니다.

(3) 시스템적 경영은, 목표인 초일류기업(Excellent Company)이 되기 위한 필요조건으로, [1]단기적으로는, 회사의 경영 성숙도에 따라 그에 알맞게 하위시스템의 내용과 강조점을 달리하면서, [2]중장기적으로는 경영자의 전략적 직관과 결합하여 전략 경영 능력을 강화해 나가는, 대단히 탄력적인 유연한 경영 방식이라고 생각합니다.

2. 오늘날 삼성이 세계적인 초일류기업으로 성장·발전하게 된 배경이 바로 시스템적 경영이라고 말씀하셨습니다. 그런데 일부 시민 단체들은 삼성의 경영 정책 중 하나인 '무노조 경영'을 비판하기도 하는데요, 시스템적 경영 차원에서 이 '무노조 경영'은 어떤 의미가 있는지, 나아가 초일류기업으로 성장·발전하는데 효과가 있었는지 궁금합니다.

(1) '무노조 기업 경영', 즉 노조에 대해 '조합주의'를 택할 것인가 아니면, '비조합주의'를 택할 것인가의 문제는 근본적으로는 시스템적 경영과는 무관하다고 생각합니다.

(2) 뿐만 아니라 '무노조 기업 경영'을 택할 것인가, 아예 '노조를 필요로 하지 않는 기업 경영'을 택할 것인가의 문제도 시스템적 경영과는 무관한 별도 차원의 문제라고 봅니다.

(3) 다만 노사 문제는, 조직 운영 관리·조직 행동 관리·인력자원 관리 등의 [1]사람 관리뿐만 아니라, [2]경영 시스템, [3]기업문화 및 [4]성과주의 경영의 운영 수준 등 종합적인 관점에서 시스템적 사고에 의한 가치 판단에 의해 접근해야 하며, 장기적인 관점에서 CEO의 철학과 신념에 의해 결정되어야 할 문제로 인식하고 있습니다.

3. 시스템적 경영에 대한 오해(誤解)

①시스템적 경영은 지나친 정형화로 환경 변화에 둔감하지는 않는지?

시스템적 사고를 기반으로 하고, 방향·목적·취지·의의를 중시함에 따라서, '유연성과 탄력성'을 강화하고, '전문화와 차별화'를 강화하여 기민하게 대응해 나갈 수 있다.

②시스템적 경영 무용론은 마치 장관의 경질만으로는 변화와 개혁이 제한적이듯, 강한 주인 의식과 일에 대한 뜨거운 열정으로 무장하여 최고위층 상하가 혼연일체가 되면, 리더십 발휘가 용이하도록 시스템적으로 뒷받침된다.

③시스템적 경영은 만병통치약인가?

Not a Panacea, But a Licorice. 시스템적 사고와 시스템적 사고에 의한 경영은 시스템적 사고를 기반으로 하는 만병통치약이라기보다는, 약방의 감초처럼 필수 불가결한 것이다

1. 노조와 관련된 21세기의 두드러진 세계적 현상

(1) 서비스 및 IT산업이 급성장하는 경제구조의 변화로, 전통적 기반이던 블루칼라 노동자의 증가 정체 현상이 현격하게 두드러져 가고 있고, 서비스 화이트칼라 직종의 급증(急增) 현상으로 행정관리 직·전문직·판매직은 거의 모든 국가에서 증가 추세가 심화되고 있다.

(2) 노동력 구성의 변화로, 노조 조직률이 낮은 여성 인력·고령 인력·비정규직 인력 및 외국인 인력의 증가 현상이 심화되고 있다.

(3) 서비스 및 IT산업의 급성장과 더불어, AI 기술의 급격한 고도화 추세에 힘입어, 1人 기업·독립노동자(blur worker)의 출현 및 급격한 증가 현상이 가속화되고 있다.

(4) 노조를 조직하는 성향이 강한 20세 이상 남성의 경제활동 참가율의 감소 현상이 두드러진다.

(5) 높은 수준의 시민의식과 자주·자율의식의 강화 및 이에 따른

높은 복지 혜택의 요구 확산과 평준화 현상으로, 가족 중심의 쾌적한 생활을 즐기려는 욕구 증대 현상이 가속화된다.

(6) 이와 같은 현상 등으로 인해,

①1980년대 이후 신자유주의적 풍조로 많은 국가의 정부에서 반노조 분위기가 확산된다.

②사용자들의 노동조합 기피 및 무노조 기업 경영 선호 성향이 두드러지게 나타난다.

이에 따라 노조 조직률과 노조 가입률이 동시에 하락하고 있는 추세다.

2. 노동조합과 무노조 기업

(1) 노동조합이라 함은, 노동자가 주체가 되어 자주적으로 단결하여, 근로 조건의 유지·개선, 기타 노동자의 경제적·사회적 지위의 향상을 도모함을 목적으로 조직하는 단체 또는 그 연합 단체를 이른다(稱).

(2) 무노조 기업이라 함은, 노동조합이 존재하지 않거나, 노동조합이 존재하더라도 단체 교섭 및 단체 행동의 활동이 실질적으로 이루어지지 않는 기업을 이른다(稱).

3. 노동조합의 장단점

(1) 노동조합의 순기능(順機能) 및 장점

노동자의 권익을 보호하고, 노-사간의 연결고리 역할을 수행.

①사측의 불합리한 근로 처사에 보다 효과적으로 대항 가능하다.
②조합원들 간의 소속감을 증진 시킬 수 있다. ③긴밀한 노사협조가

이루어지면 기업 입장에서도 더 큰 시너지를 발휘할 수 있는 점이다.

(2) 노동조합의 역기능(逆機能) 및 단점

①조합원과 비조합원 간의 갈등 또는, 조합원들끼리의 이해관계에 따른 갈등이 발생할 수 있다.

②전문적이지 못한 노동조합의 경우, 사측과의 교섭 등에서 원만한 행동을 못 할 수 있다.

③사측과의 불화가 발생할 수 있다.

4. 무노조 기업 경영의 유형과 특징

(1) 철학적 무노조 경영(philosophy-laden nonunion manag'mt)

노조가 결성되는 것은 결국은 부실(不實) 경영의 산물이라고 인식하고, 최고경영자가 사람 관리에 대한 철학을 갖고, 정교하고 예외 없는 공정한 인적 자원 관리제도를 운용함으로써, 경영에 대한 구성원의 확실한 신뢰를 쌓은 결과, 구성원의 불만이 자연스럽게 해소되어 무노조 기업 경영이 실현되는 것이다.

예외 없는 정교하고 공정한 인적 자원 관리제도가 노동조합의 존재를 대체하는 효과를 가져오게 되며, 노조를 회피하고 무노조를 유지하기 위한 가외의 추가적인 부담비용은 소위 '무노조 프리미엄'으로써 결과적으로 구성원의 직무 만족도가 향상되고 노조 결성의 동기를 약화시키게 되는 것이다. 아울러 노사협의회와 같은 직원대표 조직체를 운영함으로써 노사 간의 원활한 의사소통을 통해 협력적·건설적 노사 관계를 형성하여 조직에 대한 귀속감과 충성심도 유발시키게 된다.

(2) 정책적 무노조 기업 경영

최고경영자의 노조에 대한 기본적인 인식이나 직·간접적인 부정적 경험으로 무노조 기업 경영을 정책적으로 채택하고, 무노조 기업 경영을 인적자원관리 목표 중의 하나로 천명하고, 노조 회피 전략이나 무노조 유지 방안을 명시적으로 수립·실행하게 되어, 본래의 취지인 사람 관리보다는 무노조 기업 경영 그 자체가 인적 자원 관리의 목표가 되어버릴 공산이 크다.

우수한 인적 자원 관리와 높은 임금 등으로 직무 만족도를 향상시켜, 노조가 결성 안 되도록 하는 high road 식 인사정책보다는, 노조를 결성하고자 하는 움직임을 사전에 간파하고 노조 결정 움직임을 수단·방법을 가리지 않고 방해·탄압하는 low road 식 인사정책으로, 노조 결성을 억압하거나 노조는 좌익적이고 자본주의를 파괴하기 때문에 '노조는 악'이라고 하는 이데올로기적인 생각으로 반대한다.

지나치게 무노조 기업 경영에 집착하여 부당 노동행위 등이 발생할 가능성이 높다. 생각이 이런 방향으로 흐르다 보면, '노조를 노사 간의 협력관계를 저해하는 제3자'로 인식하게 된다.

따라서 노조를 대체할 수 있는 직원대표조직을 적극적으로 활용하여 노조를 대체하려고 하게 된다.

(3) 종교적 무노조 기업 경영

종교적 무노조 기업은 종교적 믿음을 바탕으로 노사가 합심하여 기업을 운영하는 것을 목표로 삼는 기업 경영을 이른다. 경영자는 노조를 경영자와 직원 간의 종교적 화합을 저해하는 불필요한 제3자로 인식한다. 따라서 노조의 결성을 명시적·묵시적으로 금지한다.

대체로 창업주와 2~3세 경영인 그리고 경영진이 독실한 종교 신

자로 구성됨에 따라 대부분의 직원들도 특정 종교의 신자들로 구성
된다.

5. 노동 운동과 비 조합주의

노동 운동이란, 노동자의 경제적·정치적·사회적 지위를 보장·향상
시키려는 운동을 말한다.

노동 운동은 주로 노동자와 사용자 사이의 갈등으로 사용자에
대항하려는 경향이 강하다. 또한 운동의 주체는 주로 노동자와 노
동자에게 호의적인 지식인 혹은 시민들이다.

그 방식은 노동조합의 결성 획책, 파업 등, 노동 운동의 발생 기제
는 노동자와 사용자 간에 고용 관계가 형성되고 이 관계에서 노동
자는 사용자에게 노동을 제공하고 대가로 임금을 받아 생활하는
데, 문제는 노동의 제공에서부터 그 대가까지 노동자가 최소한으로
하는 기준에 비해 차이가 있을 때 발생한다. 이런 경우 노동자는 자
신의 노동을 제공함에 있어 환경이나 조건의 개선을 사용자에게 요구
하면 갈등이 발생하게 되고 이는 곧 노동 운동으로 이어지게 된다.

6. 비 조합주의와 무노조 기업 경영

(1) 비 조합주의의 개념

비 조합주의는 단순히 노조를 적대시하는 반조합주의가 아니라,
조합주의에서 해방 또는 면제를 의미하는 '노조를 필요로 하지 않
는 기업 경영'을 실현하려는 것이다. 말하자면, 가상(假想)의 노조를
경쟁자로 인식하고 그 노조가 수행하고자 하는 목표들, 인간적인 대
우를 받고자 하는 것들을, 경영 측에서 미리 해결함으로써 근로자
들로 하여금 노조는 필요 없는 존재라는 것을 스스로 느끼도록 만
들어, 가상의 노조 활동이 현실화되게 하는 것이다.

(2) 무노조 기업 경영의 장점

①작업 할당과 구성원 배치 및 이동에 대해 자유롭다. ②이직률(移職率)이 낮다. ③기술 변화에 대한 저항이 적다. ④노조원들이 부담하는 비용을 삭감할 수 있다. ⑤단체 교섭과 고충 처리 등에 소요되는 관리 시간이 절약된다. ⑥최고 경영층의 정서적 욕구가 충족된다.

(3) 무노조 기업 경영의 특징

①고용 관계의 혁신, ②경영 참여 및 의사소통의 원활화, ③성과 보상의 차별화, ④인적 자원 육성의 활성화, ⑤작업환경의 혁신이 가능하다.

(4) 노조를 필요로 하지 않는 기업 경영의 필수 요건

①최고경영자가 '노조가 필요 없는 경영을 하겠다'라는 확고한 신념과 의지와 철학이 있어야 한다. ②'깨끗하고 공정한 인사 관리'가 경영의 기본이어야 한다. ③'평생직장과 업계 최고 수준의 처우(one of the First class)'가 보장되어야 한다. ④입사 전부터 퇴사 때까지 '지속적인 교육'이 필요하다. ⑤'의사소통 제도가 활발'해야 한다. ⑥최고경영자의 철학을 실천에 옮기는 '관리능력이 뒷받침' 되어야 한다.

노조 없는 기업 경영에는 스텝과 중간 관리자들의 능력이 절대적으로 중요하다.

7. '기업 천국' 만드는 미국, 노조 의무가입 금지법 확산.

(1) 고용의 유연성이 높아진 기업들, '경제 살리기'에 동참

월스트리트 저널(WSJ) 등 미국 언론에 따르면, 이른바 반(反) 노조법이라고도 불리는 노동권법은 노조 가입 및 노조 회비 납부를 강제할 수 없도록 하는 법안이다. 기업 경영자가 노조에 가입하지 않는 근로자를 비교적 좋은 조건에 채용할 수 있어 친기업 노동법으로 불린다.

WSJ는 전통적으로 노조가 강세를 보인 중서부 주에서도 최근 노동권법이 잇따라 도입되고 있다고 보도하고 있다.

2012년 이래 인디애나·미시간·위스콘신·웨스트버지니아·켄터키 주들이 이 법을 채택하여, 노동권법 인정 주는 28개 주로 늘었다.

동북부 지역 중에선 뉴햄프셔 주가 처음으로 이 법을 제정할 것으로 보인다고 미국 언론은 전망했다.

(2) 노조 가입률 33년 만에 '반 토막'

미국 노조 가입률은 1983년 20.1%를 기록한 이래 지속적으로 하락세를 보여, 10.7%로 최저 수준으로 떨어졌다. 제조업·운송·서비스 등 민간부문에서는 지난 30여 년간 줄곧 노조 가입률이 하락하고 있는 것이다. 그나마 전체 노조 가입률이 10% 가까이 겨우 유지되는 것은 노조 가입자 중 50%가 되는 공공부문 종사자가 전체 근로자의 18%를 차지하기 때문이다.

위기에 빠진 미국 기업의 노조는 노동권법이 노조의 재정·결속력·정치적 영향력을 약화 시켜 노동자의 임금과 복지 악화·직무 안정성 하락으로 이어질 것이라며 강력하게 반발하지만, 상황은 노조에 불리하게 흘러가고 있다. 연방 대법원의 대법관이 진보 4명, 보수 4명의 균형이 무너지고 있기 때문이다.

(3) 반면, 영국 파이낸셜 타임스는 미국에서 제조업 일자리를 늘리기 위해 세제 개혁과 규제 완화·투자 유치 통상 전쟁 등을 예고하고 있다"라며 "노조 지도자들은 이를 제조업의 조합원을 늘릴 호재로 보고 있다"라고 보도했다.

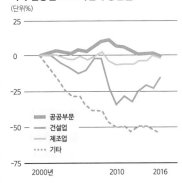

미국 업종별 노조 가입자 증감률
(단위%)

- 공공부문
- 건설업
- 제조업
- 기타

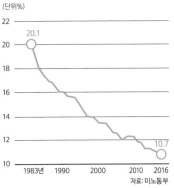

사상 최저 수준으로 떨어진 노조 가입률
(단위%)

자료: 미노동부

③ 글로 쓴 자화상(自畵像)

1. 생활 태도

(1) 규칙적인 생활 습관 및 운동 습관을 바탕으로 건강한 삶과 이상을 실현하기 위해, ①끊임없는 자기 계발, ②단란한 가정생활, ③훌륭한 교우 관계 유지를 생활 지침으로 삼았다.

(2) 2004년~2007년 조선일보·중앙일보·동아일보 등의 국제 마라톤 경기에 출전하여, 4시간 30분 전후의 기록으로 풀코스 7회, 하프 코스 5회를 완주한 바 있다.

(3) 청렴한 가정 분위기 속에서 성장하여, 원칙과 질서를 숭상하며, 사리가 분명하고, 비교적 강직하며 자신에게 엄한 편이다.

2. 핵심역량

(1) 방향성·전략성 : 실무적이고 실질적(Practical)이면서도 대세를 파악하여, 방향과 전략을 잡는데 탁월하다는 중평(衆評)이다.

(2) 조직화·체계화 : 논리적이며 합리와 효율을 숭상하며 추구하

는 성향으로, 시스템화하는데 능(能)한 편이다.

(3) 사람을 보는 눈(眼目) : 사람을 분석적·종합적으로 비교적 정확하게 보고, 공정하게 평가하고, 체계적으로 육성하는 편이다.

(4) 설득력·추진력 : 강한 성취욕과 사심(私心) 없는 업무 태도와 일에 대한 열정과 설득력이 있어, 업무 추진력이 강한 편이다.

(5) 조직에의 충성심 : 조직에 대한 충성심이 강하며, 선공후사(先公後私)의 생활 태도로 조직의 가치 우선에 철저한 편이다.

3. 역할 인식

(1) 본인의 CEO로서의 역할을 첫째, 기업 경영 측면에서는 높은 수익성과 성장성을 실현하는 '우량기업'으로, 둘째, 종업원 측면에서는 몸과 마음을 던져 일할 수 있는 '좋은 직장'으로, 셋째, 사회적인 측면에서는 '신뢰받는 기업'으로, 다시 말해 초일류기업으로 성장·발전시키는 것이라고 인식하고 있다.

(2) 이러한 역할을 수행하기 위한 책무는,
첫째, 종업원에게 꿈과 희망과 용기를 심어주는 직장이 될 수 있도록 회사의 Vision을 설득력 있게 진취적으로 설정하고, 또 이를 제대로 실현해 나갈 수 있도록 책임지고 경영 관리 하는 일을,
둘째, 종업원이 좋은 근로환경과 직장 분위기 속에서 자기의 존재 가치를 적극적으로 실현해 나갈 수 있도록 긍지와 자부심을 심어주면서, 점진적으로 '고임금·저인건비'를 실현하여 지속적으로 경쟁력을 확충시켜 나가는 일을,

셋째, 종업원의 일체감을 조성하고 노사가 화합하여 선진화된 근로 분위기를 창출하여, 몸과 마음을 바쳐 신바람 나게 일할 수 있는 건전한 근로 기풍을 진작시키는 일을, 본인의 책임과 임무라고 인식하고 있다.

4. 평소 갖고 있는 생각

본인은 중류 가정에서 태어나 좋은 교육 기회를 누렸으며, 직장 생활에서도 항상 두터운 신임과 발탁의 뒷받침을 받은 리더의 위치와 중책이 주어져, 이 사회와 체제로부터 많은 혜택을 받은 수혜자라고 생각하고 있다. 따라서 본인도 당연히 이에 상응하는 보답을 해야 된다는 생각을 늘 갖고 있다.

그러나, 본인은 오직 회사라는 조직을 통해 기업 경영을 배우고 익힌 전문 경영자일 뿐이므로, 경험과 경륜 및 기량을 동원하여 견실경영과 변신 성장을 통해 소속집단의 성장·발전에 기여하는 길만이 사회에 보답할 수 있는 유일한 길이라고 생각하고 있다.

그리하여 본인은 중지(衆知)를 모으고 자유로운 헌신이 보장될 수 있는 창의적인 조직에서 재량과 권한을 갖고, 열정을 다해 강한 주인 의식과 프로정신으로 몸과 마음을 바쳐 조직에 기여하고 싶은 생각을 갖고 있다.

5. 미리 생각해본 본인의 사망 기사

'정설 시스템적 경영'의 저자 이명환 씨가 오늘 새벽 90세를 1기로 서울 반포동 자택에서 사망했다. 그는 1944년 5월 16일 대구에서 출생하여, 계성 중고등 학교와 서울대학교 상과 대학을 졸업했다.

1967년 대학을 졸업하기 직전 삼성에 입사한 이래, 섬유를 비롯해 중공업·전자 및 IT 산업에 이르기까지 시대의 변천에 따라 여러 분야에서 많은 경험을 쌓았으며, 1991년부터 2011년까지 삼성·효성·현대·동부 등에서 20여 년간 CEO로 재직했다.

그는 ①다양한 산업 분야의 직무 경험과 ②대규모 조직의 관리 경험 및 ③세계 초일류기업의 벤치마킹 교훈을 통해, ①경영의 기초와 기본을 시스템적 사고로 다지고, ②이를 근간으로 하여 조직 구성원이 강한 주인 의식과 일에 대한 뜨거운 열정으로 자율경영을 실행하도록 하면, ③높은 성과를 지속적으로 창출할 수 있다는 생각을 방법론으로 정리하여, 이를 '시스템적 경영'이라 명명(命名)했다.

그리고 그는 누구나 쉽게 이해하고 실행할 수 있도록 경영방법론으로서의 '시스템적 사고에 의한 경영'의 개념 정립과 고도화(Upgrade) 및 확산을 필생의 사회적 의무로 생각하고, 이를 위해 열정과 집념을 불태운 인물로 기억되길 바랐다.

한마디로 그는 시스템적 사고에 의한 경영을 통해 조직 구성원은 누구나 무슨 일을 하든 스스로 미친 듯이 자나 깨나 앉으나 서나 일에 몰입하도록 함으로써 초일류기업이 되도록 하는 것이었지만, 그의 영원한 노스탤지어(Nostalgia)는 구성원의 최고 복지 실현과 인간 존중이었다.

6. 시스템적 사고 및 시스템적 경영의 인생 역정 회고

역정(曆正)	주요 경력	기간	축적 가치 (지식·경험)	성장	의미
준비기 (Prologue)	출생/초등학교 졸업 중등/고등학교 졸업 대학 졸업	12년 6년 4년	U$1 / U$10 U$20 / U$100 U$1K	10배 10배 10배	기초 학습 기본 학습 진로 탐색
전반기 (First Half)	삼성 사원/ 중견 간부 (과장/차장/부장)	15년	U$1K / U$50K	50배	역량 배양
	삼성 임원 (상무/전무/부사장) 삼성 CEO	10년 3년	U$50 / U$500K U$1,000K	10배 2배	역량 강화 역량 발휘
후반기 (Latter Half)	효성/현대 CEO 동부 CEO STM 개념 정립·전파	6.5년 5.5년	U$1,000K U$2,500K	2.5배	역량 활용 전문화·차별 화
정리기 (Epilogue)	공기업(GSBC) CEO STM 심화	2년 5년	U$2,500K U$10,000K	4배	허송 세월 STM 패키지 화

④ 현장 교훈 사례

1. 세계적인 초일류기업의 성공 비결 벤치마킹의 시사점

(1) IBM·GE·HP 3M·DuPont·스미토모(住友) 등의 초일류기업 사례를 보면, 노조 없는 기업 경영을 고수하고 있다. 더 정확히 표현하면, 노조를 필요로 하지 않는 기업 경영을 지향하고 있는 것이다.

이들 회사는 기업의 경쟁력을 지속적으로 확보하고 강화해 나가기 위해서 최고 수준의 급여정책 채택을 꺼리고 있다. 그러나 구성원의 긍지와 자부심 및 만족도를 고려하여, 최고 수준의 급여는 아니더라도 남 부럽지 않은 경쟁력 있는 일류수준의 급여(Not Best, But One of the First-Class)정책을 유지해 나가기 위해 경영력을 최대한 집중하고 있다.

예컨대, ①높은 이상(理想)·②담대한 비전·③경영 중점과제 선정 등으로 목표 달성이 버거운 높은 업무목표(Stretched Goal)를 설정하고 또 이를 초과 달성하게 한다. 이를 위해 사람을 알아주는 활동(Recognition)을 통해 상은 크게 많이 주고·벌은 엄하게 적게 주며, 지표(指標)에 의한 관리를 통해 분산과 위양(Decentralization & Deligation) 및 자율과 통합의 자율경영을 최대한 보장해 주되, 신상필벌과 발탁과 도태를 관례화함으로써, 주인 의식과 위기의식을 철저하게 심어주고, 중요성의 원칙(20 vs 80)에 입각하여 대증요법(對症療法)보다는 원인요법(原因療法) 중심으로 시스템적 사고에 의한 경영을 심화시켜 강한 결속 경영을 실현하고 있다.

(2) 이들은 이와 관련된 모든 시스템은 단순(Simplified)하고 간결(Simple)하고 분명(Clear)할수록 좋다는 생각들이다. 단순화(單純化 / Simplification)의 핵심은 ①쉽게 인식하고, ②전체적으로 크게·섬세하게 균형적으로·중심(核)을 보고, ③원리적(原理的)으로 접근하여 본질(本質)을 중시하는 것이리라.

예컨대, 조직체계는, 납작(Flat)하고 홀쭉(Slim)한 팀제 등을 선호하며, '직위 · 직급'과 '직책'을 단순화하고 분리·운영한다.

보상체계는, '성과 위주'의 금전적 보상에 더해, '역량 위주'의 비금전적 보상을 함께 시행한다.

급여 체계는, *직무급에 성과급을 합한 구조로 구성한다. 그리고 필요에 따라 예외적으로 역량 가급과 특별 성과급을 추가한다.

여기에서 말하는 직무급이란, 직무 기본급뿐만 아니라 직무수행에 직간접으로 관련되는 한정경비·판매촉진비 등을 포함하는 개념으로, 인건비 및 인건비 효율의 자율적 관리 개념을 분명히 한다.

평가체계는, *역량 평가와 *성과 평가로 대별하여 단순화하되, *역량은 기본 역량과 전문 역량으로 세분하고, *성과는 조직의 위상과 중장기 비전을 감안하여 ①계수적성과·②질적 성과·③중장기 성장 기반·④임의 평가로 세분한다.

2. 단순화(單純化 / Simplification)의 효익(效益)

(1) 복잡한 프로세스를 단순화하면, ①Process가 줄어들고, ②조직 구성원이 이해하기 쉽고 시스템에 숙달되기 쉬워져, ③판단하기

쉽고 의사결정이 빨라진다.

결과적으로 ①업무처리 비용도 줄고, ②Man Hour(인시/人時)도 줄고, ③경영 효율도 증진될 뿐 아니라, ④장차 RTE(실시간 기업 경영) 시스템의 구축도 용이해 지게 되어, 치열한 경쟁에서 우위에 서게 되는 최선의 길이 열리게 된다.

그리고 최악의 경우, 설령 실패하더라도 치러야 할 비용이 상대적으로 적다는 점에 유의할 필요가 있다.

(2) 그런데도 불구하고 여태까지 별문제 없이 그런대로 잘 해왔고, 더구나 창업자로부터 계승되어 오는 것을 과감하게 바꾸는 것은 잘해야 본전이요, 위험 부담도 있고 귀찮기도 하여, 판단을 미루거나 소홀히 하는 사람들이 의외로 많다.

판단을 미루고 실행을 지체하는 것(delayed decision & execution)은 조직의 미래에 부정적 효과를 야기할 수 있고, 해로운 영향을 미칠 수 있을 뿐이다. 계승·발전시켜야 할 것은 창업이념이나 경영이념·핵심 가치나 가치 판단 기준·마음가짐이나 태도 등이지, 시대 조류에 적절한 구체적인 방법론이나 수단에 이르기까지 모든 것을 대상으로 신중(愼重)에 신중을 거듭하는 소위 '신중의 과부하(過負荷)'를 하는 것은 아니다.

그렇다고 하더라도 이 시점에서 취할 수 있는 스탠스(stance)는 ①'시스템의 단순화'로 경영 현상을 크게 바꿔 놓을 수 있는 이른바 '시스템적 사고'에 의한 경영혁신을 추구하면서, ②자유주의적 개입주의(Libertarian Parternalism)로 조직 구성원 각자의 자유의사에 의한 선택을 존중하는 것이며, ③그 추이와 결과를 조용히 지켜보는 것 이외에는 달리 방법이 없을 것이다.

(3) 일반적으로 사람들은 현실을 바꾸고 개혁하는 데 비용은 적게 들고 편익이 크다고 하더라도, 마치 흡연자가 장기적인 관점보다 당장의 만족을 중시하다가 심각한 위험에 이르게 되는 것처럼, 여태까지 해 오던 관행과 타성에 젖어서, 현상 유지를 포기하고 변화를 택할 가능성은 좀처럼 희박하다고 봐야 할 것이다.

이런 점을 고려해서라도 내친김에 경영혁신을 과감하게 단행하고, 시스템의 단순화와 편리함을 극대화하여, 경영의 효율과 스피드를 올려서 새로운 경영신화를 창조하길 간절히 바란다.

실무 현장에서는 시스템이나 일이 복잡하고 가지 수가 많고 산만하면 초점이 흐려져, 조직 구성원이 집중하기가 어렵고 힘들다고 생각하여, 오히려 일을 기피하거나 눈치를 보면서 적당히 대충 처리해 버릴 우려가 있는 것 같다.

어떻게 해야 할지 방법론이나 프로세스를 지극히 단순하고 분명하게 정의(定義/define)해 줄 필요가 있는 것이다.

(4) 여일리 불약제일해(與一利 不若除一害)

한 가지 이익을 얻는 것이 한 가지 해로움을 제거함만 못하고,

생일사 불약멸일사(生一事 不若滅一事) 한 가지 일을 만드는 것이

한 가지 일을 없애는 것만 못하다는 격언이 있다.

'채울 것인가? 비울 것인가?'를 골똘히 생각해 볼 필요가 있다.

KI신서 9948
약속과 희망의 메시지, **한류경영**
시스템적 사고

1판 1쇄 발행 2021년 5월 27일
개정판 1쇄 발행 2021년 10월 20일

지은이 이명환
펴낸이 김영곤
펴낸곳 (주)북이십일 21세기북스

TF팀 이사 신승철
영업본부장 민안기
제작팀 이영민 권경민
디자인 함성주 이도화 선은미

출판등록 2000년 5월 6일 제406-2003-061호
주소 (10881) 경기도 파주시 회동길 201(문발동)
대표전화 031-955-2100 팩스 031-955-2151 이메일 book21@book21.co.kr

© 이명환
ISBN 978-89-509-9780-9 (03320)

(주)북이십일 경계를 허무는 콘텐츠 리더

21세기북스 채널에서 도서 정보와 다양한 영상자료, 이벤트를 만나세요!
페이스북 facebook.com/jiinpill21 포스트 post.naver.com/21c_editors
인스타그램 instagram.com/jiinpill21 홈페이지 www.book21.com
유튜브 youtube.com/book21pub